A GLOSSARY

OF

MEDIAEVAL WELSH LAW

BASED UPON

THE BLACK BOOK OF CHIRK

BY

TIMOTHY LEWIS, M.A.

Assistant Lecturer in Celtic
The University College of Wales, Aberystwyth

THE LAWBOOK EXCHANGE, LTD.
Clark, New Jersey

ISBN 978-1-58477-644-4 (Hardcover)
ISBN 978-1-61619-525-0 (Paperback)

Lawbook Exchange edition 2006, 2019

The quality of this reprint is equivalent to the quality of the original work.

THE LAWBOOK EXCHANGE, LTD.
33 Terminal Avenue
Clark, New Jersey 07066-1321

Please see our website for a selection of our other publications
and fine facsimile reprints of classic works of legal history:
www.lawbookexchange.com

Library of Congress Cataloging-in-Publication Data

Lewis, Timothy, 1877-1958.
  A glossary of mediaeval Welsh law : based upon the Black Book of Chirk
    / Timothy Lewis.
      p. cm.
  Originally published: Manchester : University Press, 1913.
  Includes bibliographical references and index.
  ISBN-13: 978-1-58477-644-4 (alk. paper)
  ISBN-10: 1-58477-644-7 (alk. paper)
  1. Law--Wales--Terminology. 2. Welsh language--Glossaries,
vocabularies,etc. I. Title.

KD9420.L495 2006
349.42903--dc22   2006003206

Printed in the United States of America on acid-free paper

A GLOSSARY

OF

MEDIAEVAL WELSH
LAW

BASED UPON

THE BLACK BOOK OF CHIRK

BY

TIMOTHY LEWIS, M.A.

Assistant Lecturer in Celtic
The University College of Wales, Aberystwyth

MANCHESTER
AT THE UNIVERSITY PRESS
1913

UNIVERSITY OF MANCHESTER PUBLICATIONS

No. LXXXVII.

TO THE MEMORY

OF

JOHN STRACHAN, LL.D.

"ADRAWDD EI DDAED AERDRIN NI ALLWN

"NI ALLAI DALIESSIN.   ∴   ∴   ∴

INTRODUCTION

The glossary here presented was undertaken at the suggestion of the late Dr. Strachan and his friend, Dr. J. Gwenogvryn Evans, both of whom felt very keenly the inadequacy of existing Dictionaries and the sore need of reliable information concerning the value of a large number of words in Mediæval Welsh. Apart from Dr. Kuno Meyer's complete glossary to the text of 'Peredur ab Evrauc,' and the short but interesting glossary by Canon Robert Williams to 'Y Seint Greal,' no effort had lately been made to collect material for a lexicon of Mediæval Welsh and each scholar had to toil for himself. Dr. Gwenogvryn Evans very generously supplied me with an advance copy of his forthcoming facsimile of the 'Black Book of Chirk' when the original MS. was jealously guarded at Peniarth, and Dr. Strachan did all he could to put me on the right path to win from my text the greatest amount of information and of experience in research. At first, it was intended to rely mainly, if not solely, upon the 'Black Book of Chirk' for means to establish the value of the words and terms employed in it, and this had already been finished before death so unexpectedly took Dr. Strachan away from us. We realised, however, that this was only beginning the work; and it was decided to extend the scope of it very considerably and to treat the text as a part of Mediæval Welsh literature—seeking to explain some of its many enigmas by means of other texts in prose and poetry,

A

without disdaining to use even Modern Welsh and collo-
quial forms when nothing else availed.

The new task, though immeasurably more interesting,
has also turned out to be much more difficult than I had
foreseen, and in moments of despair, when besieged by
crowding difficulties or exasperated because the lawyers
gave more thought to folk-etymology than to law, I often
wished I had chosen some other task for my apprentice
hand; for the more difficulties I thought I had solved the
more remained to worry me. The need, however, was so
great, that even at the risk of blundering oft and badly it
was worth the trouble to arrange the words of this earliest
vernacular law-text in alphabetical order and bring
together as many pertinent quotations as possible from
other texts.

The Manuscript, as such, I leave to the experienced
and learned Editor to describe and appraise. Suffice it
to say that for the purpose of this glossary the 'Black
Book of Chirk' means Peniarth MS. 29[1] with the lacunæ
filled from the British Museum Addl. MS. 14931[2] which
Dr. Evans regards "as a direct transcript, in Dimetian
orthography, of Peniarth MS. 29." This Peniarth MS.
29 is written in a bewildering orthography, and I have not
been able to devise an hypothesis to account for its
peculiarities. If the scribe was a foreigner, as suggested,
it is not clear to me how an alien could be such a master
of faultless syntax, but on the other hand, how a native
could be such a bungler in orthography is beyond my
power to explain. His greatest originality is seen in his
treatment of *ch, th, dd* and *h*—*ch* is represented by *c, cc,
ch, ck, gh, h*; *th* by *th, dh, t, d, h, s*; *dd* by *th, dh, dt, t, d,*

---

1. see Report on MSS. in the Welsh Language, I. p. 359.
2. *ibid.* Vol. II. p. 944.

h irrespective of position, and *h* is used also without any apparent regard for custom, accent, or etymology.

Another difficulty that faced me at the outset was, what value to set on the Latin Codices of Welsh Laws, and to what extent they were to be trusted. Dr. Evans had suggested that the Laws were originally codified in Latin[1] while the authors of the 'Welsh People' infer that the Latin text was a translation.[2] Reverence for authority paralysed me. After a while I could not withstand the growing conviction that the Latin Laws as we have them are a patchwork, and in parts demonstrably translations from the Welsh. This is not the place for an exhaustive treatment of this subject but one or two points may be noted. In defining the perquisites of the court janitor the text says—*e lludyn a del yr porth kudha* [*e porthaur*] *beuuyt* 26. 6. This is not a chance gratuity, but a fixed part of his wages which was his by right of law. Out of every herd of swine brought in after a raid he was to have one which he could lift by the bristle as high as his hip ; so likewise he is to have one *cwtta* from every herd of cattle driven in after a successful raid.

But if *cwtta* meant 'bobtailed' as it generally does, I imagine that the janitor would often be without his share, unless he entered into a conspiracy with one of the raiders to improve upon niggard nature. One of the translators thought, not unnaturally, that the word *cwtta* could only mean 'bobtailed,' or 'tail-less' and translated it 'sine cauda'[3] ; another knew better and translated it as 'ultimum.'[4]

Another word which points unmistakeably the same

1. The Welsh People. Appendix D.
2. *ibid.*
3. Ancient Laws, II. 765. vi.
4. *ibid* II. 762. vii.

way is *enhorob* (see under *hanerhob*). According to Dr.
Pughe this word means 'a flitch of bacon.' Aneurin
Owen translates it so in the Ancient Laws[1] and
the translation is confirmed in 'Mediæval Law.'[2] But
according to the tale of Math son of Mathonwy in the
Red Book, the term means a 'pig.' The Latin Laws give
the two meanings of 'a flitch of bacon' and 'a three year
old pig' (*see* glossary). The word was perhaps confined
to the dialect of Dyved and the translator who translated
it as 'perna salsa' attempted what appeared to him a
literal translation. Several other instances will be found
in the glossary shewing that the Latin Laws are in part,
at any rate, a translation and a mosaic.

There was another difficulty that beset me at every
step, how far was I justified in pitting reasonable scepti-
cism against the definition of obscure words by lawyers
who had a lurking sympathy with folk-etymology. There
are abundant instances of this in the glossary, but let two
suffice. The word *briduw* is used often to describe the
most solemn oath known at the time. In some late
codices long definitions are given, and it is almost impos-
sible to avoid the conclusion as expressed in the glossary
of "Mediæval Law," p. 328, that "the term seems to be
simply *bri Duw*, dignity of God." I have little doubt,
however, that it was, at first, meant to describe a solemn
oath taken '*pro Deo*.' Another instructive instance is the
treatment of the expression *maen dros iaen*. It has
always, I believe, been translated 'a stone over ice' and
there is a late text which seems to support this; but in the
light of the quotations brought together in the glossary it
will be seen that nothing could be further from it. I hope

1. Ancient Laws, I. 198.
2. pp. 56. 20 and 207.12.

to find some means of fixing more definitely the import
of *maen* and *iaen* but I believe that *maen* means 'lord'
and that *maenawl* is a compound of it meaning the 'land
under dominion of a lord.' This process of delusion is
well shown in the series *addaw mab addaw maen* quoted
under *maen*. Long definitions are given of many a word
in scattered texts, investing the delusion with MS.
authority and sending it forth on its career of deceit.

In spite of all these pitfalls the 'Black Book of Chirk'
contains an immense amount of invaluable information;
and by the time it is exhausted much of the social history
of Early Wales will have been re-written. One instance
out of many may be cited as witness to its value in this
respect. As far as I am aware, no one has published a
serious study of the military organisation of Early Wales;
and one may echo the words of Eugene O'Curry about
the Military Education of Early Ireland when he says
"There is less of direct information on this subject to be
found amongst the wreck of ancient national records
which have come down to us, than could be wished; and
that much of what has been confidently taken for granted
. . . belongs to the domain not of fact, but of mere
assumption."[1] The Gododin—that early song of mead
and might—says a great deal of armies and war but its
rich vocabulary affords little definite information upon the
subject. True, there is only one sentence in the B. B. Ch.
which sheds additional light on our early military organi-
sation, yet when that is cleared from the misconceptions
clinging to it, the value of it becomes apparent at once.
The text says *Gvynwyr o wlat arall a trayano ac argluyd
o delyir eu bot yn lladron gwerth* (83.1). A. Owen says
that this term *gwynwyr* "appears to signify 'religious' or

1. Manners and Customs of the Ancient Irish, II. 353.

'procurators' who wandered about the country under the pretext of collecting alms for religious purposes."[1] Later MSS. manipulated the word so that it appeared to be the mutated form of *cwynwyr* = plaintiffs. I know of nothing to justify A, Owen's note, and the ingenuity of the scribes suggests that the term was no longer understood. When it is realised that the *gwyn* of *gwynwyr* is the Welsh word corresponding to the Irish *fian* it is seen that here we have some important material for that unwritten chapter on military organisation. O'Curry adds his authority to that of Keating when he speaks of "the famous Militia of the Third Century, commonly called the *Fianna Eireann*, who obtained such a lasting fame under the command of the celebrated *Finn Mac Cumhaill*."[2] Joyce says "At different periods of our early history the kings had in their service bodies of militia, who underwent a yearly course of training, and who were at call like a standing army whenever the monarch required them. The most celebrated of these were the 'Red Branch Knights' of about the time of the Incarnation, and the '*Fianna* or Fena of Erin' who flourished in the third century."[3]

Dr. Kuno Meyer, however, in his 'Fianaigecht'[4] has collected all the reliable information afforded by Irish MSS. and early native sources concerning the use and meaning of this word *fian*, its derivatives and compounds. He says "In its stricter sense *fian* denoted a larger or smaller band of roving warriors, who joined for the purpose of making war on their own account. This was called *dul for fianas (fenidecht)*. They were, however, not mere robbers or marauders. Indeed their mode of war-

1. Ancient Laws, I. p. 255, Note a.
2. Manners and Customs, II. p. 354.
3. Social History of Ancient Ireland, I. p. 83.
4. Todd Lecture Series, XVI. R.I.A. p. ix.

fare was considered honourable and lawful, and is so
recognised in the laws." This description of them seems
to correspond well with the entry in the B. B. Ch., and it
is clear that the *gvynwyr* of the B. B. Ch. is the same as
the *kwynwyr* of R.B. II. which was known to the trans-
lator of Dares Phrygius as a technical term equivalent to
the Latin *conquisituri*. Stokes[1] says that ** vein* which he
regards as the prehistoric form of *flan* meant 'streben, sich
mühen' and connects it with the Latin venāri (see also
Walde under venor). Dr. Meyer, however, proves that
originally it was the name of a tribe or race; but that
the usual meaning among the Irish was 'war.' It appears
to me that this *gwyn* occurs often in our early literature
and that it is the key to many words sadly misinterpreted.
The word *gwynyeith*, or *gwyniaeth* (notwithstanding the
assertion that it was borrowed from Latin) appears to me
to be a derivative of this formed like the *fenidecht* above,
and that it means 'a band of warriors joining in making
war.' e.g. *eingyl yghygor gwelattor arwydon. gwynyeith
ar saesson.* B.Tal. 2. 28. *Gorau gwaith gwynniaeth ai
gyweithyt Pan gedwis i wyneb heb gywilyt.* MA. 141a. 38.
By mistaking this *gwyn* for *gwyn* 'white, blessed' Welsh
translators have been making saints by violence; and they
have placed a halo round the head of Sir Kai though his
whole life is in revolt against it. In our early literature
Sir Kai is known as *Kei guin* or *Kei wyn* and it has
usually been translated as 'Blessed Kai' (see Lady Guest,
Trans.), but if the numerous references to Sir Kai in the
W.B. or R.B. be brought together it will be seen how
unlikely it is that his contemporaries called him 'blessed';
and how posterity has made him saintly beyond his
dreams or desire perhaps. According to the R.B. Kei is:

1. Urkeltescher Sprachschatz, p. 265,

Churlish and is rebuked for discourtesy. p. 105, 1-4.

Angry and stiff-necked towards Arthur and refuses to speak to him henceforth, or help him. p. 134.

Very ill-mannered and churlish to Gwenhuyvar who tells him he deserves hanging. p. 170.

Behaves brutally towards the defenceless dwarf couple.

p. 198.

He is sarcastic to Peredur. p. 198.

Insults Gwalchmai in a disgraceful manner. pp. 212-3.

And is censured by Arthur. p. 205.

I can find nothing in his life to justify the epithet 'blessed'; but everywhere we find him first in danger and snuffing battle from afar. Gentle, courteous, cavalierly Gwalchmai might be called 'blessed' but Sir Kai never; and I have little doubt that by calling him 'Warrior Kai' or 'Champion Kai' I am restoring him the title he won through many a furious combat. A long list might be compiled of derivatives of this *gwyn*—abstract nouns, diminutives, place-names, and names of persons from L.L., B.B.C., W.B., B.An., etc. to show how widely used this word was, but the above instances must suffice here.

In preparing the glossary I have endeavoured to rely to the utmost on texts, published and unpublished, and little use has been made of the glossaries of Moses Williams and Anuerin Owen or the various attempts at translating the Welsh Laws. The dictionaries of Dr. Pughe and Dr. Davies were consulted and anything taken from them is duly noted. I made sparing use of Dr. Silvan Evan's dictionary, for I knew from experience that his selection of quotations was made upon, what appeared to me to, a very arbitrary plan, and was far from being exhaustive of any one text or period. It was inevitable that we should have quotations in common, for apart from some MSS. all my sources were open to him. This is not said to belittle one iod the work of previous labourers in this field ; for there are none I admire more, insomuch as my work has taught me to sympathise genuinely with them and appreciate their difficulties. I was anxious to add as much as possible to our knowledge of Mediæval Welsh Law rather than to rearrange the work of previous labourers. The Irish words have been inserted for the sake of young students in the University of Wales who may use it, in the hope that it may lead some of them to explore for themselves this enchanting and fruitful field ; for the study of Welsh is impossible without it, and had I known my Irish better the glossary would be much improved.

Because of the irregular orthography of the text, the glossary has been arranged according to the pronunciation of the words rather than their written form. The leading words in square brackets [ ] are not in the text but are taken from other mediæval texts.

Though the work is so slight, insomuch as it is my first, I want to couple with it my sincere gratefulness to all my teachers in Celtic, my gratitude to Prof. Sir E. Anwyl for allowing me to worry him often; and to Dr. J. Gwenog-vryn Evans, not only for the text as a basis of my work, but for letting me plunder him often with always an encouragement to plunder him more.

I desire also to record my obligations to the Publications Committee for undertaking such a troublesome task ; and to their Secretary, to the Printers and Reader for taking such great pains themselves, leaving me nothing but my own mistakes to correct.

Dr. Strachan while he was yet with us had expressed his willingness to have it dedicated to him. Now this little record of apprenticeship seems so trivial to dedicate to the memory of one so great, but he loved the work so fervently, worked so mercilessly, succeeded so well, yet withal he was so humble that he was glad of the least help, and in that spirit it is dedicated to his memory.

T. LEWIS.

ABERYSTWYTH,
   12th November, 1913.

INDEX TO ABBREVIATED TITLES

A.B. The Four Ancient Books of Wales. W. F. Skene. 2 vols. Edinburgh. 1868.

A.f.k.L. Archiv für keltische Lexicographie. Wh. Stokes and K. Meyer. Halle.

A.L. Ancient Laws and Institutes of Wales. A. Owen. 2 vols. 1841.

Altir. Handbuch des Alt-Irischen. R. Thurneysen. Heidelberg. 1909.

Anwyl Celt.Relig. Celtic Religion in Pre-Christian Times. Sir E. Anwyl. London. 1906.

A.O. The English translation of the A.L. By Aneurin Owen.

B.An. Facsimile and Text of the Book of Aneirin. Dr. J. Gwenogvryn Evans. Pwllheli. 1908.

Barddas. Barddas; or . . . The Bardo-Druidic System. Ab Ithel. 2 vols. 1862, 1874.

B.B.C. The Black Book of Carmarthen. Facsimile Reprint. Dr. J. Gwenogvryn Evans. Pwllheli. 1907.

B.B.Ch. The Black Book of Chirk. The MS. upon which this glossary is based.

B. Cwsc. Gweledigaetheu y Bardd Cwsc. J. Morris Jones, Bangor 1898.

Bede. Ecclesiastical History (quoted by book and chapter).

Bezz.Beitr. Beiträge zur Kunde der indogermanischen Sprachen. Bezzenberger.

B.L.G. Glossary to the Brehon Laws. Vol. vi. Ancient Laws of Ireland. Atkinson. 1901.

Book of Lismore. Lives of the Saints from the Book of Lismore. (Index to Irish Words at the end). Wh. Stokes. London. 1890.

Brecon Papers. Great Sessions Records. National Library of Wales.

B.Tal. The Book of Taliessin (to be issued shortly). Dr. J. Gwenogvryn Evans. Pwllheli.

Cefn Coch MSS. The Cefn Coch MSS. J. Fisher. Liverpool. 1899.

Celt.Brit. Celtic Britain. 2nd Edit. Rhys. S.P.C.K. 1884.

C.Ll. or Cein.Llen.Cymr. Ceinion Llenyddiaeth Gymreig. Owen Jones. Blackie & Son. 1876.

C.M. or Car. Mag. Ystoria De Carolo Magno (from the Red Book of Hergest). T. Powel. Cymmrodorion Soc. 1883.

Corm.Gloss. Cormac's Glossary. Ed. Wh. Stokes. Calcutta. 1868.

Corn.Lex. Lexicon Cornu-Britannicum. Williams. Llandovery. 1865.

Cronicl y Cymry. A modern Interlude in the " Ty Coch " collection of MSS. at the National Library of Wales.

De Hib. De Hibernicis Vocabulis, etc. J. Vendryes. Paris. 1902.

D.G. Barddoniaeth Dafydd ab Gwilym. London. 1789. (Cited by poem and line.)

D.I. The Domesday Inquest. Ballard. London, 1906.

Dineen. Irish-English Dictionary. Dineen. Irish Texts Society. 1904.

Diverres Med.M. Paris, 1913.

Dottin. Manuel pour servir à l'étude l'Antiquité Celtique. Paris. 1906.

Dr.D. Dictionarium Duplex. J. Davies. London. 1632.

Dr.D.Prov. The Alphabetical list of Proverbs at the end of the Dictionarium Duplex.

D.S.E. A Dictionary of the Welsh Language. A—E. D. S. Evans. Carmarthen. 1896.

Eluc. The Elucidarium, etc. J. Morris Jones *and* John Rhys. Oxford. 1894.

Fianaigecht. Todd Lecture Series. XVI. K. Meyer. Royal Irish Academy. Dublin. 1910.

Flor.Poet. Flores Poetarum Brittanicorum. Dr. J. Davies. MS. copy. National Library of Wales.

Gerald. Giraldus Cambrensis. Wright. Bohn's Library.

G.Mechain. The MSS. of the late Gwallter Mechain (Walter Davies) in the National Library of Wales.

Gog. The Poetry of the Gogynfeirdd from the Myvyrian Archaiology. Anwyl. Denbigh. 1909.

Gorch.Beirdd Cymru. Gorchestion Beirdd Cymru. Rhys Jones. New edit. Cynddelw. Carnarvon. 1864.

G.Rh. Hanes Llenyddiaeth Gymreig. 1300—1650. Gweirydd ap Rhys. Liverpool. [1885.]

Hanes Llan. History of Llangynwyd Parish. Cadrawd. 1887.

Henry.Lex. Lexique Etymologique Des Termes Les Plus Usuels Du Breton Moderne. V. Henry. Rennes. 1900.

H.G. Hen Gwyndidau. Hopcyn and Cadrawd. Bangor. 1910.

H.MSS. The Hengwrt Manuscripts. Robert Williams and G. Hartwell Jones. 2 vols. London. 1876, 1892.

Huw Cowper. A MS. containing poetry, etc., in Mod. Welsh at the National Library.

I.F. Indogermanische Forschungen. Brugmann u. Streitberg. Strassburg. 1892 sqq.

Index to the pages in the "Ancient Laws and Institutes of Wales" corresponding to the pages in the "Black Book of Chirk."

(a, b refer to the upper and lower half of the page).

B.B.Ch.	A.L.	B.B.Ch.	A.L.	B.B.Ch.	A.L.
1	Vol. I. p. 2	46	120a—124a	93	276a—280a
2	2b— 6a	47	—126a	94	—282b
3	— 8a	48	—130a	95	—286a
4	— 10a	49	—134b	96	—288a
5	— 12a	50	—138a	97	—290a
6	— 14a	51	—142b	98	—292a
7	— 16a	52	—146b	99	—296a
8	— 18a	53	—150b	100	— 298b
9	— 22a	54	—154a	101	—300b
10	— 24a	55	—156a	102	—304b
11	— 26a	56	—158b	103	—308a
12	— 28b	59	166a—168b	104	—310a
13	— 30b	60	—172a	105	—312a
14	— 34a	61	—174b	106	—314b
15	— 36b	62	—178a	107	—316a
16	— 38a	63	—180b	108	—316b
17	— 42a	64	—184b	109	—318b
18	— 44b	65	—188a	110	—320a
19	— 48a	66	—190a	111	—322a
20	— 50b	67	—192b	112	—324a
21	— 54a	68	—196a	113	—324b
22	— 56b	69	—200a	114	—326a
23	58a— 60b	70	—202b	115	—328a
24	— 64a	71	—206a	116	—330a
25	— 68a	72	—208a	117	—330b
26	— 70a	73	—212a	118	—322a
27	— 72a	74	—214a, 218	119	—334
28	— 76a	75	—222a	120	Vol.II.2— 4
29	— 78a	76	—228a	121	— 6a
30	—80a, 108	77	—234a	122	— 8a
31	108b—110a	78	—242a	123	— 8b
33	80a— 82b	79	—244b	124	—12a
34	— 84b	80	—248a	125	—14a
35	— 86b	81	—250a	126	—16a
36	— 90a	82	—254a	127	—18a
37	— 92b	83	—254b	128	—20a
38	— 96a	85	254b—258a	129	—22a
39	— 98b	86	—260a	130	—24b
40	—102b	87	—262a	131	—28a
41	—104a	88	—264b	132	—30a
42	—106b	89	—268a	133	—34a
43	110a—112b	90	—270a	134	—36a
44	—116b	91	—272a	135	—38
45	—120a	92	—276a		

Glossary

a relative part. llyn goreu a uo en e llys 6.13. bryu dyuenyon a hel dros deskel 23.15. e rey a uenno or teylu 6.8, etc.

used for emphasizing a part of a sentence. nyny a devedun e diguith guistil 48.12. vynteu a allant kymeynnyau 59.27 etc.

followed by poss. adj. expressing genitive relation of the corresponding personal pronoun. hucc a hallo ef . . . y derch-auael 26.4.—5.12; 6.11; 28.14; 30.8; 39.23; 55.20; 61.29; 62.6; 63.3; 70.13; 73.14, 16; 114.14, etc.

followed by a prep. phrase or pron. prep. pop karcharaur a kyer e porth arnau 26.1—3.15; 9.16; 17.10; 28.16; 62.2; 74.1; 119.20; 122.2.

with 'r following prep. governing the implied antecedent. ar a 44.9; 130.7. or a 15.13; 19.4, 5, 28, 30; 23.5; 24.25; 61.10; 74.4; 83.7; 110.27; 120.9, 20; 128.1, 3, 7, 16. yr a 18.4. or with prep. alone. wrth a 55. 11.

with antecedent not expressed. ar triskud ac a uo endau 33.23—6.13; 8.22; 12.8; 18.27; 19.19; 20.15; 21.8; 33.26; 42.27; 53.14 etc.

a a particle for infixing the infixed prons. 2 sg. beth ath wahanus 81.6. 3 sg. ay, ae, ai, au 118.4; 120.9. aey 36.19; 86.21. 3 pl. ac ev 64.15; 105.20. 3 sg. and pl.'s ny dely eu descu . . . a ked as desko 29.21. moruyn . . guedy as kafo ef en llegredic 35.29—17.7; 31.10; 34.17; 35.29; 40.23; 53.19 (es); 55.8, 9; 62.17; 74.13; 82.2; 115.5; 118.8 etc.

a (1) interrog. part. (*a*) direct. ac ena may yaun er egnat gouin i'r haulur a dody kolli a kaffayl . . . dodaf heb ef 52.23. (*b*) indirect. gouenet udunt a uennant guellau 53.17—54.17; 55.5, 17 etc.

(2) (*a*) with present of copula. ae, ay. gouenet . . . ay dygaun hyn 53.17. a guybot ae kefreith[a]ul he guahan 34.22. (*b*) ay . . . ay. *whether . . . or.* ny vyr nep beth eu . . . ai moruyn ae gureic 36.4. un o try ederyn ay bun ay caran ay cryhyr 11.5—35.10; 40.16; 45.14; 46.30; 48.21, 39; 49.28; 54.27; 61.7; 62.9; 67.17; 68.17; 70.5, 11; 72.12; 79.24; 80.9; 82.4; 108.15; 117.22; 118.20, 22; 121.14; 122.4; 123.6; 126.25; 129.29; 132.26; 134.14.

B

a see def. art. **y.**

abat m. *an abbot.* puybenac a guenel kam y uam ecluys talet .xiiii. punt er hanner yr abat o byd duyuaul letherur ar llall erug er efeyryat ar clas 30.13. teyr gorsetua ysyd a allant gwneuthur eu cabydul ehun . . . sew yu y rey hynny abat ac escop ac hyspyty 60.16—123.24; 124.10, 11, 15. pl. abbadeu 51.11, 16; 63.26.

abbatyr m. *land belonging to an abbey.* ny dyly untyr bot yn dyurenhyn o byd ab. ew a dyly . . . dyruy a chamlvrw ac amobyr ac ebedyw a llvyd a lledrat 60.8.

abedyhu see ebedyu.

aberfrau n. 1. *The seat of the king of Gwynedd in Anglesey.* Ny telyr eur namen y urenyn aberfrau 3.10.—3.5; 77.26.

aber meuhedus n. 1. *" The ground on the west side of the river Seiont opposite the town of Carnarvon."* A.L.I p. 105. ac vrt lat elidir en aber meuhedus en arvon e lloskasant aruon en rachor dial 41.31.

abreyt *difficulty.* used advly. *scarcely, with difficulty.* duyn dyn a guenel kam hyd enyokel uo abreyt keleuuet llef y korn 17.13. most MSS. have ' hyd eny uo—.' cf. oni vo abraidd ei dynu a dwy law M.A. 940b.47. ac escynnu ar y march o abreid W.B. col. 251.32. hyt na allei ymgynnal onyt o abreid. H.MSS. I 374.13—395.15. P.M.S. 39B p. 51.16.

absent *absence.* seuyll e guasanaet e brenyn en y absen 15.16. sew yu aghyuarch pob peth a dycer yn amsent 83.7—23.30. Da i'm gwydd ysgwydd esgud/A drwg i'm habsen, a drud. D.G. cxxii.6. I Ddeo ni ellir absen. Rep.MSS.I 621 §535.

abuydau *to feed, bait.* ef a dely dernuet o canuyl guyr y kan e dysteyn y abuydau y adar ac y gueneuthur y huely 11.1. ef gwnaeth a gwaedwaew gwaed abwyd y urein. M.A.170a.17.

ac, a conj. *and.* ac bef. vowels; ny, nyt etc.; often bef. 'gwedy' and words with c or k as initial. af bef. p[h] 56.9; as bef. s 37.19. 'a' elsewhere with the article 'ar' but before words with initial r the r may not be doubled. er hen ran ar an perued ar an eueig 7.26 etc. with poss. adj. 2 sg. ath; 3 sg. m. and f. ay; ae; aj; ae j; ae y; ac eu; 3 pl. ac eu.

Connecting two words or clauses. clust a corn a llegat 91.11. y gur ar gur *such and such a man* 72.7. ar triskud ac a uo endau 33.23; vrth vreynt e gur et da ac e dyhucyr ydhy 41.10 etc. with vb. noun continuing another tense. o duc **dyn** gureyc

lathlud a deuod a hi y ty vab uchelur 36.14; kadued hyd e bore
a tanu mantell arnau 96.17. 37.16; 40.14; 45.23; 46.1, 4; 47.26
etc. joining a finite vb in a neg. clause with preced. vb. noun.
ef a dely ycan e porthaur agory e porth maur . . . ac nas ellecho
uyth yr guychet 12.9.—7.10; 36.2; 37.32; 39.27; 108.14. intro-
ducing a clause to amplify or explain. trederian saraet e
brenyn a telyr ydhy hy am y saraet a hynne heb eur heb aryant
3.13—14.31; 17.24; 18.23; 19.15; 27.8; 30.7; 36.1; 37.4; 40.2, 19;
41.6; 42.1; 45.14; 46.29, 36; 64.28; 69.14; 91.13, 14; 94.8; 107.14;
108.1. a . . . a both . . . and dyucher ar hyd ar escubaur
114.23. after compar. of equal. or its equiv. rody y baub
kemeynt ay kylyd 18.26 o bit keuryw gur ac deleo menet
48.23—6.20; 36.16; 50.13; 131.15 etc. after y am-. 5.9, 19;
11.27; 15.29; 20.11 etc. y ar-. 24.14. erug-. 3.24; 12.2, 16;
13.25; 14.10; 17.11; 21.5, 7; 22.10; 30.16; 47.8, 9; 52.7; 53.37;
66.13; 86.12; 124.15. after amken. 34.19 etc.

ac, a prep. (a) with ac bef. vowels; before n; and before huynt,
huy, wy. a elsewhere, with def. art. ar. ruythau e ford er
brenyn ay wirllisch 19.16—19.17; 23.13; 26.5; 27.12, 14, 20;
37.19; 45.19; 59.14; 91.13; 112.3; 126.3; 129.24. after vbs com-
pounded with ym-. ehmustelau ac enat llys neu ac arall
12.27—28.15; 50.17, 28; 64.14; 114.1; 123.3; 128.14; 135.8. vbs.
cpd. with kyt-. etc. kyduuyta ac ef 9.31—7.3; 42.17; 74.11;
75.26; 77.14; 78.16; 85.15; 110.19; 112.21, 24. with vbs. exp.
mutual intercouse or transaction. ny dely e brenyn ranh[u] ac
arall 30.12—7.14; 17.5; 36.21, 22, 29; 50.1; 107.1; 131.9. with
vbs. impl. separation. guedy ed escaro ar kandaf 35.5. guedy
guahano ac ef 7.25. peytyer ac ef 76.11—35.7; 37.4, 5; 38.16;
39.2; 40.12, 28; 41.8; 129.19, 23; 125.20. with vbs. of motion.
guedy e del yr dyfeyth a hy 31.7 (cf. cyt)—19.31; 20.20; 30.3;
36.14; 40.13; 72.3; 132.21. achaus a hy (intercourse with her)
31.7; 35.22. y kyt a together with 3.26, etc. see kyd.
(b) a=mod. o. gueynydauc a caeth a bondmaid in domestic
service, an embroidress. 38.28. cf. ys glut a beth yd ymdi-
danyssam ni. R.B.I 7.4

akasnat see kasnat.

acgure see achwre.

aklan see achlan.

ach, acc lineage descent. ac o bit a ameuho ydau ef y uot en
briodaur bot kanthau entheu a kathuo y briodolder o ach ac
edriu hit emay digaun en e keureyth 53.5; 53.10; 60.20; 61.3.
dangosset y ach hyt y kyf 61.4. L.W. achoedd cenedl=naw

radd cenedl 197.§30. cf. Ir. aicme *genus*; aicned *nature*. see
I.F.II 172.

achaus, acaus, achus, accaus, ackaus, achavs m.

(*a*) *cause, reason*. od a gur ar teylu ykan e brenyn o achaus
yrllonet 7.2; ny dele ef talu ebedyu . . . sef achaus nas dele.
urth y uod en aylaut yr brenyn 4.7.—1.8; 5.24; 8.6; 10.29;
13.10-15; 27.12; 34.10; 36.5; 37.2, 31; 39.19; 40.7, 12; 46.32; 47.7;
48.14, 25; 51.7, 30, 32; 52.9; 54.18; 70.6, 13; 72.24; 73.6; 75.6;
81.6, 12; 85.6; 113.6; 114.12; 117.25; 121.16; 122.7; 124.8; 127.5;
129.22; 130.4, 23, 24; 133.10; 134.28; 135.5.

(*b*) *purpose*. pan del deu urenyn ar eu kydteruyn o achaus
emaruoll 3.1; 85.16.

(*c*) *sexual intercourse*. o deruyt y gur duyn moruyn lladh-
llud, a guedy e del yr dyffeyth a hy a kyn bod achaus a hy
31.7; 35.22. pl. achuysyon 13.17.

[achlan] aklan, aclan (=ach+glan *of pure lineage*) *all, entire*.
ef a dele offrum ebrenyn peunyt ar eferen ac offrum e suydguyr
aclan 8.25; 33.23. so achwir=ach+gwir. M.A. 258a.39.

[achwre] acgure, acure (=ach+gwre?). *The thatch on the
roof of a house or the material for it as it grows in the field.* to
ty ay acgure trayan guert e ty a uyd arnadunt a trayan e to a
uyd ar er acgure 99.11. Sef eu gogaur hyd guedy keueyryer
yar etyr e tefho arnau. a perllan, a bressyc a llyn . . . a gueyr
syc. a to tey ac eu hacure a kennyn 114.7. *The B.B.Ch.
mentions tyglys and pethendo as the least inflammable material
for roofing a smithy, and elsewhere there are references to
tywarch and banadl. Bede (lib. iii, cap. x) describes a British
house at Maserfield with roof of wattle and thatch and Historia
Gwlat Ieuan Vendigeit (Eluc. 169.29) describes a hall in St.
John's Country* " toat yneuad a heny6 ory6 lysseu a el6ir
hebenus. *O'Curry says (O.M.III 46) Udnacht was the hurdle
roof of a round house, upon which the thatch was laid. It also
meant a palisade or hurdle fence which marked an inviolable
sanctuary. The absence of an* Udnacht *implies that it was
easily accessible to all, and as visible as the apples in the
orchard.* To tai a'i hachwrau a ddylyir eu cau rhag eu llygru o
ysgrubl: ac oni cheuir, cyd llyccrer, ni's diwygir. L.W. 286
note. Yr eil [lledrad] yw o cheffir lledrad dan vn to ac vn
achwre ac ef. Ll.MS. 116, p. 95.33. cf. achure=ail cant ty
P.MS. 169, p. 216. a.=eil kant=kribiarth. P.MS. 51, p. 192. *The
*-gwre *appears to be*=Ir. fraig *thatch, etc. There is a* bre *in*
B.Tal. 31.14 *of the same meaning apparently.* briwhawt bre a

brwyn. Gwellt a tho tei. see Thurn K.R. see also Cóilach.
M.C.; I.F. xxii, p. 334.

adauael *distress, seizure.* O deruyd y dyn duyn adauael yn
aghyureythyaul traycheuyn ar haul yn hyr ew a dywedyr na
dyly kyureyth nyu gwnel. am yr hyn y gwnaeth ew aghyureyth
amdanau ew ryatueruyt tracheuyn ar haul yn yr ual kynt 133.3;
adauael=pignus. A.L.II 772.vi; 842.vii. A gwedy nas gavs-
sant : wynt a dalyassant llawer ac a dugassant gantunt yn
attauel ev da. M.A. 676b.59. cf. Didyr deigr deifr a adafael—o'm
drem. D.G. ccxxxiii.i. Ir. athgabail *distress, retaking.* M.C.;
B.L.G.

adauaelha *to distrain.* nyny a deguedun na deley y ecchen
a uo eg keuar nac eu guestau nac eu hadauaelha 110.16. neb yn
tyfaela am dda yn y byd ond am avr neu arian. P.MS. 86,
p. 159. y sswyddoc a ddaw yr tir ac a dyrr tywarchen or tir i
afaelv y tir. P.MS. 67, p. 99. ac ny dylyir gauaelu y da ef y
lle ny wneler drwy gwyn. A.L.II 320.2.

adan prep. *under.* with pron. suffix. 3 pl. adanunt 40.9;
adanadunt 33.17; 64.4, 6. keysyau beyc guelt adan ebrenyn
14.14. gwyr a uo adan abbadeu a guyr a uo adan esgyp 63.26.
het in oet mab seihisbluit a el adan lau periglaut 49.35. nyt a
svllt adan dyebryt 132.19.—15.14; 24.6 adn; 25.19; 33.2, 17; 39.11;
40.9; 51.18; 64.4, 6; 92.4; 126.11, 13; 132.27. *against.* adan
tryheynt e deleyr uod am teyhy marc rac e dere . . . a rac
llen meyrc. 88.17—88.19.

adar m. *birds.* llety [er hebogyt] eu er escubaur . . . rac
dale muc ar y adar ef a dele duyn llestyr yr llys y dody guyraut
endau kany dely ef namen tor y sechet sef acaus eu henny rac
guander yu adar 10.27; 11.1. sg. ederyn. ef a dele y anredethu
o teyr anrec e dyt e lldho y hebauc un o try ederyn. ay bun ay
caran ay cryhyr 11.15; 11.18; 85.11; edederyn 95.12. For Welsh
names of birds see P.MS. 154, pp. 166-174.

adau see gadael.

ade 20.23 see arderchauael.

atuerur *arbiter* (see eturet.). O deruit y din kamrit bridiu
hi can arall a deueduit paniv ar pedeir ar ugein e ma. ar llall
en adef bot bridu ar keniauc. essef a deueit e kefreiht delehu
ohonau ef bot en atuerur pahar e mae e bridiu ef 49.27. cf. O
deruyd y dyn gwneythur amot ac na mynno y gadw ac na watto
yr amot yr arglwyd bieu kymell y gadw ual y daduero yr
amodwyr. P.MS. 39, p. 23b.17.

adlamur *a tribesman who has temporarily abandoned his status* (?). guaesauur ac adlamhur ac asuinur od a guaesauur yhurt y guaesaf .lx.lx. a tal adlamur .lx. a dal 41.24. o deruyd y dreftadawc bot yn atlamwr gyt a threftadawc arall vndyd a blwydyn yn diamot, ac yn y wassanaeth, a mynnu ohonaw mynet ywrthaw, ef a dyly talu idaw dec arhugeint; a hwnnw a elwir yn atlamwr. A.L.II 42.ix. adlam *v.l.* treftad. L.W. 355 §clxii. adlam *retreat, home.* A.L.I 518.xv. atlameu ydeu *barns.* R.B.II 145.22. adlam=plas. P.MS. 169, p. 216. so P.MS. 51.192, 194. Tri heli ryd yssyd. heit wenyn ar wrysgen a llwynawc a dyuyrgi sef achaws y maent ryd vrth eu bot ar kerdet yn wastat ac nat oes atlam udunt. P.MS. 39, p. 107a.13. L.W. 254. diadlam=esdronawl. L.W. 70.xlvii. ychenauc diatlam. A.L.I 788.xlvi; II 130.ix; destrowio adlam ag eglwysi. Ll.MS.53, p. 5.12. Or a gwreic yn llathryd o anvod y chenedyl : ny eill neb y hadwyn oe hanvod rac y gwr. or lle y bo y hatlam y telir y hamobyr. Ll.MS. 116, p. 22.14. Heb na thai nag adlam. Cein.Llen.Cymr.I 162a.14. Collyssant oll coll kyflam / Cenetloed eu kein adlam. M.A. 264a.4. Dawn attlam dinam duw. Rep.MSS.I 605.101; 669.314; 749.75. M.A. 253b. destrowio adlam ag eglwysi. *ibid.* 544.512. cf. nag adlam i drigo ond crwydri. *ibid.* 757. Guendyd wen atlam kerdeu. M.A. 115.133.

adnabod *to identify, recognize.* edressaur . . . a dely adnabod suyocyon e llys. ac nas atalyho er un onadunt en e porth 19.8.

adneu, atneu *deposit, something committed to the charge of another for safe custody.* chweford yd a da dyn y ganthau ac or teyr y gellyr damdug ac or teyr ereyll ny ellyr. Sew yv y teyr ny ellyr atneu a benfyc a lloc a kymvynas. canys nyt yaun holy y lley mae a holy y nep yd aeth athau 81.9; puebennac a kamerho peth en adneu atau talet yr y losky val kynt 86.15; 80.5; 81.20. o pedeir ford y dylyir talu adneu os yr godyr [gobyr ?] y kymyrth attaw. or gwnaeth amot am y cadw. os erchis y cadw. os yr lles y ketwis. P.MS. 35, f. 12b.23. Os keidwad a gyll adneu heb golli y da ehynan ef a dal y colled oll o gyfreith. llyfyr y kynawc a dweid bod yn haws y gredu ef or dygir y da ef yn lledrad gydar llall. Ll.MS. 116, p. 11.33. adne=cadwedigaeth. P.MS. 169, p. 215; =Perchenogaeth, *ibid.,* p. 216. adnau=perchenogi. Rep.MSS.II, p. 802. see M.A. 409.100; 838a.33; A.B. 37.30; 247.18. A.L.II 420 §§xii, xiii, xiv. gnaud adneu yn llan. Dr.D.Prov. gwartheg arall yn adnau pan fo

chweccaf ny byd tau. Dr.D.Prov. Ir. aithne *deposit, charge.*
B.L.G. *property.* Thess.Pal.II xxii.i and note.

[adnewydu] *to renew.* 3 sg. pres. ind. act. atnewida. Ny
dele y amdiffyn or naud e gnayth cam arnau onis atnewida o
naud arall oy newid 51.14.

adref (a) *homewards.* guedy edel adref 27.10; 38.14a; 96.15;
109.16. (b) *home.* parth ac adref 123.2; 118.20.

[adwneuthur] *to undo.* 3 sg. pres. ind. act. atwna. Canyt
atwna y gyureyth a wnel 72.27. ni adwna da ei dangnef. D.G.
lxxix.23. cf. a wnel duw ni ad yn adwaith. Rep.MSS.I 612.56;
666.93. M.A. 359a. ni adwna Duw ar a wnel. M.A. 101b; 208b.

adaw *Adam.* Ac nat oes dauyn oy waet ew yndau onyt o
adaw 72.19.

adau *to promise.* O deruit y din adau goruod peth y arall
50.32. 3 sg. pres. subj. act. adauho. pret. 3 sg. edewys,
etheuis, edeuis 54.7, 11, 14, 23; 55.13; 61.10; 133.8.

adef, adew *to admit, confess, acknowledge.* O deruyd y dyn
or duybleyt . . . guadu y uraut ar llall eny adef 30.28.—30.30;
37.22; 74.27; 79.24; 134.5. 3 sg. pres. ind. act. adef 31.11; 86.1;
pres. ind. pass. adeuyr 75.1, 4; 78.22. pres. subj. pass. adeuer
115.7; 117.1; 122.7. pret. pass. adeuuyt 30.32; 31.1. pass. part.
adeuedic 45.15, 24; 46.3; 48.15, 19; 49.8, 15.

adoed m. *death, misfortune, sickness.* O deruyd kau dol ar
ecchen a maru vn onadunt pa adoed bennac ae decho yaun eu
kafael y eru ohonau 108.6. Llyma vynghret. heb y gwr. nat
agorir y ty ymma ragot ly yth oes. ac auory yggwydd dy
genedyl mi a baraf dy lebyddyaw a mein. Llyma vynghret.
heb hi. vot yn gynt y bwriwn neit. or lle ydwyf yn y
bysgotlyn yma ym boddi. noc yd arhown yr adoet hwnnw arnafi.
H.MSS.II 308.9; see *ibid.* 315.3. na saethutta ni bellach. namyn
anaf ac adoet. a merthrolyaeth yssyd arnat. R.B.I 120.7. na
uyn adoet ac anaf a merthrolyaet yssyt arnat. W.B. col. 479.19.
see also 478.31. Meckyt llwuyr llawer adoet. A.B. 244.21.
M.A. 363a. Ergryn llwfr lliaws addoed. Dr.D.Prov. atodev.
A.B. 51.29. Hil maelgwn milcant adodeu. M.A. 166a.51; 173a.
ymadoydi=*to fight.* R.B.I 192.1. see also A.L.II 100 §xv.
M.A. 61a; 73b; 74a; 91b; 115a; 127a; 143a; 246a.2; 812 §26.

ael *litter.* teythy huyc na bo baedredauc . . . kemeynt eu
guert y hael ay guert ehun. 93.7; so Pen. 39, p. 104b.25.
a.=Ir. ál *brood, litter of a hen, sow, bitch.* M.C. see alu. see
also Z.f.c.P. iv, p. 324. Ir.T. iv, p. 377.

auall *apple tree.* pop pren a arguetho fruyt vn guerth a kolluyn eu eythyr deru ac auall ymp 98.1.   gorwyn blaen avall. M.A. 98a.13.

auallen, a. sur *crab tree.* a. sur .IIII. a tal eny del fruyt a guedy del fruyd xxx. 98.4.

aulonidu *to trouble, disturb.* eiste or brenihin . . . ay keuen ar er eul neu ar er hin. Rac aulonidu er hin oy uyneb ef 52.13. 3 sg. pres. subj. act. kanu ydy kerd en dyuessur. a hy*n*ny en yssel ual nat aflonetho e neuat kanthau 15.1.

auon f. *river.* .XIIII. brein [guir aruon] . . . .VII. bod en rid peskodha ar e teyr auon essit endhi en kefredin 42.21; 121.15. a. guerit *a river in Arvon* 42.3.

afu see au.

auuyn, auyn *rein.* guastraut auuyn *groom.* 23.21, 25. see guastraut. a thynnu avwyneu eu ffrwyneu attunt a wnaethant. H.MSS.I 353.24. a. < Lat. habēna.

affeyth, afeyt m. and f. *an act accessory to a felony or crime.* Nau afeyt tan kentaf eu roy kagor y losky e ty er eyl eu kesenyau ae losky tredet eu menet o achaus y losky pedueryt eu emduen e buellwr, etc. 85.14.—74.23, 26; 75.15; 78.15. pl. affeythyoed 75.6, 14; 78.27; 79.15.   Beth bynhac a wnelher ygkylch y tri gweithret hyn. affeith yw wrth lad. neu losc neu letrat. P.MS. 36a, p. 7.20. y tri na6 affeith ach6ysson ynt tr6y y g6neir y g6eithredoed hyn tr6 gytsynya6. P.MS. 38, p. 7.

aghauodredyn see aghyuodedyn.

agheueys see aghyfyeyt.

agheuretyaul see aghyfreythyaul.

agoret *open, patent.* Deu amser e bit agoret keureyth . . . a deu e bit kaiat 51.26, 33, 35. er escuboryeu a deleant eu bod en agoret or pan hel er escub kentaf endunt y ellug guy[n]t endunt hyd kalangayaf 114.14. efeyryat teulu . . . a dele .IIII. k. am pop ynseyl agoret a rodher am tyr a dayar a neghesseu ereyll maur 8.22; 21.14.

agory, agori, akory *to open, dig.* agory e porth 12.10. [Essef achaus e] may nau nieu guedi guilsanfreyt en agoret e keureyth. rac kayu e keureyth en undidiauc . . . a nau nieu guedi aust en agoret. Rac agori eg ekeureith en undidauc 51.35. puebenac a teno annel ar tyr arall heb y kanyat .IIII. am akory e tyr 97.7. 3 sg. pres. subj. act. agoro 94.17, 20. pass. agorer

26.28. part. pass. agoredic. kanis er amseroyd henny y bit a. keureith 51.37. see Ped.I §28.8.

acos *near, close by.* ar neyll en mennu eredyc em pell ar llall en acos 110.6. a=Ir. ocus, acus *near, nearness.* Thurn. Altir., p. 477.

acgued (?) *death* (?). O deruyd ydau ef deueduyt bod dyn en kydleydyr ac ef am ledrat e dyenytyr ay kadarnau ohonau yracgued edath dyuu ydau. ac e mae enteu en menet 31.18. =er agued Ll.MS. 174,p. 51. *v.l.* agheu *death.* A.L.I 110 note a. cf. Lleidr ni chaif oet rac y dyhenyt namyn tygv y dyhenyd ay agev vot yn wyr a dyvot. A.L.II 256.xiii. Eil yw llw cytleidyr, sef llw a dyry yr angeu y mae yn mynet idaw. *ibid.* 664.ii. *It is possible that the expression is* yr racgued. *Racwed appears to mean the "grave" in Med.Welsh poetry and sometimes it is used as synonymous with "death."* Pell p6yll rac rihyd racwed. A.B. 110.12. Teyrned a bonhed eu gorescyn. g6yr gogled yg kynted yn eu kylchchyn. ymperued eu racwed y discynnyn. B.Tal. 13.14. yt lad yt gryc yt vac yt vyc. yt vyc yt vac yt lad yn rac. racwed rothit y veird y byt. B.Tal. 58.19. Porthloed vedin porthloed lain. a llu racwed en ragyrwed en dyd gwned yg kyvryssed. B.An. 21.7. a lluawr peithliw racwed. B.An. 25.5. *It may, however, be a word formed like* angeu *with another termination, for it is probable, as Dr. Strachan suggested* (R.C. xxviii.202), *that* angeu *is in origin a plural.* cf. Yn yng yn ehang yn y ngwedd/Ynghorph yn enaid yn hagwedd. M.A. 81b.16. Twryf yn agweud/Erac menwed/Erac maryed. M.A. 25b.18. agde *appears to be another derivative (notwithstanding Dr. D.).* cf. Llyw llu agde. M.A. 204b.6. (The endings -wedd, -dde, are very common in Med.W., *e.g.*, achwed. M.A. 256b; anwedd 275b; crogwed 242a; 245a; 256b; 267b; dicued 115a, etc. brodyrde. Dr.D.Prov. haiarnde. A.B. 86.6. gwrwmde, etc.)

aguedy, aguedhy, aguedu f. (*a*) *a sum of money given with a woman in marriage.* tejr aguethu kefreithjaul essit. aguedy merch brenjn pedejr punt ar ruckeynt. Aguedy merch gurda tejr punt . . . aguedy merch mab eyll punt 36.29. Os kyn e seythuet vullydjn edescarant taler y hj e haguedy ae harkefreu 34.6; 33.2; 36.23. (*b*) *paid by one who violated a maiden.* O deruyt e gur adef duen treys ar gureyc. talet .xii. myu en dyruy yr argluyt ae hamobor yr argluyt. ac os moruyn vyt. e coguyll ae jhaguedhy en eueynt vueahf e deleho 37.24. see A.L.I 456.lxxii. Tri chewilyd morwyn . . . trydyd yw pan del or gwely ym plith dynyon . . dros y trydyd [y dyry y tat] y

hegwedi yr gwr. also II 84.cxx. Ar nos honno y kyscwys genthi.
A thranoeth y bore yd erchis y vorwyn y hag6edi am y chaffel
yn vor6yn. ac ynteu a erchis idi nodi y heg6edi. A hitheu a
nodes ynys prydein y6 that. W.B. col. 187.10. Tri chewilyd
morvyn . . . Trydyd yv pan el gyntaf er gvely ymplith dynyon
. . . dros y trydyd y dyry y hegvedi yr gvr. Ll.MS. 69,
p. 74.19-26.

aguethyaul *entitled to "aguedy."* ny fara gureyc nac o
ladhlud nac o rod ar vreynt e haguedhy namen hjt epen e vii
blenet ac nat aguethyaul hyteu open e vii blenet allan 36.24.

agueyn see arweyn.

ajt see mynet.

[angeu] ageu *death* 120.13. see acgued.

[anghen] *necessity, need.* pl. agheneu. O deruyd y dyn y
gwlat arall ay o achaus dyhol ay o alanas ay o agheneu ereyll
67.7.

[anghenawc] aghanauc *a poor or needy person.* Huyd
penuarc brenyn mor dyfeyth aghanauc gulad arall, etc., 29.25.
pl. aghanocyon. y gueysyon ay kerdhoryon ac aghanocyon a
hene a elguyr goskorth e brenyn 3.19. =pauperes. A.L.II
894 §iv. a.=reudusson. P.MS. 36a, p. 5.22.

[anghenedyl] aghenetyl *a necessary or imperative journey* (?).
ny dely talu aryant e penguastraut kanys e brenyn ay guasan-
aytha en e tri lle. pan ellecho y hebauc daly y uarc sef ual e
dely daly y uarch tra dyskeno. a pan eskenho daly y guar-
hauel. a dale y uarch pan el yu aghenetyl 11.6=*dum separet
accipitres ab avibus captis.* A.L.II 822.xxxv. Ac ar hynny
nachaf dygyuor o wynt a glaw hyt nat oed hawd y neb vynet
yr aghenedyl. R.B.I 146.3. W.B. col. 203.12. *has* agheuedyl.
*Eddyl appears to mean journey or visit and to be the same word
as Ir.* adall gen. adill. Hyn o dynyon a oetta kyureith udunt
yn diodor . . . Neu gam6ynt y rhyda6 aeedyl. A.L.I 610 §vii.
so *ibid.* II 302v. etyl *expedition, journey.* M.A. 136b. 33-42.
O dri achaws y cyll gwr drev ei dad : rhybuddiaw gorwlad rhag
eddyl arglwydd a'i genedl. A.L.II 560.ccxxiv. so M.A. 937 §229.
The same meaning is seen in cywedyl. H.MSS.II 151.37. Ac
yna ymdidan a wnaeth yr esgob ae nei. a dywedut y vot ef yn
varchawc dewr. pan enillei ef y ryw was hwnnw. a menegi
rydyuot y varwgywedyl ef. ae dienydu yn waradwydus or
sarassineit. YSTORIA DARED R.B.II 6.9 *has* "yr hyn megys y
kigleu a dechrewys ke6ethyl ac antenor=*qui ut audivit coepit*

Antenorem obiurgare. MEISTER. DE EXCIDIO TROIAE HISTORIA, p. 7.20. so *Dr. D., but I don't know whether they are the same word.* Angeneddyl *occurs='necessity'* in M.A. 882b. §§146, 147; 883 §19. IoloMSS. 60.5. BARDDAS I 180, 182.

aghubyl *portion, part.* kany bu en kabyl ar er hyd ac ny ellyr kubyl o a. 115.15.

aghyuarch, achauarch (*a*) *clandestine.* Puybynnac a ardo tyr yn aghyuarch talet pedeyr ceynnyauc 68.28; 86.7; 89.11; 128.24. (*b*) *covert act.* puebennac a dyho tan en agheuarc talet ehun y gueytret ae aghauarc 86.7; 69.1; 81.12, 21; 89.20. (*c*) *what is taken secretly.* sew yu aghyuarch pob peth a dycer yn amsent ac ny water 83.7. cf. Petwar aghyuarch gwr ynt y varch ac arveu a thwng y dir ae wynebwerth. Ll.MS. 116, p. 33.6. Ll.MS. 67, p. 140.24. Try agcheuarch gwr [tria indubitata]. A.L.II 777.1. see kyuarch.

[anghyflafan] aghaulauan *crime.* pop aghaulauan a guenel greic talet e kenedl trosdy 41.20.

agheuodedyn, aghauodredyn, aghouodedyc *unmoveable.* Puybennac a deleho da y arall a keyssyau ohonau talu da aghauodredyn nys deleyr kemryd da agheuodedyn nac en tal nac en guystyl onyd na bo ar y helu dym amken Sef eu da aghouodedyc da ny allo e dyn e taler ydau y kycuuyn kanthau e for e menno 122.12. da aghyfodedic = da ny aller y d6yn. ford y myner. P.MS. 35.113a.9. cf. credadun *credited.* A.L.I 372.26.

agheurcyth, achyureyth f. *sin, trangression.* na dotet pechaut nay achyureyth yn erbyn y mab am trew y tat 62.26; 51.9, 10, 11, 14, 25; 115.22; 133.5. pl. yeu 68.6.

aghyureythyaul, aghafreishiaul, agkaefreihaul *unlawful.* O deruit ir mach roy peht maur e gustil peht peccan kafresshiaul eu ir haullur kamrit e peht a roher idhau e guestel a kan kollo . . . e mach ae duic . . . kanis aghafreishiaul y duc 46.10; 53.5, 6; 55.16; 99.6. *without permission.* O deruyd y dyuot ynteu yr dadleu ac adav ohanav y dadleu yn aghyureythyaul 131.2, 4.

agkefruys *untrained.* ellgy brenyn punt en kefruys .xc. en agkefruys 94.16. *written* aghefuys 94.18. see D.G. xcviii.31; ccxlv.79. see also cyfrwys.

aghyfyeyt, agheueys, aghefyet, ageuyeyt (*a*) *speaking a foreign language.* Denyon aghefyeyt ny huyper bed a deueteient ac ny huypuynt huerteu pa deueter 120.25—48.27; 121.6. (*b*) *alien, foreign.* teyr graget a dele eu meybyon vamuys . . . mab grueyc a gusteller e gulat aghefyet 39.24—85.8. Ry gelwir

gelyn agkyfyeith. M.A. 157a.13. -yeyth=Ir. icht *tribe*, etc.
W.W. *so* B.Tal. 65.15. Teyrned pob ieith.

aha see mynet.

ahu see au.

alaned see eleyn.

alu *to bring forth, give birth.* Am lo or nos e ganer hyd
kallangayaf .iiii. k. o kalan gayaf allan .ii. k. pop temmor
hyd er auest a dele y hamol a nauuetyt auest e derkeyf .iiii. k.
am y llo ac o hene allan .ii. pop temmor hyt .ix. vetyt mey ar
dyt hunu alu a deuckeyn eu y guert ae y llo a dele ememdeyt
nau cam. 90.18—91.4. yn yr amser y dylyeu alu gyntaf o k.
ac alu or dauat ar deu oen. P.MS. 35, f. 6b.17, A.L.II 192.i.ii.
see Med.M. 7 §27; yvet nus buch eil al 12 §61. Hal y fuwch=
time for calving. Pembr. see Alt.Spr., p. 326. cf. Bret. ala
' to calve.' Henry Lex.

allan, allant *out, hence.* (*a*) adv. *of place.* or pan dotho y
hebauc emud enyu tenno allan 11.12; 12.11; 44.16; 52.15; 53.19;
55.10; 67.5; 88.9; 117.10, 11. (*b*) adv. *of time.* hyteu byeu
[meythrin e mab] . . . hanner bluydyn ac o henny allan ni
ellyr kemell arney hy y ueytryn 37.15.—39.28, 29; 40.5; 41.6, 7,
14; 51.37; 61.17; 64.5; 70.20; 71.6, 8, 16, 17, 27; 73.18, 23; 86.18;
90.14, 17, 21; 91.2, 9; 95.20; 98.16; 112.10, 13, 18; 114.18; 127.21;
134.20. (*c*) *beyond, out.* O ney uab gorchaw allan yd a
ceynnyauc baladyr 76.6.

allaur f. *an altar.* dyuot hy ar mab hyt yr egluys . . . a
dyuot hyt yr allaur a dody y llau deheu ar yr allaur ar creyryeu
ar llau assu ar ben y mab ac y uelly tyghu y duv yn y blaen ac
yr allaur honno ac yr creyryeu da y syd arney 72.4; 72.14, 15;
80.14.

alld *a steep.* Guert eboles .iiii. . . y theyty tennu kar en
alld ac eg guaeret 90.10. Ni bydd allt heb waeret. Dr.D.Prov.

alltud, alldut, alldud (*a*) *an alien, foreigner, one who is not
a "Cymro" or a "bonhedyc canhuynol."* Ual hynny y dylyir
duyn mab y gymro. Ac ual hyn y dylyir duyn mab y alltud
72.8. O deruyt roy camaraes y alldut vrth vreynt e gur et aha
e saraet eny uo maru er alldut. a guedy bo maru er alldut eny
uenno gur arall. kany demchel traykeuen ar e kenedel 39.13.
O deruyt roy kamraes y alldud mab honno a dele ran o tref tat
ac ny dele ran or tedyn breynyauc hyd e tredydyn ony bod er
alldut en guahalyet seys neu en huydhel a hunnu ae keyf en
dyannod 125.1. (*b*) *one who has lost his proprietary rights.*

Puybynnac ynteu a uynho holy tyr o ach ac edryu dangosset y
ach hyt y kyf yd henyv ohonau ac ot ytyu ew yno yn petwarygur
pryodaur yu canys yn petwarygur yd a dyn yn pryodaur. ac
nyt y uelly y dysgyn dyn oe pryodolder yny uo yn alldut 61.6.—
37.17; 38.24, 32; 39.13, 14, 15, 18, 24, 26; 54.19; 61.27; 62.1, 5, 6,
22; 73.8, 21; 74.10; 78.8; 125.3, 16; 126.15; 182.6. f. -es 73.30.
pl. -yon. O byd alldudyon gwlat arall yr brenhyn ay yn wyr
ydau ay yn arhos gwynt 67.16.—63.29; 64.1, 3, 9; 67.19; 85.7.

alldudet *condition of* alltud. y gyureyth eyssyoes a dyweyt
bot teyr gwraged a dyly eu meybyon trew tat . . . trydyt yu
gwreyc a rodho y chenedyl yguystyl alldudet ac yn yr vystlyry-
aeth honno kael mab ohoney o alltud 62.4.

am (1) prep. *about, for.* with pron. suffix. 3 sg. m. amdanau;
amamdanau 6.1; amdau 131.6. 3 sg. f. amdaney. 3 pl.
amdanunt 83.2, 4; amdanadunt 19.28; 75.15. amdanaunt 115.6.
(a) *about (of place).* y dyllat a uo am e brenyn 8.28—9.16;
13.16; 17.22; 19.28. (b) *about, concerning, with respect to.* ene
bo dadeleu rug deugur or uaertref am tyr . . . neu am emlat.
24.23—31.17; 38.6; 45.4, 25; 47.24; 48.4 etc. (c) *because of.* a
hunnv a dyt dyaspat am y uot o pryodaur yn mynet yn
ampryodaur 63.13. am henny *therefore* 31.14.—34.9; 38.2, 3;
42.12; 48.3; 62.28; 68.3, 5; 97.19; 131.4. (d) *for.* trederian
saraet e brenyn a telyr ydhy hy am y saraet 3.14. .iiii. k. am
pop ynseyl agoret 8.22—6.14, 25; 9.17; 12.15; 18.8; 38.1, 8, 9;
51.11; 60.5; 68.29; 69.11; 70.5, 6; 82.29; 83.2, 4; 90.13, 16, 23 etc.

(2) **y am, jam** (a) *from about, the other side of.* y le en e
neuat yam e tan ar brenyn 8.15—5.8, 9, 19, 20; 11.27; 13.5; 15.29;
20.11. (b) *id est.* nid amgen ef a dely arluyau e llys yam pery
guellta a pery keneu tan 26.12. e dysteyn a dely y dyuallu o
holl leseuoet yam pepyr a llesseuoet ereyll 20.3—26.23; 35.21;
36.6; 41.5; 53.11; 54.5; 89.2. yam 35.21=nid amgen. L.W.
80.34; 81.42. so Ll.MS. 69. 118.2.

amadraud *speech, testimony.* pop anauus a uo yac y lekeyt
ay glustyeu ay tauaut kemeredyc eu y amadraud 120.21; 121.1.

amaeth, amayth (a) *ploughman.* Puy bynnac a dorro teruyn
yrug duydrew oy eredyc. y brenhyn a dyly yr ychen ay hardo
ar gwyd ar heyrn a gwerth y troet deheu yr amaeth a gwerth y
llav assv yr geylwat 68.26; 3.9; 107.17; 109.3, 10, 12, 20; 111.23.
(b) *ploughmanship* (?). ny dele nep kamryt amayath arnau
ony huybyt gueneuthur aradar ay hoylyau 111.17. *v.l.* amaethj-
aeth, amaethad. L.W. 283 §31. amaethu. P.MS. 35, f. 83a.21.

amdyuenhedyc (?). Rey a deueyt panyu dyn a. eu kauarch kyfyll. 128.22. cf. dyn amdineuedic yw kyuarch kiffyll. P.MS. 37, p. 136. *There is a passage in the " Kilhwch and Olwen" story containing a word similar to this which means " spoiled," "ruined," from* difwynaw *to render valueless.* Neu titheu pwy wyt. custenhin amhynwyedic vyf i. ac am uym priawt ym ryamdiuwynwys uym priawt yspydaden penkawr. W.B. col. 473.14 = Neu ditheu pwy wyt. Custennin yn gelwir uab dyfnedic. ac am vyn priawt ym rylygrwys vym brawt yspadaden. R.B.I 115.21.

amdyffin *to defend, protect.* Ac ew a dyly tyghu dros dyr burth y llys ay hauot tyr o byd reyt eu hamdyfyn 68.11. guerth nau aylauyt gokefurt eu hyn . . . Guert e tauaut kemeynt ac eu gurt venteu oll. kanys ef ac eu hamdyfyn 105.21; 51.14, 18.

amdyfynnvr, amdifenur, amdifuinur *defendant in a lawsuit.* jaunt yr haulur kenic y devnidieu . . . yaun ir amdifuinur gurtheb 54.6.—52.18, 28, 37; 53.9, 10; 54.15, 17, 21, 22; 55.3, 13; 79.12, 14; 81.4, 17; 130.3, 9, 15; 131.4, 18, 22; 132.1. *written.* amdifennir 56.30.

amgen, amken *different.* nys deleyr kemryd da agheuodedyn . . . onyd na bo ar y helu dym amken 122.16; 117.5. guedy e bart kadeyryau e bard. teulu byeu kanu trickanu o kerd amgen 14.29. *gl. by* tria carmina varia. A.L.II 901 §xvii.v. nyt amgen, nyt amgen a *that is, viz.* e brenyn byeu keysyau ofer ydau nyd amgen a telyn y hun a crud y arall 128.9; 34.19; 48.26; 81.28; 82.13; 133.24. cf. R.B.I 71.27. Ac yna amgenu eu pryt a wnaethant. M.A. 154b. cyrn amgen. M.A. 158a. chwetyl a.

amheu *to dispute, question.* o deruyd y ynat barnu cam ay ahmeu amdaney 134.25.—55.7. 3 sg. pres. subj. act. ameuho, amheuho 42.27; 53.4, 11, 13. pres. pass. amheuyr, amheuir 55.19; 108.8; 134.1.

[amhynyauc] pl. **amhynyokeu** *door posts.* sg. gl. by antes. A.L.II 804 §vi. .IIII. . . . am e doreu am er amhynyokeu .IIII. 99.7. a.=*The two side posts of any dore and by metaphor transtaon* (sic) *the word signifieth the people which do dwell on both sydes of a mans ground.* Ll.MS. 68, p. 133. Rac bronn amhinogeu yn neuad ni=*Ante foras palatii.* Eluc. 170.3 and 241.31. -hyn-=Ir. ind. *top, head.* see B.L.G.

amobyr, amober, amobor, amaober, amamober *a fee paid by the one who gave a woman away in marriage and varying in amount according to his status.* ny dyly y tat talu amobyr dros

y uerch onyt ehun a uyd rodyat arney canys pob rodyat ar
wreyc a dyly talu y hamobyr 71.19; 36.11, 13. *paid also on
cohabitation with or violation of a woman.* O try mod e deleyr
amobor y grejc. o rod ac estin keny kesker canthy. er eyl o
keuelokac honneyt keny bo rod. e tredyt o uechyck 38.19. O
deruyt e gur adef duen treys ar gwreyc. talet .xii. myu en
dyruy yr arglujt ae hamobor yr argluyt 37.23. *no amobyr was
paid for the daughters of king, edling, or penteulu* 127.8.—11.11;
13.20; 16.1; 24.22; 26.8; 28.17; 36.15; 37.23; 38.21, 22, 23, 24,
25, 26, 27; 39.5-8; 40.21; 41.16, 17; 60.9; 66.17, 24; 68.7; 71.19-23;
126.22-27; 127.1-24; 128.1-7; 133.22-29; 134.6. pl. amobreu 28.3.
Tri chewilyd morvyn yssyd un yv dyvedut oe that vrthi mi ath
rodeis y vr . . . Dros y kyntaf y rodir hamobyr y that. Ll.MS.
69., p. 74.19-23.

amod, amoot, amuot *compact, contract made in the presence
of witnesses.* Puipenac a gnuel ammod detfaaul ae gilit doet e
du amodur ygyt a deuedent eu amoot. val e mennoent y gueihiur
a roden vnteu en llau er amoduuir kadu er amod ar e lun e
deuedassant 50.1. amod a tir detef 50.23; 50.4, 5, 15, 19, 20, 21,
22, 24; 108.5; 109.19; 110.2; 123.13; 132.19, 24. Rei a dweid am
amod na ellir byth y dorri. Sef achaws yw mal gowuned yw
amod. Ll.MS. 116, p. 95.4. Trech ammod no chyvraith. M.A.
792 §165. goreu cyfraith ammod. *ibid.* 846a.24.

[amodi] *to make a compact.* pres. pass. amodyr. Ny dyleyr
dody na meyrch na kessyc na bucc en arader ac o dodyr huy
ked erthelo a kessyc a guarthec ny dyukyr ked anafo e meyrch
ny dyukyr ac ykyd a henne ny deueyd e kefreyt onyd amodyr
udunt deleu vn eru 111.6.

amodur m. (*a*) *one of the parties to a contract.* see amod 50.1.
(*b*) *witness to a contract.* o deruid y dyn ay gilyd gunehur
amuot heb amotwyr. ar llau eny gilid 50.15. see amod 50.1; 50.5.
Pwybynhac a holo da trwy amot holet trwy amotwyr. P.MS.
39, p. 24b.16. amodwr yn y ammot [*compactor de compacto suo*].
A.L.II 841 §x.

amprydoaur *one without title to land.* Os nauuetdyn a dau
y ouyn tyr dyfodedyc yn bryodolder a hunnv a dyt dyaspat am
y uot o pryodaur yn mynet yn ampryodaur 61.14; 56.7,9; 61,19.
but cf. Yr holl vrodoryon ieuhaf ampriodorion ynt ar gaffel
datanud . . . ac wrth hynny y dywedir ny wrthlad ampriodawr
ampriodawr arall. A.L.I540.18.

[amrygoll] emrecholl *every kind of loss, loss.* Pvypennac a
kemero arall ar y oruodocgaith diguidet ef em pop kerit or a

pot ar edyn . . . o myn entheu e diessiwau or dyn a kemmirth
ef trosdau. kemeret enteu meichieu ykan e dyn ar y emrecholl
50.27. nyt archaf i heb y gereint rodi ida6. namyn y dylyet
ehun ae amrygoll yr pan golles y gyuoeth hyt hedi6. R.B.I
257.20. *cum perditione, id est,* amregoll. A.L.II 839.iv.

amryscoyv, amrescoeu *aslant, oblique.* dogyn keruyn o ued
nau nyruet yn y hyt yn amryscoyv 69.8 ; 68.22 ; 69.18. messur e
llaeth teyr modued eny guaylaut a .vi. em peruet e llest a .ix.
enyhyd en amrescoeu 91.9. cf. naw dyrnnved vyd vchet y
gerwyn pan vessurer ar wyr or cleis traw yr emyl yma. A.L.I
532.ii ; 534.vii ; 768.i.

amresson *dispute.* ac ena e buant en hir. en amresson pui
a heley en e blaen druy auon guerit 42.3, 18 ; 106.13 ; 109.19, 23 ;
110.4 ; 114.26. oamryson canguayt ahebguayt. L.L. 120.13.
a.<Ir. imbressan. K.Z. xxxv.265.

amryu, amreu *of various kinds.* o pop amryu ulaut 27.18.
escrybyl . . . o bjt amreu nac kamesker 117.13.

amser m. *time, season.* Deu amsser e bit agoret keureyth am
tir a dayar . . . o nauuethid kala*n*gayaf . . . hit nauuethid o
chewraur, etc., 51.26. Ryd uyd rannv tyr pob amser 59.6 ; 1.8,
10 ; 16.23, 24 ; 46.25 ; 51.31 ; 56.4, 23 ; 59.7 ; 61.9, 20 ; 69.6 ; 70.24, 26 ;
81.6 ; 112.14 ; 116.5, 9, 11. pl. -oyd 51.37 ; 52.1 ; 133.15.

amuot see amod.

amus, ammus m. *stallion.* tri pheth ny eyll tayauc yu
guerthu heb kanyat y argluyt amus a mel a mocch 29.17 ; 88.7, 8.
pl. emys 127.11. amws yn pori allan kolly y vraynt a wna a
chyt kollo ef vraynt amws ny cholles ef vraynt palffray. A.L.II
266.vii. Bum Amws ar Re. M.A. 37a.32. emys=Lat. admissus.
Loth. p. 164. emys *appears to be used as sg. in* M.A. 170b.22.
see palfrey.

amyd *mixed corn* (?). guert dreua keyrc .iiii. . . . guert
dreua amyd .viii. 103.26. Melinydd a feliff amyd a melin.
Cefn Coch MS. 237.6. see D.G. xix.12 ; xlii.44.

amyn see namyn.

anadl *breath.* clauur neu anadldreuedyc 34.10.

anaf *blemish, defect.* pop anaf ar varch trayan y guert a
atueryr y am y clust ae y koloren 89.2. see Z². 1058.40a
iranamou. gl. *mendae.*

[anafu] *to injure, hurt.* 3 sg. pres. subj. act. Ny dyleyr
dody na meyrch na kessyc na bucc en arader ac o dodyr

huy ket erthelo. a kessyc a guarthec ny dyukyr ked anafo e meyrch ny dyukyr 111.4.

anauus *maimed.* pop anauus a uo yac y lekeyt ay glustyeu ay tauaut kymeredyc eu y amadraud 120.22.

ankuyn, anchuyn *livery, daily allowance of food and drink.* y ankuyn eu teyr seyc a tri korneyt or llyn goreu 6.11.   ay ankuyn en dyuessur ar uuyt a llyn 4.1; 7.18; 8.18; 14.1; 15.30; 19.15.   a.=*rejectio*. A.L.II 152.viii; a. [*cenam*]. *Ibid.* 899.xiii-vi. Goreu ancwyn bresych.   M.A. 778 §100; Goreu ancwyn perllan. *Ibid.* §101.   a.<*anticenium*.   Thurn.Altir 517.16.   see M.A. 165b.40; 192a.31 (medd ancwyn).

anuab *childless.*   Ny tal gwreyc anuab galanas ac nys tal wedy nat ymdyco 77.25.   Huyd penuarc brenyn, mor. dyfeyth. aghanauc gulad arall. lleydyr. maru o anuab 29.26.   Heb y wrach nyt oes blant ida6.   Heb y urenhines.   g6ae uinneu vyn dyuot at anuab.   R.B.I 101.21.   A llyma Elsbeth dy gefnithderw gwedi ymddwyn mab yn ei henaint a hwn yw y chweched mis iddi yr hon a elwir yn anfab.   M.A. 369a.45.

anuod o a. *against the will.*   pop kaflauan au guenel dyn oy anuod dyhuked oy uod 120.1; 64.16; 85.2.   cf. Sef yu er anuod pob peth a dyccer er druc ac er guaratuyd er llall.   Ll.MS. 174, p. 110.27.   see bodd.

[**anuon**] *to send.*   3 pl. imperat. anuonent 132.10.

anhebkor, anepcor, anhebchor *indispensable.* (used as a noun m.)   tredyt anepcor brenyn eu y teylu 8.7; 8.30; 12.20; 29.1, 5, 6.   -cor=Ir. cor *a throw, throwing v.n.* to cuirim. W.W.

anhoydynt see hanuot.

[**anhuddo**] *to cover.*   pres. subj. pass. annuder.   or pan a. etan eny dadanudher tranoes 36.26.   A'r brenhin Dafydd oedd hen, ac a aethai mewn oedran er iddynt ei enhuddo ef mewn dillad, etto ni chynhesai efe.   1 Kings, i.1.

anlloet[h] *bed (?), home, place of retreat or refuge.*   Puebenac a cesko teyrnos gan gureyc or pan annuder e tan eny dadanudher tranohes.   a mennu ohonahu escar talet ydhy eydyon a talo .xx. ac os duc ar ty ac anlloet ac y bod ekyd ac ef hjt empen vii blenet rannu a hy 36.28.   O deruyd bot emurthryn e rug deu den am tyr a dayar . . . Ac atteb or amdyffynnvr a dyweduyt . . . Ema yd vyf uy en eysted ar e tyr hun bluydyn a bluydyned, gan ty ac anlloed ac ar ac eredyc.   A.L.II 138.7; Ffoawdr pan gaffer wedy y ceyssyer deirnos yn y anlloedd II 684 §ix; II 140 §xxvi; 142.1.   yn cadw rac kyhoet anlloet

c

enlli. M.A. 250a. 1. Breisc anlloet beirt borthloet berthyn. *ibid.* 166b.22; 173b.2. Anlloet kyrn teyrn teir ynys. *ibid.* 187a.52. mawr anlloeth mor . . . dros dir. M.A. 285b.3. eigiawn lloet. *ibid.* 138b. Ll.MS. 116. 79.20 *has* lloyd (*written* llowydd. M.A. 954b.25) = *bed.* It is presumably the same as -lloedd *of* porthloedd (*mod.* porthladd) *harbour.*

anlloethauc *possessing a home or residence.* .xiiii. brein [guir arvon] . . . petuerit ar dec puybenac a esteho endi vn dit a bluyn o byt gur anlloethauc y uod en un breyn a gur or vlad 42.26. O deruyd y dyn wneuthur cam ygkymhwt ny hanffo o honaw ac ynteu yn anllwythawc ac ae da yno. A.L.II 52.1. O deruyd y wreic adeilat ar tir tref tadawc yn diannot, ac eisted ar y tir vn dyd a blwydyn yn anllwythoc II 104 §xxvii. see II 52.v, viii; II 638.iii.

annel, anel m. and f. *a spring trap, a trap.* puebennac a tenno a. ar tyr arall . . . .iiii. am akory e tyr a .iiii. am y kayu ac a uo en er anel 97.6. O deruyd y aniueil mynet yn a. ac a honno wrthaw mynet yn arall. A.L.II 52.xiii. O deruyd y anyueil dyn arall mynet y mywn a. neu ymywn bratbwll, y dyn ae gwnaeth a dyly dieissywaw y dyn or clwyf ae gyfranu ae anyueil; ac uelly ot a dynyon yndunt ony dodir not arnunt sef yw nodeu a dylyir y dodi arnunt, croes o bop tu udunt. *ibid.* 102.xxiv. Ai ben [*The Swan*] fal bwa annel. P.MS. 69, p. 304. an bwaeu nine n annel. P.MS. 67, p. 281. Fe ddaw [ange] ith nelu di yn dy gysgu. Ll.MS. 200, p. 633. a. = *laqueus* A.L.II 782.xxiii; a. = *decipula. ibid.* 880.xvi. a. = Ir. indell *to set* (*a trap*), *harness* (*horses*). B.L.G. see also airndil *trap.*

annot *respite, delay.* O cheyf yn y maes ay cymero y ganthau ac ardelu ohanau o arwayssaw . . . roder oet ydau y geyssyau y arwayssaw. nyt amgen trydyeu yn un gymhut pytheunos ygwlat arall ac y uelly y cerda hyt y trydet lau. Ac or dryded lau kyureyth dyannot. Ac os y drydellau a geyf ay cymero ohoney gadael ydy eithyr nat oes annot. 82.15; 48.32; 130.13. annot *respite.* Ll.MS. 174, p. 75.5. annoter *postpone.* Ll.MS. 116, p. 99.29; 100.6, 7. Paham na doeth yntev yn amsser y dedyf . . . Paham nat annodes yntev dyuot hyt yn diwed yr oes. Eluc. 17.12. cf. ac yna a phwmel y gledyf ef a drewis y porth yny yttoed v pwmel yn annodi yny dor yny dorres. H.MS.I 326.37. a gwascu y benn yny glyw y vyssed yn ymannodi yn y vreithell. R.B.I 38.12.annodwn y frwydyr hyt y foru. M.A. 727a.37.

annvvyn (annwfn) *the deep, abyss.* Os nauuetdyn a dau v

ofyn tyr dyfodedyc yn bryodolder a hunnv a dyt dyaspat am y
uot o pryodaur yn mynet yn ampriodaur . . . ar dyaspat honno
a elwyr dyaspat uvch annvvyn. 61.17. cf. R.B.I 8.9 sqq.;
I 124.24.

anodeu, annodeu *wrong done unintentionally.* Sef eu anodeu
pop peth a decker en ryd (=rhith) arall 85.2; 70.18. neg. of
godeu *purpose, design.* ny dylyir dyrwy am dym yr godev
heb weithret. A.L.II 270.xii. O deruyd y dyn yn taflu ryw
beth, kyhwrd y ergyt oe atneit a dyn yny gaffo ae agheu; ac
am hynny mynnu ae galanas ae sarhaet; kyfreith a dyweit nat
oes warthrud yn hynny; kanys anodeu yw. A.L.II 42.xi.
Anodef yw anwahard tervysgva wylldineb meddwl heb y dovi.
P.MS. 14.39.

anolo *void, worthless, invalid.* ket darfo er amdiffenur rohi
atheb kin oy holy ev or haulur bot en anolo er ateb eny
warandao ef er haul 53.15. kanys anolo yu pop peth ny uo
kyureythyaul 72.1.—53.31; 54.10; 72.1; 132.15. Tri aneueil
yssyd gwerth y troet pop vn ohonunt ae eneit : march a milgi
a hebawc : sef achos yw hynny, canys budyr yw pop vn or tri
anyueil hynny, ac anyueil difwyn annolo vyd wedy na aller
aruer o honaw. A.L.II 334.xxviii. golo *or* golof *occurs=to
hide* (?). A bod y dywededeg N. yn dala hyny mewn golov a
diebryd A.L.II 472b.32. golo *occurs often in poetry=to bury.*
see M.A. 19a, b; 20a; 85a; 94a; 140a. Ped.I §59.2.

anostec *disturbance, disorder, breach of peace, prompting in
court.* ac ena e may yaun ir egnat deuedut kosb er anostec
esseu eu hene teir biu camluru a bot en anolo e geir a deueter
54.9. Sef yw anostec dywedyd gair dysk neu ganhorthwy yr
hawlwr neu yr amdiffynwr eithur y neb a vo sefydlawc. Ll.MS.
116, p. 43.17. see gostec.

anostegu *to prompt in court.* O deruyd dody gostec yny maes
ac odyna anostegu o un yny maes teyr buv camlurv arnau a bot
yn anolo y geyr hunnv ac ydau ew ac yr kyghaus 132.14.

anrec f. *dish of meat, course.* e koc . . . ef a dely decreu pop
anrec or ardemero ef 19.30; 11.14; 19.31; 20.1; 25.28; 28.24. *so*
R.B.I 257.7. R.B.I 174.13=W.B. col. 239.4., R.B.I 276.9=W.B. col.
426.17., R.B.I 293.6=W.B. col. 448.27., 266.14=W.B. col. 408.27.
A gwedy daruot udunt vwyta o vrenhinawl anregyon. R.B.II
135.12; 177.10. *so* H.MSS.II 4.28; 10.11. Ac yna y eisted yd
aethant ac y vwyta. Ac y gyt ar anrec kyntaf y doethant
marchogyon urdolyon y rei a daroed torri eu dwylaw . . . ac ar
ol yr eil anrec y doethant marchogyon gwedy tynnu eu llygeit

oe penneu . . . ac ar ol y dryded anrec . . . ac ar ol y bedwyred anrec . . . ac ar ol y bymhet anrec y doethant marchogyon urdolyon. H.MSS.I 255.26. Ac megys yd oedynt yn aros y bymhet anrec or gegin. H.MSS.I 131.16. ferem *v.l.* anrec. A.L.I 58.7. Llonaid llwy o ddwfr llinagr/yn anrheg, bid teg, bid hagr. D.G. xxi.70. anregyon. R.B.II 202.25 = fercula. Schultz 202.

anrechu *to reward with food.* ac ena e dely e brenyn y anrechu ef o uuyd a dyaut 19.23; 28.3. Teir gweith y hanreca y brenhin ef y nos honno oe law ehunan ar uwyt kanys yn llaw y gennat yd anrecca beunyd ef. A.L.I 652.1.

anreyth *booty, spoil, cattle taken during a raid, property.* bard teulu . . . a deley bucc neu ycch or anreyth a guenel e teulu eghorgulad. guedy ed hel yr brenyn y trayan. enteu a dely pan ranoent er anreyth kanu unbeynyaet prydyn 15.2; 12.13; 13.20; 25.18; 26.3. Pvybynnac y cafer ol lleydyr yn dyuot yu ty ac na allo y hebrug yurthau byt anreythodew ac ony byd anreyth dyholyer 80.2. pl. anreytheu 7.12. a. grybdeyl *confiscation of a homicide's property* 80.7. a. odew 78.27; 80.1. vn yw godef o dyn orthrymder y swydoc arglwyd wneuthur aghyfreith arnaw yn lle kyfreith a hwnnw a eilw kyfreith yn anreith odef. Ll.MS. 116, p. 64.36. so M.A. 949b.34. Tri dyn a vydant anrhaithoddev : un na savo wrth varn cyvraith, ac na safo yn wyneb llys, ac a latho ei gywlad; sev goddevadwy cyrch anraith arnynt; sev yw cyrch anrhaith, dwyn yn ngavael y maint a gafer o'u däod cynhwynawl heb werth heb dwng arnynt. M.A. 931. §148. a phan edrychyssant yford y guelyn y preideu ar anreitheu ar kyuanhed kyn no hynny ny 6elynt neb ry6 dim, etc. W.B. col. 64.29. see also L.W. 327 §89; 339 §cxxxiv. see godew.

anreythyau *to plunder, raid.* pan uo reyt menet e teulu y anreythyau neu y neges arall [e penteylu] a dely ethol e rey a uenho. 7.4.

anrydedu, anredethu *to reward, honour with gifts.* Ac uynt a dylyant anrydedu y brenhyn pan del yr llys herwyd eu gallu. ay yn deueyt ay yn vyn ay yn uynneu. ay ar gaus ay ar emenyn ay ar laeth 68.17.—11.14; 67.14.

anredethussaf, anredetussaf *superl. highest in honour, best.* Edlyg . . . a dele bod en anredetussaf guedy e brenyn ar urenynes 3.22. er eyl seyc anredethussaf 6.10.

ansaut f. *condition.* ny dely ef manelu e kenut or ansaut y doto ar e march 27.10. Ef a vynnassei gymryt ansawd a vei well noc a rodassei duw idaw. Eluc. 6.30. Ac yn yr amser gossodedic ygann duw ef a vwyttaei o brenn y uuched. Ac yn yr anssawd honno y bydei gwedy hynny. *ibid.* 11.30. see R.B.II 47.18; 58.3. H.MSS.I 365.8. pl. M.A. 348b.23.

anudon *perjury.* ac os cam [y damdyghuyt] guneler arnau cyureyth anudon 134.9; 44.26; 79.16; 80.13; 134.2. an-ud-on, ud=Ir. -oeth *an oath.*

anuuar, anguar *undutiful, impious, uncivil.* ny dele e claf kemennu djm namen e daeret . . a ked as kemen*n*o e mab a eill torry e kemen a hunu a eluyr mab anuuar 34.18. puybenac a deueto geyr anguar en erbyn e bren[yn] talet kamlury 29.28.

anuyd *nature, natural quality.* O deruyd bod dyn en kendeyryauc a bradhu dyn arall ac or brath hunnu deuod ageu yr dyn nys dyhuc e kenedel er enuyt ef kanys o anuyd er heynt e bu uaru 120.14. Talamon llef eglur oed idaw. a gwr greduawl creulawn yn erbyn y elynyon. ac annwyt mul gantaw. R.B.II 12.27. anwyt mul hael oed idi. R.B.II 14.2. anwyd prophwyd prud ioli. M.A. 146a.5. Oer deni gwr garw ei anwydeu. M.A. 80b.48.

anulkun *favourite dogs.* Teyr merched ny deleyr amamoby*r* . . . namyn eu hemys ac eu hanulku*n* ac eu hebocheu ac eu harueu 127.11. a diwethaf ki a ellygvyd arnaw annwyl gi arthur. cauall oed y enw. W.B. col. 402.19. cf. Saith anwylddyn duw : Jeuan vyngylwr, etc. Rep.MSS.I 774.6. ehegyr y byd dryssaur y annwyl. P.MS. 17.31. 1. anuones yr amherawdyr ar pilatus anwylwas idaw. yd ymdiredei yndaw yn vawr. H.MSS.II269.3.

anyueyl, aniueil *animal, usually one of the domestic animals (including dogs and geese), game.* O deruyd tennu ruyd ay ar auon ay ar uor, a deuod ay guydeu ae anyueyl arall 121.16. O deruyd y dyn menet y hele a decreu hele ac ellug ar anyueyl pa anyueyl bennac uo 122.20. a. buder *unclean beast* 94.2. a. glan *clean beast* 94.1. a. petwartroydyauc *quadruped* 82.20.—9.15; 25.19; 29.9-15; 42.16; 43.1; 81.16-23; 115.4, 12; 121.8, 20; 122.5, 10, 20; 123.1, 5. pl. **-eyt; -yeyt** 8.2; 11.6; 26.1, 22; 29.10; 97.10; 121.13.

anilis *insecure, void.* puipennac a gusto gust adeuedic a tebiccu honau ef vrth na does vach arnau bot e guestel en anilis nini a deuedun dikutau hunu ae y vod en dilis 46.5; 47.31; 48.3; 56.26. see llys.

anilissu, anylessu *to render void, annul.* e guystyl a guystylho greyc ny dele y gur y anylessu 119.9.—47.32; 119.6.

ar prep. *on, upon.* with pron. suffix. 3 sg. m. arnau, arnav, arnahu 92.7; arnauhu 49.19; arnauau 44.3. 3 sg. f. arney arnehy 40.14. 3 pl. arnadunt 52.35; 53.21; 68.11; 75.23; 76.4, 5; 81.10; 99.12; 103.17; 104.8, 11; 119.25; 128.22. arnunt 12.18; 76.17; 109.6. arnudunt 33.16. *on, upon.* pan dano e dyllat ar e guely 22.22. corflan . . . ay phen ar e venwent 51.19. bod en rid peskodha ar e teyr auon 42.21. pob gulet e bo med arney 18.25. argluyt a uo ar e wlat 51.22. vn guert vyt a pop llo vn ar pemdec ar y llaet[h] 90.23. o deruyt y dyn bot creireu arnau 51.18. ny ellyr tystyolaeth ar uedul 121.4—5.18; 9.9; 24.25; 26.7; 42.15; 48.18; 49.18; 51.18; 54.19; 60.22; 67.2; 70.8, 23; 96.18; 101.3; 116.25; 121.4; 129.13; 131.11, 12, etc. with vb. noun. kemer meychieu ykan e llourud ar i dieisivau 50.29—3.4; 35.12; 37.26; 46.37; 56.7; 71.24; 76.27; 79.10; 134.2. with ord. nos. llu e kennogo[n] ar i sethuet . . . wec guir ac euo ehun seithuet 44.17—45.7; 47.21; 49.21, 25; 66.16; 73.26; 74.14. in cpd. nos. un ar ugeint 129.12; pedeyr ar dec ar ugeynt 61.22.—3.16, 17; 6.1, 2; 10.16; 18.19; 20.8, 24; 36.30; 37.13; 42.25; 45.20; 59.2, 15; 65.9, 11, 22, 29; 66.24, 29, etc. **yar, jar** *from.* with pron. suffix. 1 sg. yarnaw uy 133.18. 3 sg. m. yarnau 55.16. 3 sg. f. yarney 62.2; 133.17, 27, 28. 3 pl. yarnadunt 26.10. kyuody yar e guely 39.29. buyta jar un dyskyl ar brenyn 24.14.—26.10; 38.14; 47.10; 53.6; 55.16; 56.11; 114.4; 123.2. *upon.* puebennac a uenficyo march y arall a guenouy e bleu yar e keuen 89.9.—19.17; 51.13, 14; 62.2; 123.5, 6; 133.17, 18, 24, 27, 28.

ar *tillage, tilth, arable land.* mayr bysgueyl . . . byeu pery er ar a holl reydyeu e llys 24.20. Try ryu datanhud y syd datanhud ar ac eredyc, etc. 60.17, 21. O deruyd bod amresson am drecar edrecher eru er amayth a defnet y har ay llet 109.21. see gayauar, guahanuynar. cf. glasar. M.A. 304a.24.

ar 16.16. see yar.

ar abbrev. for aryant.

arader, aradar *plough.* ny dele nep kamryt amayath arnau ony huybyt gueneuthur aradar ay hoylyau kanys ef a dele y gueneuthur en kubyl 111.18.—92.10; 104.12; 111.18. collect. sew yu turyw ac enwywet llosgy tey a thorry aradyr 63.8. *The various parts of a plough, etc., are mentioned on p. 561 of* Ll.MS. 209 *in a satirical poem.* Arnodd o wernen a chebyst banhadlen . . . a gwden o gollen . . . e chyrn eithin crinion . . . a hoelion o

helig. *See a late drawing of a plough on the facsimile at the
beginning of* Ll.MS. 116. (Guild of Graduates, Edit. 1912.)

arail see arheyl.

arall (*a*) adj. *other, another.* menet e teulu y anreythyau neu
y neges arall 7·5. nau nyr[n]vet yny hyt . . . ar gymeynt arall
yn y llet *twice as much* 69.8. greyc en deuot or parthun yr
lluen ar gur or parch arall 39.10.—5.10; 19.5; 29.26; 30.18; 33.19;
35.6; 38.7, 28; 39.2, 14; 41.2, 20; 42.24; 48.22; 52.14; 59.13; 60.6;
61.7; 63.2, 21; 65.11, 28; 66.9; 67.17; 73.3, 5; 77.13; 79.2; 80.25;
81.12; 85.9, 25; 121.20; 125.11; 128.5; 132.21; 134.15, 18. pl.
ereyll. 7.15; 8.7, 23; 12.22; 15.7; 20.4; 28.4, 30; 31.13; 38.26;
61.8; 63.10; 66.15; 67.18; 68.5; 74.17; 76.27; 86.22; 88.3; 109.2;
120.3, 4; 121.13; 129.18; 135.11.

(*b*) pron. ef a dely corney[t] llyn ykan e brenyn ac arall
ykan e urenynes arall ykan y dysteyn 13.31.—3.12; 12.4, 17;
13.31; 15.18, 20, 31; 17.12; 28.12; 30.12; 36.27; 40.24; 45.9; 46.21;
47.15; 47.26, 31; 48.28; 49.25; 50.6, 17, 18, 25, 30; 64.7; 71.22;
72.26; 73.3; 75.16; 97.1; 106.10; 111.12; 122.12; 128.10; 129.24;
134.13. pl. ereyll, ereill 4.11; 11.17; 12.1; 22.1; 25.24; 38.25, 27;
54.4; 56.29; 59.15; 61.9, 18, 27; 64.14; 74.6; 77.13; 80.18; 82.19;
103.15; 104.9; 113.16; 118.26; 128.23; 129.28; 130.17, 19.

arbennyc, arpennyc *chief, principal.* ef a dele dody e delyn
en llau e bart teulu en e teyr guyl arbennyc 6.4.—4.26; 6.7, 18;
8.20; 9.17; 11.16; 48.30. Ir. airchinnech *gl.* '*princeps.*' Z². 868.

archenat *any article of clothing, usually footgear.* ef a dely
trayan e kuyr . . . neu archenat a talo .iiii.k. 17.25; 26.18; 27.3.
a phan welas yr ydeon y gwyrtheu hynny y tynnassant y prenn
or llynn ac y dodassant yn bont ar auon y sathru . . . a phan
arganuu hi y prenn. estwg y phenn a wnaeth, ac adoli idaw.
a diosc y harchennat. a dyrchauel y dillat. a mynet trwy y
dwfr is y law. H.MSS.II 249.25. gwisgwch amdanawch ych
dillat vy meibon .i. ach archennat ac adawn y lle hwnn. Eluc.
121.1. ac un waith yn y flwydyn y caiff Esgidjeu a Hosaneu.
v.l. ac un waith ei archenad. L.W. 65 §7. Morwyn ystauell
. . . bieu kyfrwyeu y urenhines ae hen frwyneu ae harchenat.
A.L.I 670 §xxxii=Hi a geiff hen gyfrwyeu y vreniues ae henn
ffrwyneu ae hen hescittyeu. *ibid.* 382.x. Archenad .i. dillad.
gwyr yn cerdhed yn dhiarchen .i. yn droednoeth. P.MS. 118,
p. 464. kyfarchen = esgidiav. P.MS. 169, p. 261. Corn.
orchinat *shoe.* Bret. arc'hennad. archen=Lat. arcenda. Sir E.
Anwyl. cf. diarchen. na roed farch kvl diarchen. P.MS. 72,
p. 83. yn ddiarchen ben a thraed. IoloMSS. 61.35. ae

diarchenu a orugant. ac a dugassant idaw dillat ereill. H.MSS.I
16.35. ymdiarchenu oe arueu. *ibid.* 86.19. Ac erchi a oruc y
iarll y enyd diarchenu a chymryt g6isc arall ymdanei. W.B.
col. 443.8=ymdiarchenu. R.B.I 289.6. diarchenod draed y holl
awyddussyon, etc. Rep.MSS.II 475 §93. so p. 564 §72.

[archolli] *to hurt, wound.* try arperykyl dyn dernaut em pen
hyd er emenyd. a dernaut eny corf hyd er emescar a tory vn or
peduar post teyr punt a keyf e nep a arkoller y kan enep ay
arholleho. 106.2.   3 sg. pres. subj. act.   archollo, arholleho
106.2, 4.   pres. subj. pass.   archoller 106.2.   pass. part.
archolledyc 18.2, 13.

[ardymheru] *to cook, prepare food, season.* 3 sg. pres. subj.
ardemero. e koc . . . a dely decreu pop anrec or ardemero ef
19.30.   py beth a wnaeth duw . . . y moroed . . . ar phynn-
honnev y ardymerv y dayar yn galet ac yn vedal. Eluc. 130.1.
Dysc i dempero ney y ardymhery lliwiau oll y sydd yn canlyn :
. . . lliw dv a wnair or gals, etc. Rep.MSS.I 921 §185. Z². 1052.
temperam. *gl. condio.* but see R.B.II 163.3 ; 331.1. cf.
erdymyr y llevad j rrwng yr havl ar ddaear. P.MS.51, p. 162.
Arthur yna a beris ardymheru lawnslot o enneint a dillat.
H.MSS.I 431.30.   O mynny adnabod ar dymherv tir ai
dywyllodraeth. Rep.MSS.II 463 §101. Arglwyd heb ef cam a
wney na chymery ardymhereu ac asm6ythder. W.B. col. 436.2
=R.B.I 283.22.

ard see aru.

ardelu (a) *to claim, avouch, defend.* O cheyf yn y maes ay
cymero y ganthau ac ardelu ohanau o arwayssaw yn lle arall
roder oet ydau y geyssyau y arwayssaw .82.11.   Ni dele dyn
kemrit macht kannogan kanes deu ardelu hint ac na keif enteu
namuin dewis y ardelu os o vechny id ardelu nyd oes kanogon.
os kannogon nyd oes vach. 46.27.   3 sg. pres. ind. act. ardelu
46.27 ; 82.6.   3 sg. pret. ind. act.   ardelus 49.16.   see R.B.I
253.10.

(b) m. *claim, defence, title to possession.* y anyueyl y cefyr·
try ardelu geny a meythryn a chadu cyn coll ac arwayssaw.
Os o eny a meythryn y ceys y ardelu gwnaet ual hyn. dodet
ym pen ceytweyt bot yn eydau y uam ay eny ay ueythryn
ganthau ac na aeth y ganthau er pan anet ar y berchennogaeth
hyt y dyd hunnw. 81.23. 40.17 ; 46.26 ; 53.33 ; 56.31 ; 81.23 ; 82.1, 7.
Sef ymdidan uu gan teirnon. menegi y holl gyfranc am y gassec
ac am y mab. Ac megys y buassei y mab ar y hardelw hwy
teirnon ae wreic ac y magyssynt. R.B.I 33.26. Tri gwaessaf

yssyd : ardelw; neu warant; neu amdiffyn heb warant. A.L.I
458.lxxxii. Trydyd [breint] yw, caffel lletrat yn llaw dyn, neu
ar y geuyn, neu gwedy y vwrw yr llawr : am bop vn or tri hyny
reit yw yr dyn keissaw ardelw kyureithawl y vwrw ywrthaw y
lletrat. A.L.I 612.iii. see M.A. 952a. 42 ; 955a. 19. Rep.MSS.I
224 §259.

(c) m. *avoucher.* Ny dele dyn kemrit macht kannogon kanes
deu ardelu hint. 46.26; 82.7. Teyr fford y may cadarnach
arddelw no cheitwat. arddelw a ryddha dyn oe hawl, ac ae
cymer arnaw ehun . . . eil ny ellir llyssu arddelw . . . trydydd
nyt rheit lliaws yn arddelw. A.L.II 634.xxix. see *ibid.* 638.xiii,
xxix. Crist . . . cadarnaf arddelw. M.A. 253a. see kanhelu.

arderchauael, arderauael, ardehauael, ardychauael *to aug-
ment, raise, increase fine or price usually by a third.* y sarhaet
eu .vi. byu a .vi.xx aryant kan y arderhauael ungueyth. y
guerth eu .vi. byu a .vi.xx myu kan y arderhauael ungueyt.
17.15.—II.23, 24; 13.1, 2; 14.4, 20; 15.24, 25; 17.15, 16, 29; 18.17,
34, 35; 20.6, 23; 21.10; 22.6; 24.16, 32; 35.14; 37.26; 78.4.
written ade 20.23. *pres. pass.* ardercheuyr 14.4. Gwerth
racdant dyn yw pedeir arhugeint aryant gan tri drychauel sef
val y drycheuir : y dyrchafel kyntaf yw wyth keinhawc; ar eil
drychauel [yw] dec keinhawc a dimeu a thrayan y dimeu; y
trydyd yw pedeir ar dec a dimeu a thrayan dimeu ar nawued
ran y dimeu . . . a phwy bynac a vynno gwybod y drychafaelion
ar yr aryant, reit vyd idaw drychaf yny drychafael kyntaf
kymeint ar trayan y swmp i bo y drychafaelion o honaw a
gossot hwnnw yn vn swmp; ar eil drychafel yw kymryt y
trayan ar y swmp hwnnw ay dodi yn vn swmp; ar y trydyd
yn yr vn mod kymryt kymeint ar trayan val y mae y kyfrif or
blaen. A.L.I 504.ix.

aredig see aru.

aref m. *weapon*; aref buyall *battle-axe* 102.17. pl. arueu
arms. e penguastraut . . . a dele . . . emduyn arueu e brenyn
13.22. 4.4; 6.19; 48.37; ar vieu; 127.12 cf. twryf=twrf. M.A.
156b. toryf=torf. M.A.160a; 161b, etc.

aruer *use, wont, custom.* eman e tray[t]hun or suyho[g]yon
aruer o deuaut a uyd en llys 23.19. Suydocyon . . . arey
kefreythyaul ar rey aruer 28.29. kanyt oes na reit nac aruer
ohonunt. P.MS. 38, p. 6. see H.MSS.I 31.21, 23.

arueru *to use.* ac or messur hunnv yd ys yn arueru etwa
65.6. see kamarueru.

arvieu see aref.

aruoll see ymaruoll.

arvon n.l. *The region which lay opposite to Anglesey, from the summit of the Rivals to the river Cegin between Bangor and Llandegai, was apparently known as Ar-fon.* Lloyd, Hist. of Wales, I 233. Ac ena ed elleghus rudn kenat hid eghuynet y huybod puy byeufey e blaen. rey a deueyt panyu maeldaf henaf pendeuic penart ai barnus y guir aruon. 42.6.—41.30, 31; 42.10, 17, 19.

arfet *lap.* troydyau[c] . . . a dely daly trayt e bre[nyn] eny arfet or pan decreuho eyste eg keuedac eny hel y kesku. 24.10. 24.13. cf. Ac yn yr amser hwnnw math uab mathonwy ny bydei vyw. namyn tra uei y deutroet ymlyc croth morwyn. R.B.I 59.8; 65.11 sqq. y rei truan a dihegys yn vydinoed y foynt dros y moroed gan gwynuan a drycyruerth y dan arffet yr hwyleu. R.B.II 252.17. byryei arffedeit or us am penn y tan. W.B. col. 202.26. ef dydau lleu ym arfet. Ac y dygwydawd ynteu ar lin gwydyon. W.B. col. 108.16. yn arffed Mair ei heissorawd. M.A. 40a.30. a achlessir yn arffet yr eglwys. P.MS. 15, p. 95. see H.MSS.I 72.7; ef a dorres arffet y grys 230.9.

argluyd, argluyt *lord, master.* Ac o pen e pedeir blenet ar dec e mae jaun jr tat e duyn ar e argluyt. ac jdhau ynteu gurau jdhau ef. o henny allan byt urth ossemchejth e argluyt. 37.14. Try chadarn byt argluyd a drut a dydym 134.28. .ix. tauyodyauc sef eu e rey hene argluyd erug y deu guas, etc., 30.21. Puybynnac a urthoto yaun o achaus tebygu y uot yn argluyd ar haul a dylyu holy pan uynno gater ydau ynteu peydyau. 132.29. 12.20; 29.17,19, 21; 37.15-27; 39.24; 44.7; 46.17-29; 47.13-20; 48.5-19; 50.5; 51.21; 52.1, 15; 66.27, 28; 70.23; 71.1-7; 74.20; 75.14-17; 77.15; 78.14; 83.3; 85.4-5; 106.22; 117.7; 120.17; 121.2-5; 123.24; 124.2-16; 126.10; 127.3; 128.4; 129.26-28; 130.10; 131.5; 132.29; 134.4-29. f. -es 41.16; 67.14. pl. -y 64.10; 85.7.

argluydyaeth (a) *sovereignty, dominion.* y gyureyth a dyweyt y dyly y meybyon uchelwyr kadu argluydyaeth ar eu halldudyon mal y dyly y brenhyn cadu y argluydyaeth ar y alltudyon vynteu. 63.29.

(b) *territory or dominion of king or lord.* Saraet brenyn aberfrau uel hyn e telyr can myhu urth pop cantref eny argluydyaeth. 3.6; 76.20.

arkefreu m. *personal property of a wife, paraphernalia.* O byt arkefreu jdhy byt hunnu en ditreul hit em pen vii blenet. 36.18. 34.6; 36.10. argyvreu, *id est, animalia que secum a*

parentibus detulerat. A.L.II 795.xxxiii; 847.xiv. argyureu
[*paraphernalia*] II 872.xx. cf. Tri phriodolion gwahanredawl
pob gwr . . . gwraig, plant, ac argyvreu; sev yw argyvreu,
gwisg, ac arveu, a pheiriannau Celvyddyd vreiniawl. M.A.
922 §53; A.L.II 492.liii. Argyfreu Gwraig yw ei gwaddawl.
L.W. 83 §48. argyfreu=gwadawl. L.W. 83§48. cf. Car.Mag.
25.4. Adarest6g yr holl yspaen aoruc y brenhin yr egl6ys honno
ar galis. ac a rodes yny hargyfreu pedeir keinya6c bop bl6ydyn
yn dretha6l o bop ty, etc. cyfreu *appears to mean 'distinguish-
ing qualities,' 'peculiar property.'* see A.B. 8.17; 13.13; 109.6;
151.3; 254.26. M.A. 214b.2. *and looks like a pl. of* cyfr-, cyfyr-,
another form of 'cywir' (?).

[**arhaeddu**] (?)] *to reach.* 3 sg. pres. subj. act. arhaydo. a
gwyalen gyhyt a honno yn llau y geylwat . . . a hyt yr arhaydo
a honno o bob parth ydau yn llet yr eru 59.14.

arhaul, araaul f. *counterclaim, surclaim.* puebennac a archo
benfyc tan deuet heb haul heb arhaul arnau 86.10. 118.6. Pa
wahan y syd [y] rwg hawl ac arawl ac arapawl. Hawl a holo
dyn y arall a dywedvt or llall ny wnaf vi yewn y ti or hawl hon
yny wnelych dithev y myney or hawl hon hono yw arawl. A.L.
II 252.xxv. cf. M.A. 956b.32 sqq. Sev yw deall arhawl, or
damchweiniai i ddyn venthyciaw march, neu beth arall . . . a
chyn dawed y march adrev at ei berchen cyvodi hawl o arall ar
y march yn llaw benthyciwr, etc.

arheyl *to attend to, to care for.* y maer bysweyl a dyly . . .
eredyc a heu ac arheyl yscrybyl y brenhyn 68.4.

arholleho see archolli.

arluyau *to prepare, set in order.* e porthaur a dely arluyau e
llys yam pery guellta a pery kenneu tan 26.12.

arnaut see racarnaut.

aros, arhos *to await.* o byd alldudyon gwlat arall yr brenhyn
ay yn wyr ydau ay yn arhos gwynt 67.17. guanaet enteu a
uenno ay aros er oet ay talu kyn nor oet 122.4. 118.24.

arperykyl *very dangerous, fatal.* ef a dele medhecynyaet rad
pan ueno eythyr y guaet dyllat Onyt un or teyr guely ar perykyl
uyt sef eu e rey heny. dernaut em pen hyt er emenyt dernaut
hyt er emescar neu tory un or pedeyr kolouen 7.21. n. masc.
tri arberygl 105.23. v.l. tair gweli angeuawl. L.W. 44 §6.

[**aru** (?)] *to plough.* (see A.L.II 514.lxxv; M.A. 406 §56;
778a.54 (?).) 3 sg. pres. ind. act. ard, art. y dody yn arader

ac od ard or bore hyd hecuuyt 92.11. 92.13, 15. 3 sg. pres. subj. ardo 68.25, 28. artho 43.7. pres. subj. pass. arder 68.29; ardher 110.27. 3 sg. imperat. ardet. part. pass. eredyc=*land that had been ploughed.* Tri ryu datanhud y syd. datanhud ar ac eredyc, etc. 60.17; 60.21. (*The verb. adj.* aradwy *occurs in much the same sense.* a deil ac aradwy yw kyuanned. A.L. 536.ii. aradvy tridieu . . . aradvy vn dyd. Ll.MS. 69, p. 158. trychannerv aradvy. *Ibid.* 127.11. Ll.MS. 116, pp. 27, 41. Med.Law 107.16. *In medl. Welsh there is often no distinction in meaning between* pass. part. *and the* verb. adj. see profadwy=tried, etc.) eredyc *is also* v.n. *to plough.* brynar duy wlynet y dylyir y eredyc 63.18, 19, 20; 68.4, 25; 109.1; 110.1, 3, 4, 5, 25. *It is supposed that* eredig *is the* v. noun *formed from* aradr *and not the* participle; *then we should expect* eredri *corresponding to* cyferedri *which occurs* A.L.II 855.vii.

arwayssaw (*a*) *guarantee, warrant, defence, protection.* y anyueyl y cefyr try ardelu geny a meythryn a chadu cyn coll ac arwayssaw . . . os o arwayssaw yd ardelu dywedet puy a ardelu neu a arwayssaw hun [ac] o byt yny maes cymeret y ardelu atau y lledrat a byt ryd ynteu ac o deruyd yr arwayssaw y gymryt damdyghet yn y law ef, ac ynteu byeu os myn ceyssyau arwayssaw arall neu dyguydet ehun 81.24 sqq.; 82.11, 16. a. *v.l.* gwarant. L.W. 219 §65. Tri gvaessaf yssyd ardelv neu warant neu amdiffyn heb warant. Ll.MS. 69, p. 76.11. Arwaessaf. Ll.MS. 174, p. 109.7 = ardelu. B.B.Ch. 82.7. O dervyd daly lledrad yn llaw dyn a phan damdygher y lledrad yn y llaw dala arwaessaf ohonaw ynteu o effeiriad neu o radwr arall . . . a dyfod ohonaw y gymryd y lledrad o law y dyn y damdyghwyd gantaw. ny dylir y rodi attaw. kany dyly ynteu ymrodi y *gyfreith* arglwyd . . . wrth hyny na ad y *gyfreith* ydynt hwynteu bod yn arwaessaf y lledrad. Ll.MS. 116, p. 98.3 sqq. a.=porth. P.MS. 169, p. 213. gwaessaf=Ir. foesam= *protection.* see ecar. B.L.G. foessam. W.W.

(*b*) *to warrant, become surety.* 82.6. see (*a*).

(*c*) *protector, one who becomes surety.* ket roer mach ar peth ny deleyt e roy ac nit yaun e kecvvin or llau e may endy ene del ar ustel kestall ac ef ykan er arwaessaw 47.35.—82.8, 9, 12.

[arwedd] *to bear, carry.* 3 sg. pres. subj. act. arhuedho, arguetho. pop pren a arguetho fruyt vn guerth a kolluyn eu 97.23, 98.3. ac amouyn a wnaeth pawb ohonunt ae gilyd. pwy a arwedei y palym o flaen yr elor. Eluc. 81.17. see Eluc. 18.18, 27. R.B. 197.30. H.MSS.II 63.19. Gwae ui gletyf glan

gloewdrud yth arwein / oth arwet ossymud. M.A. 164b.27.
Keigyeu or oliwyd a arwedassant yn eu dwyluaw. H.MSS.II
76.8. cf. Rep.MSS.II 475 §163 Saint Simon a saint Iwd o
arweddiad yr ysbryd glan a ethant i . . . Persia. MA. 806b.48
Goreu moesgarwch ymarwedd yn brydverth. W.B. p. 286.39.
Keffylau . . . a gywedei gynnut ac a gywedei bwyt a llynn.

arweyn, argueyn *to carry, lead, bear.* e dressaur . . . a
dely argueyn pop neches or a deueter urthau or port hyd e
neuat. 19.4, menyc y a[r]gueyn y hebauc 11.13, 78.7.

aruyd, arujt *symptom, token.* o achaus redeuod arujt mab
arney 36.5. cussan yu aruyd kerennyd 74.16.

arusytyl *pledge, pawn.* ac os maru vyth er aniueil triget er
a. en dilis en elle, 43.10.

ary. see aryant.

aryaneyt *set with silver, silver-plated.* fruyn aryaneyt 103.2,
7, 21. cf. Si aurum vel argentum in eo fuerit appositum. A.L.
II 865 lxiii.

aryant, ariant (a) *silver*; talu . . . heb eur heb aryant
3.15; 30.12; 33.24; 103.14. (b) *money*; pan prenno dyn peth
yr ariant 47.26.—10.13, 14; 11.2; 12.13; 13.18; 14.11; 19.3; 20.5,
10; 21.6; 22.21, 30; 23.11; 47.26, 27, 28; 48.36; 67.1; 78.3; 91.4;
112.9, 15, 16; 118.14; 132.16, 18. (c) *penny*; y sarhaet eu.vi.byu
a.vi. ugeyn aryant 11.23.—9.6; 13.1; 14.2, 3; 15.8, 24; 17.15, 29;
18.17; 19.22; 20.6, 22; 21.9; 23.7; 24.7, 15; 25.25; 71.12, 14;
75.4, 18; 78.5, 8, 29; 104.23, 25; 105.2-27.

aryantal *payment in money.* e guahannuynar o huylsanfreyt
hyd kalanmey aryantal. O kalanmey allan dyuuyn llukyr.
112.12. cf. bwyttal. R.B.I 136.27.

askellheyt *a swarm that leaves the hive after August, or a
swarm that leaves the third swarm from the parent stock.* O
deruyd heydyau heyd guedy ahust .iiii. a tal a honno a helguyr
askellhyt. 95.18. er heyt kentaf a del or tredet heyt .iiii. heb
derkauael. a honno a elguyr askelleyt 98.14.—95.17, 21. see
A.L. I 502.viii; 738.§xxvii.ix. cf. Devddeg gwynt y ssydd
ac o hynny pedwar privwynt ac wyth asgellwynt. P.MS. 51
p. 165. ys gwae fi! rhewi ar hynt,/ysgillwayw drwg asgellwynt
D.G. cxciv.46.

ascurn, ascrun *bone.* 89.10; 106.12. ascurn moruyl, ascurt
m. see moruyl.

asseth f. *lath, scallop, stake for fastening thatch on roof.*
[guerth] asseth .i. 99.11. Da nithiodd dy do neithwyr . . .

Hagr y torres dy essyth. D.G. cxl.30. Degle'n nes, dwy glun esyth. *Ibid.* cxxi.31. Coelbren y Beirdd ag fal hyn ai gwnelid Cynnull coed cyll neu gerdin . . . a hollti bob un yn bedryran sef yn bedair asseth y prenn. Iolo MSS. 207.2. Goreu oedd Ifor ai gorphsyth—ein rhi/yn rhoi deifr ar esyth. D.G. xiii.10. aseth ni phlyco nit da M.A. 840a.57; Dr.D.Prov. a.=Swmbwl. W.S. II Cor. 12.7. Dwy asseth lwyd wiwsyth lan/dwy gromach no dav gryman (*To the horns of a ram*). P.MS. 69.52. Ei saeth wnias aseth anial. Ll.MS. 209, p. 154. cf. Venedot. esith '*wattle made of hazel to strengthen the eaves and the top of the thatch.*' Trans. Guild of Grad., 1909-11, p. 35.

assu, assuy, assv *left.* dody y lau deheu ar yr allawr . . . ar llau assv ar ben y mab 72.15.—5.16; 6.5; 37.18; 52.14, 16; 68.26; 72.5, 15; 81.15-18; 131.19.

asuinur *one under an "asswyn."* guaesauur ac adlamhur ac asuinur oda guaesauur yhurt y guaesaf .lx. . . .lx. adal. asuin-hur. 41.24, 25. Tri ryw wrogaeth yssyd . . . eil yw, ot a treftadawc yn wr y dreftadawc arall, a mynnu mynet ywrthaw yw dreftat ehun, ef a dyly talu trugeint idaw; a hwnnw a elwir asswynwr. A.L. II. 42.ix. Tair asswyn y sydd yn nghyvraith dros gwared cosp gadarn : anallu; anwybod; ac eisiwed angheuawl : ar tri pheth hyn a asswynant rhag cosp gadarn, ac a'i gwaredant. A.L.II 486.xxiv; M.A. 921 §24. see R.B.I 113.8; B.B.C. 78. asswyn-.<Lat. assegn-o. Loth.

astyr *receiver* (?). O deruyd y dyn cafael kyc anyueyl ny bo eydau ay can gun ay y cudua arall ay gymryt ohanau hep ganyat dyruy a uyd hyd yd el . . . hyt y ganvet llau. ac urth hynny y gelwyr ew cyhyryn canhastyr 80.24. kyhyryn kan astyr [*frustum carnis centum eventorum.*] A.L.II 867.5. Tri chehyryn canastyr [yssyd : vn yw] lledrat [y fford y kerdho kyurann o honaw . . .] a hyd brenyn . . . ac abo bleid. A.L. I 782.xxxii. O dervyd y dyn gaffel kic anifeil ny bo ynny eidaw ef . . . ae gymryd ohonaw hep genad dirwy vyd y kosp . . . hyt ymhen y ganved llaw : a wrth hynny y geilw kyfreith hwnnw ae gyffelybyon yn gehyryn kanastyr wrth vyned dirwy kyhyd a hyd y ganved llaw : a chyd el bellach hyny ni daw na dirwy nac astyr bellach y ganved llaw. Ll.MS. 116, p. 111. *As far as we have seen, apart from two or three proper names* (cilydd canhastyr a chanastyr canllaw. W.B. col. 461.5) *this occurs only in the expression* cyhyryn canastyr. *This has been translated* "hundred perplexities" (A.L.I 246; Med.Law. 270) "*hundred recurrences or junctions,*" Pughe; *but it appears to* *us, notwithstanding the Latin gloss quoted above, that the meaning was originally "receiver or taker (of the contraband meat)."* Canastyr *is evidently regarded in a general sense as equivalent to* canllaw, *and the fine for receiving or taking this contraband meat extended to the hundredth hand or receiver. The word appears to have been borrowed from the Latin* astur. *According to* Thurneysen (Walde, *sub.* astur) astur *" a hawk," is from* acceptor, *and* Körting (*sub.* astur) *says that* acceptor, *" a receiver," appears in popular language for* accipiter. Diez *also says (sub.* Astore) : *Wohl mag die lingua rustica an* acceptor *von* accipere *gedacht haben, als sie das mit diesem verbum ganz unverwandte* accipiter *umformte. The* astyr *of* cilydd canhastyr *however looks more like the Irish* astur *" a journey."*

at prep. *to.* with pron. suffix. 3 sg. m. atau, attau, athau 81.10. 3 sg. f. atey 21.16; 60.14; 68.4. 3 pl. atadunt 53.30; 109.3; atunt 86.22. puybennac a kyrho naud atau ef 12.24; paub a pertheno atey 21.16; ac o dau neb atadunt 53.30.—24.19; 46.9; 50.26; 60.14; 68.4; 79.18; 80.10; 81.10; 82.7; 86.15, 18, 22; 109.3, 16; 132.17.

atafel see adauael.

atal, atael *to keep, detain, hold.* ny dyly neb atal gardeu gantheu yn heruyd breynt teyl namyn un wluydyn 63.16. puebennac a dalyho escrybyl llauer ac atael un ar neylldu tros eu gueythret 118.15. 3 sg. pres. ind. act. eteyl 19.9. 3 sg. pres. subj. atalyho 19.9. imper. pass. atalher 89.17.

atep, ateb, atheb (a) *to answer, respond to, be responsible for.* ny dely atep nep namen un or kydsuydocyon 11.21. O deruyt rody moruyn e gur ac na honner e couuyll ken e keuody tranoes. ny dele ef ateb ydhy hy o hene allan 39.26. Puybynnac a dyodeuo rannu y dyr . . . heb turyw . . . y gyureyth a dyweyt na dyly hunnv atep or tyr hunnv 63.7.—16.27; 45.11; 70.26; 71.3; 72.1; 130.8; 133.8. Ir. aithesc *answer.*

(b) *an answer, claim.* Ninni a dewedun ket darfo er amdiffenur rohi atheb kin oy holy ev or haulur bot en anolo er ateb 53.15. Dyn mud ny telyr ydau na saraet nac ateb o dym arall 120.16.—48.33; 52.3; 53.9, 14; 54.7; 60.22, 26; 61.1; 131.7; 133.17.

atestu *to test, taste.* e dysteyn . . . a dely gossod nadhu [=nawdd] ac atestu guyrodeu 10.1=ardystu. P.MS. 37, p. 15.

[attuyn] *to withdraw, take away, withhold.* 3 sg. pres. ind. act. aduc. O deruyd roy greyc y gur ac enguy da a cafael cubel hyt

en oet vn kenyauc ac na cafer honno nyny a deuedun eckeyll e
gur escar a hj ac na cafo dym or eydhy. a honno eu er vn
cenyauc a aduc cant 40.29. cf. Or a morwyn wyra yn llathrud
heb gygor y chenedyl y that a dichawn y hattwyn rac y gwr oe
hanuod. A.L.I 518.xiv ; 748.xix. Or a gwreic hagen yn llathryd
o anwod y chenedyl : ny eill neb y hadwyn oe hanvod rac y gwr.
Ll.MS. 116, p. 22.14. Ll.MS. 117, p. 2. y vlwydyn honno nys
attygy ygennym ot gwnn nac attygaf yrofy a duw heb ynteu
bwyll. R.B.I 8.3.

[athro, athraw] *a teacher.* pl. ahtraon. Ema e mai jaun jr
enat gouin yr haulur may breint de destion dy . . . ae vnteu en
venich neu en ahtraon 54.28. athrawon. M.A. 288a. athraon.
M.A. 185b. *The sg.* athra6 *occurs* A.B.II 168.1=B.Tal., p. 42.6.
D.G. cxxvii.26. Athro *however is the usual Medl. form.* see
Ped. §88.2. a.=Ir. altram.

[au], ahu *liver.* xii. goluys kefreythyaul esyd endau a .lx.
ar pop vn onadunt . . . ay heruth ay ahu, etc., 96.6. Yr Au
sydd ai ffordd o lanhau rhwng y morddwydd ar korff. D.S.
Hughes 35. *so also* pp. 12, 118, 123. a droe wayw ffres drwy av
ffrank. P.MS. 68, p. 47. tobacko . . . syn gwenwyno ac yn
pudry yr afy yn ddrwg. P.MS. 65, p. 333. haner iau hwch.
Ll.MS. 209, p. 173. au=*Mod. North Wal.* iau, *which appears to
belong to the same age as* jach *for* ach. Bret. aü, avu. Old Ir.
oa, oo. see I.F. xxvii.165; xii.192; Walde. sub. ovum.

auat *some disease of the liver* (?), *rot* (A.O.). teythy dauat
blys ac oen ay goruod hyd kalanmey rac er auat 93.13. *The
following is apparently the Latin equivalent* : et sub llederu
[morbo pulmonis] . . . usque ad kabendas Maii. A.L.II 812.vii.
Mod. W. euod. Lumbria lati in hepate ouium. Dr.D.

audurdaud *authority, testimony.* A guedy honny o nadunt
e kefreythyeu a uarnassant eu cadu heuel a rodes y audurdaut
uthut 1.19. Yoruert vab madauc druy audurdaud e keuarhuidyt
ay kadarnha panyu ydno hen 42.7.

audurdodus *powerful, of authority.* ar gur hunnv a oed vr
audurdodus a doeth 64.21.

aust, ahust, auest *August.* 29.15; 51.29, 34; 90.16, 95.17;
98.14; 116.3, 7.

auyn see afuyn.

aylaut (a) *a limb, organ of the body.* guerth nau aylauyt
gokefurt eu hyn. . . . deutroet . . . duylau . . . deulegat . . .
duygueus . . . truyn . . . clust . . . duy keyll. 104.20.

(b) *member, relative.* Edlyg . . . urth y uod en aylaut yr brenyn Sef eu aylodeu e brenyn y ueybyon ay neyeynt ay keuenderw 4.7; 8.10. pl. aylodeu 4.9; 70.9.

ayluyt *hearth.* Puybynnac y barner ydau dadanhud bvrn a beych oe ryuot ay wurn ac ay ueych ay dan ae ehun ay y dat kyn noc ew. yn kyuanhedu ayluyt ar y tyr. 60.29; 60.24. ac osit a ameho y yrru yn angcyfreithyawl bot iddaw digawn ae gwyr a dodi o honaw ynteu ar y cyfreith dly o honaw dyfot y ddadannuddaw yr aelwyt a anhuddhassei ef neu y dat cynnoc ef. A.L.II 738.xlvii. a. < Angl. Sax. āeled. see I.F. 1901, p. 158. see also Walde under adoleo; Ped.I §38.

aythorth see hayd.

[bach] *hook.* pl. baceu. pescaut . . . ouy deruyd eu dody ar huden neu ar uaceu 123.21.

baet *boar.* kemeynt eu guert baet a guert teyr or moch. 93.8; 116.10; 121.11.

baetredauc *always brimming (of a sow).* teythy huyc na bo baetredauc 93.4. baet redec [verripetentes]. A.L.II 863.xi.

ballecruyd *a drag net.* [guerth] ballecruyd .1111. 102.9; b. [nassa]. A.L.II 805.lxvi; 866.xči. b.=*Seine or dragnet.* Habacuc iv.15. cf. Tri pheth ymrwysgus dros ben : . . . meddwyn yn ei davarn tra bo grod yn ei valleg. M.A. 900 §11. [Solicitor] gwr dall mawr i falleg. Interlude, Huw'r Cowper. Ty Coch.

bancor f. *a strip of wattle, wattle.* O kalangayaf allant kayher er escubhoryeu val e deleher. Sef eu val e deleyr y kayu dody teyr bancor ar e llokyl a peth ar e drus a try ruym arnau. 114.20. =*et paries cum tribus* bangvr [*nexibus*] *sit contextus.* A.L.II 864.xvi. Tri anhebgor bwd havodwr : nenbren, nenfyrch ; a bangor : a rhyd vyd eu tori yn nghoed gwyllt a vyno. A.L.II 562 §237. Bangor=pleth rwysg. Rep.MSS.I 1108.2. =Pleth-wrysc dderi. *Ibid.* p. 1122. b.=Ir. Bunchuir *a band of osiers interwoven between the stakes.* B.L.G., Joyce II, p. 25. <bun *root, trunk*=W. bon ; or bunne (?) (*twig, shoot, a binding layer in wicker work.* M.C.)+cuir=W. cor *to put, etc.*

bancor n.l. 42.28.

banu *female.* dynaguet guru vn kerdhed a dynauet vanu. 92.3.

banu *a young pig between the time it has left off sucking and the time it goes to the woods.* porchell . . . hyd tra uo en denu

D

. . . ac o henne eny el e moch yr coet banu vyt. 92.28. cf. Ban oeddid gynt banw eiddil (i'r ysgyfarnog). D.G. lxxvii.12. Gnawd i vanw vagu hor/Gnawd i voch turiaw cylor. M.A. 101.b.30. b.=Ir. banb *a sucking pig*. B.L.G. see Ped.I §31.2.

bara *bread*. chwethorth o uara goreu a tyuo ar y tyr. o byd gwenythdyr chwech onadunt yn beyllyeyt. ony byd gwenythdyr chwech yn rynnyon. 69.19; 67.24; 69.15, 27. bryu uara *crumbs* 23.14. bara eferen *sacrament bread* 72.10.

baraf *beard*. amhunau meuel ar y uaraf 38.4. *a common form of cursing*. see meuel.

baraut see braw.

bard, bart *minstrel, bard*. bard teulu . . . a dely eystej enessaf yr penteulu . . . urth rody e telyn en y lau . . . pan uenher hcanu kerd e bard kadeyryauc a decreu ar kyntaf o duhu ar eyl or brenyn byeufo e llys. neu ony byt ydau. ef a kaner kanet o urenyn arall. guedy e bart kadeyryau[c] e bard teulu byeu canu tryckanu o kerd amgen 14.24.—5.13, 18; 6.6; 7.19; 12.5; 14.21-30; 19.6. pl. beyrt 15.6; 128.20.

bardhony *minstrelsy*. teyr keluydyt ny dely mab tayauc eu descu . . . escolectau[d] a gouanaet a bardhony. 29.4.

barnu *to judge, adjudge, administer the law*. er egnat llys . . . a dely barnu ar llys ac ar teulu. 12.17. yaun yr egnat menet allan y barnu braut. 44.16. ar dadanhudyeu hynny ny dylyir eu barnu y nep 61.2.—24.3; 44.15; 45.7, 13; 55.15; 70.12; 124.14, 16; 131.3, 7; 134.25. 3 sg. pres. ind. act. barn 49.21; 62.25, 26; 63.2; 133.18. 1st pl. barnun 79.12; 80.4. pres. ind. pass. bernir, bernyr 46.2; 50.9; 52.8; 134.3. 3 sg. pres. subj. barno 130.7. pres. subj. pass. barner 55.22; 56.22; 60.20, 23, 27. 3 sg. pret. act. barnus 12.28; 42.6. 3 pl. barnassant 1.18. 3 pl. imper. barnent 132.9. part. pass. barnedic. oyt barnedic *appointed time* 52.10; 54.1.

baut *thumb, big toe*. guerth bys llau buch ac vgeyn aryant. guert baut .11. byu a.xl. aryant 105.1. Gurt bys troet. bucch ac vgeyn aryant. Gurt e uaut duybyu a .xl. aryant 105.25. 91.10; 106.18. kecuuin j vaut hit e saudel *to move an inch*. O deruit y vach a kanogon kauaruot ar pont vn pren ni dele bot enegit hep gueisur vn o trifeth ae talu ae gustlau ae kerccu keureis ac ny dele ef kecuuin j vaut hit e saudel he[p] gueihur hun or tri henne 48.40. *so* Ll.MS. 174, p. 60.20. P.MS. 35, p. 27b.5. = heb y sawdwl. P.MS. 35, p. 23a.7. O bydd vwch bawd na sowdl. Dr.D.Prov. Codi bawd i sawdl. *to stir,* *move*; dim bawd i sawdl nes ymlaen *no whit further on.* North Wales. cf. Na ddos chwaith dros dy esgid erddo. Ll.MS. 209, p. 166.

bayol *milk pail, pail.* e llestr llaeth eyht[r] vn baeol yr grueyc ed a. 33.11. bayol yu 100.25. byol helyc 100.27. bayol guyn 100.29. b. [sinus]. A.L.II 865. Ac mal ydoed vreint yn treiclaw ym plith y reudusson. nachaf chwaer idaw yn dyfot allan or llys. a phayol yny llaw yn kyrchu dwfwr yr vrenhines. R.B.II 246.23. Pedair ffiolaid a wna un paeol sef chwart. Med.M. 295. Bret. beaul, beol. b.=Lat.bajūla. Loth.

becheu see buch.

becyckocky see beychyogy.

bedyt *baptism.* tyghu y duv . . . ac yr allaur honno ac yr creyryeu . . . ac y uedyt. 72.6. cf. Myn y bedydd. D.G. lxx.45.

[bedydyaw] *to baptize, christen.* pres. subj. pass. bedydyer, bedeter. ac na ellyr enwy nep erbyn y henw yny uedyder 70.14.— 49.33; 70.12, 15; 71.14. mi a baraf uedydya6 h6nn . . . Sef en6 a baraf arna6. dylan. R.B.I 68.15. Ac y bedydya6 or bedyd a 6neynt yna a dodi blodeued arnei. W.B. col. 100.36=R.B.I 73.24. b.=Lat. *batidio. Loth p. 137.

bet *grave.* Rei a deueit o min e mab hunu guuadu e uechni e mae huc pen bet e tat e dele e guad 47.4.

beleu *marten.* [guerth] croen beleu .xxiiii. b.[*martes*]. A.L.II 773.viii. Peis dinogat . . . o grwyn balaot. M.A. 19a.6. see bele. K.R. p. 90.

bendykau *to bless.* Try anhebkor brenyn eu efeyryat urth uendykau y uuyt a kanu eferen 29.2.—5.11; 21.27.

benedicamus *the 'Benedicamus Domino' now said after the Mass.* ac essef amser e kemerrir [e reith honno] er rug b. a bara eferen 44.23. *so* Ll.MS. 174, p. 53.31. *It is sometimes forgotten in Welsh that the Psalms, etc., were known by their first word. Thus 'bwyad' or rather* bwyaid *is translated as eucharist, mass.* Dr.D. (O.M.E.) *consecrated wafers, mass* D.S.E. *It appears, however to be the 'beātus vir' but with a change of accent and a modified vocalisation as one sees in the Ir. biait.* Bwyad *occurs in* B.B.C. 50.17.

benfyc *loan.* puebennac a archo tan ae y roy ydau ef byeu talu y gueytret puebennac a archo benfyc tan deuet heb haul heb araaul arnau 86.9. Chweford yd a da dyn y ganthau ac or teyr y gellyr damdug ac or teyr ereyll ny ellyr. Sew yv y teyr ny ellyr atneu a benfyc a lloc a kymwynas 81.9; 81.20; 89.22. Pob benffyc yg cyfreith dyfot mal yr el A.L.II 598.v. ual y gallei gaffel kymwynas o arueu ae o venffic ae ar wystyl. R.B.I 250.6. b.=Lat. beneficium. Loth., p. 138.

benfeckiau *to lend.* greyc tayauc ne eill rody djm namyn benfeckiau y goger 38.14; 38.13. 3 sg. pres. subj. act. benficyo 89.8.

benyw see banu.

berua *barrow.* [guerth] berua .1. 102.2. berva=kartglwyd. P.MS. 51, p. 193. Ang.Sax. bearwe.

berryeu, bereu f. *short yoke, a four-foot measure.* Sef eu messur er eru try hyt gronyn heyt en e uodued. try hyt modued ene palaf. try hyd e palaf en e troetuet. peduar troetuet en e uereu. 107.10. 59.11.

[beryeuys] *short-yoked, of the short yoke.* Er amaeth a dele kemohorth e keylguat o dale er ecchen ac ny dele eu hellunt namyn deu bereuys. 109.14.

beu see byu.

beuno pr.n. 42.28.

beych (a) *burden, what a man may carry.* y wadu huch neu dauat neu ueych ceuyn llv pymp wyr 79.5.—14.14.
(b) *a bundle of household goods* (?). Puy bynnac y barner ydau dadanhud bvrn a beych oe ryuot ay wurn ac ay ueych ay dan ae ehun ay y dat kyn noc ew. yn kyuanhedu ayluyt ar y tyr 60.27.—60.18. see WALDE. sub voc. fascia.

beychauc, beycyauc, beichjauc *pregnant.* 37.4; 121.7; 134.4.

beychyogy (a) *to beget, procreate.* beychyhochy 38.27. 3 sg. pres. subj. act. beychyoco 38.28. beychychoco 130.21.
(b) *pregnancy.* 71.26; 133.25. ueychych 38.21. vecyckochy 39.25.
(c) *foetus.* Rey y syd ar pedrus am u. gwreyc o llygryr pa beth a dylyir amdanav ay uynepwerth ay ynteu galanas. 70.4 Mair mad ymborthes y beichogi. M.A. 142a.36.

bid 48.14=bydd.

bit 49.24 etc.=bydd.

blaen, blayn (a) *front, tip.* taulburt . . . o byd blayn corn hyt 100.4.
(b) *precedence.* ac ena ed elleghus rudn kenat hid eghuynet y huybod puy byeufey e blaen 42.5.—42.16. yn b. *before.* ef

a dely uod em pob lle en eu blayn 7.10; 42.9; 91.17; 95.2; 107.14. yn e b. *first.* ac ena e buant en hir en amresson pui a heley en e blaen druy auon guerit 42.3. yn y b. *forthwith, immediately, etc.* od a enteu ir llu teghet i diou en e blaen 44.8.—72.5, 15. ar mab ehynan a twg ynny blaen. Ll.MS.116, p. 112.7. y mab ar y gystlwyn bieu dygu yny blaen. p. 112.16. a thygu vellu y duw ynny blaen. 114.23, 32, etc. o b. *before.* ajt y da hy or blaen. 34.23. 20.21.

(c) in genit. *fore.* deutroet ulaen 115.13. cf. blaynach. P.MS. 44, p. 76.2.

blaut, balaut, bulaut *meal.* e popuryes . . . a dely . . . teyssen dyuet poby o pop amryu ulaut a popo. 27.18. 33.31; 69.7. bulaut keyrc 91.21. b. heyt 91.23. balaut ryc 91.24.

bledynt uab kynvyn. pr.n. Val hyn y dyly brodyr rannv tyr a dayar yrygthunt pedeyr erv urth pob tydyn a gwedy hynny y symuduys bledynt uab kynvyn. deudec yrv yr mab uchelwr ac vyth yr mab eyllt a pedeyr yr godayauc 59.9.

bleu *hair.* puebennac a uenficyo march y arall a guenouy e bleu y ar e keuen .iiii. a tal. 89.8. raf bleu. 101.13. =[*funis cilicinus.*] A.L.II 805.liii.

bleyt *wolf.* [guerth] croen b. .viii. 97. 13.

blodeuau *to menstruate.* [ny] dele grejc couuyll guedy blodeuho . . . essef e dele blodeuau oy xiiii allan. 41.6. 36.4; 71.24. 3 sg. pres. ind. blodeuha. subj. blodeuho 41.4. cf. Med.M. 29 §170; 130§195.

bluyd f. *year. used in* genit. *or with* card. numbers *to express age.* dinaguet bluyd 36.8. ef a dely trayan er ebolyon hyd en duyuluyd 22.3.—13.19; 31.27; 69.9, 17; 70.16, 22, 28; 71.6-25; 90.8; 94.16, 19.

bluydyn, bluyn f. *a year. with* ord. numbers *expressing one of a series of years.* hyd em pen e bluydyn 8.5. e uluydyn kentaf e marchoco 7.1. e seythuet vullydjn 34.5.—2.12; 6.22, 23; 8.13; 9.4; 10.4, 25; 11.9; 30.4; 34.8; 37.5-10; 63.5-26; 64.4-17; 67.16; 69.16; 70.2, 27; 71.1; 81.23; 88.4, 19; 90.6; 91.15; 92.6, 16; 93.11; 108.2; 118.1. undyd a bluydyn. O dyryd mab uchelwr y uab ar uab eyllt argluyd ar ueythryn gan y gannyat neu gan y dyodew undyd a bluydyn ohanav hunnv a dyly ran mab o tyr y mab eyllt ac oy da 68.20.—42.26; 63.5; 68.20; 73.17; 124.23; 133.1. haul tra bluydyn *void, or ineffective claim.* 63.7; 125.10; 133.1. Hawl drablvyn. *opp. to* havl ir. Ll.MS. 116, p. 113.10, 11.

blyghau *to flay.* 96.12.   3 sg. pd. imper. blyghet.   b. er hyd 96.13.

blenet, lenet *year.*   (*a*) *with* card. numbers *for a period of years.*   amaeth a uo amaeth seyth lenet 3.9.—33.3 ; 36-16-28 ; 41.7 ; 51.21 ; 63.18-20 ; 70.20 ; 92.24.

(*b*) *with* ord. seythuet blenet.   36.21.   33.3 ; 88.3.

blys see blyth.

bly[s]ckyn *shell.* blyckyn huy *egg-shell, valueless trifle.*   O sereyr e rghyll eny eyste *tra* gueneler e dadeleu ny dely kafael namy*n* gocreyt keyrc a blyckyn huy 25.22.   Ll.MS. 174, p. 33.16.   cf. Ac ony dialaf inneu y dyr*n*awt ny rodwn yrof wy piliedic.   H.MSS.II 136.6.   Ir. blaesc *testa.*   W.W., M.C.

blyth, blys *milk.*   in genit. *milch.*   godro escrybyl blyth 119.23.   blid 43.6 ; 69.28 ; 93.21.   blys 93.12.   cf. dafad . . . dwy am y blith ac un am y hon.   P.MS. 35, p. 105a.10.

bod, bot *to be, exist.*   ny dele mab uchelur uod en pe*n*teulu 5.23.   Reyt hiu yr egluys bot a katwo ydy e breynt hu*n*nu o testoyn deduaul 51.23.   puebe*n*nac a guenel keuar ae kylyt yaun eu ydau rody bod vrthau 107.2.   O de*r*uit idau enteu holi oe vot en eilgur neu en tredit 56.9.   O dewe*d*uuant pot eu porth en eu kemmut eu hun . . . neu uot llanu a trey eregthun ac eu porth 52.6.—3.4 ; 4.10 ; 7.29 ; 12.28 ; 16.6 ; 35.12 ; 46.33 both ; 48.8 ; 52.6 pot ; 53.4 ; 66.14 ; 88.17 ; 98.22 ; 122.24, etc.   1 sg. pres. ind. **uyf, vyw** 53.10 ; 130.9 ; 133.18.   3 sg. **may, mae** yn tryoet y mae yaun talu galanas 76.22.   yna mae reyt yr llowrud mynegy ydau y kyf ual y mae y gerenhyd 129.20.   y nahud eu duyn dyn a guenel cam hyd ar e pe*n*teul . . . ereyll a deueyt e may hyn eu y naud 9.25.   Ena e mai jaun jr enat gouin yr haulur may breint de destion dy 54.26.—16.21 ; 31.2, 19 ; 35.25 ; 37.13 ; 44.1, 5, 16 ; 45.14 ; 46.18, 40 ; 47.4, 12, 30, 34 ; 48.11 ; 49.27 ; 51.32 ; 52.5, 11 ; 53.5, 6, 7, 11, 12 ; 54.4, 6, 8, 9, 10, 25 ; 55.5, 10, 15 ; 56.1 ; 59.15, 69.3 ; 70.15 ; 72.3, 11 ; 77.3, 8 ; 80.10 ; 81.3, 4 ; 88.6 ; 98.4 ; 105.21 ; 112.8, 9 ; 122.11 ; 129.19, 20 ; 130.5 ; 132.4, 5.   3 pl. maent 53.34 ; 58.18 ; 74.7.   mae<ym+ae.   K.R. p. 30.   *accepted by* Zimmer *but see* Stokes.Celt.Decl., p. 252 (London, 1886). **oes** in negat. sent.   canyd oes e gureyc abedyhu 39.6.   urth nad oes vach arnau 46.4.—5.1 ; 10.2 ; 39.8, 20 ; 41.18 ; 42.12 ; 44.3 ; 46.4, 12, 14, 17, 25, 27 ; 47.8, 9, 10, 29 ; 52.9 ; 62.6 ; 66.26 ; 71.9 ; 72.18 ; 73.10 ; 75.11, 12 ; 76.12 ; 80.6 ; 81.5 ; 82.15 ; 86.24 ; 93.20 ; 97.18 ; 119.21 ; 127.13 ; 130.13 ; 134.6.   interrog.   er amdifenur a eil gouin a oes breint yr rey hinny 54.17.   **yu, eu, yhu, hiu** 3 sg.

copula. Galanas brenhyn aberfrau yu y sarhaet teyrgweyth 77.26. reyt eu ydau rody llu e bukeyl 92.1.—70.11; 85.2; 97.24, etc. **ydyu, ytyu, edyu, ediu** 49.28; 51.22; 54.1; 61.4; 110.17; 130.10. etheu 46.24=ethyw (?). **kanyu** *since it is* 134.22. see panyw. **ynt** 3 pl. Ny dyly yr yscolheygyon nar gwraged ran or alanas canyt ynt dyalwyr 77.17. un sarhaet ac unwerth ynt a bonhedyc canhuynaul 73.13. ac yna enwy puy ynt huy 132.2. —62.8; 64.6; 78.24; 87.6; 105.15; 106.24; 121.19. hint 46.26. **esyt, ysyd, essit, ese** relat. Teir ouer vechni essit 47.25. ac ef esyd trydydyn a dely trayanu ar brenyn 17.4. 5.3. **eyt** 9.9; 12.19; 36.30; 42.19, 21; 44.8; 47.25, 28; 53.3, 10; 60.14; 70.4; 72.16; 74.6; 81.10; 96.3; 104.8, 11; 106.9; 132.4; 134.6. **ys** 3 sg. pres. ind. **essef, sew, sef** (=ys+ef). essev achaus kanis er argluit a uid mach ar pop da 48.14. essef treftadauc mab a adauh[o] e tat guedi ef 56.12. esef ev triskud e llaucud 33.2. aynttuy kan kanyat er egneyt hy eu keghor. ac essev ed ant e nyuer e buant en eu kehussuyth 53.28. see 4.7; 13.10; 40.18; 41.6, 27; 48.14; 51.30; 52.11, 20; 53.7, 10; 56.12; 61.26; 64.29; 76.6; 94.9; 114.23; 119.16; 126.7, 22; 130.12, 27; 134.2; 135.7, etc. **kanys** (kan+ys). see kanys. **os** *if it is, if.* a guybot ae kefreithul he guahan ac os jaunt e guahan . . . ajt y da hy or blaen 34.23. os ef a deueit e mach guadu 45.1.—12.30; 19.10, 11; 33.18; 34.2, 9; 35.11, 13, 14, 15, 17, 19, 25, 29; 36.12, 19; 39.11; 44.11; 45.2, 4; 47.18, 27; 48.32; 49.7, 20; 50.8, 28; 52.8; 53.38; 59.19; 61.12; 64.15; 72.13; 81.15, 16; 87.4; 89.17, 20; 92.15; 93.6; 95.7, 8; 96.16; 115.7; 119.3; 129.26; 130.6, 14; 134.9, 14. **osid** *if there is.* a thitheu o buosty ema ty haychost en keureythaul odema. ac osid a hamehuo hinni e may ymy digaun ay guyr 53.13.—53.6, 11. **nyd, nyt, nit, njt** neg. of copula. nit mach mach gureych 48.5. lloe ac huyn a meneu nyt reyt yr deylyat eu hellug 115.24. 40.17, 29; 41.10; 47.34; 48.5, 17, 26, 36; 49.14; 50.19; 54.25; 59.3; 61.5; 62.27; 65.29; 71.29; 79.17; 81.9; 82.12; 115.9, 24; 116.6, 9, 10; 117.15; 120.9; 123.7; 124.19, 20; 133.24; 134.21. **onyt** *unless it is, except.* ny dele gruereyc en e byt cafael ran or hyt onyt grueyc puych 34.14. Denyon aghefyeyt . . . nyd kemeredyc eu hamadraut onyd trugaret er argluyd 121.2. 7.21; 29.22; 37.29; 48.32; 52.4; 56.28; 71.18, 19; 109.19; 110.2; 120.7; 122.22; 127.17; 132.9, 24. **canyt** (can+nyt). canyt gyrr namyn gyrr perchennauc 79.10.—35.15; 50.19; 72.1; 118.1, 11. **nat.** y gyureyth a dyweyt nat gwaet tyr yr un namyn tyr llowrud 62.29.—44.9; 45.1, 21; 49.29, 30; 52.9; 70.10; 74.7; 117.26; 130.25. **ys, ydys** impers. ena e may jaun yr enat gouin ir

duipleit a sauant huy hen er hen ed edis en y dodi en eu pen
55.6.—65.6; 85.6 hys. **ae, ay** *if it is.* see **a** (2) interrog. part.
byd, byt, bit, bid, bjt iterat. pres. and fut. 3 sg. heman e
trayhun or suyho[g]yon aruer o deuaut a uyd en llys 23.30. ac
o bit a ameuho ydau ef y uot en briodaur bot kanthau entheu a
kathuo y briodolder 53.4.—34.20; 75.28; 132.27; 19.10 uydt, etc.
3 pl. **bydant, bedant, bydan** 33.25, 26; 54.3; 60.9; 64.4; 75.21;
97.16, 17; 98.16; 103.20, 21, 23; 117.9; 122.23; 129.14; 4.21
beduant. **bydey** 3 sg. impf. cany bu ymlad yno pey ymlad
a uey yno dyruy yr argluyd a uydey 75.17. **oed** 3 sg. past.
canys goreu messurur oed ew 64.26.—35.26; 55.14, 16, 23; 64.18,
21; 75.17; 81.18; 113.6; 134.18. **buost** 2 sg. pret. 53.12. 3 sg.
bu 30.27; 36.14; 37.28; 47.19; 54.3; 60.19; 73.6; 75.16; 113.4;
115.14; 120.14; 122.1. 3 pl. buant 1.21; 42.2, 9; 53.28; 61.16.
bo 3 sg. pres. subj. act. pob gulet e bo med arney 18.25; 18.27.
bot 50.25 *for* bo (?). ryfo 130.10. 3 pl. **buynt** 64.7; 97.16;
112.22; 119.2. **boent** 42.22. **bei, bey** 3 sg. past. subj. kanes
etheuis ef testion a vey guell 55.14.—47.13, 15; 75.17; 76.17;
77.13; 113.5. pey 73.3; 75.16. **bit, byt, byd** 3 sg. imperat.
o henny allan byt urth ossemchejth e argluyt 37.15.—29.18;
36.10, 16, 17, 18; 37.15; 44.10; 45.4; 47.20; 48.5; 49.6, 24; 51.4;
54.17; 79.27; 80.1; 82.7, 17; 92.12, 18; 114.2; 115.3; 132.13;
133.1, 33. 3 pl. **bynt** 17.8. ac o hynny hyd e nodolyc bynt
ar eu kylc. see A.L.II 86.cxxv. **boet** imper. with ' ket.'
ket et buo 45.20; 47.7, 11. ketuoth 73.20, 21; 86.4; 89.14; 108.21;
123.2; 124.11. pl. boent 62.7.

bod *goodwill, consent.* nyny a deguedun nac o uod nac o
kamell e del. 110.26. pop kaflauan au guenel dyn oy anuod
dyhuked oy uod 120.2. cf.Ir. buidhe *graciousness, thanks, etc.*
Dineen.

bon *base.* e mon e kolouen. 5.9. 17.33. b.=Ir. bonn g.
buinn *the sole of the foot, the trunk of a tree, etc.* Dineen.

bonhed, bonhet *descent, lineage.* dyn a uo kyulaun o uonhet
yg kymry o uam ac o tat 62.23. 71.9; 80.9. .ix. Gradd bonedd.
Rep.MSS.I 824.8. cf. Ir. bunad n. *origin, stock, root.*

bonhedyc, bonedyc *a man of pure Welsh descent.* bonhedyc
canhuynaul yu dyn a uo kyulaun o uonhet yg kymry o uam
ac o tat. 62.22. 62.22; 71.8, 10, 11; 73.13, 22; 78.8; 106.17; 126.4.
see A.L.I 508.xxix. cf. Rep.MSS.I 824 §82. .ix. math ar wyr
bonheddion, etc.

bore *morning.* y naud eu or pan dechreuho y gueyth e bore
eny darfo e nos 28.7. 92.11; 95.2; 96.13, 17.

boreuuyt *breakfast.* e guylur . . . a dely y tyr . . . ay uuyt bres ay archenat y aythorth ay henlyn en uoreuuyt. 26.19

botesseu *greaves* (?). [gwerth] b. kenhenlauc .iiii. 103.10= *ocree nexiles.* A.L.II 888.xx. a bottasau pres oedd am ei draed ef. 1 Sam. xvii.6. cf. Ir. assa *sandal, shoe.* M.C.

[**bradwr**] *traitor.* pl. bradwyr. Bradwyr argluyd a fyrnycwyr a phob dyn a uo eneyt uadeu o uraut y gyureyth ny dylyir galanas amdanunt 83.3. O ferw brwydr i fwrw bradwr. D.G. v.31. brad.=mrath *treachery.*

brac *malt.* Or maynolyd caeth y dylyr deu da . . . a dogyn kervyn o wrac y bo nau dyrnued ym amryscoyv. 69.18. 70.1. de brac [brasio]. A.L.II 828.xiv. Ceraint feddw ab Berwyn, a wnaeth gwrw brag gyntaf, wedi berwi y Brecci, a berwi yndo flodau'r maes a mel, etc. IoloMSS. 6 §24. araf dan a wna brag melus. Dr.D.Prov. Ir. mraich *malt.* see further Ped.I, p. 163.

bragaut, brachaut *bragget.* ef a dely lloneyt e llestry e guallouyer endunt o kuruf ac eu hanner o urachaut ac eu trayan o ued. 25.6. 18.28; 68.23; 69.13. de bragaut [mulso]. A.L.II 757.ix. *mulsum* bracaut. Z². 1061.42a. *mellig: tum (mellicatum)* brachaut. Z². 1063. cf. R.B.I 121.27. mel a uo chwechach naw mod no mel kynteit . . . y vragodi y wled. Corm.Gloss. Brocoit 'bragget' *i.e.* a Welsh (word). Braccat then, it is with the Britons : brac is a name for malt : braccat, however, (means) sain-linn *i.e.* goodly ale. Brocoit *i.e.* a goodly ale that is made from malt [and honey].

brandeyl (braen+teyl) *land manured by animal droppings.* brynar duy wlynet y dylyir y eredyc brandeyl guyr euelly. 63.19. brandeil [novale], ubi jacuerint animalia. A.L.II 856.x. Sef yw Braendail, lle y gnottao ysgrubl orwedd heb fuarth. L.W. 152 §18. bran=Ir. brēn *stinking, rotten, etc.* see brynar.

bras *thick, stout.* puebennac a vryuho tey en agheuretyaul talet .iiii. k. am pop pren bras. 99.7.

brasset *thickness.* guyalen eur . . . kynurasset ac y uys becan. 3.7. .lx. am pop [keyc] a bedant kambrasset. a keny buynt kembrasset o bedant o untu. 97.16.

brath m. *bite, wound.* O deruyd bod dyn en kendeyryauc a bradhu dyn arall ac or brath hunnu deuod ageu yr dyn. 120.12.

brathv, bradhu *to bite.* [ky] kynevodyc ar vrathv dynyon. 135.10. 120.12.

brau m. *fright.* O deruyd y dyn gyrru brau ar arall ac or brau hunnv colly y eneyt. 134.13-16.

1. **braut** m. *brother.* plant y uam gyntaf a uyd brodyr 75.28.—
27.22 ; 35.2 ; 41.11, 20 ; 59.19 ; 63.21, 24 ; 74.2, 8, 11 ; 75.25 ; 77.29 ;
124.26 ; 129.7. pl. brodyr 35.21 ; 36.7 ; 41.5 ; 59.7-29 ; 61.27 ; 62.18 ;
77.10, 11, 19 ; 126.1, 25 ; 129.10, 17.

2. **braut** f. *judgment, legal decision.* egnat llys . . . esyt
tredyt anhebcor argluyt ef a dely. .xxiiii. y can pop enat a
prouo ef ac ene lle e bo en kyd uarnu braut ykyd ac eneyt ereyll.
12.22. wedy hynny datcanet y uraut 132.13.—1.25 ; 8.18 ; 12.28 ;
21.20 ; 30.26-29 ; 44.15, 16 ; 45.5 ; 49.20 ; 50.9 ; 56.4 baraut ; 62.27 ;
79.20, 26 ; 83.3 ; 130.4, 15 ; 131.2 ; 132.12.

brautle *judgment seat.* O deruyd y ynat barnu cam ay
amheu amdaney ac na kynykyer guystyl yn y erbyn kyn
cyuody oy urautle 134.26.—52.16 ; 56.1 ; 131.15 ; 134.24.

brecan, breckan f. *a blanket, plaid.* Try anhebkor gurda y
telyn ay ureckan ay kallaur. 29.5. 33.20 ; 99.14, 22. A phan
edrychwyt y dyle . . . Breckan lwytgoch galetlom toll a dannwyt
arnei. A llenlliein vrastoll trychwanawc ar uchaf y vreckan.a
gobennyd . . . a thudet . . . ar warthaf y llenlliein. R.B.I
146.9. brecan [*teges*]. A.L.II 831.ix, etc. *A bed made of
rushes, and covered with a coarse kind of cloth manufactured in
the country, called* brychan, *is then placed along the side of the
room and they all in common lie down to sleep.* Gerald. 493.
tappin neu y brychan. P.MS. 36a, p. 59.1, etc. b.<Ir. breccan
plaid.

breky *wort.* [guerth] breckycauan .11. 102.14. cf. bid gloyw
ei frecci. M.A. 39a.6.

brenhyn, brenyn, brennin, brrenhyn, brenihin, benyn, bnyn.
brenynyn. abbrev, bre *king.* Ny telyr eur namen y urenyn
Aberfra[u]. 3.10. 3.5 ; 77.26, etc. Try anhebkor brenynyn eu
efeyryat urth uendykau y uuyt a kanu eferen. ar egnat llys
urth dehospart pop ped pedrus. ay teulu urth y negesseu. 29.1.
brenhyn lloygyr. 64.19.

brenhynes, brenynhes. abbrev. [e] ure. f. *queen.* 17.18 ; 22.24.

brenhynyaeth f. *kingship.* Ac gwedy dyfody tadvys y u. y
cauas ynteu hyhy o gogeyl 64.20.

bres abbrev. for pressuyl.

bressyc *cabbage.* Sef eu gogaur hyd guedy keueyryer yar e
tyr e tefho arnau. a perllan a bressyc a llyn, etc., 114.5. Goreu
ancwyn, bresych (*v.l.* Cenin). M.A. 778a.53. b.=Lat. brassica.
Loth. p. 140.

brethyn, bredhyn, bredhen, bredyn, bretyn *cloth,* (*always for*)
brethynwysc *woollen clothing.* e medyc a dely y tyr en ryd
. . . ay lyey*n* ykan e urenynes ay uredhyn ykan e breny*n*.
17.33.—20.9; 21.12; 22.8, 27; 23.2; 24.9. v3 23.10. cf. brythyndy
=*syllty.* P.MS. 51, p. 191.

**brethynguysc, brethenguysc, bredhenguys, brethynguyc,
brethenguyes, breshenguys** *woollen clothing.* e dysteyn . . . a
dele y tyr en ryd . . . ay guysc teyr gueyt en e uuluyn sef eu
hen*n*y y urethenguysc ykan e brenyn ay lyeynguysc ykan e
urenynes 9.5.—8.14; 11.26; 13.4; 14.7, 22; 15.11, 28; 17.18;
18.20; 19.2; 20.29; 21.25; 22.8, 27; 23.2, 10; 24.9.

breuan f. *handmill, quern.* e gur a dele e maen vchaf **yr**
vreuan ar greyc er hyshaf. 33.16. [guerth] e ureuan .1111.
102.11. 42.22. brevan=melin vwstart ai melin bypyr. P.MS
51, p. 193. *Duo lapides mole, id est,* brewan. A.L.II 806.viii,
etc. cf. ac or byd breuaneu emenyn y gur a geiff vn. A.L.I
752 §38. Ll.MS. 116, p. 26.24. b.=Ir. bro. gen. bron.
handmill.

breuandy m. *mill-house, mill.* guerth breuandy punt
tryugeyn ar pop maen ydau. 102.5.

breuanuod *quern-booth.* [guerth] breuanuod .1111. 102.14.
v.l. breuanuuth. Ll.MS. 174, p. 135.7, etc.

breuanllyf *grindstone.* carnllyf a breuanllyf am pop vn o
henne .1111.k. 102.3. brianllif=maen llifo. P.MS. 169, p. 220.
cf. Ir. liombron *whetstone, sharpening millstone.* Joyce II 319.

breulyf *grindstone* (?). in genit. *sharp.* [guerth] cledyf o
byd breulyf .x11. 102.18. breulim [*exacutuus*]. A.L.II 866.cvi.
Cledyf breulifueit. A.L.I. 586.xcv. b.=Bret. bréolima<breolim
millstone. cf. Bret. Breo *mill.* Ir. bro.

breyc *arm.* a hyd y kyrhaetho o hyd breyc a hyd e uyalen.
107.15. 19.17.

breychruy *armlet.* [guerth] breychruy damdung. 103.22.
Breychrv [*armilla*]. A.L.II 888 §33.

breydd see abreyt.

breynt, breint, brein m. *status, privilege, prerogative.*
Cymydauc uch y llau ac arall ys llau nyt amgen gur uch **y**
ureynt ac arall ys y ureynt 82.29. mab o bedeyrbluyd ar dec allan
. . . or oet hunnv allan y byd un ureynt a bonhedyc canhuynaul.
canyt oes ureynt ydav namyn y uonhed. ac nat esgyn ynteu
ymreynt y tat yny uo maru y dat 71.9. ac ena rac hid e

trikassant en e lluyd . . . e rodhes rund vdut .xiiii. brein.
41.13. pa le bennac ed emkafoent er efeyryat ar dysteyn ar enat
ena e byt breynt e llys 30.3.—4.22, 25 ; 17.9 ; 20.24 ; 21.21 ; 24.4 ;
28.29 ; 34.3 ; 35.1, 2 ; 36.17, 23 ; 39.13 ; 40.20 ; 41.10-20 ; 46.3 ; 47.20 ;
48.35 ; 51.9-23 ; 54.17-27 ; 55.1-25 ; 56.2, 15 ; 61.22 ; 62.3, 12 ; 63.17 ;
70.15-29 ; 71.2-9 ; 72.29 ; 73.7-22 ; 87.19 ; 88.9 ; 103.13 ; 106.20 ;
118.8 ; 119.21 ; 126.8, 23 ; 127.3-4 ; 133.23. pl. breynheu. 42.27.
cf. y. Braint ychaf yw bod yn pen kenedl. P.MS. 86, p. 151.
breynt [*privilegium*]. A.L.II 761.2.

brenyauc *privileged*. Teyr gorset breynyauc a dele bod
gersed er argluyd a gorset escob a gorsed abat pop un onadunt
a dele dale y orset truydau ehun 123.24. tydyn b. 125.1.

~**breynyaul, breniaul** *privileged*. Os e gur a uyt breynyaul
dangosset e breynt 34.2. ac ena e may jaunt yr haulur
deueduit breint y testion . . . ae vnteu en efferiet neu en
escoleicion ae vinteu en lleecion breniaul. 54.30. tydyn b.
39.17. breinhiaul [*officialis*]. A.L.II 883.28.

bron *breast*. rac b. *before, in the presence of*. seuyll rac y
uron en y guassanaeth 4.15.—52.14 ; 131.13. pl. bronneu,
broneu 36.3 ; 71.16.

[bronkeghel] bronkegeghel *breast girth of saddle*. bronke-
geghel vn kerthet ac vn guarthaual 103.26. Brongegyl [cingule
pectorali]. A.L.II 888.xi. cf. *uentris lora* [torcigel]. Z². 1062.43a.
see Loth. p. 148.

[bruyd]. pl. bruydeu *heddles of a loom* (A.O.). [guerth] e
bruydeu .viii. 102.18. b.=Bret. broued=*instrument avec lequel
un tisserand lisse sa toile*. L.G. cf. hun dwyvrwyt . . . hun
dribrwyt. Eluc. 101.3, 6. yn tryvrwyt peleidyr. A.B. 85.28.
Brwyd o grwyn dyfrgi. M.A. 366b.36. Ahon yw'r gaingc ar
faingc fau . . .a brydais i a brwyd serch. D.G. cxxxvii.8.
Gnawd yw honn om bron y brwydaf/Brydeu anaraf. M.A.
189a.42. cf. Tryfrwyd. B.B.C. p. 1.6 ; 94.11 (?). M.A. 170a.28 ;
188b.6.

bruydryn *battle*. in genit. *fierce*. Ny tal un anyueyl bruy-
dryn kaflauan sef eu anyueyl bruydryn, estaluyn nys t[al] y
kylyd ac nys tal na baet na taru na bucc na keylyauc na
keylauchuyd y kylyd. 121.9. cf. Ergyr waew brwydrin cyn
rhewin rhawd. M.A. 140a.33. Cyn twrf dwyrein dwyre
brwydrin. M.A. 146b.21. Gwreidd teyrneidd taer ym mrwy-
drin. M.A. 217a.34. Yn Llongborth gwelais vrwydrin/Gwyr
ynghyd a gwaed hyd ddeulin. M.A. 83b.16. A.B. 78.8. cf.

also 'preidin'=preid. Med.Law, p. 32.9. M.A. 164b. 'gwydrin' =gwydr. M.A. 104a.

bridiu, bridui *a solemn oath or compact, with God invoked as witness.* Nini a deuedun nat bridiu eni kauarfo e teir llau ykit . . . er egluis ar brenin a dele kemell bridiu kanes diu a kemerhuit en lle mach. ar egluis bieu i guahrt am bridui ar brenin y kamell. kanes ykan pop din a uedeter e deleir kemrit bridiu. 49.29. 48.10; 49.18-35. Ac ony byd ygenedyl yn vn wlat ac ef. rodet y 16 ehunan uch pen seith alla6r kyssegyr yn vn gantref ac ef. kanys uelly yg6edir bri du6. Med.Law 85.11. *A.O. takes this to mean 'the dignity of God' (A.L.II Gloss.) but there can be little doubt that* bridiu *is popular etymology for an oath taken* " Pro Deo." cf. et ibi dicat sacerdos, ' Pro Deo ne me inducas in falsum testimonium.' A.L.II 771.vi.

bryc *top branches of a tree.* guert trauskeyg a kerho o kallon e pren .xxx. ac amyn hynne bryc vyd ac nydoes guerth arnau 97.18.

brynar *fallow land.* brynar duy wlynet y dylyir y eredyc. 63.18. branar [*novale*]. A.L.II 856.ix. b. teyl *fallow under manure.* brynar teyl pedeir blynet heuyt 63.20. Mod.Ir. Branar, -air *a fallow field.* Dineen. see brandeyl.

bryu, bryhu *wound, injury.* O deruyt clofy marc emenfyc neu cafyael bryhu arall 89.22.—43.2; 108.16. cf. Medda6t . . . a briwaw yr ol6c a g6ahanu yr aelodeu. P.MS. 50, p. 283.

bryu adj. *broken.* bryu uara *crumbs.* e bryuuara ar dyuen-yon a el tros e dyskyl ef ay dely 20.12; 23.14. b. dyuenyon 23.15.

bryuau *to break, injure.* O deruyd te*n*nu ruyd . . . a bryuau e ruyd ka*n* er anyueyl 121.17; 121.20. 3 sg. pr. ind. bryhu. Er amaeth ny dele talu er ecchen onys bryhu 109.11. subj. bryuho puebennac a vryuho tey en agheuretyaul talet .iiii. k. am pop pren 99.6; 43.4. *Several MSS. read* taflu yr ychen *for* bryhu. P.MS. 35, p. 82a.13. 3 sg. pret. ind. briuus 43.13. pass. briuhyt 43.12.

bual *buffalo*; corn bual *drinking horn.* try fedh ny dely e brenyn y ranh ac arall. eur ac aryant a kyrn bual 30.12. bwal [*bubalina*]. A.L.II 775.xxvii. Y ch6ech ereill a ymchoelant yn gyrn buelyn neu buffleit. R.B.II 149.31. b.=Lat. bubalus. Loth. p. 140.

buarth *a yard, paddock, cattle shed.* val hyn e deleyr dale escrybyl ar hyd o bydant guyll[t] em buarth allan ac escrybyl

dof en guarchae emeun 117.10. .IIII. gurth duycluyt buarth
103.25. *in uno bostare, id est,* buarth. A.L.II 808.xix, etc. Glas
fydd adladd hen fuarth. M.A. 361a.x. A mul mewn buarth dail
maes. D.G. xcviii.52. Ble buost? hen bawl buarth. *ibid.*
clxxi.50. cf. Sycharth buarth y beirdd. Rep.MSS.I 560 §20.
cf. M.A. 29b. ni bydd mwy yna tori kyssegyr no thori bvarth.
P.MS. 58, p. 9.

buarthdeyl *farmyard manure, land dressed with farmyard
manure.* buarthdeyl teyr blyned y dylyir y eredyc 63.9. buarth-
teil [*sterquilinio fecundata*]. A.L.II 856.x. Tir gwydd a fo
buarthdail arnaw. L.W. 152 §19 al.

buch, bucc, buc (*a*) *cow.* O deruyt prynu buc keflo 91.25.
13.24; 15.1, 12; 16.13; 37.8; 97.10; 98.4; 116.10. pl. bucc III.2.
(*b*) *standard of value.* Gurth pop vn or dannet buch ac vgeyn
aryant 105.12.—15.22, 26. see ' bucc,' ' buw.'

budyr *unclean.* pop anyueyl glan y hanner guer[th] eu y
teythy anyueyl buder y trayan guert 94.3.

buches *cattle pen or yard.* ef a dele emdeyth ene [u]enwent ar
gorfflan. hep kreireu arnau ai escribil ygit ac escribil e clas ar
abbadeu hit ed eluuint pellaw. ac ed ergeduynt e buches
tracheuen 51.17. Mis Ionawr . . . gwag Buches, duvres odyn.
M.A. 21a.4. Buches=buarth. P.MS. 169, p. 220. Tair buwch
mewn bvches ni welir. P.MS. 58, p. 23. cf. os cai . . . yboles
och byches. HUW COWPER, p. 30.

budelw *cowhouse, cattle fold.* O deruyd bod amresson am
eredyc ar neyll en mennu eredyc em pell ar llall en acos. Nyny
a deuedun na deleant venet namyn val e kallont er ecchen
keraydu eu budelu ac eu gued en guan val en kadarn 110.8=
ac yd ergytyont eu buches drachefyn. Pen. 35, p. 30b.11. cf.
Gwell un crywyn no dau vuddelw. M.A. 848a.39. Bydawt
gwaeth budelw no chrowyn. A.B. 236.18. Buddel (*later*)=*post
to which cattle are tied in the cowshed.* fel bustach wrth fuddel.
Ll.MS.209, p. 36. I feudy hi gyfeirian fain/lle roedd yr ych
wrth fuddel. *ibid.* 209, p. 676. *but.* Fel eidion at fuddel ir
Efel yr awn. Ll.MS. 209, p. 183. cf. dellach .i. luighi (*lying
down*). Th.Ir.Gl. p. 77.

budey *churn.* [guerth] budey .II. 100.17. Budey [*cirnea*].
A.L.II 804.xxix. b.=Ir. buide=Lat. modius (?). see De Hib.
p. 118; Ped.I p. 195, note 2.

[buelyn] bueylyn, ueleny *belonging to a buffalo, made of* *buffalo horn.* ay corn a dely uod en bueylyn 16.6. ueleny 99.17. see bual.

bukeyl *herd, guardian.* .ix. tauyodyauc . . . .viii. eu bukeyl trefkort o deruyd llad lludyn y dyn. o escrybyl. perchenokyon ereyll am henny geyr eu gejr e bukeyl ena ba eydyon ay lladaut 31.12. eskydred . . . bukeyl e danhet ynt 105.15. 92.1.

bukeylky *herdman's dog.* Bukeylky a el e bore emalaen er escrybyl ac a del e nos en eu hol er eydyon teledyhuaf a tal 95.2.

buria *the carcase of an animal killed out of season.* Or kalan eilgueis hit guil yeuan deuparth ar er eneit trayan ar ecchic ar croen kanys b. vit pop aniueil en er amser hunu 43.19.

buruy *cow spancel, fetter.* [gureth] buruy fyrdling 101.7. bvrwy= Cwlm am wddwf anifail ag am y troed blaen. Rep.MSS.I 721. Grwth brau mewn burwy wrth hen bared. M.A. 366a.33. b.=Ir. buarach *a spancel used to tie a cow's hind legs while being milked.* Dineen. buarach gl. lora. cf. berwyog *a slave in iron.* LLUYD. ADD. SEC. penrhwy. M.A. 43b.15. aerwy. *ibid.* 16. see Ped.I §59.5.

buw f. *a head of cattle; a standard of value=20 pence.* Guerth bonhedyc canhuynaul yu teyrbuv a tryugeynmvu o warthec 71.11. messur camluru teyr buv neu nauvgeint aryant 75.18; 52.23. *It is written also* byu 9.6; 11.22, 24; 14.2; 15.7, 25; 17.1, 4; 18.16-34; 19.22; 20.6; 21.5-10; 22.5-33; 23.7, 8; 24.7, 16, 32; 26.15, 16; 27.1, 14, 15; 28.8, 9, 21; 37.23; 104.23, 24; 105.1-24. byhu 19.23; 96.9; 105.9, etc. buv 71.11, 12, 13; 75.18; 78.1, 4, 7, 23; 132.14. buu 130.16. biu 18.33; 52.23. buy 53.22.— 3.6; 13.2; 14.3-20; 15.8-24; 15.25; 17.16-30; 19.23; 20.7-23; 25.25; 52.23.

buuch *a cow.* 69.7. see buch.

bua *bow.* [guerth] bua a deudec saet .iiii. 102.16.

bucc *a buck.* Ny tal un anyueyl bruydryn kaflauan sef eu a. b. estaluyn . . . baet . . . taru . . . bucc 121.11. pl. bycheu 116.12.

bulch, buylc, bullch *breach, notch, gap,* (in genit.) *cut, partly used.* e buyd val hyn e renyr. e greyc byeu e kic eny hel[y] ar caus eny hely a guedy e croker e gur pyeu. e grueyc byeu e llestry emenyn buylc ar kic bullch ar caus buylch 33.30.—25.13. cf. cosyn torr, *and* torth ar dorr. *Card.*

bun *bittern.* ef a dele y anredethu o teyr anrec e dyt e ll[a]dho y hebauc un o *try* ederyn. ay bun ay caran ay cryhyr 11.15. bvn [*ardeam stellarem*] (acc.). A.L.II 822.xxxv. *bubone* (acc.) i. bun. *Ibid.* 900.i. cf. Ir. bonnan *bittern.* M.C.

burth *table*; tyr burth *demesne land.* y maer bysweyl . . . a dyly tyghu dros dyr burth y llys ay hauot tyr o byd reyt eu hamdiffyn 68.10. Tri modd y gossymeithia brenin y deulu ae nifer : cyntaf o dda y faerdre e hun ae dir burdd. A.L.II 604.v. *Terra domenica*=Tir bordd. Rec.Carn. 65.

burn *bundle, bundle of household goods* (?). Try ryu datanhud y syd. datanhud ar ac eredyc a datanhud kar. a datanhud burn a beych 60.18; 60.27. Ac yna y kyuaru ac vynt glaswas . . . a thwel am y uynwgyl. a bwrn a welynt yn y tywel. ac ny vydynt hwy beth oed. W.B. col. 425.9. i bwrn ai dyko yw bedd. Rep.MSS.I 680 §499.

buru, bury (*a*) *to cast, throw.* buru˙erkyd ay a mayn ay a sayth 123.5; 27.13.

(*b*) *to impute.* O deruyd y dyn en duen tan o ty arall ehedec tan ykantau talet y gueytret ony eyll ar e tan buru ran ohonau 87.14. 3 sg. pr. ind. buru 63.10. subj. buryho 27.20; 28.25. ind. pass. burir 55.25. imperat. pass. buryer 76.4.

buyall, bvyall, byall f. *axe.* e brenyn a dely o pob myleyntref dyn a march a buyall y gueneuthur lluesteu 30.6.—25.15; 27.14, 28; 30.6; 67.27; 78.13. b.kenud 33.20. [guerth] byall kenut .11. 100.2. [guerth] buyall vecan .1. 100.3. v.l. Llawfwyall. L.W. 268 §55. [guerth] buyall ledan .1111. 100.1. aref buyall 102.17. *v.l.* bwyall arf. L.W. 272 §182. pl. buyeyll 27.13.

buyt, boet, voyd, uoyt *meat, food.* er efeyryat teylu urth uendygau y uuyt a kanu e pader 5.11. guasanaythu ar cuedyn ar uuyt a sey[th]uet ar llyn 9.28. dawn b. 69.16, 25. see 'dawn.' b. seyc 25.1. see 'seyc.' 4.1; 5.11; 7.3; 8.1; 9.24, 28; 14.2; 15.13; 18.9; 19.33; 20.30, 31; 21.18; 22.12; 26.17; 27.3, 16, 25; 28.22; 29.2; 33.28; 38.12; 67.14; 85.9; 106.4-7; 108.11.

buylc see bulch.

buyllur *viaticum, implements or means necessary to carry out some undertaking.* Nau affeyth lledrat . . . yr eyl yu cyssynnyau ar lledrat. Trydyd yu rody buyllur yr lleydyr. Petweryd yu mynet yny gyweythas ac arweyn y buyllur 78.16. (Ll.MS. 69, p. 46.10, *has* ymdwyn yr rvyll.) Ac odyna palamides a anuones agamemnon. y lespeus at teslus y rei a wnathoed agamemnon kyn no hynny yn genadeu idaw y gyweiryaw bwyllyrnev. ac y dwyn gwenith o voecia . . . Ac ef a erchis udunt hwy baratoi bwyllyryeu a llenwi eu llogeu ohonaw. R.B.II 25.12. (*The second was in this quotation written* bwytllyryeu *but the* t *was deleted afterwards.*) A thelephus a dywawt wrth achel bot yn nerthach yr llu rodi bwyllyryeu o wenith oe deyrnas ef . . . y ymlad ohonaw ef y droea ygyt ac wynt. R.B.II 17.5. Codi bvyllvrv y ledratta. Ll.MS. 69, p. 47.4. bwyllwrw *v.l.* bwyd. L.W. 207.4. *It was evidently regarded as from* bwyd+llwrw ' *food of a road or journey.*'

buyta, byta *to eat.* ef a dely ƀuyta jar un dyskyl ar bre*nyn* 24.14. 14.12; 19.7, 19; 20.4, 11, 21; 25.2. byta 18.29.

buyty *buttery, kitchen.* e popuryes . . . a dely . . . teyssen dyuet poby o pop amryu ulaut a popo. ay guely en e buyty 27.19. 24.30; 30.9; 67.25.

bvo 45.20=bo. see ' bot.'

bechan, beccan, pecan *small, little.* na deleir duin e peth maur en gustel peth pccan 46.18. dihu pa[s]c beccan *Low Sunday* 48.34. ty bychan *privy* 67.26.—3.8; 30.10, 31; 45.12, 14; 46.6, 20; 51.1; 100.3; 119.15; 127.16. pl. becheyn 113.2. beccheyn 112.3.

bechanet *smallness.*

byt, bit *world.* Try chadar[n] byt argluyd a drut a dydym 134.28. bit hun *this world* 47.6. greyc byt *for* greyc en y byt *any woman* 126.21.—34.13; 40.6; 128.5. cf. dyn or byt *any man.* H.MSS.I 265.4. clefyt or byt. P.MS. 60, p. 37.

bydaf f. *a wild swarm of bees.* puebennac a kafo bedaf k. a dele neu eckuyr ar bedaf yr neb pyeufo e tyr 97.4. pl. bydaueu 67.12. Gwerth bydaf yny coet deuswllt. A.L.I 502.xiii. cf. Tri thrwyddedawg bydavawg y sydd : oedranus ; maban, . . . ac estron anghyviaith : sev yw bydavawg, un na vytho arno na swydd na gorchwyl, ai drwydded yn rhad gan gyswyn paladr. A.L.II 548.cxcix. M.A. 934 §199. see ' modrydaf.'

bedar *deaf, a deaf person.* 121.6 pl. bedeyr. Bedeyr a deyllon ny muyneyr dym or a deuetoent edadaleu kany guelsant dym a kany keleusant 120.19.

[bedin] pl. bedineu *armies.* bedineu guir aruon rudyon eu redyeu 42.10. Ir. buiden *company, troop.*

[byrllysg] wirllisch *staff of office, sceptre, baton.* eff a dely ruythau e ford er brenyn ay wirllisch 19.16. cf. R.B.I 193.18. Ac yr fforest yd aei y mab beunyd y ch6are ac y taflu llysgyon ac yskyryon. =chware ac y daflu a gaflacheu kelyn. W.B.

E

col. 117.28. kany orssauei vn kynllyskyn ohonei yr croen nac
yr kic. W.B. col. 231.27. bwrw llysgyeu ida6. W.B. p. 288.20.
Tair dyrnawd arglwydd ar ei wr . . . un ai vrysyll, sev ei
swyddwialen. A.L.II 550.ccii. cf. Ir. ech-laisc *horse-rod.*

bys m. *finger, toe.* b. llau 105.25. b. troet 105.22. a llet
tryuys yn y thewet 69.10. 3.8; 105.5, 11; 106.17.

bysweyl *stale, dung. used only in the expr.* maer bysweyl.
maer b. *bailiff* 15.17; 19.27; 23.22; 24.17, 28; 41.17; 60.6; 67.13, 27;
68.2-13. see W.B. col. 202.16. abreid y glynei dyn arna6 rac
llyfnet y lla6r gan viss6eil g6arthec ae tr6nc. Rep.MSS.II
396.56. Ac oddiyna ef a ddiscynnawdd mewn Tommen yn y lle
ydd oedd llawer o Ebodu Meirch a Biswail Gwartheg. cf. Ir.
fual *urin.*

bysguelyn *piece of dung.* e perchyll becheyn or pan emcuelo
bysguelyn ay truyn un kefreyt ay uam ar hyd 113.2. Lletav
vydd y bisweilyn o'i sathru. M.A. 850a. 12. Dr.D.Prov.

byta 18.29 see bwyta.

byth adv. *for ever, ever.* A chet doter y dyaspat honno o hynny
allan ny werendewyr uyth 61.18. Ef a dely y can e porthaur agory
e porth maur ydau . . . ac nas ellecho uyth yr guychet 12.11.
40.4 (vyt); 40.24; 48.19 (vid); 71.28; 72.24-27; 73.18; 77.18;
132.13; 133.2; 134.27

bytheyat *hound.* [guerth] bytheyat da*mdung* 101.22.
Butheiat [*canis leporarius*]. A.L.II 824.xxxi. b. = *canis
venaticus sagax. ibid.* 779.xxxii. Bitheiad nyt oes werth
kyureith arnaw kanyt oed y kyuryw gi hwnnw yn oes Hywel
da. A.L.I 500.xxi. M.A. 872. Ll.MS. 116, p. 16.26. Erchuys =
bytheiad. P.MS. 169, p. 234. (for erchwys see R.B.I 1.12.)
Emlyniad = Bitheiad. *ibid.* p. 233. b. = Huad. Rep.MSS.I
906. §267. Carw . . . y mae helwriaeth arno a bytheiaid ac a
milgwn. Ceiliog coed a elwir yn helva gyvarthva, oblegid pan
ddel y bytheiaid ar ei hynt ev ei ymlid a wnant. M.A. 872.
Bitheiat . . . ar ol keir6 y 6lat. P.MS. 70, p. 16b. Rhedais heb.
Adail Heilin/Rhediad bloesg fytheiad blin. D.G. lxiii.33.
for a description of the bytheuad see Gorch. Beirdd Cymru,
pp. 211-2. Casbeth gan Eiddig fethiant Glywed bytheiaid a
thant. D.G. lxxxix.24.

byu, biu, byhu, beu, beuu (*a*) *life.* ac os o uaru a beu ed
escarant ranet e claf a deuysset er yac 34.14; 34.20. cf. ny
dodyw neb gwestei eiroet o heni ae uyw ganthaw. W.B. col.
486.18. a da y6 it o dihengy ath uy6 genhyt. W.B. col. 476.36.

(b) *living.* nay guerthu nay rody *tra* uo byu 12.6; 47.14, 15; 50.23; 70.29; 75.21; 77.10, 11; 91.15; 98.19; 133.9.

beuyt *life, lifetime.* guahanu dyn a tyr eny ueuyt 125.20.

caboluaen *a stone for polishing.* [guerth] c. dym[eu] 101.10. caboluain [*lapis levigatorius*]. A.L.II 865.1. c.=Lat. capula. Loth p. 141.

cabydul *chapter, synod.* Teyr gorsetua ysyd a allant gwneuthur eu cabydul ehun yn y lle na llesteyryhoynt keureyth y brenhyn. sew yu y rey hynny abat ac escop ac [meystyr] hyspyty 60.15. cf. Ulcassar amperawdyr Rhufein gwedi gorescyn o honaw yr holl fyt ae wastattau o ymladeu, i lladdawdd seneddwyr Rhufain ef o frad a phwyntleu ynghabidyldy Rhufein. M.A. 725a.45. Y vlwydyn rac wyneb y bu uarw maelgwn uab rys yn llanerch aeron. ac y cladwyt yny cabidyldy ynystrat fflur. R.B.II 365.29. c.=Lat. capitulum. Loth. p. 141.

kabyl see kubyl.

kad for kadw 27.6. *written* kadw. L.W. 65.4. A.L.I 70.

kad see kath.

kadaf see kyntaf.

kadarn *strong, firm, whole.* Nyny a deuedun na deleant venet namyn val e kallont er ecchen keraydu eu budelu . . . en guan val en kadarn 110.9. A guedy honny onadunt e kefreythyeu . . . heuel . . . a orckemenus en kadarn eu kadu 1.20. superl. cadarnaw *best established.* a gwedy hynny y symuduys bledynt uab kynvyn deudec yrv . . . ac eyssyoys cadarnaw yu y mae pedeir yn y tydyn 59.10.

kadarnet *strength.* guanet enteu y art en kyn kadarnet ac na allho escrybyl y tory 114.9.

[kadarnhau] *to declare, confirm.* 3 sg. pr. ind. kadarnaha. Rey a deueyt panyu maeldaf . . . ai barnus . . . Yoruert vab madauc druy audurdaud e keuarhuidyt ay k. panyhu ydno 42.7.

kadell pr. n. *father of Howel Dda.* 1.1.

kadeyryauc *having a chair or appointed seat.* bard k. *chief bard, or minstrel.* pan uenher hcanu kerd e bard kadeyryauc a decreu ar kyntaf o duhu ar eyl or brenyn byeufo e llys . . . guedy e bart kadeyryau[c] e bard teulu byeu kanu 14.26. 5.14. cf. Petwar cadeyryawc ar dec esyt en y llys. A.L.I 10 §vi= *the fourteen persons who sat at the king's table.* yngnad cadeiriawg. M.A. 957b.13. cf. Pan gymerho bard cadeir y kymer yr ygnat y korn bual ar uodrwy ar gobennyd a dotter y danaw yn y cadeir. A.L.I 646.xxv.

kadu to *keep, maintain, support, confirm, observe.* Ef a dele kadu ran e brenyn or anreyth 10.9. A guedy hon*n*y onadunt e kefreythyeu a uarnassant eu kadu heuel . . . a orckemenus en kadarn eu kadu en craf 1.18. Os o gadu cyn coll y dewys y ardelu . . . dywedet ynteu y uot ganthau ay uythnos a mys ay tymor yn gynt no chan y llall a bot ydau ew ay ceydu o gey[t]weyt cyureythyaul y uot ar y helu 82.3. ford a gatwo teruyn 69.5. guell[t] kadu *hay for storing* 117.5.—1.20; 10.9; 14.8, 17; 19.13; 22.12; 26.13; 50.4; 63.29; 66.20; 67.21; 80.4, 5; 81.24; 82.1; 86.24; 92.22 107.4; 112.6, 7; 133.29; 134.1. 3 sg. pres. ind. keydu 42.28; 53.12; 82.3. subj. katwo, kathuo 51.23; 53.4; 69.5. pres. ind. pass. keduyr 116.23. 3 sg. imper. kaduet 89.5; 96.12, 14, 15, 17, 19; 114.2; 116.9; 117.8. 3 pl. katwent 51.6.

kadyt *remainder* (?), *mouthful* (?). E porthaur . . . a dely kadyt e kaus a popo 26.11. *so* Ll.MS. 174, p. 34.10. L.W. 64 §14 *has* Gadit. cf. Gau genau y geg annoeth, Gael atad beth gatyd boeth. (Cywydd i'r Tafod.) D.G. cxlvi.66. *In this last it appears to mean 'a mouthful,' 'a bite.' It appears to be from the same root as the* Ir. caithim *I consume, eat.*

cae, kay m. (*a*) *circlet, ring.* Nit reit kemrit mach ar dilesrujt ariant nac ar tlesseu treicledic cae a kallel a guregys 48.37. [guerth] kay da*mdung* 103.17.

(*b*) *hedge.* puybennac a guenel kay egkylc y eyd dalyet ar e guellt a uo endau 117.2. 115.9.

(*c*) *field.* Ny dele nep guell[t] kadu amken a deuguell[t]. kay a gueyrclaud 117.6.

kaeth, kaet, cahet, cayt (*a*) *bound, captive, in serfdom.* Ac ena rac hid e trikassant en e lluyd e keskus eu gruaket can eu gueyssion kaet 42.12. maynolyd c. *bond maenols* 69.16.

(*b*) *bondman, serf.* Gwerth guaet ryd .xxiiii. Guerth guaet kaeth .xvi. 106.19. Gwerth caeth os or hynys hon. punt. os tra mor chweugeynt a phunt. Sarhaet caeth deudec ceynnyauc, chwech yr peys a teyr yr llaudyr, ac un yr tudleheu ac un y c[r]yman. ac un yr raf. . . . O sarhaa caeth ryd llader y llau deheu onys pryn y argluyd. kymeynt yu guerth llau y caeth a gwerth llau y brenhyn 78.10. Ny deleyr dyenythu caet os pryn y argluyt 85.4.—38.27, 28. cf. Punt a haner yw gwerth kaeth tra mor. Os or ynys hon yr henuyd punt vyd y verth or byd anafys neu ry hen neu Ifangk nid amgen llei vgeint mlwyd punt vyd y werth. Ll.MS. 116, p. 19.25. P.M.S. 36a., p. 49.8.

kaydhet *bondage.* (*used as equative of*) caeth. er kaydhet hachen e tyr a kafo ef a uyd kyn redhet a tyr mab uchelur 127.19.

kauan, kauen (*a*) *vat, trough.* [guerth] breckycauan .11. 102.14.

(*b*) kauan traet *footstool* (?). try anhepkor tayauc y kauen ay truydeu ay pentan 29.6. v.l. cauyn traet. A.L.I 438.xi. [guerth] kauan treat .1. 100.21. *so* P.MS. 35, p. 109b.20. Cawyn [*solium*]. A.L.II 773.vi. cf. padell troedauc. L.W. 84 §54al. cafan *usually means 'a boat.'* a gweisson yn pyscotta ymy6n kafyn ar y llyn. W.B. col. 127.9. I ofyn Cafn pysgotha. Rep.MSS.I 746 §239. afonyd. cafyneu. pynt. llogeu. H.MSS.II 190.6. cavbal=cabhn. P.MS. 118, p. 483. *but* cf. Ni cherais, iawngais angerdd/na'i chafn botymog, na'i cherdd. (y Delyn Ledr.) D.G. cxxxix.38. Cafn latys ei nam flottai/Cafn rhisg gysegrwisg a sai. *Ibid.* ccxxx.47-8. Korn mawr nid vn or kyrn man/kafn krwn val kefn y kryman. P.MS. 67, p. 36.

kafreys see kyfreyth.

kaffayl, kafael, kael *to get, obtain, win, find.* Ef a dele kafael y guassanaet en rat 5.2. ny dely kafael namyn gocreyt keyrc a bly[s]ckyn huy 25.22. O rodjr morujn y hur ac j kafael en gureic 35.27. k. collet 37.2. k. beychyogy 133.25. Os guadu a gna e gur kafael [e gureic] erug e deu uordujt rodet e gur lw. .L. 35.16. O deruyt y dyn kafael escrybyl ar hyd 114.25. 4.25; 6.11; 9.1, 21; 19.18, 26; 25.20; 26.25; 28.14; 29.10; 34.11, 13; 35.8; 37.2; 38.4; 40.26; 41.9; 46.40; 47..32; 52.3; 55.24; 60.5; 61.8; 62.2, 5 [kael]; 69.11, 13; 72.23; 78.24, 26; 79.27; 80.15, 18; 89.22 [caf y ael]; 108.7-22; 111.10; 114.25; 115.8, 11; 116.27; 119.11; 121.24; 133.20-25. rekafael 36.1; 80.16. 3 sg. pres. ind. keyf 12.24; 29.15; 38.6; 39.25; 46.26; 48.32, 33; 51.23, 24; 62.12; 63.22, 23; 77.20; 79.19, 28; 81.29; 82.5, 11, 15; 88.2; 97.2; 106.1. 3 pl. kafaant 126.2. cahant 67.23. pass. kefyr 6.14; 16.15; 26.23; 49.23; 68.22, 23; 81.23; 85.5; 88.1; 97.3; 116.17; 134.2. 3 sg. pres. subj. kafo 2.18; 29.13, 27; 34.3; 38.9; 40.1, 28; 71.17; 80.28; 82.10; 93.14; 96.25; 97.1, 4; 116.24; 118.19; 127.19; 131.6. 3 pl. kafoent 4.22; 64.13. kafont 4.23. pass. kafer 25.7; 29.27; 40.27; 79.23, 29; 80.2; 113.14; 115.18; 120.8. 3 sg. impf. subj. cafey 38.1. 3 sg. pret. kauas 37.3; 47.36; 55.14; 64.20; 130.23. pret. pass. kafat 114.26.

kagell f. *chancel.* tyghet yn gyntaw ar drus yr egluys ar eyl ar y gagell ar trydyd ar yr allaur 80.14. Ar gangell, sef yw hynny y cor. A.L.II 620.xv. Ath uendicco de egluis. a chagell. B.B.C. 35.3. k.=Lat. cancellus. Loth. p. 143.

kagor see kygor.

kalan m. *first day, new year's day.* Os diu nodolic e keffry e haul ny keyff . . . atep hyt tranoeth guedi calan 48.33.—93.2; 96.2; 116.18. k. gayaf 1st of November. 16.18, 20, 21; 25.8, 10; 51.26, 30, 32, 36; 60.22; 90.13, 14, 21; 91.24; 93.10, 11; 95.20, 25; 98.1, 16; 112.20; 114.16, 18; 116.13, 20, 23; 117.21; 119.17. k. mahurth 1st of March 25.10. k. mey 29.15; 51.34; 93.13; 95.22; 98.18; 112.12, 25. k. mystacuet 16.25.

kalcc *enamel.* [guerth] taryan .vIII. o byt kalcc llasart neu eurgaltc .xxIIII. 102.22. e guastraut . . . a dely kapaneu glau e brenyn . . . ay hen esparduneu ay hen kefruyeu eurcalt 23.29. *Scutum coloratum auricalco, vel argenteo, sive glauco colore* .xxIIII. *denarii.* A.L.II 866.cix. llav escud. dan iscvd calchwreith. B.B.C. 105.4. see llassar.

kale f. *penis.* 36.1; 37.18, 19; 105.19.

kallell see kyllell.

kallon *heart, centre, womb.* Ef a dely calonneu er anyueylyeyt ar eskeueynt a ladher en e kekyn 11.6. guert trauskeyg a kerho o kallon e pren .xxx. 97.18. ac y uelly tyghu . . . nas rycreus tat y callon mam y mab hun 72.7; 72.8, 17; 96.6. pl. kalonneu 11.6; 109.7.

kallaur *a cauldron.* Try anhebkor gurda y telyn ay ureckan ay kallaur 29.5. [guerth] e callaur .Lx. 99.18. e gur pyeu e kallaur ar brecan . . . e greyc pyeu e badell 33.19. 27.27. kallowr=pair. P.MS. 51, p. 190. k.=Lat. caldāria. Loth. p. 143.

kallont see gallu.

1. **cam** m. *a pace, step, three-foot measure.* Ae y llo a dele ememdeyt nau cam 90.19. Try hyd gronyn heyd yny uoduet teyr moduet yn llet palyw. try llet palyw yny troetued. try troeduet yn y cam try cham yny neyt 65.4. swm y kamau o nef a uffern, etc. Rep.MSS.II 463 §96.

2. **kam** (a) *crooked, wrong, false.* O keyll e dyn hunnu prouy uod en kam y uraut a uarnus er enat. kollet er enat y tauaut 12.28.—44.7; 75.13; 81.4; 134.9.
(b) *an injury, a wrong.* Sef achaus . . . urth delehu o paup bod en yaun en er amser glan hunnu. Ac na guenelhey kam en amser gleyndyt 1.11. Od amheuyr y perchennauc na rekafo er

hyc cám ykantau ef 108.9.—6.5; 9.20, 22; 12.23; 15.23; 17.13; 18.4, 32; 19.12; 20.3, 18; 21.3; 22.3; 26.13; 30.14-18; 41.9; 48.4; 51.13-18; 108.10; 120.5; 123.26; 134.9, 25.

kamarueru *to misuse, violate, abuse.* Heuel . . .a uelles e kemry en kamarueru or kefreythyeu 1.2. Tredet [sarhaet] eu kamarueru oy gureyc 3.3

kammec *parer* (A.O.) *some tool used by a smith.* [guerth] k. a kethrtraul a kuysyll . . . iiii k. 102.1. cammegau *occurs in* 1 Kings 7.33 *as* pl. *of* cammog *felly.*

[kamgylus] kankeluus *liable to a fine, blameworthy.* Huyd penuarch brenyn. mor dyfeyth ، . . a kankeluus e kafer dyruy a kamlury 29.27. Pony bydei ef gamgylus yna. bydei o dwy fford. vn amdremygv y arglwyd. ar llall am adaw y gweith yn annorffen. Eluc. 15.5. y diruy hay camcul yndi didi yn hollaul. Lib. Land. 120.14. cf. celus *blamable, culpable* (?). M.A. 942a.37, 959b.16, 57. kylus *guilty.* A.L.I 418.xviii. cwl *fault.* H.MSS.II 221.29. Llawer mod y damweinia y ddyn uneuthur cwl yn erbyn y arglwydd nyt amgen dwyn nythod adar, etc. A.L.II 612.xxxiv. Gwna fi, fam Geli, o gyliau yn rhydd. M.A. 376a.50. camcul. L.L. 120.14. cwl = Ir. col *wickedness, vice, crime.*

camluru, camlurv, kamlury, camlure *a fine paid to the king or his officers for the less serious wrongs, fixed at three head of cattle or* 180 *pence. This, however, might be doubled or trebled.* Messur camluru teyr buv neu nauvgeynt aryant 75.8. Puybenac a deueto geyr anguar en erbyn e bre[nyn] talet kamlury deudeplyc yr brenyn 30.1. Puipenac a thorro e telleued honno teyrbiu camluru a tal ne[u] nau ugeint 52.23. O hynny yny uo seythmluyd y dyly y tat tyghu a thalu drostau. eythyr na dyly talu na dyruy na chamlurv yr brenhyn drostau. kany dyly y brenhyn na dyruy na chamlvrv am annodeu noc am weythret dyn ynvyt 70.17. Cam yu gwneuthur yr affeythyoed uchot ac urth hynny yr argluyd a dyly camlvrv amdanadunt. herwyd meynt yr affeyth. vn yn undyblyc arall yn deudyblyc arall yn try dyblyc. cany bu ymlad yno pey ymlad a uey dyruy yr argluyd a uydey 75.15. am ky neu ederyn ny deleyr na dyruy na dyhenyt namen camlure 85.12.—9.18; 13.29; 19.9; 24.21; 26.9, 26; 29.27; 41.22; 49.24; 53.22, 30; 54.9; 60.9; 68.6; 69.5; 75.18; 87.9; 89.14; 96.1, 8; 97.8, 20; 130.16; 131.1, 4; 132.15; 134.10. reddat . . . camlury [*multam privatam*]. A.L.II 759.1. Tair dirwy y sydd : dirwy ymladd, dirwy drais, dirwy ledrad. am bob gweithred a wnel dyn ni hanfo o'r tri hyny, camlwrw a dal amdano. M.A. 954a.55.

camyd 127.7 see cymryt.

1. **kan, gan** prep. *with, by.* with pron. suffix. 1 sg. kenyvi 46.14; gennyw uy 81.5. 2 sg. kenjti 49.15. m. 3 sg. ganthau, kanthau, kantau, kandau, candhah 36.2; 49.4; kanhau 54.7. f. 3 sg. genthy, kanthy, canthu 37.28; 38.20; 41.9; 71.23; 130.18. 3 pl. ganthunt 66.14; 67.21. ac y uelly am ford a gatwo y teruyn gan emyl y ford 69.5. Sef eu messur e uedecynyat . . . punt heb y uoyd neu .ix. vgeyn kan y voet ay guayd dyllat 106.5. o keif hy y gur gan gureic arall 38.7. o bit guell kantahu enteu kerchet keuereit 49.3. O deruyd tennu ruyd . . . ar uor a deuod . . . guydeu . . . a bryuau e ruyd ka*n* er anyueyl 121.17. a bot en edyuar kan perchen er ariant e kevnevid 47.27, etc. **ykan** *from.* with pron. suffix. 1 sg. ikanhaue 44.9. 2 sg. ikenniti 44.14. m. 3 sg. ykanthau, ykantau. f. 3 sg. ykenthy. 3 pl. yganthun. chweford yd a da dyn yganthau 81.7. maer bysweyl ny dyly . . . namyn erbynnyau da y brenhyn ygan y meyrydyon 67.29. ef a dely ycan e porthaur agory e porth 12.9.—17.33; 19.15; 36.12; 37.7, 29; 45.8; 47.15; 86.5, etc.

2. **kan** conj. *since, because.* a kan adeuuyt ef ny ellyr y guadu 31.1. yaun eu dyskennu can eskenhuyt 89.13.—30.31; 36.17; 46.8; 47.19; 49.16; 56.26; 130.6. neg. 'cany.' bef. cons. 'canyt.' bef. vowels. kany deleant huy guadu mach ny delleant huy roy mach 48.25. kany guelsant dym a kany keleusant vrth hene ny muyneyr dym onadunt 120.21. canyt atwna y gyureyth a wnel 72.27.—4.6; 8.10; 10.28; 37.3; 38.5; 39.3, 4, 5, 8, 14, 20; 40.24; 44.2; 47.28, 30; 48.6, 17, 25; 49.28; 50.28; 52.9; 54.16; 59.4; 60.20; 61.12, 22, 23; 62.3; 67.9; 70.11, 17; 71.9; 72.21; 73.19; 75.10, 16; 76.12; 77.17; 78.24; 79.8, 14, 28; 82.22; 86.1, etc. see canys.

canastyr see astyr.

kandhah see kan.

candrechaul see kyndrychawl.

canuet *hundredth.* canvet llau 80.23, 24.

kanhelu see kyn-.

canhuyr see canwyr.

kanllau, canllaw f. *support, one who assisted the* Cynghaus *in prosecuting or defending in cases of the value of sixty pence and over.* Gwedi daruo[t] eyste en keureithaul . . . ena may yaun ir egnat gouin yr haulur puy de keghaus di a puy de kanllau . . . ac guedi hinny e may yaun er egnat gouin er amdiffenvr puy de keghaus ditheu a puy de kanllau, ac ena e may yaun ydau entehu eu henwi 52.30. Ny dyly Cyghaus na chanllav Seuyll ygyt a nep am haul a uo lley no chywerthyd tryugeynt. neu am dyr a dayar a march ac eydyon 59.1. 52.18-32; 131.17, 22; 132.1. cf. Gwent. ail law *second in command.*

kanonguyr *canons.* Er argluyt pan uo maru er escob a dele y da . . . Abat haken ny deleyr namen y ebedyu kanys keuoet maru er abat e clas ar kanonguyr a dele y da ef 124.12. Yr escob a gyghores idaw ef kymryt abit myneich neu gynhonwyr ymdanaw. H.MSS.II 195.39. Ac ar rei or byrdeu ydoed marchogyon urdawl yn eisted. Ar ereill rei ac abit myneich duon amdanadunt. Ereill a gwisc canonwyr amdanadunt. Ac yna y govynnws aygolant y charlymaen ansawd pob rei oll onadunt . . . Y rey a wely ditheu ar abit wenn amdanadunt. canonwyr y gelwir y rei hynny. ac syd yn daly wrth vuched seint etholedic. yn gwediaw drossom. ac yn canu offerenneu a phylgeinneu ac oryeu y dyd drossom. H.MSS.II 35.9.

kant, can *a hundred.* canhur 100 *men* 74.26; 76.25. deu can wyr 75.1. canyeu 100 *days* 130.23, etc.

kant *rim, hoop* (?). e gof llys . . . a dely gueneuthur reydyeu e llys en rat. eythyr tryfed sef eu e rey heny guarthaual kant kallaur a kyll kulldyr 27.27. pl. kantau. e trullyat . . . a dely guarchadu e uedkel. a kantau e fyoleu 18.22. A.L.II 582.xxxii has gwarthaf gant callawr. kant *usually means 'side' in Medl. Welsh.* Ty . . . heb ddor heb gant. M.A. 275a.4. Dinas Emreis amrygant. *ibid.* 212a.19. llogeil= cant ty. P.MS. 51.194. ys cubawr . . . ony byd bangor yntri lle ary cant ar drysseu yn gayat. A.L.I 578.xv. see also W.B. col. 180. see Loth p. 144; Skeat under cant.

canthu see kan.

cantref *the largest division of land in a lordship or dominion.* pedeyr yrv . . . ym pob tydyn . . . petwar tydyn ym pob randyr. pedeyr randyr ym pob gauael. pedeyr gauael ym pob trew. pedeyr trew ym pob maynaul. a deudeg maynaul a duydrew ym pob kymut . . . A chymeynt ac a dywedassam ny uchot oll a uyd yny kymhut arall. Sew yu hynny o eyryw pum vgeyntrew a hynny yu y cantrew . . . Sew yu hynny o eyryw erwy yny cantrew chwcchant a pym myl arugeint 65.12.—3.6. 66.9; 79.21.

canu (*a*) *to sing, chant, recite.* O deruyd yr urenynes men*n*u kerd aet e bard teulu y kanu ydy kerd en dyuessur. a hyn*n*y en yssel ual nat aflonetho e neuat kanthau ef 14.30. urth uendykau y uuyt a kanu e pader 8.16. kanu eferen 29.2. kanu y korn 26.27. 5.11; 14.25, 29; 15.3; 28.19. pres. subj. pass. kaner 14.27. 3 sg. imper. kanet 14.27. 3 sg. pret. kant 42.9.

(*b*) *singing.* e bard teulu byeu kanu tryckanu o kerd amgen 14.29. corn canu 104.4.—28.19.

kanuyl *an ornament for the forehead of horses* (?). [guerth] kanuyl .1. 103.6. kanuil [*frontale*]. A.L.II 888.xvi. L.W. 273 §200 *has* canfyl.

kanuyll *a candle.* er hebogyt . . . a dely dernuet o canuyl guyr ykan e dysteyn y abuydau y adar ac y gueneusur y huely 10.30.—20.10, 13, 19, 20; 23.12. pl. kanuylleu. kanuyllyd . . . a del[y] pen e kanuylleu a tenh[o] ay dannet 23.13.—20.14, 15; 23.14. hanuyelleu 20.17. c.=Lat. candela. Loth p. 144.

kanuyllyd, canhuyllyt *candle-steward.* 10.20, 22; 20.8; 23.9. Tri dyn a fydd gar y fron . . . canhwyllyd yn cyweiriaw canwylleu. A.L.II 586.xiii.

[canwyr] canhuyr *press* (?), *plane* (A.O.). [guerth] canhuyr .1. 100.17. cf. Cynnydd Mordaf, a Rydderch,/Canwyr a synwyr y serch. D.G. cxiv.4. Cad taradr ceidwad tirion,/Canwyr y synwyr a'r son. *ibid.* ccxxxv.26. Coelbren y Beirdd fal hyn ai gwnelid cynull coed . . . au hollti . . . yn bedair asseth y prenn, a'u cadw nis baint gan gyffaith amser yn sych o gwbl. yna eu canwyro'n bedryfal parth lled a thrwch, a gwedi hynny canwyro'r cornelau hyd led deg yn y fodfedd. Iolo MSS. 207.1. cf. Ir. Cantáir *a press for straightening or forcing wood into certain shapes.* gl. trochio. M.C. (addenda). *so* Joyce II 316.

kanyat *permission, consent.* medyc a dely . . . nad el or llys en guastat onyt kan kanyat e brenyn 18.16.—4.5; 7.9; 9.2; 29.17, 21; 38.11; 46.19; 48.28; 50.21; 53.27; 62.21; 63.25, 27; 68.19; 80.27, 28; 87.8; 97.6; 109.18; 110.11; 111.14, 16; 119.25 kany.

[canyadu] *to permit.* 3 sg. pres. ind. canada. O byt arkefreu jdhy byt hunnu en ditreul hit empe*n* vii blenet. os hytheu aey c. y treulyau ef, etc. 36.19. cf. O'm treftad y caniadwn/ Ei hyd o'r ddaear i hwn. D.G. lxxxix.35.

capel see sapel.

1. **kanys, kanes, kanas, kanjs, kanis** (*a*)=kan+subs. vb. *since it is.* ny deleedi dim kanas adeuedic kenjti na deleidy dim 49.15.

llv deudeg wyr am uarch a try ugeynt aryant canys hunnv leyhaw march y werth o gyureyth 79.1.—11.3; 13.15; 37.2; 40.21; 46.10; 48.8, 14; 49.31; 51.1; 61.6; 62.20; 66.23, 29; 74.7; 75.27; 77.12; 79.1; 105.20; 111.19; 114.13; 130.27; 133.27.

(b) conj. *since, for, because.* abat haken ny deleyr namen y ebedyu kanys keuoet maru er abat e clas . . . a dele y da ef 124.11.—63.11; 127.1; 132.27, etc.

2. **kanys** conj. can + neg + infix. pron. 3 pers. Ni dele e amdyffin or creireu hinni kanis haydus 51.19.—35.26; 55.13; 118.5.

capan m. *a cape, cope, cloak.* kalan gayaf e dely [e ryghyll] kafael kapan. a kalan mahurth ne chueraur mantell 25.10. [guerth] pop mantell dynessyt pedeir ar ugeynt pop capan dynesyc .xxiiii. 104.16. 26.23. pl. -eu. k. glau e brenyn e marchoho endau 23.26.—13.20. = *cappa pluvie.* A.L.II 821.xx. Ef bieu c. y brenhin orbyd cr6yn 6rthunt (see wrlys). Med.Law 21.25. Ac offrymaw a wnaeth y brenhin ym mynyw deu gappan cor o bali ar vedyr cantoryeit y wassanaethu duw. R.B.II 328.34. yna y meudwy ieuanc a vwryawd y gapan ymeith. H.MSS.I 337.36. ef a welei varchoges yn dyuot atta6. ac yn kymryt y col6yn yn llawes y chapann. R.B.I 241.26. cf. D.G. cxxx.13. Sidan gapan am gopa. *ibid.* lxxxvii.15. Cap o ddail, coppa ddulas.

capel see sapel.

kar, car *kinsman, member of a* kenedl. Ot a devyr [affeyth galanas] rey a dyweyt dylyu or genedyl y da hunnv ar gwat ygyt ac ew. sew achaus yu urth dylyu onadunt huy uot yn achaus yr affeythyoed hynny y lad eu car vy dylyu onadunt huynteu hynny o da. ac y wadu gwaet a gwely a llad eu car dylyu onadunt y reyth rydywedassam ny uchot . . . kany dyly y genedyl namyn sarhaet eu car ay alanas 75.5.—66.26; 122.10; 128.10, 29; 129.2. f. cares 66.24. pl. kereynt 35.19. see cydgarant, cerenyd.

karr, car *sledge, dray.* e grueyc a dele e car a yeu e dvyn e deodreuen or ty. 33.13. [guerth] kar .11. 102.11. *regarded as a sign of indisputable title to land.* Try ryu datanhud y syd, datanhud ar ac eredyc. a datanhud karr. a datanhud burn a beych 60.17.—42.1, 15; 60.24; 90.10; 102.11. carr. gl. *vehiculum.* Z. 1053.5a.

karchar, karcar, karch. m. *prison, fold, pen, stable.* Ac ena e deleant er eneit datcanu . . euuaraut ac ena e brenin a dele

redhau e gue[s]telon o eu carcar 56.4. 53.39. em pop amser y
dylluc escrybyl o karcar ny deleyr namen aryant 112.14. Pa
dyn a gwyn yn y maendy hwn? Mabon uab Modron yssyd
yma yg carchar. R.B.I 131.17. Meirch ar geirch yn garcharorion.
M.A. 179b.17. yn gyrru llionel . . . yngkarchar ar gevyn
hacknei. H.MSS.I 102. kany eyll ef rac trymhet e karchar ar
heyrn essyd arnav kerdet. P.MS. 44, p. 6.8. Ir. carcar=*prison,
a stall, stable.* M.G., c.=Lat. *carcarem. Loth p. 144.

karcharaur m. *prisoner.* e mayr bysgueyl . . . a dyly. LX.
o pop k. or a hel en y ehol 24.25; 25.31.

carcharu (kyfreyth) *to close (the legal session).* Ac y uelly
am tyr a dayar yn amseroed y dylyir eu carcharu 133.16. yna
y dyweit kyfreith py le bynnac y carcharer kyfreith ual yn
dydyeu dydon. A.L.II 68.lxxi.

karrdeyl *land dressed with carted manure.* karrdeyl pedeir
blynet y dylyir y eredyc 63.19. kardeil [*terra fimo carro vecto
colenda*]. A.L.II 856.xii. y neb a garteilo tir gan ganhyat y
perchenawc teir blyned y dyly ef; ar pedwared yr perchenawc
yn ryd. A.L.I 766.xiv.

karrdychwel, cardecguel *to return, to reclaim possession.* O
deruyt y gur mennu escar ay gureyc a mennu ohonau gureyc
arall dylis eu e cantaf cany dele vngur bod ydhau due graget
pob gureyc a dele menet oy for e menno en ryd cany dele bod
en cardecguel ac na deleyr ydhy dym amen hy amobor 39.4.
O deruyd y greyc duyn mab en kefreysyaul e gur ket as guadto
e gur. ny a deuedun na dele hy guedy as tecgo y vngueys. na
dele vyd et duyn y arall. kany bit cardecguel yvrth e nep
redecpuet centaf 40.24; 72.27. cf. O deruyd y uonhedic
treftadawc mynet y wassanaethu uchelwr a bot yspeit ygyt ac
ef . . . ef a eill mynet y wrth yr uchelwr pan vynno dyeithyr
adaw yr uchelwr a dylyo ual y dyweit kyfreith Howel : a
hwnnw a elwir kar llawedrawc; sef yw hynny, dyn a uo car
gychwyn pan vynno. A.L.II 96.cli. karlauedrauc [*carrifractus*].
A.L.II 876.xx. see M.A. 186b.7. see kar *as a sign of possession
of land.*

careyauc *having thongs.* [guerth] eskydyeu careyauc .II.
103.11. cf. iallachran *thong shoe.* Joyce II 218.

carreyt *a car load.* carreyt or hyt goreu 37.9.

[caruan] *beam.* pl. -eu [*weaver's*] *beams.* prenyal guedes
. . . e caruaneu ar t[r]ohelleu 102.20. Mal yr eddi am y garvan.

M.A. 850a.41. Dr.D.Prov. *so* Ir. garmain *weaver's beam and heddles.* W.W.

carn *hoof,* ar y carn *living, existing.* Os kyn e seythuet vullydjn ed escarant taler ydj e haguedy ae harkefreu ae y couyll os en voruyn e rodyr er hyn a uo ar y carn or pheheu hene 34.7. Ny dyly dall damdwg. kany dylyr damdwg yn absen golwg da a vo ar garnn ac na wyl ynteu y da a damdygo. Ll.MS. 116, p. 108.29. O deruyd duyn huch y dyn yn lledrat . . . a meythryn ohoney epyl . . . a cheyssyau o honaw ay hy ay y hepyl nys dyly namyn hy ehun o byd ar garn ac ony byd ny dyly dym. A.L.II 30.xv. Kymro a vo gwr y uab vchelwr a dylyir talu deuparth y alanas y genedyl, ar trayan rwg yr arglwyd ar mab uchelur . . Sef a daw yr arglwyd y deuparth, ar trayan yr vchelwr, ae gyfarws or byd ar garn. A.L.II 100.xvi.cf. Ger. Fleisch im Hufe. cf. ni yrrir y gwir oi garn nid a'n ys dan ei wasarn. see Gwasarn. Dr. D. March a syrth oddiar ei bedwar carn. M.A. 850b.53. dan garn *down-trodden.* M.A. 363b.7. *so* ar y droet *living, (of corn) uncut.* Nydyleyr yewn am yd ar y droet wedi kalangaeaf. A.L.II 268.xxv. ar droed *often in Mod. Welsh means ' in progress.'* see Intro. Ll.MS. 116.

carnllyf *hand-file* (?). carnllyf a breuanllyf am pop vn o henne .IIII. 102.3.

carthpren *plough staff* (?). [guerth] carthpren .I. 104.17. carthu *to clean.* see Marc vii.19. Ir. cartaim *I cast out.* K.Z. xxxvi.456-7.

karthur *a working horse, the horse used with oxen in plough-ing* (?). guedy darfo e kaueyr paup byeu kercu y defnedyeu atau adref. karthur na march llefnu ny henyu or kefreyt 109.17. carthwr [*fossori*] (dat.). A.L.II 803.xxx; 856.viii. *Sic debent aratores arare prima acra uomeri . . . postea v. bobus de meliore ad meliorem, postea* karthur [*fossori*]. A.L.II 906.13. cf. kartor a march llyfyn ny heniw or kyfar. Ll.MS. 116, p. 106.3. P.MS. 35, p. 82a.20. cf. cyn carthu y rhych o feddwl gwych. Ll.MS. 209, p. 230.

[karu] *stag.* pl. keyru. tranoeht guedy guyl yeuan haner haf e dely menet y hele keyru 16.15.

[kasnad] akasnat *a lath or splinter of wood, the wood of a plough, plough.* a guedy heny eru guyd a honno a elguyr akasnad 108.1. *This is written* kyueir e kasnat. A.L.I 316.5. kyueir cassnad. P.MS. 39b.5. cheueir asnaud. A.L.II 906.14.

Another expression conveying the same meaning is kyueir asclaud. *partem ligni sui debet arator habere, id est,* keueir asclaud, *id est unam acram, per totum annum, quia ipse debet perficere aratrum a primo ligno usque ad ultimum.* A.L.II 856.vii. *It appears to be the same word as the* Ir. casnad *whit, particle, split wood, lath.* M.C. *see also* Ir.T. iv.386. casnad *occurs in* Med. Welsh=*flock of wool, etc.* a phei gellit llunyaw nev vedylyaw dwy yscubell o van adaued neu van gasnad o eur. Eluc. 92.24. cf. kysson i dwc kassnod evr (I wallt merch). P.MS. 54, p. 202. a chysnoden eurllin yny vantell. W.B. col. 225.32. *This last, however, seems to correspond to the mod.* Venedot. casnach. asclawd *usually means splinter.* maes bambri n torri katerwen/osglawc yn asglod anghymen. P.MS. 54, p. 197. *but it is used also for the plate of a coat of armour.* yw'r wisc ledr o ysglodion. P.MS. 70, p. 36a.

kassec, casset *mare.* pl. kessyc. Ny deleyr dody na meyrch na kessyc na bucc en arader ac o dodyr huy ked erthelo. a kessyc a guarthec ny dyukyr 111.1, 3. 87.21; 88.15; 115.16-20.

[kastell] *castle, fort.* pl. kestyll. Paub a dyly gwneuthur gweyth kestyll pan uynho y brenhyn 67.8. E Portha6r a geiff ytir yn ryd. Yn y kastell trachefyn y dor ybyd yty. Med. Law p. 32.1.

kat see gadu.

cath, kad *a cat.* Guerth cath .iiii. y teythy guelet a clebot a llad llechod ac na bo tun eny heuyn a meythryn ac nad esso y kanaon 93.23.—33.27. pl. cadeu 25.14.

kathuo see kadu.

kau see kayu.

kauad *shower.* k. uey *a light shower.* a gallu [or dauat] cudyau y hoen ay gluan rac kauad uey 91.14. Z². 840a.

kauell *hamper, pannier.* k. teylau *manuring pannier.* guerth k. teylyau .i. 102.1. c.=Lat. cauella. Loth.

caus *cheese.* c. en hely *salt cheese.* e buyd val hyn e renyr. e greyc byeu e kic eny hel[y] ar caus eny hely a guedy croker e gur pyeu 33.28. 26.11; 33.30. sg. cossyn *a cheese* 69.29. Y kic yny heli a heb halen ac velly y kaws yny heli a heb halen . . . y gwr bieu y kic ar kaws drychafedic. Ll.MS. 116, p. 24.1.

kauversit see kywerthyd.

kayat *to close.* yn amser cayat kyureyth 61.20.

kaiat *closed, shut.* Deu amser e bit agoret keureyth am tir a dayar a deu e bit kaiat 51.26.—51.28, 29, 30, 32.

kayu, kau *to close, shut.* ar kenutey en keneu tan ac en kayu e dressou 3.27. Essef achaus e may . . . nau nieu guedi guilsanfreyt en agoret e keureyth rac kayu e keureyth en undidiauc 51.33. guanet enteu y art en kynkadarnet ac na dyucher ydau ef eythyr yeyr a guydeu sef achaus eu kany ellyr kau racdunt 114.12. kau dol ar ecchen *to yoke the oxen* 108.5. 97.7; 108.13; 109.6; 114.20. 3 sg. pres. ind. act. cae 105.12. pres. subj. kyer 26.1. imperat. pass. kayhyer 114.18. part. pass. cayedic, kaedic 56.23; 59.4, 6, 7.

kebystyr m. *halter.* e croysan . . . a dely ruymmau e kebystyr am y keyllyeu yr run a uo em pen e march 13.16; 21.27; 90.9. pl. kebestyryeu. cruyn y gueneutur k. 13.26. march du ei liw . . . [ai] dywysaw mewn cebystr o rawn du. A.L.II 472.1. Os a dyn a da o dyr. a chebystr i'r achybir. P.MS. 120, p. 595, col. 2. Atuyn Eddystr ynghebystr lledrin. M.A. 30b.35. k.=Lat. capistrum. Loth. p. 146.

kecvvin see kychuyn.

kecuinuus see kychuyn.

kedernit *confirmation, pledge.* ac ena e may yaun vdunt kemrit k. a bot urth e breint a kamrit mach ar eu gober 56.2.

kedor *the hair of the pudenda muliebria.* 36.3; 71.16. o caitor (gl. *pube*). Z².1059.41b.

keditueit see keytueyt.

keuechni see kyuechny.

keuelokac see kyuelogaeth.

kefoet see kyfoeth.

ceuyn, keuen *back.* buyta . . . ay keuen ar y tan 24.15. beych ceuyn 79.6. 52.12; 60.22; 89.9; 131.11.

keuynderw, keuenderu, kauenderu *cousin.* 4.10; 59.17; 74.3; 126.1; 129.8, 9. pl. keuyndyru. plant yr henvam a uyd k. 75.28. 59.23; 62.18; 77.10. cf. Ir. derb *'certain'* in derbrathir, derfethar.

cegeyn see kyghanu.

keghesaeh see kygheusaeth.

kekyn *a kitchen, one of the three principal divisions of the court.* [e] dysetyn . . . a dely . . . guasanaythu or estauell hyd e kekyn 21.2. crwyn e guarthec a lader en e kecyn yr suydguyr ar dysteyn edant 9.11 ; 9.16, 24 ; 11.7 ; 13.27 ; 19.26, 28 ; 23.4 ; 67.25 keceyn. c.=Lat. coquina.

kekyn k. derwen *hedge oak* (?), *some small species of oak.* guert deruen .cxx. . . . guerth kekyn deruen ny del fruyth arney .1111. 97.22. *so* Ll.MS. 174, p.130.25. A.O. *takes this as a derivative of* kygwn ' *joint* ' *and translates* k. derwen *by* ' *gnarled oak.* ' K. derw *occurs in* Med. M. p. 28, *but without any means of establishing its meaning.* Kegyn *occurs often in* Welsh='hedge' *or* 'ridge' *and* k. derwen *might mean* 'a small dwarfed oak growing on a hedge.' cf. bet cecin ir alt. L.L. 174.6. i fos inihit bet i ford di crib ir allt i celli cecn i celli inihit bet pan discinn diguairet dir pull 268.22, etc. kegin=cefn (*ridge*). Powysland Club Papers, vol. v, p. 117. *This* cegyn *appears to be borrowed from the* Lat. cacumen (cf. testun<testimonium). cacumen *translates the* Ir. clad ' *an earthen rampart or dyke.* ' (see Index of Hiberno-Latin Words. Trip, Life of St. Patrick) *and was presumably borrowed in this sense into Welsh. This same* cegin *apparently is used metaphorically in* W.B. col. 68. sef a wnaeth rei or cwn kerdet oe wlaen . . . ac ygyt ac ydaant yr berth kilyaw y gyflym a cheginwrych mawr aruthyr gantunt, *i.e., with bristle up.* cf. *wolf's ridge hair.* Cockayne, Saxon Leechdoms I 361.

keghel f. *girth.* Rey a adant vrth vreynt e kefruy e duy guartaual ar teyr keghel 103.15. see bronkeghel. torkeghel. A hwrd a rodes pob un onadunt y gilyd yny torres holl gegleu eu meirch. R.B.I 181.26.

kegladur *a reel to wind thread or yarn.* D.S.E. [guerth] guerthyt fyrling kegladur fyrling 100.24.

keleyn *the human body, a man, corpse, dead body.* Meyrydyon . . . a dylyant hanner o pob peth yn erbyn y brenhyn eythyr o trypheth gwerth tyr a gwerth lleydyr a gwerth keleyn 66.12. llad k. *homicide* 80.7 ; 129.27. c.=Ir. colainn f. *the body, flesh, corpse, carcase.* M.C.

keluy *one of the two screens that divided the hall, the reredos in centre of the 'neuadd'* (?). e brenyn a dele eyste en nessaf yr keluy ac enessaf ydau enteu e keghellaur a guedy henny er hosb . . . ar medyc emon e kolouen yam e tan ac ef en essaf yr kelluy arall er efeyryat teylu . . . ar colouen uch y pen a dely er gostechur y maydu 5.5. e pen guastraut yam e keluy ar brenyn. e penkynyt yam e keluy ar efeyrat 5.19. lle [e medyc] en e neuat em[on] e post auo ykyd ar keluy e bo e brenyn en eys[te en y emyl] 17.34. 8.15 ; 13.5 ; 15.29. Teir rhan

y dyly neuadd y brenin y chyfansoddi : un uch coryf yna y
bydd y brenin yn eistedd yn gyntaf, sef yw uch coryf uch celfi
ae gefyn wrth y celfi ydd eiste y brenin. A.L.II 586.1. *so is
coryf. i. is celfy. ibid.' 586 §xvi. isechelui [infra columnam].
A.L.II 904.viii. kyntaf ew y brenhyn. Ef a dely eysted yr
colouyn . . . en nessa yr keluy arall yr effeyryat teulu. Ll.MS.
174, p. 5.17. cf. a dyna y gur a dyry ydi enderic kyhyd y glyst
a gorn wedy yraw y losgwrn a rodi yr enderic idi herwyd y
losgwrn trwy gelui rwydrad. Ll.MS. 116, p. 21.17. =dorglwyt.
Med. Law 96.18. dorcheluyth *is gl. by* crates porti. A.L.II
804.ix. *and in* Med. Law 96.18; 102.8. *it appears to be a kind
of wicker-work or wattle door for the summer-booth or cowshed.*

keluydyt f. *vocation.* teyr keluydyt ny dely mab tayauc eu
descu heb kanyat y argluyd . . . escolectau[t] a gouanaet a
bardhony 29.20.

kelu *to hide, conceal.* kelu ar *keep secret.* Nauuet [affeyth
lledrat] yu cymryt gwerth ygan y lleydyr yr kelu arnau 78.21.
3 sg. pres. ind. cel 119.27.

kelurn *pitcher.* [guerth] kelurn .i. 100.19. k. [hydria].
A.L.II 865.lvii. Pedwar galwyn a wna un k. Med.M. 295.
k.=Bret. kelorn. cf. Ir. cilorn *a pitcher with handle on its side.*
O.M.III p. 62. gl. *cratura, Situla.* M.C.

cell *storeroom, pantry.* greyc e brenyn a heill rodhy . . . y
buyt ae y dyaut a craun e cell 38.13. 33.31. kellell kell 103.19.
=*culter popinarius.* A.L.II 888.xxviii.

kell see kylch.

kellky see gellgy.

kemurth see kymryt.

kenat *messenger, embassy.* Ac o byd reyt geyr kyuarch
anuonent gennat y ouyn y mevn 132.10. ac ena ed elleghus
rudn kenat hid eghuynet y huybod puy byeufey e blaen 42.4.

kenedel f. (a) *kindred, family from common ancestor to ninth
degree of descent included.* O deruid ena mennu llessu un o
reihtwyr henne. nit oys lis arnau namin na hanuo oy kenedel
val na deleo vot en reyhur esew ual e dele uot en reythur ydau.
en kennesset ac e gallo alanas 50.12. (see galanas.) O deruyd
y tat gwadu mab o genedyl gwedy dycher ydau . . . y mab
hunnv weythyon urth genedyl y uam yda y ureynt. Ac o llad
ew dyn kenedyl y uam ay tal 72.28.—18.12; 21.21; 37.20, 28;
39.15, 20, 21, 25; 41.21; 47.22, 24; 56.14; 61.25; 62.1, 4; 63.12;

G

66.25; 72.23-29; 73.3-29; 74.1-19; 75.5-13; 76.9-28; 79.3; 120-4; 122.6, 9; 125.7, 8; 126.26; 134.3. cf. Nid kenedl heb gyferddyr. P.MS. 54, p. 356.

kenedel (b) *nature, quality, kind.* O deruyt e gurejc huriauc gueneutaur kaflauan debrit . . . Os e hemreyñ a derujt e sarhaet honno a derkeuyr ar vod e haner en vuy kanes o kenedel helenyaet et henyu 35.12. Ll.MS. 69, p. 121.13; 116, p. 103.23. *have* cenedlaeth elynyaeth. P.MS. 35, p. 39b.10. Ll.MS. 174, p. 42.7; 74.13. *have* kenedl. cf. kenedlaeth galanastra. A.L.II 340, note c. M.A. 955b.23.

kenethyon see kynyt.

[keneu] *a whelp, the young of certain animals.* pl. kanaon. k. cath *kittens* 93.25. k.=Ir. cano, cana *wolf cub.* Ped. I 121.

kenflydhet see kynflyth.

kengueys see kynweyth.

kenhenlauc *made like* kynhugel (?). [guerth] botesseu kenhenlauc .IIII. 103.10. Botasseu kenheglauc [*ocree nexiles*]. A.L.II 888.xx. cf. gwallt yn cynnyglu (*entangled*). Med.M. 160 §332. see next word.

kenhughel, kyghuyl *an article of clothing made like a blanket* (?). [guerth] crys a llauder .xxiiii. [guerth] kenhughel da*mdung* 104.22. [guerth] panel kyghuyl .i. panel lyeyn .i. 103.4. see Corm. Gloss. 42. " Ceinticul [cintecal B] : *i.e.,* Welsh was corrupted there, *i.e.,* cenical [cainecal B] : it is to this then is the name of this thing among the Britons, *i.e.,* to wool (d) whereof they make a blanket, etc." Panel kenhungil [*dorsuale nexile*]. A.L.II 888.xv. Ll.MS. 174, p. 135, *has* kynhugyl. see Loth. p. 157.

kennyn *leeks.* Sef eu gogaur hyd guedy keueyryer yar e tyr e tefho arnau. a perllan a bressyc a llyn . . . a gueyr syc . . . a kennyn a pop peth a uo perthenas y arth ac ef 114.7. *cipus gl.* cennin. Z². 1061.42a. k.=Ir. caindenn *garlic, leeks, onions.* B.L.G.

kent see ket.

kenyauc see keynyauc.

kerd *song.* pan uenher hcanu kerd e bard kadeyryauc a decreu ar kyntaf o duhu ar eyl or brenyn byeufo e llys . . . o deruyd yr urenynes mennu kerd. aet e bard teulu y kany ydy kerd en dyvessur 14.25.—7.19.

kerdawr *minstrel.* pop penkerd telyn a dele ykan e keroryon telyn guedj edemadauoent a telyn raun A menu bod en kerdaur keueyas ay uod en eyrcyat .xxiiii. y ober 128.14. 28.15; 128.5. pl. kerdhoryon 3.19; 28.17; 128.13.

kerdhet, cerdet (*a*) *to go, proceed.* puybennac a dalyho escrybyl llauer ac atael un ar neylldu . . . ac ellugu e lleyll y kerdhet 118.15. ac y uelly y geyll lledrat cerdet o lau y lau hyt tra y caffo yn y maes ay cymero 82.10.—23.32. 3 sg. pres. ind. kerdha. er eru kentaf yr amaeth ar eyl yr heyrn . . . ac euelly e kerdha er eruuy a oreu y oreu 107.20.—56.15; 75.27. subj. kerho. guert trauskeyg a kerho o kallon e pren 97.7. 15.6. Ll.MS. 174, pp. 130.20; 131.10 *has* cyrcho calon.

(*b*) *course, treatment.* Mylky mab uchelur vnguert a mylky brenyn. Pa ky bennac a uo y uab eyllt vn kerdhed ay kostauc tom. 94.25. bronkegeghel vn kerthet ac vn guarthaual 103.27. 59.16.; 92.3.

ker[d]hedur *wayfarer.* O deruyd y kerhedur alldud y cleuechu ar fort ay uaru. pa dyr benac e bo maru ef a tal .xxiiii. ebedyu ay da namen henny yr brenyn 126.15.

kereih see kyfreyth.

kereir 44.7 see kreyr.

cerennyd, cerenhyt, cerenid (*a*) *relation, kindred, relationship within the " nine degrees."* Yna mae reyt yr llowrud mynegy ydau y kyf. ual y mae y gerenhyt . . . ac y gyt a hynny bot ydau o gyt garant a uo dygaun y gadu bot yn wyr a dyweyt . . . sew achaus y mae. da kyt garant cany dylyant yr estronyon na duyn dyn yg cerennyt nay wahanu ay gerenyt 129.20.—50.14. naw ach cerhenyd . . . gorchau a chen ny ellyr ryuau kerennyd o henne allan talent ydau keynnyauc. Ll.MS. 174, p. 99.3. Nav rhan cenedl nev nav ach cerennydd Tad, Brodyr, Cefyndyr, Cybhyrdyr, Plant y Cybhyrdyr, Gorchnieint, Ceibhyn, Gorchgeibhyn, Car, Clyd. P.MS. 118, p. 714. *so* P.MS. 122, p. 125. see Rep.MSS. I 724 §714; 750 §15.

(*b*) *friendship, amity* (?). Cussan yu aruyd kerennyd 74.16; 79.16 (?).

kerner *dormitory.* Nautey a dely myleynyeyt e brenyn y gueneuthur nehuat estauell buyty estabel kenordy escybaur hodyn; treuen uechan kerner 30.10. Cerner neu hundy. Ll.MS. 174, p. 39.3. L.W. 71 §8. c.=Med.Lat. cernelium (?).

kernyu n.l. *Cornwall.* Dywynwal moel mud oed urenhyn ar yr ynys hon. a mab oed hunnv yarll kernyv 64.19. penryn penwaed y kernyw 64.27.

keru see gyru.

keruyn f. *tun, tub for brewing.* dogyn keruyn o ued nau nyrued yny hyt yn amryscoyv ar gymeynt arall yn y llet 69.8. 17.21, 23; 18.23; 68.22; 69.18. k. estellaut 100.8. k. unpren 100.13. A chymeint y dyly y gerwyn vot ac y gall y brenhin ae henedyf eneinnav yndi. Ll.MS. 69, p. 123.10. Gwneuthur enneint im ar lan auon. A gwneuthur cromglwyt uch penn y gerwyn, etc. R.B.I 76.11. Gnawd cwrw lle bo keruyn. Rep.MSS.II 115.l.11. Ac ny ellit y dodi ef yn y bedydlestyr rac y veint. namyn kerwyn uawr a gyrchwyt. ae llenwi o dwfyr. H.MSS.II 152.20. Neidiodd y Wraig yn addwyn/Trawodd y Dyn dan gerwyn. D.G. clxxii.14. see also D.G. clxxxi. k. *dolium.* A.L.II 753.xxiii. Dolium autem continebit iiiior. modia, duas amphoras in modio. A.L.II 784.x. k.=Lat. carēnāria 'Gefass zum kochen de carenum' susser Wein. Zimmer. K.Z. xxxiv. 167.

kerit *blame, failure.* Pvypennac a kemero arall ar y oruodoc-gaith diguidet ef em pop kerit or a pot ar e dyn a kemmirth atau 50.25. Ac or maint y syd/Arnaf o geryd. M.A. 144b. see next.

keredu *to make good.* Ef byeu kadu tresor e brenyn y fuoleu ay kyrn . . . a keredu ydau a kollo 14.18. Ysgrefenodd ef yn ffals lawer iawn o eiriau a mi a geryddais lawer . . . ag a edewais le i ddodi rhai eraill i mewn. Rep.MSS.I 111, note at foot. see cared. Loth, Vocab.; carino. Walde.

kesiau see keysyau.

cesseyl-yeu *a twelve-foot measure.* Messur eru gyuvelthyaul petwar troetued yny uerryeu vyth yn yr eyl yeu. deudec yny gesseylyeu 59.12; 65.19; 107.11.

kethraul *a spike, bore.* Orth a cammec a kethtraul . . . a breuanllyf am pop vn ohenne .IIII. 102.1. cf. Ef rwygei a chethrei. a chethrawr. A.B. 66.19. kethrawl. A.L.I 682.5.

ketuoth see kyduot.

keulau (?) *curds.* keulau llaeth a uo o ludyn blyth yny drew ac eu godro unweyth yny dyd ac na odroher namyn yr un weyth honno y cossyn a wneler or llaeth hunnv. 69.28. *several texts read* kynullaw *to collect.* Ll.MS. 174, p. 89.21. L.W. 175 1§6. *Both are combined in* Med. Law 57.7. A phrytllaetheu y

tayogeu oll a gynullir yn vn dyd y wneuthur ka6s. *The scribe
of the Latin Laws accepted* keulaw. *et cum caseo, qui ex omni
lacte tocius uille in unum collecto mane vel meridie coagulari
potest.* A.L.II 785.vi. *so* II 828.xv. see caul=Lat. coag'lum.
Loth. p. 145.

keyp *mattock.* [guerth] keyp .ii. 100.10.

keybreu *rafters.* puebennac a vryuho tey en agheureytyaul
talet . . . am . . . e polyon seuac ar keybreu .i. 99.10. *so*
Ll.MS. 174, p. 132.5, *with final* n *crossed out and* u *added later.*
For derivation of the word see Loth p. 146; Loth Vocab. p. 70;
Pederson I p. 192.

ceytweyt, keythveid, ceyweyt, kedueueit, keditveit *witnesses
in disputes concerning title to land, concerning animals or
lineage.* Os o eny a meythryn y ceys y ardelu gwnaet ual hyn.
dodet ym pen ceytweyt bot yn eydau y uam ay eny ay ueythryn
ganthau ac nat aeth y ganthau er pan anet 81.25.—53.8, 34;
54.5, 11, 13, 21; 55.17-21; 56.7, 8; 81.25; 82.4. Teithi ceitwat
yw tyngu bot yn eiddaw y dyn ae galwo yn geitwat y da, ac na
wahanws ac ef eyryoet o ffordd or byt or y gwahenir da a dyn,
ac felly cadw gan y dyn y dda; ac na yrr ef ddrwc ar neb : am
hynny na lyssir ef mal gwybyddyat. A chyt boet alltut rheit
yw bot ceitweit yn freinioc ac yn addwyn a digawn yw deu os
ceir ceitweit ac ny ellir llai. A.L.II 694.xxxv.

keyeuyn (?) *full* (*of grass*) (?). o byt kennen am y llaet y
duen nauuetyd mey en lle keyeuyn ny el un lluden eny blaen
91.17. A.O. (A.L. 270.x) *reads* keveuyn *which appears to be
the more correct reading. This occurs several times and the
meaning seems to be* ' *full,*' ' *complete.*' dauat k. [*ovis plena*].
A.L.II 870.xlix.ii. Caraf Rodri . . .gyfredin ei enw/yn Efrai
yn Lladin/Ac ym mhob cyfieith yn gyfiewin. M.A. 146b.30.
Gnawd y doeth cyfoeth cyfyewin. M.A. 240b.16. *It appears to
be related to* cyfiaw, *a word which occurs side by side with*
didrif *wild, uninhabited.* Argoed nwy asswe aserw yndaw/Ail
wydle didrif didwrf gyfiaw. M.A. 144a.5. cf. *also* Gogyfurt
torment gogyfyaw toruoet. M.A. 201b.5. iewin. M.A. 43a.
cynyeuin. M.A. 26a. goyeuin. M.A. 118a.

keywneynt *great-great-grandchildren.* plant yr henvam a uyd
keunyndyru. a plant yr orhenuam a uyd kyuyrdyru. plant y
petwaret uam a uyd keywneynt 76.1.

keyg, keyeg, keyc f. *branch.* guert trauskeyg a kerho o
kallon e pren .xxx. ac amyn hynne bryc vyd ac nyd oes guerth
arnau 97.17. 97.15; 98.19.

keylguat see geyluat.

keylyauc *a cock.* Yar k. a tal keylyauc .ii. [i]ar a tal.94.ii. 121.ii.

keylyacuyt, keylachuyd *a gander.* guerth kuyt .i. gurth k. kemeynt a guert .ii. huyt 94.4; 121.12.

keyll *testicle.* 88.15; 93.19; 105.15. pl. keyllyeu 13.16.

keyll 40.27 see gallu.

keynyauc, usually kenyawc f. *penny, usually the* keynyauc cotta (*curt penny*) *as dist. from* keynyauc kefreyth (*legal penny*). c. baladyr *lançe penny.* O ney uab gorchau allan yd a c. baladyr ac y sew yd a honno y gymhorth y llowrud . . . ac ny tal gwreyc c. baladyr canyt oes paladyr ydy namyn y chogeyl 76.6. 63.2.—26.2; 34.24; 37.17, 19; 40.28; 45.23; 46.1-13; 49.26; 51.13; 56.21; 68.8-29; 69.24; 70.24; 75.22-24; 78.11-25; 82.18; 97.1; 101.20; 112.16-19; 113.15, 17; 118.22, 23 ,etc. *usually written* k7. see dymeu. see also Celt.Stud.II.

keynyon *the first liquor drawn for the hall, and regarded as the best; one of the perquisites of the court smith.* E gof llys . . . a dely e k. sef eu k. ġuyraut kentaf a del yr neuat 28.5. Pwy a dal y ceinon/ai Maelgwn o Von. M.A. 39a.47. Am lugyrn am gyrn am geynyon/Yn untref yn untreul wledolyon. M.A. 179b.34. Eurdorchawc a ryt eurdal—ym yr kert/am keinyon o vual. M.A. 188a.19. Ry dirllid uyg cert yg keinyon —o uet/yg kyntet teyrnon. M.A. 189a.3. see also M.A. 278a, 304a, 314b. keyn<*kenti *corresponding to* kynt *in* kyntheid, kyntedd (?), *and like* Mod.Ir. cead (O.Ir. cét) *meant ' first,' then ' best,' ' choicest.'*

keyr see geyr.

keyrc *oats.* [guerth] escub keyrc fyrdling 101.4. O sereyr e rghyll en y eyste *tra* gueneler e dadeleu, ny dely kafael namyn gocreyt keyrc a blyckyn huy 25.22. (v.l. gograid eisin; gograid hilgeirch. L.W. 62 §13.) 69.9; 91.21; 94.12; 101.4; 103.24. Hu Gadarn . . . a ddaeth gyntaf a Gwenith a Haidd i ynys Prydain, lle nid oedd namyn Ceirch a Rhyg cyn no hynny. M.A. 407 §56.

keysyau *to seek, fetch, provide.* O deruyd ydy hytheu ceyssyau oet y geyssyau creyryeu ny dyly hy oet namyn trydyeu 72.20. y naud eu or pan hel un y keysyau beyc guelt adan e brenyn 14.14. e brenyn byeu keysyau ofer ydau 128.9.—35.24; 45.30; 68.15; 72.19-21; 82.12; 85.17; 119.26; 122.2, 6, 13; 130.8; 132.26;

134.18, 23. 3 sg. pres. ind. ceys 74.10; 81.25. ceys 36.21; 38.8 *for* keyf.

keythveid see ceytweyt.

ceythywet *bondage.* O myn yr alltudyon mynet y urth eu hargluydy kyn noc eu bot yn *priodoryon* vynt a dylyant adau hanner udunt . . . os tra mor yd henynt ny dylyant trygau yma . . .ac o thrygant ymgyuylent ac eu ceythywet ual kynt 64.14.

kfael see kafael.

kicuin see kychuyn.

kjr see gyrru.

claf *sick, damaged.* ranet e claf . . . a deuysset er yac 34.15. Ac o toryr [er escuboryeu] dyucher ar hyd ar escubaur. Sef e dyhuchyr escub yach en lle er claf 114.24.—34.16; 108.15. Ir. clamh *mangy, despicable, etc.* Dineen. see clemens. Walde p. 868.

clauery *scab, rot.* yaun eu ydau y goruod rac t*ry* heyn e guarthec a rac clauery en racgor rac clauery hyd huyl patryc e nep ay preno a dele eu kadu en lle yac. ac en ty ny refo clauery entau .vii. blenet kynt 92.20. cf. *Emptor non debet ducere eos inter agnos scabiosos septem annis ante.* A.L.II 812.vii. Tri meib ysydd ni ddylyant gafel rhan o drev eu tadeu . . . ail yw mab clavwr a enniller gwedi gwahaner y wrth ei bobyl oblegyd clevri. M.A. 948b.40. Clavorjon *lepers.* L.L. li. cf. Ir. clamhaire *a lazar, leper, etc.* Dineen. see claf.

clauur *leprous.* Os e gur hitheu a uyt clauur neu anadldreue- dyc neu na hallo emreyn os o accaus vn or t*ry* feth hene y hedeu hy a dele cafael y kubyl or eydhy 34.10; 133.7. A.L.II 795.xxxi. *leprosus.* see claf. klauery

clas *religious community.* Ac o byt a amheuho vn or breynheu hene clas bancor a rey [beuno] ae keydu 42.28. ef a dele emdeyth ene [v]enwent ar gorfflan. hep kreireu arnau ai escribil ygit ac escribil e clas ar abbadeu 51.16. puybenac a guenel kam y uam ecluys talet .xiiii. punt er hanner yr abat . . . ar llall erug er efeyryat ar clas 30.16. Rei a dyweit na dylyir damtwgy creireu yr eglwys ae hoffer kyfreith a dyweit y dylyir : sef ae damtwg y clas ae phersonyeit canys wynt yssyd perchennogyon yr eglwys. A.L.II 98.v. 66.lx *has* claswyr ar personeit. Ac yna i cerddws Rhys ab Tudur brenhin Deheubarth Cymru ar Escob ar athrawon ae holl Clas yr Arglwydd Dewi, ac un eglwys Fynyw hyt y borth. M.A.

726b.32. see R.B.I 309.2. M.A. 212b.19. Rep.MSS.I 336 §144; 395 §149. M.C. class 2. ' *chorus*,' ' *choir*.' cl. = Lat. classis.

claud *ditch, dyke, hedge*. Sef eu gueyrclaud tyr dyuuynyant namyn y gueyr a claud en y kylc 116.22. c. offa. Offa's Dyke. Ac os or ynys hon yd henynt ny dylyant trygau yn un lle y tu yma y glaud offa 64.12. klawd y velin. R.B.I 230.24. dyfnhau y clodyeu ynghylch y castell. H.MSS.II 157.9. A ffan oed dyt yd oedynt yll petwar ar glawd y weirglawd yn seuyll. W.B. col. 396.39. kadarnhau castell troea o ffossyd achlodyeu. R.B.II 15.7.

claur *board, plank, plate*. claur taulburt *chess board* 103.23. claur eur kefled ay huynep 3.8. c. poby 101.12. pl. cloryon 102.17. ocloriou. *gl. tabellis*. Z^2. 1055.38a.

keledren *pillar, post, pole*. puebennac a vryuho tey en agheuretyaul talet . . . am pop paul a guyalen a keledren .1. 99.9. cf. cledren clod. D.G.III 24; C.L. 19. argledrydd *support*. M.A. 250b.37. see Ped.I p. 121.

cledyf *sword*. [guerth] cledyf o byd breulyf .xii. o byd grunseyt .xvi. o byd guenseyt .xxiiii. 102.18. pl. cledyueu 67.22.

cleuechu *to become sick*. O deruyd y kerhedur alldud y cleuechu ar fort ay uaru 126.15. see claf.

clidno eydin pr. n. *one of the princes of the north*. 41.28.

[clo] *bolt, lock*. pl. -eu. ef a dely kadu cloeu kofres e ure[nynes] 22.13. Clo hayarn k. *kyureith*. Clo pren dimei. P.MS. 35, p. 109b.18.19. see Ped.I §42, note 3.

clodchyd, clodyd *chaplain*. efeyryat teulu . . . y lety en ty clodyd ar escoley[gy]on ykyd ac ef 8.17; 21.19. A.L.II 819.iii. *cappellanus*. Ei letty yw ty y clochydd [*al.* ty y Caplan]. L.W. 18 §4.

clodyd see clochyd.

clofy *to become lame*. O de*ruyt* clofy march emenfyc neu cafyael bryhu arall roder march arall en y le 89.21.

[cloren] koloren *tail*. pop anaf ar varch trayan y guert a a*tue*ryr yam y clust ae y k. puebe*n*nac a ladho raun march rodet varch arall en y le 89.3. nerth sarph yn ei chloren. M.A. 760b.36. cf. Cloren *gl. cucumer*. R.C. ix.228. ynawd i foch turiaw cylor. M.A. 101b. see M.C. cularán. Mod.W. cloron *'potatoes' appears to be a new* pl. *formed after the analogy of* moron.

cludeyr *anything harvested or collected together.* O deruyd y dyn dyuot yn truydet dyn arall ac yscrybyl ganthau neu da arall pan el ymdeyth ny dyly uynet ganthau nac epyl na theyl na chludeyr na dym 132.23. Accumulo=cludeirio, dasyrnu, dyfylu, pentyru, angwanegu. P.MS. 228. Gnawd tanllwyth lle bo cludeir. C.Ll.II 105a.27. Goglyt a oruc kei ym prenn or glud weir. W.B. col. 474.22. cludeir [*messem*] (acc.). A.L.II 892.li. kludeir=das kynnvd. P.MS. 51, p. 192. Lle cododd tristwch trawster/a chluder o galedi. Ll.MS.209, p. 301. Kof sy ymhell kefes am hon/Klvdair o gyll kaledion (*ref. to the custom of declining an offer of marriage by sending a hazel-twig*). P.MS. 65, p. 39. Yn gorwedd yn gluder er garwed foi gledi (*to the fox*). Huw Cowper, p. 240. Aeth Tom allan ac eisteddodd ar y gledwair goed. Tywysydd y Plant, 1909 March. cf. The Glyders, N. Wales.

clun *leg.* cyllell clun *dagger, dirk.* guerth kellell clun .i. 103.19. k. clun [*sicca*]. A.L.II 888.xxvii.

clust *ear.* guerth clust o lledyr .ii. byu a .xi. aryant. O cae val na clehuo vi byu a .cxx. aryant 105.10.—81.16, 18; 91.11; 93.16. pl. -yeu 120.23.

clustoc, clustot *cushion, pillow.* y lety eu estauell e brenyn er hon e bo en kesc endy a clustot ykan e urenynes a llenllyeyn ar gobenyt ed eysteth e brenyn arnau 11.29; 104.9. ac amylder o glustogeu pali a rei sidan arei eurllin (ydanaw ac ynygylch ac ydan ydraet). Eluc. 97 footnote.

cluyt f. *hurdle.* .iiii. guerth duy cluyd buarth 103.25. drayn gluyt *bush harrow.* 104.19. Ac yna gwedy gorwed ohonaw ef ar traws yr auon. y byrywyt clwyteu arnaw ef. Ac yd aeth y luoed ef ar y draws drwod. R.B.I 36.28. cluit [*crates*]. A.L.II 864.iv. *so* Ir. cliath *gl. crates. see* clwyd. Loth p. 150.

clebot *to hear.* teythy [cath] guelet a clebot a llad llechod 93.23.

keleuuet *to hear.* keleuuet llef y korn 17.14. 3 sg. pres. subj. cleuho 22.23; 105.13. pres. ind. pass. kleuyr 106.16. pass. subj. clguer 38.14. 3 sg. pret. ind. kikleu 42.9. 3 pl. kluassant 55.11; keleusant 120.21.

cnaut *flesh, body.* Nyd oes kaflauan a u[n]el tan dyn ar cnaut dyn arall 87.1.

coet *wood, trees.* Ac o henne eny el e moch yr koet banu vyt 92.28. ny dyly braut bot yn goedur yr braut arall namyn talet ydau coet cystal ar hun a dyosges ew 63.21. moch c. *wild swine* 16.22, 25. 63.20-22; 78.13; 97.20. cf. gwythwch a hwch tref *a wild pig and a tame one* (?). Med. Law 80.2.

coedur *woodward.* see coet 63.21. A choydwr ar y koet hwnnw yw. A thi a wely Mil o aniueileit gwyllt yn pori yny gylch. W.B. col. 228.27. cf. forestwr. W.B. col. 386. nachaf was gwineu hir yn dyuod y myvn a pheis a s6rcot o bali cayra6c ymdana6 achledyf eurd6rn am y uyn6gyl a d6y eskid issel o gordwal am y drayd . . . a forest6r iti argl6yd vyf i yn forest y dena. P.MS. 67, p. 36. *contains an interesting description of a forester and his horn.*

[koes] *leg.* pl. coeseu, koesleeu (?). E penguastraut . . . a dely coeseu e guarthec a lader en e kecyn 13.27. koesleeu ecchen a guarthec 25.6. *all the other* MSS. *read* koeseu, etc. cf. Ac o penn yd6ygoes a thal y deulin y waeret yn las. W.B. col. 204.12. a thal eu deulin a phenneu eu d6y goes yr meirch yn purdu. *ibid.* col. 210.8. Main fy nghoes nid oes ym drenyn. M.A. 90a.23. c.=Lat. coxa. Loth p. 150.

[kofr] *coffer, chest.* pl. kofres *treasury.* Er edlyg . . . a dele . . . ankuyn en dyuessyr . . . ay holl treul o kofres e brenyn 4.2. guastauell . . . a dely kadu cloeu kofres e ure[nynes] 22.13. koffrys. L.W. 12.6. cloeu coffrys. L.W. 54.6. Ll.MS. 174, p. 28.23.

koc *cook.* E koc . . . a dely decreu pop anrec or ardemero ef . . . ef a dely ehun deuot ar anrec dyuedaf ay gossod rac bron e brenyn 19.14. 8.1; 9.13; 23.1, 6. pl. -eu 8.3; 10.17-21; 21.7.

kocled see gogled.

kogeyl, koceyl *distaff, the distaff side.* Ny tal gwreyc ceynnyauc baladyr canyt oes paladyr ydy namyn y chogeyl 76.12. Ac gwedy dyfody tadvys y urenhynyaeth y cauas ynteu hyhy o gogeyl urth uot yn vyr yr brenhyn 64.20. [guerth] k. fyr[lyng] 104.3. Ac Eidiol Gadarn, a laddes o'r Saeson . . . chwechant a thrigain a chogail gerdin. M.A. 407 §60. ac yw uerchet y peris ef aruer o gogeil a gwerthyt a nytwyd. R.B.II 387.14. c.=Ir. cucel. Lat. concula *distaff.* M.C.

koloren *tail.* see cloren.

kolouen f. (a) *pillar, post.* Pob gauael a kanalyo e nen sef eu henne .vi. colouen 99.3. 5.9, 11; 99.1. see W.B. col. 54.1.

(b) *chief division.* a heuel ar doythyon . . . a ossodassant eu hemendyth ar er egnat a kamero dyofryt braut ac ar er

argluyt ay rodhey ydau ar ny huypey teyr kolhouen kefreyth
1.27.

(c) *limb.* Teyr guely arperykyl . . . sef eu e rey heny.
dernaut em pen hyd er emenyt dernaut hyd er emescar neu tory
un or pedeyr kolouen 7.24.

koluyden *the chine* (?), *one of the twelve* golwython *of the
stag in season.* Guerth hyd o kalan gayaf hyd guyl yeuan .lx.
a tal . . . ac o huyl yeuan hyd eklan xii goluys kefreythyaul
esyd endau . . . sef goluythyon e duy vanec val e deucorn ay
tauaut ay laubron ay kallon ay heruth ay ahu ay due leuen ay
thumon ay hydkellen ay koluyden 96.7. *In the list in the* Latin
Laws 'tria fercula colli' *apparently correspond to this.* A.L.II
825. Pughe *gives* colwydd *the neck parts;* colwydden *a neck
of venison.*

koluyn *hound, spaniel.* coluyn brenyn punt a tal 94.21. Tri
chi bonheddic y sydd : olrheat; a mylgi; a cholwyn. A.L.II
592.iv. kolen [*canis Hispanici*]. *ibid.* 907.7. cf.Llon colwyn
ar arfed ei veistres. M.A. 850a.21. =Ir. culian (?). T.B.F.
p. 445, *where* culian=*dimin. of* cu.

coluyth see golwyth.

coll *loss.* Os o gadu cyn coll y dewys y ardelu 82.1. gwely
na choll eneyt 75.12; 81.24.

kollet *loss, thing lost.* chweford yd a da dyn y ganthau . . .
ar eyl collet o lesget 81.11. Ac y gyt ac nat oes beth ath
wahanus dy ath gollet 81.6.—37.2; 46.35; 86.24.

kollen *hazel.* guerth kolluyn .xxiiii. o tenyr vn kollen or
kolluyn .iiii. 97.23.

kolluyn *hazel bush.* see kollen.

kolly (a) *to lose.* heb colly e breynt 40.19.—38.9; 46.37; 56.25;
81.21; 91.25; 108.21; 134.14. 3 sg. pres. ind. kyll, kill 27.4, 8;
29.9; 34.8; 48.32; 62.3; 67.20; 118.8; 131.8. subj. kollo 14.18;
46.8. pass. collyr 133.15. 3 sg. pret. colles 36.17; 62.3; 82.5;
92.2; 134.16. 3 sg. imper. collet 12.28; 55.21; 56.28; 133.23.
verb. adj. kolledic *having suffered loss.* lleydyr . . . a uo
eneyt uadeu ny dylyir dym oy da cany dylyir dywuyn a dyal
eythyr talu yr k. yr eydau 82.23. ny byd k. ynteu or eydau
80.6. 46.20; 49.6; 70.19; 131.7.

(b) *loss, forfeit.* Ac yna gouyn yr amdyfynnvr puy dy
gyghaus puy dy ganllav. ac yna enwy puy ynt huy ac yna
gouyner ydau a dyt ew colly neu gafael yn eu pen huy . . . ac
yna y mae yaun ydau ynteu dyweduyt dodaw kolly a chafael.

(*I do submit to* "*forfeit or win.*") 132.5.—52.33, 38; 53.39; 56.29; 132.6; 133.12-14.

koquinyat see kychuynyad.

corthlan *land of the* gwelygordd *or family.* Tyr corthlan ny dylyir yr rannv herwyd tydynneu namyn herwyd gardeu ac o byd tey arnau ny dyly y mab yeuhaw hunnv mvy nor hynaw 63.14. *There appears to be some confusion between* corddlan *and* corfflan *in* Med.W. cf. Dygyrchu y gordlan a oruc y brenhin. g6elet y bed a vynnei. R.B.I 101.7. =corfflan. W.B. 227a.10. Corthlan. *v.l.* coflan, corfflan. A.L.I 180 §viii. Gwelygordd *is defined in* P.MS. 169.242 *as* kenedl ne hynaif. cf. R.B.II 42.14. c.=Ir. crod *cattle, stock, wealth.* Cymr. cordd M. '*a group, collection, tribe*' . . . Ags. heord. Ir.Text. iv.392.

koret *weir, fishpond.* Try thlus kenedyl y gelwyr melyn a choret a pherllan . . . ny dylyir eu rannv . . . namyn rannv eu fruytheu 63.12. 63.10. pl. -eu. [y brenhyn] . . . a dyly o myn gwneuthur coredeu ar eu dyuret 67.11. *piscina* .i. coret. A.L.II 906.18. see 'Cored' *and* 'Pawl y gored.' M.A. 23a. Rhag cau rhwydau coredwyr. D.G. lxxv.8. *Acc. to* Zimmer Ir. " foreth vadum ist idendisch mit kymr. gored. Wehr Fischreuse," etc. Celt.Stud.II 13.

coref see corof.

corescur see goryscur.

korf m. *the body, trunk.* dernaut em pen hyd er emenyd a dernaut en y corf hyd er emescar 105.26.—18.7; 80.3; 93.19; 105.25.

corflan f. *burial ground, churchyard.* messur corflan eru keuureithiaul en hit ay phen ar e venwent a henne e kelch e uenwent 51.19. 51.16. Or gwneir eglwys o genad y brenhin mewn tayawcdref ac effeiriad y fferenny yndi ae bod yn gorfflan hi ryd vyd y dref o hynny allan. Ll.MS. 116, p. 29.2. Tri pheth er cael y cyvan ni welant vyth eu digon. mor corflan ac arglwyd. M.A. 880.51. =mor. mynwent ac arglwyd cyvoeth. M.A. 896.71. a hynny heuyt y6 meint myn6ent gorfflan. A.L.II 360 §I. Diwarna6d yn hyly yr brenhin. dygyrchu y gorfflan a oruc. g6eled y bed auynnei tr6 yt gaffei wreicca. W.B. col. 453.10. =y gordlan. R.B.I 101.7. see corthlan.

korn, cornt m. *a horn.* Try eydyon kehyt eu corn ac eu eskeuarn 36.16. corn eth efo e brenyn punt a tal ae y corn keueytas punt 99.26. naud [e guylur] eu or pan decreuho ef kanu y korn pan hel y huylyau eny agorer e porth 26.27.

—16.11, 16; 17.14; 91.11; 93.16; 96.5; 99.14, 16; 100.4, 5; 104.4.
pl. kyrn, cryn 16.5 cryn; 17.6; 30.12; 99.20.

corneyt m. *a hornful.* try corneyt llyn 15.30.—6.12; 7.16;
8.18; 13.30 corney; 15.31; 19.14.

[**corof**] **coref** *pillar, post, what divided the superior from the
inferior part of the hall.* Petuuaret ar dec esyt en llys peduuar
onadunt ys coref a dec uch coref 5.4. O deruyd y dyn gueneu-
thur cam ys koref a fo ohonau huc koref ay dale kyn kafael
naut trayan y dyruy a dely e dysteyn 9.20. Teir rhan y dyly
neuadd y brenin y chyfansoddi, un uch coryf . . . sef yw uch
coryf uch celfi ae gefyn wrth y celfi ydd eiste y brenin . . . Eil
is coryf . . . Tryded rhan y neuadd yw y tal issaf. A.L.II
584.xi. cf. Kwmpas oed yny neuad. a diruawr golofyn y meint
ar weith piler yny perued a gortho o eur didlawt cadarn yny
gylch. a chywreint ysgwthyr yny teckau o diruawr ethrylith
cann piler o varmor gwedus. cwmpas oedd yny gylch yn gynn
bellet o vessur y wrth y piler perued. val y dygei y cwmpas
mawr yr ystlysseu y wrthunt hwynteu. H.MSS.II 9.7. corof
support. M.A. 164b.16; 165b.55; 239b.4. D.G. ccxxxii.76, 104.
c.=*saddle bow.* R.B.I 186.10; 290.15. C.M. 48.3. H.MSS.I
230.17, etc. c. *is often used for* celfi *and vice versa.* see celfi.
see Loth. p. 152.

coron *royal crown.* kyn no duyn coron lundeyn a theyrn-
wyalen o sayson dywynwal moel mud oed urenhyn ar yr ynys
hon 64.17. c.=Lat. corona. see Loth. p. 153.

cosp, cosb *fine, punishment.* Yaun i'r egnat deuedut kosb er
anostec esseu eu hene teirbiu camluru 54.9. Or pan anher mab
yn argluyd arnav ac ny dyly cosp arnau namyn y dat 70.23.
c.=Ir. cosc *to admonish, reprimand.*

cospy *to fine, punish.* Ac ew a dyly cospy gwyr y uaertrew
am eu haghyureythyeu 68.5. see Walde *under* 'inquam.'

kossy *to scratch.* E troydauc . . . a dely daly trayt e
bre[nyn] eny arfet or pan decreuho eyste eg keuedac eny hel
y kesku ac a dely kossy e b[renyn] 24.11. ymgos (*itch*).
Med.M. 112 §120.

cossyn see caws.

kost *expense.* E brenyn a dely o pob myleyntref dyn a
march a buyall . . . ac uuenteu ar y kost ef 30.7.

kostauc *a mastiff* (?), *a bandog* (?). Pa ky bennac a uo y
uab eyllt vn kerdhed ay kostauc tom 94.26. 94.23; 95.1 (kostaut).
koregi=kostoc. P.MS. 169, p. 262. O deruyd y wreic dywedut
geir gwythlawn wrth y gwr val unaw mefyl ar y varyf . . . neu

y alw yn gostawc. A.L.II 94.cxlviii. costauc [*canis domesticus*]. A.L.II 799.xxvi, etc. Tri rhyw costoc tom y sydd . . . bugeulgi; a chostoc tal pentan . . . A.L.II 592.vi.

costrel f. *bottle, flagon.* [guerth] costrel da*m*dung 102.4. dwy gostrel yn llawn o win. R.B.I 196.8; 206.4. c.=Med.Lat. "Costerellum—Liquidorum mensura, vas vinarium certae capacitatis." M.D.

cowyll *a sum of money—varying from one to eight pounds— payable by the husband to a maiden on becoming his wife. This had to be claimed by the wife before the first morning succeeding the nuptials.* Try pryurey greic y cowyll ae gouuen ae y sarahet esef achaus e geluuyr en *try* pryurey vrth e uod en *try* pryaut greic ac na ellir e duen o neb achaus y kenthy esef eu e couuyll er hyn a cafey am y guerendaut 37.32. O deruyt rody moruyn e gur ac na honn*er* e couuyll kene keuody tranoes. ny dele ef ateb ydhy hy ohene allan 39.27.—34.6, 8; 36.31, 32; 37.24; 39.28, 29; 41.4, 14; 130.19, 21; 133.21. *Originally c.=veil, hood, mantle* (?). Guiscaut kaet kein goruyll. *v.l.* Gowyll. M.A. 119a. 22. Tri chowyllawg llys : cerwyn fedd, a bragawd a chathyl cyn ei dangos ir brenin. M.A. 942a.15. cf. huyl am pen (y gerwyn). see huyl. cowyll=*gwisg.* P.MS. 118, p. 484. cowyllawc=*cooperta.* A.L.II 776.xli. c.=Ir. caille (?). caille =*veil.* see M.C.

[**coylyaw**] *to credit, trust.* 3 sg. pres. ind. coyllya. Ereyll a uynn gadu gwat ydau yr gyrr yr argluyd ual yr gyrr perchennauc a hunnv muyhaw y coyllya gwyr gvynet ydau 80.20. nit amgen vn pwngkc ar bymthec yr hwnn a geffir ynn lle arall yn Lladin val y mae haws y goylo, ae welet ynn ysgrifenedic. A.L.II 428.v. see etncoilhaam *gl. aspicio, auspex.* Z². 1053.6b.

crach *ulcers, scabs, scars.* Ny dyukyr guaet deynt a guaet crac a guaet truyn 106.21. Hawdd tynnu gwaed o ben crach. D.D.Prov.

crafell *scraper.* naud [e popuryes] eu hy[d] y buryho ay crauell 27.20. kravell=kravlech. P.MS. 51, p. 191. cf. kraber =hayarn cleis (cleis=corner). P.MS. 51, p. 192.

craf *strict, careful.* A guedy honny onadunt e kefreythyeu . . . heuel a rodes y audurdaud uthunt ac a orckemenus en kadarn eu kadu en craf 1.20. A pholidamas . . . awnaeth y negesseu yn graf. R.B.II 36.22.

crassu *to dry corn in a kiln.* menet y crassu y odyn arall 87.15.—68.15. 3 sg. pres. subj. crasho 86.5. see Loth, Vocab. 86.

craun *store, hoard, supply.* Greyc mab ihuckellur e ejll rody . . . y buyt ae y dyaut a craun e cell 3813. Vy craun haw a mi nid im verid. B.B.C. 62.9.

creedigaeth *creation.* tygu y duv . . . ac yr gur ay gwahanvs ew o creedigaeth tat a mam nas creus ew y mab 72.17.

cred *oath, security.* Puebennac a keneuho tan en odyn keuoet kan arall e llosko ac na kamerho cred ykan e nep a crasho arney guedy ef talet trayan 86.5.—35.24.

credu *to believe.* O deruyd bot rey o genedyl mab yn y wadu ac ereyl yn y gymryt yaunaw yu credu yr nep y syd yn y gymryt 74.6. regredu. 46.37. pret. pass. (?) kredud 51.1. verb. adj. credaduy *credible, to be believed.* kan adeuuyt e macc credadwy eu pahar e roet 30.32.

kreu, k. enllyn *skimmer* (A.O.). [guerth] k. eullyn fyrdling 100.27. =kreuellyn. P.MS. 35, f. 109b.3. *This last looks like a dimin. of* kravell=scraper. kravell=kravlech. P.MS. 51, p. 191. *so* MS. 169, p. 262.

[creu] *to create, beget.* 3 sg. pret. tygu . . . nas creus ef y mab hunnv yg kallon gwreyc 72.17. rycreus 72.7.

creuan *skull, cranium.* [am] pop kreyt kudyedyc .IIII. creuuan [.IIII.] 106.12. *de superiori parte* creuuan [*cranū*]. A.L.II 844.xiv., etc.

creyr, kereir *a holy relic.* Tygu . . . yr allaur honno ac yr creyryeu da yssyd arney 72.6.—37.18; 44.14; 76.8. pl. -eu 44.6-13; 51.16-18; 72.5-22; 81.17; 134.11-23. ysgrin y kreiryeu *the Ark of the Covenant.* P.MS. 20, p. 19. cf. Duw mab meir yw kreir Cristnogyon. M.A. 288b.55. · ac escyrn y seint gantunt rac ofyn dileu or agkyfreitholyon baganyeit y saól greireu a oed gantunt. R.B.II 236.20. see M.A. 105a.3. Rep.MSS.I 756 §22; 996 §64; 1004 §381. c.=Ir. cretair *relic.* see Ped.I §68. c.=Ir. crechtra. Stokes. Ir.Text. iv.392.

creyrhau *to swear upon a relic, to put on oath upon relics.* Llema popun or duipleit en amheu guebjtied j kilit nas degant yr degin. ket as deuetoent ar eu tauaut leuerit jaun eu yr eneit ena ev kreirhau. ac guedi as creirhauont e may yaun vddunt menet allan 55.9. 3 pl. pres. subj. creirhauont 55.9. imper. pass. creyrhaer 108.9.

kreyth f. *scar, wound* (?). teyr creyth okeuarch esyt vn ar uynep ac arall ar troet ac arall ar lau .xxx. ar troet .lx. ar lau .cxx. ar venep. pop kreyt kudyedyc .IIII. 106.9.

croen *skin.* 9.16; 10.7, 8; 11.11, 12; 13.23; 16.12, 13; 89.10; 90.3; 96.14, 19; 97.10-14. pl. cruyn 8.2; 9.11, 14; 13.26; 16.26, 28; 17.4; 19.20, 27; 24.27, 28; 26.1. ruyn 19.28.

croes f. *cross, special boundary mark or sign.* Ny dele nep guell[t] kadu amken a deuguell[t]. kay a gueyrclaud ac os myn y kadu croes ycan er argluyt a kaduet honno ef 117.7. ac os ew a wna yr haulur adau y maes doter croes racdau nat el ac od a galwet yr amdyffynnvr am uraut 130.14. Ny ffery kroes namyn blwyddyn. Nyt kroes kroes gwraic o byd gwr yddy. Val hyn y dylyeir gyrv kroes ay gwadv kymryt krayr a thygv yr krayr hynny deirgwaith arnaw torry y groes. A.L.II 254.xvii.

croessan, croysan *jester, buffoon.* E penguastraut . . . a dely .iiii. k. a pop march a rodho e brenyn. eythyr y try dyn sef eu e rey henny er escob ar penhebogyt ar croessan . . . sef acaus nas dely [e croysan]. kanys ef a dely ruymmau e kebyster am y keyllyeu 13.9. =*joculator.* A.L.II 760.3. y chwedyl hwn gwell yw ac odidogach kany cheir gan ueird na chroessanyeit. C.M. 28.20. Gwr a gwreic croessan a phutein. Eluc. 116.20. kroessan=krasaren serthedd. P.MS. 169, p. 264. cf. Tri pheth anweddus ar gerddawr : frost. gogangerdd a chroesanaeth. M.A. 833 §50. see D.G. ccxxx.27. P.MS. 49. f. 52b. Ni ddawr croesan pa gabl. Dr.D.Prov. Pob croesan a wna vydrwr, rhaid dysgedig i vod yn vardd. M.A. 785 §128. c.=Ir. "crossán. *a lewd, ribaldrous rhymer. The cross-bearers in religious processions who also combined with that occupation the profession of singing satirical poems against those who had incurred Church censure, or were for any other cause obnoxious.*" M.C. see also Stokes Book of Lismore. Glossary.

[**croesu**] *to make the sign of the cross.* 3 sg. imperat. croyset. ac ellwg yr effeyryat ygyt ac ew hyt ar drws yr egluys a chroyset racdau na tygho anudon 80.2.

croc *cross, gibbet.* .ix. tauyodyauc . . . .ix. eu lleydyr urth e croc ar y kydlladron 31.15. see Loth p. 154.

crogy *to hang, gibbet, hang up, put aside.* O deruyd y dyn llad arall a gwenuyn galanas deu dyblyc . . . neu ynteu yn eneyt uadeu . . . ay dyhenyd ew yn ewyllys yr argluyd nay grogy nay losgy a uynno 129.26. e greyc byeu e kic eny hel[y] ar caus eny hely a guedy e croker e gur pyeu 33.29.

croper *a chisel* (A.O.). [guerth] croper dymey 100.15.

crud (crwth) *the crowd.* Ebedyu pop penkert or a estenho argluyd penkedyaed ydau e brenyn byeu keysyau ofer ydau nyd amke*n* a telyn y hun a crud y arall 128.10. *Ireland only uses and delights in two instruments, the harp and the tabor. Scotland has three . . . and Wales, the harp, the pipes, and the crowd.* Gerald.Topogr.Hiber. cap. xi.

cryb *a comb.* [guerth] cryb .i. 101.9. crip *gl. pectens, ancilla capillos.* Z². 1059. cf. gwaith . . . rhod a chribau. M.A. 778b.27; 912 §233; 799 §54. tal grib=morwyn troell. P.MS. 169, p. 331.

crybdeyl *plunder*; anreyth g. *a seizure by violence of a homicide's property.* Nyt oes y cyureyth lle y dylyer anreyth grybdeyl namyn am lad celeyn 80.7. see R.B.II 146. cf. Ir. crip (crib) *quick, swift.* M.C. *grip.* W.W.

crybdeylyau *to snatch, tear away.* Teyr fordh y sereyr e urenynes. un eu tory y naud . . . e tredyt yhu grypdeylyau pedh oy llau 3.13. see H.MSS.I 296.13. cf. nyt digrif genhym dy welet yn ymgribyaw a gwrach. R.B.I 142.10.

crybyn f. *rake.* [guerth] kryb̄yn fyrd*lyng* 101.3. Da fu'r gribin ewinhir, Doe a'th gynullodd ar dir. (Y Mwdwl Gwair.) D.G. cxxxv.11.

cryhyr *heron.* Ef a dele yanredethu o teyr anrec e dyt e ll[a]dho y hebauc un o try ederyn. ay bun ay caran ay cryhyr 11.15. *ardea, id est,* crehyr. A.L.II 822.13.

cryman m. *bill.* Sarhaet caeth deudec ceynyauc. chwech yr peys . . . ac un y c[r]yman . . . o byd yg coet roet yr buyall ceynnyauc y cryman 78.12.—33.21; 100.7. pl. cremaneu 33.21.

kryn see corn.

crenno *compact, complete.* Lema e gueles yoruerth vab madauc uod en krenno escryuennu guerth e tey 98.23.

crys, kres *shift, under-garment.* ladher e kres en keuuc ae y guerdir 36.8.—25.8; 38.12; 104.20. pl. crysseu 22.19. see H.MSS.I 213.10. 'crys' *is used often in* Med.W. *for 'girdle' like the corresponding Ir.* criss. see M.C., W.W.

cudua *hiding place.* O deruyd y dyn cafael kyc anyueyl uy bo eydau ay can gun ay y cudua arall ay gymryt ohanau hep gannyat dyruy a uyd ht yd el 80.21.

kudyau *to hide, conceal.* a deleu dody mantell arnau oy ckudyau rac y guelet 128.25.—91.13. part. pass. kudyedyc *hidden* 106.12.

cussan *a kiss.* Val hyn y dylyir kymryt mab yg kenedyl . . . y pen kenedyl byeu kymryt duylau y mab y rung y duylau ynteu a roy cussan ydav. canys cussan yu aruyd kerennyd 74.16.—35.10-19; 74.16-18.

[kuaran] *shoe.* pl. -eu. Ef a dely croen hyc e gayaf y gueneuthur kenleuaneu ac croen bucc er haf y gueneythr cuaraneu 16.13. cuaranneu . . . ny bydant vch no hyt y vffarned y traet. Ll.MS. 69, p. 34.17. gwnaythür ohonaw güranay o grwyn amrwd . . . tynny rhisc y prenn [derwen] y gypheithiaw y cyranay. Ll.MS. 34, p. 245.3. cf. *The horsemen . . . either walk barefooted, or make use of high shoes, roughly constructed with untanned leather.* Gerald.Descr. cap. viii. k.= Ir. cuaran *"a foot covering formed of a loose piece of leather bound with a thong; a slipper, a sandal."* Dineen. cuaran *was often made of untanned or half-tanned hide.* Joyce II 216.

cubyl, kubel, kubil (a) *whole, entire, complete.* kanydoes did kubil ac nat yaun talu drill did en lle did 52.9.—35.15; 46.9; 49.24; 61.10; 70.9; 71.7; 75.19; 85.24; 88.24; 91.5; 111.20; 115.14 (kabyl); 118.25; 119.13.

(b) *the whole.* kubyl o henne a kill 34.8.—34.11; 39.18; 40.26; 44.11; 45.22; 46.36, 37; 50.31; 62.9; 63.3; 80.15; 115.15; 135.15.

cubylwat *full denyal.* Yaun yr amdyffynnvr dyweduyt cubylwat nat oes dym or teu dy gennyw uy 21.5.

kue=uc 6.15.

cuedyn see chue.

kukyn *knot, knuckle.* gu[e]rt e kukyn vchaf or bys .xxvi. . . . guert e kukyn perved .xxxiii. . . gu[e]rth e kukyn yssaf .lxxx. 105.4. cf. kygwn vn ascwrn yndaw. na mynnwes vn ewin . . . nyt oed ny bei gyflawn o garyat y uorwyn. R.B.I 85.9. seith vgein kygwng yny aerwy. A.B.II 182.14. M.A. 43b.17.

kulym *knot, band.* kahyd e dely y dyllat a kulym y laudyr 25.9. ny byd hyt yn y dillat namyn is penn y lin vrth glwm y lawdyr. A.L.I 392.27. P.MS. 36b, p. 12. Ll.MS. 69, p. 34.23. A.L.I 676.viii. cf. Tri argay gwaet yssyd mynwes; a gwregys perued a gwregys lla6d6r. A.L.I 784.xxxvi.

kulldyr *coulter.* 27.28; 33.20. Tyr such a chulldyr *arable land.* 64.9. k.=Lat. cultrum. Loth.

cumpas *m. circle;* en cumpas *about, around.* messur corflan eru keuureithiaul en hit ay phen ar e venwent a henne e kelch e uenwent a dele bot en cumpas 51.20. see H.MSS.II 9.7-12.

kvryw, kuruf *beer.* Ac ony chefyr y med duyn y bragaut ac ony chefyr y bragaut pedeyr o gvryw 68.23.—18.28; 25.5; 69.14.

see brac. Achau'r kwrw. Ef a gad o frag fab heiddfysg fab keirchgell fab odyn rhos fab nithdro, etc. Rep.MSS.II 170.92.

kudha *last* (?). e lludyn a del yr porth k. [e porthaur] beuuyt 26.6. *There appears to be considerable doubt whether* kwtta *in the expression* eidion k. *means 'last' or 'bob-tailed.' The scribe of the Latin Laws regards it apparently as 'last' and not 'bob-tailed.'* ' *et de qualibet preda per portam intrante, ultimum animal [Janitor] debet habere.'* A.L.II 762.vii. Ll.MS. 69, p. 30.24, *gives* llvdyn divethaf. Med. Law 32.13-14 *combines both.* Or anreith warthec adel yr porth or byd eidon kota erni. y porthawr ae keiff. ar eidon diwethaf. a del yr porth. ef heuyt ae keiff. Cwtta, cotta *usually mean, 'bob-tailed,' 'short,' 'clipped' in* Med. Welsh. O hoenyn i hoenyn yd a'r march yn gwtta. Dr.D.Prov. [ysgyfarnog] Gefnfain, gwtta geginfwyd. D.G. l.11. Ceiniog gotta *curt penny.* petris cwtta. H.MSS.II 125.7. os rhownllaes os cwtta. Huw Cowper MS. p. 30. *It appears also to mean* 'last' Rhag ofn ir Gorucha dy ddal ar y gwtta. Ll.MS. 209, p. 277. yn ola gwt=*last.* Dimet.

kuynau *to complain.* ac os maed gan g. or mab racdau ew a uyd dyruyauc 71.5.

kuynos *supper* (?), *dinner* (?). Y uaynaul y taler tung ohoney ny dyly yr argluyd nay mel nay pyscaut canys med a delyr ohoney. ac y gyt ar med pedeyr arugeint o bop maynaul a delyr a hunnv a elwyr aryant y gvynnos 67.1. e dystein a dele rannu aryant e kuynos. ual hyn e renyr aryant e kuynos. sef eu henny .xxiiii. o pob guled o bo med arney. Ac o hyny .xvi. ir suydguyr e brenyn ac .viii. y suydguyr e urenynes 10.13.—14.11 ; 18.21 ; 19.3 ; 20.5, 10 ; 21.7 ; 22.9, 21 ; 23.11. Arjant y gwynos [*al.* gwesdfaeu]. L.W. 50 §3. melyna i dlawd ei gwynos. M.A. 360a.32. cwynos=swper. Rep.MSS.I 721.7. Trydydd yw ei gwynosawg, dyn a ddylyo ei borthi y nos hono. M.A. 940b.36. deu ederyn gwendoleu . . . dwy gelein or kymry a yssynt ar eu kinya6 a dwy ar eu kwynos. P.MS. 16, p. 51b. see M.A. 405 §406. (kinya6 *breakfast.* W.B. 213, col. 425.31-4.)

cwynwr see gwynwr.

kuyr *wax.* puebenac a kafo bedaf k. a dele neu ec kuyr 97.4. kuyr e gulet ual hyn e renyr y trayan yr medyd kesseuyn 17.26. —11.1 ; 17.25. medyd a geiff trayan y cvyr a tynner or gervyn. Ll.MS. 69, p. 31.14.

kvys *furrow.* keynnyauc am pob kvys a arder ar aghyuarch 68.29. troetued vyd lled pob cwys. P.MS. 36a, p. 81.15. k.= Ir. ceis. Urkelt. 76.

kuysyll *a groover* (A.O.). kuysyll a troryd a carnllyf . . . am pop vn o henne .IIII. 102.2. L.W. 272 §166 *reads* cwynsyll.

ky *dog, hound.* 85.11; 94.25. pl. kun. O deruyd y dyn mynet y hele a decrecu hele ac ellug ar anyueyl pa anyueyl bennac uo a kauaruod kun secur ac ef ay lad eccun kentaf ay kecuenus byeuyd 122.22.—4.3-20; 6.19; 8.9; 16.5; 17.6-10; 66.2; 96.10-24; 122.21-23; 123.2-4.

kychuyn tr. and intr. *to start, take away, dispossess.* ny dele kechuin odeno hyd empen .ix. uetyt 38.16. melyn a choret a perllan . . . ny dylyr eu rannv nac eu kychwyn 63.12. Pwy-bynnac a dyholyer o uraut y gyureyth yaun yu ydau uot yn ur kychwyn dranoeth 79.20. pryodaur a keuun tridet gur tridet gur a kicuin treftadauc . . . treftadauc a kecuin gur deuot 56.12.—38.17, 18; 47.34; 48.40; 60.4; 61.12; 122.18; 123.2. 3 sg. pres. ind. kychwyn, kicuin, keuun 55.23; 56.9, 62.8, 9. 3 sg. pret. kecuinuus, kecuenus 55.16; 122.22. cf. c.=*resurrection.* Eluc. 133.13.

[kychuynyad] *removal.* E da anilis redevedassam ny ema puy pennac a diguitho e cham am i koguinyat bit er argluit ene oll 48.4. cf. Dyma gychwyniadau meibion Israel yn ol eu lluoed. Num. x.28. see also Ll.MS. 116, p. 70.7.

ket, ked conj. *though.* ked kouenho yaun ydau ny dely y kafael 19.18. rei a uin ac vn seihuir guadu ked et bvo petuuar mach arrukein 45.20.—26.24; 29.21; 31.10; 34.17; 40.22; 41.18; 47.7, 23, 33; 50.23, 28; 53.14; 55.8, 22; 61.17, 27; 62.17; 73.20, 24; 79.11, 13, 15, 16; 80.3; 108.12; 110.21; 111.3, 114.10; 115.5, 7; 117.1; 118.7 (ke); 119.2, 19; 122.7; 123.2, 4; 130.3, 10; 134.1. *written* kent 62.7; keuoet 70.25; 86.4; 89.14; 108.21; 124. 11; **cen** canys cen bo eneytuadeu y lleydyr ny byd eneyt uadeu ew 79.25.—35.24; 37.28. neg. keny. kanys k. deleho kyduuyta ac ef. ef a dely kydeuet 9.31.—38.20, 21; 53.41; 71.17; 76.3; 79.18; 87.9; 88.11; 97.16; 113.5; 126.7; 127.6, 7; 128.18; 130.26.

kyt, ykit *together.* O deruit y din kamrit macht jkan arall ar peth a deuot e duipleit ykit 45.9.—17.11; 49.29, 30; 50.1; 65.27; 76.22; 117.14. **ykyt a(c), ygyt a(c)** *together with.* mynet yr drew y bo y dyn a ladher yndy ygyt ar llowrud 74.29.—5.17; 6.8; 7.27 (y ky ac); 7.28; 8.4, 17, 29, 30; 9.9; 12.6, 22; 15.5, 6, 22, 29; 16.3; 17.20, 34; 18.1, 29, 30; 19.7, 8, 20; 20.4, 5, 21, 32; 21.18; 22.30; 24.2; 25.3; 28.17; 34.15; 45.9; 48.9, 11; 53.20, 29, 30; 54.20; 59.2; 66.26, 29; 74.29; 75.5, 20; 77.13, 18, 21; 78.18, 20; 80.12; 81.5, 19; 87.2; 111.5; 129.11, 21; 130.27; 132.4, etc., etc. ac ygyt a hynny=*moreover* 54.20; 81.9; 111.5; 129.21.

kyduarnu *sitting in judgment with.* en lle e bo en kyduarnu braut ykyd ac eneit ereyll 12.21.

[**kyduot**] **ketuoth** *agreement* (?). Ac nidoes keureith erug egil a gilid namin evvlis diu ac urth hinni din a el yar a daear hon ni dois idau enteu keureith na[m]in ketuoth e neill rei on nadun hui 47.11. Llyma y prisie a wnaethbwyd yn gydvod hon ar bob anifail. P.MS. 86, p. 184. dan boen tor kydvod. P.MS. 86, p. 184.

kyduuyta *to eat together.* 9.31.

kytgarant *kinsmen, kindred.* Ac y gyt a hyny bot ydau o gyt garant a uo dygaun y gadu bot yn wyr a dyweyt. y llowrud. sew achaus y mae da kytgarant cany dylyant yr estronyon na duyn dyn yg cerenyd nay wahanu ay gerenyt 129.21.

kydkaghor *mutual advice or counsel.* Ac o kydkaghor a kydsynedycaeth e doython . . . er hen kefreythyeu a esteryasant 1.13.

kydleydyr *participator in a theft.* 31.17. pl. kydlladron 31.16.

kydsuydocyon pl. *co-officers.* 11.22; 16.10, 24.

kydsynedycaeth *mutual agreement.* Ac o kydkaghor a kydsynedycaeth e doython . . . er hen kefreythyeu a esteryasant 1.13.

cyssynyau *to agree, to unite upon something.* Nau affeyth lledrat . . . yr eyl yu cyssynyau ar lledrat 78.16.—74.25; 85.15.

kydteruyn *common boundary.* Pan del deu urenyn ar eu kydteruyn o achaus emaruoll 3.1.

kidtiriauc *joint proprietor* (?). Ni dele kidtiriauc talu oe killit tir ny bo suid ohonau en lle tir e bo suyd ohonau 56.27. see kyttir. Ll.MS. 116, 82.2; 92.31.

kydeuet *to drink together.* 9.31.

kedymdeythas *society, company.* Brenyn a dele uod eny kedemdeythas undynarpemdec ar ueyrch 3.16.

kedymdeython *associates, company.* E dysteyn . . . a dely trayan ykan holl suydguyr e brenyn eregthau ay kedemdeython a duy ran ydau ef 21.4.—28.13.

cyuadew *to acknowledge.* (in genit.) *acknowledged, declared.* Puybynnac a doto arwayssaw ym pen arall a phallu y arwayssaw ydau byt ehun leydyr cyuadew 82.17. part pass. kevadeuedic *acknowledged.* Tri pheth ni deleir naud racdunt kan eu bot en kevadeuedic 51.2.

kauacos *near, close by.* guastraut auuy*n* . . . a dely kerdet en kauacos by b*renyn* 23.33.

kyuanned *habitation, movable dwelling.* Puy bynnac y cafer lledrat yn y dy gan uot y gyuanhed yndau ket bo ydav ew a gatwo y gorf rac y lledrat euo eyssyoes byeu cadu y ty 80.2. Puybynac y barner ydau dadannvd karr, ay ryuot ay garr ay gyuanned ac ay ayluyt ydau ehun neu oy dat kyn noc ew ar y tyr hunnv 60.24. Tri chyuanhed gwlat : meibon bychein; a chwn ; a cheiliogeu. A.L.I 782.17. Adeil a aradwy yw kyfaned. Ll.MS. 116, p. 27.3. Sef a gauas yn y chyghor fo ar mab y ynial6ch a diffeith6ch ac ymada6 ar kyuanned. W.B. col. 117.18 =kyfannedeu. R.B.I 193.13. Ac wrth hynny i mudassant Arglwyddi Powys . . . ac eu hanneddeu ganthunt. M.A. 731a.31. dug eu Cyfannedd ir gwladoedd hynny. M.A. 733a.2. Peredur ynteu agerdawd . . . talym mawr o diffeith. heb gaffel k. Ac yn y diwed ef a doeth y g. bychan amdlawt. R.B.I 218.26.

kyuanhedu *to inhabit.* Oe ryuot . . . ae ehun ay y dat kyn noc ew yn kyuanhedu ayluyt ar y tir 60.28.—7.6 ; 19.26.

kyuar, kaueyr *cotillage of land, coaration.* Puebennac a guenel keuar ae kylyt yaun eu ydau rody bod vrthau a kauaruod e llau ae kylyt a guedy guenelynt hynny y kadu eny darfey e makal. Sef eu e makal .XII. eru 107.1. pedeyr yru kyuar ym pob tydyn 65.21.—98.24 ; 108.12-19 ; 109.15 ; 110.11-24. see cyfeir.

kyuarch *appeal, protection* (?) ; geyr kyuarch *an appeal, a supplementary question after the trial before the verdict.* Ac odyna kymeret yr ynat ar effeyryat ar rygyll y duy gyghaussed a datcanent ac aent allan a barnent herwyd y duy gygheusaeth ac o byd reyt geyr kyuarch anuonent gennat y ouyn y mevn 132.10.—53.26, 27, 32. Sef yv geir kyfarch pan ovyno yr ygnat pa le y bu yr arwaessaf neu y borth. A.L.II 114.lx. *In* kyuarch kyfyll k. = *protection* (?). cf. for snada (W. nawdd) *i.e.* comairce. B.L.G.. see kyfyll.

kauaruot *to meet, touch.* O deruit y vach a kanogon k. ar pont vnpren 43.38. k. e llau ae kylyt *to touch hands in striking a bargain* 107.3.—122.21. 3 sg. pres. subj. kyfarfo 49.30 ; 76.8. 3 pl. kafarfoent 42.17. cyfarfod *is from* cyf+arfod (*blow*) *but treated as if it were a cpd. of* bod. Eveis y win a med e mordei. mawr meint e vehyr ygkyuaruot gwyr. B.An. 6.5. O bydd ynghyfarfod am garennydd. M.A.48b.14. Pedair prifgad ar ddeg. . . . A thri-ugain cyvarvod. M.A. 96b.25. Buant kyd yg gryd yg gretyf kyuaruod/Kyuaruogyon diletyf. M.A. 186a.35. er amot arvot arvaethi. M.A. 5b.1. O bydd a vynno dyfot/yr maes yn y arfot. P.MS. 67, p. 11. Gwelais o arfod aerfab Gruffud/Rialluoed trwch. M.A. 143a.27. Ac yn hynny ymgyvaruot o peredur ar gwas melyn ae lad. R.B.I 217.22. so *ibid.* 25. for 'arfod' see M.A. 141a, b; 148b; 169b; 174b; 187b; 191b. pl. erfyd 164a; 185b. see cyfarfod. M.A. 12a; 38a, b; 58a; 150b; 162a; 168b; 177a; 186a; 191b. kyfarfaeth. M.A. 216a. see also 'diarfot.' H.MSS.I 200.18.

kauaru *to make an agreement about cotillage.* Puebennac a gnel keuar a guedy henny kauaru ac arall 110.18. kauaru hycc *to supply an ox for the "kyuar"* 117.7, 11, 15. pres. subj. pass. kauarer 111.15. rekeuarer 108.19.

kauarur *a party to cotillage.* O deruyd bod amresson er rug deu kauarur am tyr guyll ac arall faeth 109.23. pl. kauaruyr 110.11, 14, 16.

kauarus *a gift, present, an inheritance to which every innate Welshman was entitled.* Penkerd . . . a dele o pop dohouod . . . nac o erchy naco kauarus neythaur ran deurur. . . . Sef eu kauarus neytyaur .xxiiii. or neythawr a hene yr beyrt 128.17. Penteulu a dele . . . teyr punt pop bluydyn ykan e brenyn eu y kauaruus 6.24. Tri chyvarwys Cymro cynnwynawl: pum erwi rhyddion; cyvar gobaith; a helwriaeth. A.L.II 516.4. Tair braint gynhenid pob Cymro cynhwynawl; ac eisoes dan enw Cymro y cauir ar Gymräes: cyvarwys a thrwyded pumerwi rhyddion yn mraint ei hân o Gymro cynhenid; etc. M.A. 924 §65. Tair celvyddyd vreiniawl y sydd, a braint trwydded, nid amgen no phumerwi rhyddion tir a chyvarwys i bob un o naddynt; sev i bob gwr a'u gwypont yn warantedig, ac au gwasanaethont, yn wahanred, ac yn amgen no'r tir a ddylit iddo yn mraint Cymro cynhwynawl: sev ydynt barddoniaeth, feryll-taeth, a llenoriaeth. M.A. 925 §68. Tri pheth nyt reit mach ar dilysrwyd drostunt kynysgaeth gan vreic; ac enill medic gan glaf; a chyfarws gwr gan y arglwyd. A.L.II 344.22. ydym wyrda hyt tra yn dygyrcher. yd yt uo m6yhaf y kyuar6s a rothom. M6yu6y uyd yn g6rdaaeth ninheu. W.B. col. 458.28= R.B.I 105.4. Ygyt a hynny anuonwn idaw cann meirch. a chann pynn arnadunt o vyssaneu eur. y rei yssyd didlawt gennym ni wrth dalu kyuarwysseu yw wyrda. H.MSS.II 75.11. *D.S.E., in his treatment of this word, suggests that it is a derivative of* cyfar *(co-aration), and this has generally been accepted. There is little doubt, however, that it is one of the series of words to which* mamwys, tadwys, cynnwys, *etc. belong, and that the cyfar=Ir. com-arba (heir). B.L.G. It appears*

*then to mean " the rights which an innate Welshman
inherited on becoming a member of the sept or tribe." For
another view see W.P. p.* 206, *note* 2, *where it is derived from
the root ues ' to abide.' For the variation* cyfarws, cyfarwys
cf. 'madws,' 'madwys' *(similarly formed).*

kauarussauc *on entitled to* cyfarws. Ebedyu bonedyc
kanuynaul a mab uchelur a gur kauarussauc ebedyu a deleyr
udunt keny bo tyr en eu llau 126.6.

keuarhuidyt *report, information.* Rey a deueyt panyu maeldaf
. . . yoruert vab madauc druy audurdaud e keuarhuidyt ay
kadarnaha panyhu ydno hen 42.7. Ie heb y pryderi da oed
gennym ni kael kyvarwydyt gan rei or gwyr eeinc racko. . . .
Mi a dywedaf gyuarwydyt yn llawen. Ynteu wydon goreu
kyuarwyd yn y byt oed. R.B.I 61.5. =W.B. col. 84.1. kyt
kaffo y dywededic abat uchot gyuarwydyt y wrth gorff arthur o
hen lyfreu. Ll.MS. 4, f. 507b.22=R.C. xxxiii.444.

keuarvynep (ac) *facing, opposite to.* Ynat y kymut ar y
neylltu ydav ac efeyryat or tu arall ydau a heol gyuarvynep ac
ef 131.15.—52.15.

keuepruyt *fœtus* ; k. casset *fœtus or new-born foal.* keuepruyt
casset .iiii. k. hyd em pen e peduaredyt ar dec guedy ganer
87.21.

keuechny f. *surety.* Ac vrth na eil[l] e mach kennal e
keuechny ed aith en vach arney 48.2.

keuedac *wassail, entertainment, feast.* Troydyauc . . . a dely
daly trayt e brenyn eny arfet or pan decreuho eyste egkeuedac
eny hel y kesku 24.11. trededyn yu [er edlyg] a dele kanal
kauedac en llys 4.14. naud [e trullyat] eu or pan decreuho
llestry en llyn eny darfo e keuedac e nos honno 18.31. Arglwyd
heb ef hi ath elwis di yn arglwyd ac yn urenhin yny ieith hi.
Ac uelly yth anrydedwys. Yr hyn a dyly ditheu y wrtheb idi
yw hyn. Sef yw hynny drinc heil. . . . Ac erchi yr uorwyn
yfet y gwin. Ac yr hynny hyt hediw y mae y deuot honno wedy
hynny ym plith y kyfedachwyr yn ynys prydein. R.B.II 135.26.
cyfedach yr holl seint. Eluc. 74.31. Yn eglwys . . . yssid
gyfetach gan gyfeteu. M.A. 196a.32. cf. cyfedd *companion,
comrade* (?). M.A. 163b.

keuelyn f. *a cubit.* Teyr keuelyn en hyd y guaeu 25.17.—
101.13, 15. A their kyuelin o lliein o pen y elin hyt ymlaen
hiruys y wneuthur llawdwr idaw. A.L.I 676.2.

keueylhorn *deviation, a going astray.* ar k. *astray.* O keyf
anyueyl ar keueylhorn ef a dely .iiii. Keynyauc manac 29.16.
cf. anghyveilyorn *misfortune* (?). H.MSS.I 195.39.

keueyr *day's ploughing of a yoke of oxen* (?). [guerth]
keueyr e gyaf .II.   keueyr e guahanuyn .I. 104.10.   =*Aratio
unius diei*, II. *denarii legales in yeme. In vere*, I. *denarius
legalis.*   A.L.II 866.I.   cf. Ar dayar yg gyfeiryeu arnei yn
holldi. C.M. 37.28.

keuejr *direction, opposite position*; egheuejr *instead of, for.* O
deruyt e gur escar a gureic a hiteu en beichjauc pan escarer a
hy gater jdhj or pan escarer a hy eny agho egheuejr hanner
bluydyn o ueytrjn e mab a gued[y] ganer e mab. hyteu byeu e
ueythtrin ef ey[l] gueyt hyt emen e bluydyn 37.4.   Tri llwdyn
unwerth yn y genvain . . . a hwch a gatwer yn nghyver gwestva
arglwyd. M.A. 941b.53.   Ac odyna y holet ynteu o gernyw.
ac y gyrrwyt yr mor yn y gyueir. R.B.I 141.19. Ir. fo chomhair
for the use of. Pass.Hom.; B.L.G. fo ch. *over against, opposite.*
M.C.

kefruy *saddle.* guert kefruy .VIII. 102.27.   pl. kefruyeu.   hen
k. llyu eu pren 13.21.   cf. Cyfr6y fa6yd.   W.B. col. 253.17.   Ir.
clar sadall *saddle tree.* M.C. hen k. eurcalt 23.28.

kufruyau *to saddle.* guastraut auuy*n* . . . a dyly kufruyau
march er egnat llys. ay duyn ydau urth eskenu arnau 24.3.

kefruys *trained.* Mylky o byt kefruys .cxx. o byt aghefruys
.IX. 94.18.   llamesten k. 12.18; 94.18.   cwn cyfrwys.   M.A.
107a.14.

kefryf *to reckon, share, claim* (?). Puybennac a kafo man
lludyn ar hyd . . . deguysset e deylyat ay kefryf onadunt eny
del e lludyn ehun ae enteu keynyauc ohoney hyteu guedy e
dalyer pemgueyt 118.19.—118.24.   tyr kyuryw *land of equal
share or claim, land divided by the bailiff in equal portions
among the people of the* "tref." Tyr kyllydus . . . maer a
chyghellaur a dylyant rannu a rody y baup kystal ay gylyd yn
y trew. ac urth hynny y gelwyr yn tyr kyuryw 60.2.—66.19;
68.24. tir kyfrif yw na bo mwy ran vn gwr noy gilyd or tir.
Ll.MS. 116, p. 90.31.   Am tir gwelyawc y dywedassam ni.   Tir
kyllidus hagen ny dylyir y rannu herwyd brodyr namyn maer a
chygellawr a dylyant y rannu a rodi y pawb kystal ae gilyd yn
y tref ac vrth hynny y gelwir ef yn tir kyfrif. P.MS. 35, p. 42a.19.
cf. Ny dyleir kyt o vn lle onyt yn tref gyffrif ac yn y dref hono
y dyly pawb gymynt ae gilid ac nyt kystal. Ac yn y dref hono
y dyly meibion tir y mywyt eu tat eithyr y mab ievaf. A.L.II
292.4. *The* rhif *of* tir cyfrif *seems to mean 'share' or 'claim' rather
than 'reckon' and* rhifo *appears to be used in this sense:* am bob
. . . swyddoc . . . a ddalo da o fewn swydd arall os y perchen

a ddaw kyn redec un dyd a blwyddyn arnunt ac enllibio **or**
perchen y swyddoc am y da hunnw bod ir perchen rifo ar y
swyddoc arno ac oni ddichon waɖu bod ar y swyddoc sekysiwn
ir perch. a thor ir brenin. P.MS. 86, p. 177. Os trwy venfyc y
myn y holi yr hawlwr a dyly dangos hanuot y tir hwnnw oe
dylyet ef a dyfot idaw yn rif a ran ygan y gyt tirogyon. A.L.
II 380.vii. Riein nim rifei y ked am riuynt. M.A. 158a.3. ni
riuafy ar vun vod yn galed. M.A. 158a.45. ac nym rify gwenn
riein ryuet a weith. M.A. 158b.19.

kywlauan, kaflauan *felony, a serious violation of fidelity, or
serious injury to limb or life of man or beast.* O deruyt e gurejc
huriauc gueneutur kaflauan debrit ae rodhi chussan y hur ae
gadel y gouessiau ay hemreyn 35.9. Nyd oes kaflauan a u[n]el
tan dyn ar cnaut dyn arall a dyuecher heb gueytret dyn ykyd ac
ef 87.1. puybennac a dalyho escrybyl ac eny dale ef gueynuthur
kaflauan. pa kaflauan bennac au guenelhont e deylyat byeu yd
talu 118.3. Pop kaflauan au guenel dyn oy anuod dyhuked
oy uod 120.1. ky . . . kynevodyc ar vrathv dynyon nev
ar wneythvr kyvlavanev ereyll 135.11.—38.6; 73.6, 19, 24; 74.12;
86.24; 118.3; 120.1; 121.7, 9; 131.3; 135.11.

kyulaun *complete.* Dyn a uo kyulaun o uonhet 62.23.—66.9;
70.9.

cyuled, kefled, kywlet *as broad as.* Claur eur kefled ay
huynep 3.8.—63.9; 69.22, 25.

keflo, buc keflo *a cow in calf.* 91.25.

kaflodaut *embryo-calf.* O deruyt prynu buc keflo a kolly y
kaflodaut 91.25.

[kyfnessaf] *kinsman.* pl. kefnnesafyet, kefnessesuyejnt. Roet
. . . gureic lu VII guraget. ar rejn hene oe kefnessesuyejnt
eam e mam ay that ay brodyr ay chuorrit 35.20.—41.5. cf. Na
ddynoetha noethni chwaer dydad : cyfnessaf dy dad yw hi.
Levit. xviii.12. Na vydd debyg i vlaidd wrth dy gyvnes. M.A.
787b.22. Aiax kyfnessef y achelar6y. R.B.II 32.12. see Ir.
coibnes *gl. affinitas.* Z². 871.11. coibne, coibnius. M.C.

[kyfnewid] **keunevid** *bargain, barter.* Pan prenno din peth
ychan arall yr ariant . . . a bot en edyuar kan perchen er araint
e keunevid 47.28, 30. I dref plas cyfnewid plwydd. D.G. clx.20.
Melin i gydau, llys i seigiau, Marchnad i gyvnewidiau. M.A.
816b.27. byd cyfnewit o dynion megys o ddafat ac eidion.
P.MS. 102.42

kywnewydyau *to traffic, barter.* O deruyd y dyn rody aryant neu ysgrybyl ar arall ac or da hunnv kywnewydyau ac elwha or neb y doeth atau 132.17. Crin calaf a lliv yn nant/Cyvnewid Sais a'i ariant. M.A. 102a.8.

kyunyueruc *an equal number.* O deruyd na kafer kefynyueruc a hynne ar er hyd or moch 113.14. cf. Kyniuerwch a rif y ser. A.B. 225.23. M.A. 112a.4 and note. L.W. 286.1 reads 'cyfnifer hwch.' P.MS. 35, p. 77b.11. kyfniuerwch. cf. amniuerwch rif. M.A. 165b. 59.

keuody tr. and intr. *to rise, raise, start.* Urth y uod en peryglaur yr brenyn a keuody racdau ac eyste eny hol 13.11. O deruit y din guneuthur cam keinauc yar e nodua a keuodi haul arnau ef am er agheureyth 51.13. Puybennac a uenno hele py[s]cgaut a keuodi pysc ohonau ay emlyd 123.10.—16.15; 27.19; 36.1; 39.7; 51.10; 134.26. 3 sg. pret. ind. keuodes.

[kyfoed] heuoed *one of the same age.* Dynaguet guru . . . onyd art en erbyn y heuoet kemeynt xxx a deleyr y talu eny tethy 92.13. Ac onid ard yn erbyn ei gydweddawg, . . . Sef yw ei gydweddawg, Ei gyfoed. L.W. 240 §45.

kefoet, kauoeth *dominion, kingdom.* Ny dele e brenyn menet ay lu or gulat namyn ungueys pop bluydyn. Huent a deleant menet en y kauoeth ef pan uenno 30.5. pop argluydhes a dele amobor graget e kefoet 41.16. hwn vydd yn y hen veddyant/ hytheu sy nghywoeth y sant (*Heaven*). P.MS. 67, p. 254. see R.B.I 1.30; 3.22, 26. M.A. 175b.47, etc.

kyuran, kefran f. *portion, share, allotment.* Ac y uelly o hynaw y hynaw hyt ar yr yeuaw ar gyvran honno a dyly bot yrygthunt yn eu hoes 59.25. Guedi barner tir a daear y din ni ellir lludias kefran jdau pan uenno 56.23.—56.24; 59.26.

kyuran, cywran, kefrann *to share, divide.* Tryfet ny dely brenyn y kefrann e sullt ay hebauc ay leydyr 29.7. rac kyuran da 74.11.—59.28; 61.11.

[kyvreyd] pl. **kefreydyeu** *necessaries.* E brenyn . . . a dyly dyllallu (dywallu) or dysteyn oy kefreydyeu 23.3. kyvreit oed ym pleit oed ym plegyt vot. M.A. 180a.46.

kefreytb, kyureyth *law, the law of the land.* Essef a guil e kefreis ena kanid oes nanin i un tauaut ef en gerru arnauau na dele namin vn tauaut e kennogon y guadu 44.2. k. hywel 62.25; 78.29. kefreish e bit hun 47.6. kefreisth 36.4; kafreys 40.8; kareis 47.5; kereiht 49.11; kereih 49.11.—30.25, 27; 36.6; 37.2; 40.16; 41.4; 44.17; 46.34, 38; 47.7-12; 48.29-40; 49.3-27; 50.23;

51.26-37; 52.4, 31; 53.5; 54.1 keuereit; 56.30; 59.4, 5; 60.15; 61.1-20; 62.2, 8, 29; 63.6, 28; 69.3; 70.5, 11; 72.27; 73.5, 29; 75.9; 79.1, 16; 82.14; 83.4; 87.6; 91.1; 103.16; 109.17; 111.5; 113.3, 4; 119.20; 123.12, 16; 126.22; 130.2-24; 131.2-9; 133.19; 134.9-22. kefreyth (in genit.)=*legal*. guert kefreyt 12.30.—48.1; 94.14; 101.2. pl. cyureythyeu 1.2, 14; 30.20; 33.1; 64.22, 23. kyureythyau 66.10 read 'keweyrya6.' Ll.MS. 174, p. 85.6.

kyureythyau 66.10. several MSS. read 'keweyryau.' A.L.I 188.i. see kyweyryaw.

kefreythyaul *legal, lawful, as fixed by law*. messur guyraut kefreythyaul eu 18.27. kafresshiaul eu ir haullur kamrit e peht a roher idhau e guestel 46.7. .xii. coluyth kefreythyaul en er hedhod 16.19. kefrejsiaul 37.17; kefreihaaul 45.26; kereishiaul 56.16.—19.14; 28.29; 34.22; 36.30; 40.4, 22; 45.25; 48.10; 52.11, 30; 53.7, 13; 56.24, 25; 59.1; 60.5; 62.1; 63.1; 65.7; 71.28; 72.2, 12, 24; 73.17; 79.9; 82.4; 96.3; 118.13; 131.10.

kywryuedy *equal number, number*. Sew yu hynny kymeynt ac un or k. y buant ar y tyr yn eysted yn y erbyn 61.15.

keuryu (*a*) *such, similar, of the same kind*. Pob keuryu dyn or a deleher amo*ber* [y]dau kemeynt eu amober y uerch ay ebedyu 128.1.—48.23, 24.

(*b*) m. *equivalent, such kind*. Ac ny tal e tat dros e mab e ke[u]ryu hunu 126.9.—43.8.

kefuc k. ac. *as high as, of such rank or dignity*. derchauel . . . eny uo keuuc y traet a tal y deulyn 26.5. neu en keuuc gur ac e kaller penteylu ohonau 5.22.—25.7; 36.8.

keuil *proximity, presence*. Ac ena e may yaun yr eneit erchi ydau enteu duyn y keditveit ay testion y eu muinhau. ac ena e mae yaun jdau enteu eu duin huy ene keuil ef ac eu dangos 54.13. Ac yn hynny ny doethant 6y yngkyuyl y llys namyn trigya6 ygylcha6 y 6lat a 6naethant. W.B. col. 90.12. Yr haf, ni chelaf fy chwyl/Ni chaf fyned iw chyfyl. D.G. clxiv.18. yngkyfyl y twrneimant. H.MSS.I 207.15. erchi idaw nat elei ynghyfyl yr ysgrin. *ibid*. 241.32. see ymyl.

kyfyewin see keyeuyn.

cyfyll *full, complete* (?). Rey a deueyt panyu dyn amdyuen-hedyc eu kauarc kyfyll. Ereyll adeueyt panyu deruen aladher en hageuarc ar tref tat pryodaur a deleu dody mantell arnau oyckudyau rac yguelet a bod en guaraduyt yr tref tadauc yguelet. Ioruert mab madauc eyssyoes adeueyt panyu hun eu kauarc k. yaun. Sef eu henne pan uo karr en kyf yr llofryd . . . oy ran oe alanas. ac yn gouyn mae 128.22. a chroes y cymellir: bri duw; a mechniaeth; a cheynoc baladyr; a chyfarch cyffyll; a llw gweilydd; a phob peth ny bo ffordd yw holi o gyrchu cyfreith. A.L.II 716.xxxi. *This word appears to be confused with* cyffyll=*brushwood.* ciphillion gl. surculis. Loth. Voc. Bret. 72. ar ni wano en drayn ni wan en kyfyll. B.B.Ch. 32.28=ni wan yn gippyll. Dr.D.Prov. so Cyffylliog n.l. *In* A.L.II 19 kyfarch k. *is translated 'inquiry as to a stock' assuming that the word is a compound of* cyff *stock. Though the meaning is obscure there can be little doubt that it is borrowed from* Med. Lat. cumulus. *This appears in* Ir. *as* comall *fulfilling, performance of a vow.* Pass. Hom. comallaim *I keep (promises, land); fulfil (duties).* B.L.G. *see* comull. De Hib. cumulus fori *summa et ultima causae cognito.* M.D.

kyfyrderu *second cousin.* pl. kyuyrdyru. plant yr orhenuam a uyd kyuyrdyru 75.29.—sg. 74.3; 129.9. pl. 59.17, 26; 62.18; 77.10. cf. cyvvyrdy. M.A. 92a.20; 95b.32; 102a.2. cywir ceinad. M.A. 27a.39. cywires cyfrgein. M.A. 137b. 22; 152a.47; 170b.32. kywrgryn. M.A. 137b.25. kyfyrgoll. M.A. 170b.32. kyfr a thad kyfraith ydych. P.MS. 64.145. see Meyer Peredur.

kyf m. *the trunk, stock.* Sef eu kyf e pen ar corf ar gale kanys en henny e geyll er eneyt vot 105.17. Puybynnac ynteu a uynho holy tyr o ach ac edryu dangosset y ach hyt y kyf yd henyv ohonau 61.3; 129.19, 20.

kefredyn *impartial, general.* O byd yr erv honno yndau y rannv or maer ar kyghellaur yn gyfredyn y baup kystal ay gylyd 60.4. puybennac a torro e naudh kefredyn a hossodho ef 10.2.—39.30. cf. Teir fford y gellir gwrthod brawdwr teilwg. vn yw oe vod yn anghyffredin (*partial, biassed*) yn y dadyl kyn barn. Ll.MS. 116, p. 9.34.

kefroi *to move, commence;* k. haul *to institute a claim.* Puipenac a uenno kefroy haul am tir a dayar kefroet pan uenno o nauuethid kalangayaf allan . . . kanis er amseroyd henny y bit agoredic keureith 51.36. 3 sg. pres. ind. keffry 48.32. subj. kefroho 51.12. imperat. kefroet 51.36.

kyc *flesh, meat.* O thyr e croen hyd e kyc 89.10. e greyc byeu e kyc en hely 33.28.—25.12; 33.30; 89.10; 96.14; 96.18 (hyc); 96.20.

kycdeskel *a charger, meat-dish.* [guerth] k. .1. 101.5.

kycueyn, kychueyn *flesh-hook, fork.* [guerth] kychueyn [e brenyn] .xii. 99.17.—99.19, 26.

[cyghanu] (?) *to harmonize with, prevail, obtain* (intr.) (?). 3 sg. pres. cygeyn. ny chygeyn greyc en vach nac en test ar gur 39.8. ket ryfo yth dewys nyt ydyu cany chygeyn gwarthal gan dewys 130.10. Ac velly am bob hawl ni chyghano raith vuriedic nev geidwait amdanai ac ny chygayn keitwait onyt yn lle y kyghano damdwg ac ny chygayn damdwg onit lladrat a thrais, etc. A.L.II 238.iv. Tri pheth a havl dyn yn lletrat ac ny chygein lletrat yndunt adeil a diot coet ac eredic. Ll.MS. 69, p. 65.7. cf. Tri pheth ni chein : hocked mewn llw; esgys yghyffes; ac ymdired y hireinoes. A.L.II 424.xxv. Ac ef a gyngheineu vod yn da y varn ac yn briodawl. Ll.MS. 116, p. 104.16. M.A. 951b.56. see A.L.II 234.11; 238.5-8; 240.8; 352.11. cf. cynghan *full*? Erbyn pan oed y dyd yn golehau yd oed gyni6eir ac utkyrn lleuein yny 6lat yn gynghan. W.B. col. 99.3. a duw yn gyngor/yw vab yn gyngan. P.MS. 67, p. 22. Eu cerdd a gyngein. M.A. 55b. cwdd gyngein hyn. M.A. 58b. ymgygehein. M.A. 46b. Prydein anghygein am gyngas galon. M.A. 214a. torf a. M.A. 226a.16.

kyghaus m. *an advocate, counsel in cases involving value of sixty pence and over.* Gwedi daruo eyste en keureithaul . . . ena may yaun ir egnat gouin yr haulur puy de keghaus di a puy de kanllau. ac ena e may yaun yr haulur ev henwi . . . ac gwedi hinny e may yaun er egnat gouin er amdiffenvr puy de keghaus ditheu a puy de kanllau 52.30. Ny dyly cyghaus na chanllaw seuyll ygyt a nep am haul a uo lley no chywerthyd tryugeynt 59.1.—52.16-37; 131.16-22; 132.1, 16. see Loth p. 157.

kyghaused f. *a pleading.* Ac odyna kymeret yr ynat ar effeyryat ar rygyll y duy gyghaused a datcanent ac aent allan barnent herwyd y duy gygheusaeth 132.9.—132.7. see kygheusaeth.

kyghellaur *the principal steward under the king, seneschal.* Meyrydyon a chyghelloryon a dylyant kyureythyau eu gvlat a gwneuthur y dadlei ac a dylyant hanner o pob peth yn erbyn y brenhyn . . . kyghellaur a dyly rannv y rygthau ar brenhyn a dewys yr brenhyn. maer y rygthav ar kyghellaur 66.10. maer a chyghellaur a dylyant rannu a rody y baup kystal ay gylyd yny trew 60.1. ny dylyir gossot ar y maynoleu ryd na maer na chyghellaur 67.3. Maer a chyghellaur a dylyant kylch dwyweyth yny bluydyn a deuwas gan bop un ac yr kyghellaur dewys y ty 70.2.—5.6; 24.19; 24.12; 60.1, 4; 66.14-21; 67.3; 68.2; 70.1, 3; 78.1;

125.12, 13. pl. kyghelloryon 66.9; 67.29. kegheoron 54.28.
c.=Lat. cancellarius. Loth p. 144.

keghelloryaeth *office of* 'kyghellaur.' Or tir e bo suyd ohonau
mal . . . disteinniat neu keghelorait 56.17.—55.26; 66.3.

kegheusaet f. *a pleading.* Ac ena e deleant er eneit datcanu e
duy kegheusaeh a guedi hene datcanu e uuaraut· 56.3.—42.23;
53.16, 17, 19, 25. kehussuyth 53.28. kegkussaeith 54.4. cygheu-
saeth 132.9.

keghor, kagor *advice, counsel, consultation.* Ef a dely uod
em pop lle en eu blayn ac na guenelynt dym namyn kan y
kaghor ef 7.11. Nau afeyt tan kantaf eu roy kagor y losky e ty
85.14.—53.28, 31; 74.25.

[kyghori] *to advise, to prompt.* A guas yr argluyd y gyt ag
uy y eu kadu rac deuod neb y eu keghor ygyt ac huy. ac o dau
neb atadunt ay keghoro talet ef kamluru 53.29. 3 sg. pres. subj.
keghoro.

kehodyauc *open, manifest.* O try acaus e telyr amober un
onadunt o rod ac estyn keny bo keuelocat o keuelogatc keho-
dyauc keny bo rod ac estyn 127.7. Dirwy gaeth am y ladrat
kyntaf chwevgain am yr ayl pvnt am y drydet trychv aylot
iddo : a hwnnw a vyt lleidr kyhoeddoc. A.L.II 228.xi. =lleidir
cyhoededic. A.L.II 410.xxviii. cf. a chewilyd a sarhaet a
chyhoed a chollet. P.MS. 35, p. 6a.16. trichoet kenedyl [tria
dampna generis]. A.L.II 835.1.

kuhud *accusation, complaint.* E ryghyll . . . a dely koesleeu
echen a guarthec a kafer oe y kuhud ef 25.7. Cyhudh yw
manegi gwyt neu drwc ar aralh gerbron brautwyr wrth y
golhedu. H.MSS.II 433.18. see M.A. 144b. k.=Ir. consaidim
I set by the ears. Zimmer. see M.C. c.=*I stir up.* see also
cossait. Ped.I p. 325.

kyhyt, kihiit, kehyt (a) *as long as.* equative to 'hir.' guyalen
eur kehyt ac ef ehun 3.7.—16.23; 24.12; 25.9; 36.16; 46.31; 59.13,
15; 64.4; 65.10; 107.12.

(b) noun f. Oet galanas yu pytheunos . . . y gymhenv y tal
ar gyhyt arall urth gymhell y tal 76.21.

kyhydet *equal length, something equivalent.* ac od amheuir
vintheu yaun eu eu creirhau ar nep a kellio y kedueit onatuunt
y vrht e llu kollet e tir o seif e keitueit or duepleit kehedet yv.
ar lle e bo kehedet deu hanner vit 55.22. ac ny dyly nep
kychwyn oy tydyn kyureythyaul o geyll cafael kyhydet
amdanau o tyr arall 60.5.—61.11; 87.5, 6.

kyhyryn *muscle, piece of flesh.* k. canhastr. 80.24. see canhastyr. Penwyn gyhyryn hiraeth (=*the heart*). D.G. xxiii.6. Ac wrth hyny arueru a oruc breint o gelfydyt newyd. a thrychu dryll o gehyr y vordwyt. R.B.II 243.13.

kylch, kylc m. (*a*) *circle, a round.* Ked gueneler keuar ac ecch ac nad el yr llauur . . . ac na darfo kylch na deu 108.12. en k. *about, around.* Sef eu gueyrclaud tyr dyuuynyant namyn y gueyr a claud en y kylch 116.21.—6.9; 51.20; 117.3; 131.13. eg kell 52.14 read eg kylch.

(*b*) *a progress.* e penteulu . . . a d[e]le kylc ykan e brenyn guedy guahano ac ef e nodolyc ef ar teylu 7.24. or deudec maynaul a dyly uot yn y kymut. pedeyr a uyd o ueybyon eyllyon y borthy kun a meyrch a chylch a dooureth 66.2.—7.29; 8.4; 11.9; 17.7, 8; 42.24; 66.16; 67.3, 4; 70.2. c.=Lat. circ'lus. Loth 156.

kylyau *to retreat, withdraw.* Puybynnac a holo peth a dyuot yr maes ac yn y maes kylyav ohanav a bot yn well ganthau tewy no holy 130.1.—130.4, 12. 3 sg. pres. subj. kellio. ar nep a kellio y kedueit onatuunt yvrth e llu kollet e tir 55.20.

kilit, cylyd *fellow, companion, the other, another.* Ny dele neb deveduit nad el en vach tros y gilit 48.23. O deruid y dyn ay gilyd gunehur amuot heb amotwyr ar llau en y gilid 50.15. ac y uelly o petwareran buy gylyd y rennyr 66.6.—47.9; 50.1, 20; 55.8; 61.12; 74.2; 107.1, 3; 109.18; 118.1; 121.10, 12, 18; 131.9. used as pl. e neill rei noe gilit 55.12.—60.1, 4. ay kylyt 18.26; 109.22. cf. awch kilyt. M.A. 200a. bwy gilyd. see R.C. vi.57. k.=Ir. céle *companion.*

kyll (?) *knife, blade* (?). e gof llys . . . a dely gueneuthur reydyeu e llys en rat eythyr *try* fed sef eu e rey heny guarthaual kant kallaur a kyll kulld*yr.* a tetyf buyall . . . a pen guayu 27.28. so A.L.II 582.xxxii. cf. *culter* gl. celeell. Z². 1062.42b.

kella *stomach* (?). O deuant kyn defnetyau y kyc rodher . . . chuartaur rac y pop perchen kella 96.23. see cwll. Loth p. 155.

kellell *knife;* k. clun *dagger;* k. kell *kitchen knife* 103.18, 19. Nit reit kemrit mach ar dilesruyt ariant nac ar tlesseu treicledic cae a kallel a guregis 48.37.

killit m. *rent, tax.* ni dele kidtiriauc talu oe killit tir ny bo suid ohonau. en lle tir e bo suyd ohonau . . . ac os keme*r* collet e breint 56.28. Pan teruyno tref ar y gilyd yr uchaf y breint a dyly teruynu ar yr issaf, sef yw dyall hynny, rydit a teruyna ar gyllit. A.L.II 208.37. ar iarll gwedy rodi idaw onadunt kael y tir yn ryd heb na threth na chyllit na chastell yndau. R.B.II 293.24. Pwy bynhac a talho tir ygalanas kyllidet drostaw yr arglwyd kanys ryd y dyly y tir uot yr neb y talher idaw. A.L.I 794.1. O damwynia i uchelwr fforfedtio y dir . . . a myned y dir ir arglwyd ni ddly y deiliad a vo ar y tir golli dim er hyny eythyr talu kyllid yr hwn a oed amod ir deiliad i dalu ir vchelwr talu hwnw ir arglwydd. P.MS. 86, p. 161. see collot gl. *tributatorio, tributario*. Loth, Vocab., p. 79.

kyllydus *paying* "kyllyd." tyr kyllydus hagen ny dylyir y rannv herwyd brodyr namyn maer a chyghellaur a dylyant rannu a rody y baup kystal ay gylyd yny trew. ac urth hynny y gelwyr yn tyr kyuryw 59.29.—59.28.

cymell *to force, compel, enforce*. A gued[y] ganer e mab hyteu byeu e ueythtrin ef ey[l]gueyt hyt emen e bluydyn menho na uenho . . . o henny allan ny ellyr kemell arney hy y ueytryn 37.11. yr argluyd a dyly trayan cymell y sarhaedeu mal trayan y galanasseu 77.15.—46.13; 47.14, 29; 49.9, 23, 31; 50.5; 68.7; 76.15, 21; 110.20; 134.29; 135.2. pres. ind. pass. cymellyr 76.7, 14. k. a dweid nad safedic dim a wneler trwy gymell kanys kystal yw kymell a thrais. Ll.MS. 116, p. 101.3. c.=Lat. compell-o. Loth 156.

kamellur *one who enforces*. A llana e lle e bit kamellur e mach ar da ydau ehun 47.1.

kamenu see kymynnv.

kymeynnyau (<cymeynt) *to divide equally*. ac ony byd da gan y kyuyrdyru y gyuran a uu y rug eu tat. vynteu a allant kymeynnyau mal y keuynderv. a gwedy rann honno ny dyly nep na cyuran na chymeynnyau tyr kyllydus 59.27. k.= kystadlu. P.MS. 39, p. 42a.10.

kymeynt, kammeint, cemeynt *as much as, as many as.* rody y baub kemeynt ay kylyt 18.26. vyth cant a deudeg myl a chymeynt a hynny oll yn y kymhut arall 65.28. kumeint a dim *nothing* 46.2. cemeynt a hanner *half as much* 40.1, 2. kymeynt arall *as much again* 69.8. noun m. deu cymeynt 77.21, 22; 39.11.

kymhendaut *pledge, security*. Canys pob rodyat ar wreyc a dyly talu y hamobyr neu ynteu a gymero kymhendaut y gan y wreyc a roder y ur 71.21. cf. pob rodyat gureyc a dele talu y hamober ony kymer ueychyeu ar e talu or nep e rodher ydau. Ll.MS. 174, p. 91.28. cf. ar drindod kymhendod cv. P.MS. 72, p. 408.

H

kymhennv *to fix.* Oet galanas yu pytheunos urth bop argluydyaeth y bo y cenedloed yndunt urth eu gwyssyau ygyt y gymhennv y tal ar gyhyt arall urth gymhell y tal 76.21. cf. pennu *to fix.*

[kymheruedaf] kemeruedaf *most central.* y lety yu e ty muyhaf en e tref kemeruedaf 6.8. see perued.

kymot *peace, reconciliation.* a chymot tragywydaul a dyly bot rygthunt y dyd hunnv 77.1.

kamody *to reconcile.* Od a gur ar teylu y kan e brenyn o achaus yrllonet ef a dele y guahaut urth y uuyt ay kamody ar brenyn 7.3.

kemorth (a) *to help.* er amaeth a dele kemohorth e keylguat o dale er ecchen 109.13.

(b) *help.* puybennac pyeufo er heyrn keueyryet ef uuent en dylesteyr yr geylguat ac yr amaeth ac ny deleant vn kemorth 111.23.

kymraec *the Welsh language.* Sew yu y tyr o gymraec newyd grvn 65.5.

cymraes, camaraes *a Welshwoman.* O deruyt roy camaraes y alldut a bo[t] plant meybyon vthunt. e plant a dele trestat o uammuys 39.15.—39.12, 15, 23 ; 73.8, 22 ; 124.26.

cymro *a Welshman.* Ual hynny y dylyir duyn mab y gymro. ac ual hyn y dylyir duyn mab y alltud 72.9. pl. kemry 1.2.

kymry, kemry, kamry *Wales.* 1.1, 22 ; 62.23.

kymryt, kamrit *to take, receive, accept.* e penkenyt . . . a dely kemryt y kun y cryn ay kenlleuaneu a menet y hele euychet 16.5. ay kymryt y mab yn gyureythyaul ay y wadu yn gyureythyaul 72.12. e macht . . . a dele kamrit e fonnaut cantaf o bit emlat 45.28.—kamyt 86.15 ; 127.17 ; cyryt 76.8.—17.7 ; 18.12 ; 24.18 ; 44.5 ; 45.8, 15 ; 46.3, 7, 23, 25 ; 47.15, 26 ; 48.20 ; 49.24, 33 ; 50.30 ; 53.27 ; 56.2, 25 ; 74.6, 7, 12, 13, 14, 15 ; 76.19 ; 78.20, 21 ; 78.25 ; 79.4 ; 111.17 ; 122.14 ; 132.6 ; 134.27. 3 sg. pres. ind. kemer 18.14 ; 41.15 ; 50.27, 29 ; 56.25, 28 ; 70.21 ; 71.23 ; 74.23. pres. ind. pass. kemerrir 44.23. subj. kemerho 29.23 ; 36.11, 14 ; 50.14, 25 ; 51.15 ; 66.25 ; 71.20 ; 72.10 ; 82.10, 11, 15, 86.5, 15. 3 pl. kemerhoent 86.21. 3 sg. imperat. kemeret 36.9 ; 37.17 ; 50.27 ; 53.18 ; 76.9 ; 80.27, 29 ; 82.7 ; 96.11 ; 106.14 ; 116.26 ; 132.8, 11. pass. kemerer 47.27 ; 50.20 ; 115.18 ; 119.3. 3 sg. pret. kemirth 47.29 ; 50.26 ; 56.26. kamyrth 128.28. pass. kamerhuit 49.31. part. pass. kemeredyc *acceptable* 120.24 ; 121.1.

kymut, kemud, kamut m. *an artificial division of the country containing twelve "maynols" and two "trefs."* Pedeyr trew ym pob maynaul. a deudeg maynaul a duydrew ym pob kymut 65.15. Sef yu hynny gwedy del oll ygyt o erwy yn y kymhud vyth cant a deudeg myl 65.27. Or deudec a dyly uot yn y kymuut. pedeyr a uyd o ueybyon eyllyon y borthy kun a meyrch a chylch a dooureth ac un kyghelloryaeth ac un uayrony ar lleyll yn ueybyon uchelwyr rydyon 66.1.—1.3 ; 52.6, 13 ; 65.25 ; 66.9 ; 72.22 ; 82.13 ; 110.9 ; 131.14. see cymydauc.

kymvynas *a favour.* Chweford yd a da dyn y ganthau ac or teyr y gellyr damdug ac or teyr ereyll ny ellyr. Sew yv y teyr ny ellyr atneu a benfyc a lloc a kymwynas. canys nyt yaun holy y lle y mae a holy y nep yd aeth athau 81.9. cf. Sef yw y da a ellir y holi drachefn llog ; ac adneu a benffyc ; canys cymwynas ynt. A.L.II 598.v. ac nyt atwaenat ef neb na neb ynteu. ual y gallei ef gaffel kymwynas o aruen ae o venffic ae ar wystyl. R.B.I 250.8. canys mal cymwynas yw echwyn ac atneu a benffyc ac am hynny na ellir y damdwng yn y llaw y rhodder wynt. A.L.II 672.viii.

cymydauc *a neighbour, one from the same* kymut. Os o eny a meythryn y ceys y ardelu . . . dodet ym pen ceytweyt bot yn eydau y uam. . . . Sew y ryv geytweyt a dyly bot ydau cymydauc uch llau ac arall ys llau 81.28. *'-ydauc' appears to correspond to the* Ir. aitheth = *plebeian, rentpaying classes.* (B.L.G.) see also Urkelt. 49. *seen also in* com-aithec *neighbour, stranger, etc.* M.C. Thurneyson, *however, regards this as a derivative from* 'aith-fe' *retribution, etc.* Walde (under 'potis').

[kymyn] kemen *will, testament.* Ny dele e claf kemennu djm . . . a ked as kemenno e mab a eyll torry e kemen 34.16.—34.9. ket bei kymun keui dayret. B.An. 16.16. heb gymyn (*authority*) ygnat llys. Ll.MS. 69, p. 97.3. k.=Lat. commend-o. Loth p. 157.

cymynnv, kemennu, kamenu *to bequeath.* Y da y ford y cymynno aet ony byd plant ydau. O byd plant ny dyly cymynnv eythyr y dylyedyon a dayret yr egluys 82.27.—34.16, 17 ; 110.10, 12. 3 sg. pres. subj. cymynno 82.26. kemenno 34.16.

cymyscu, kemescu *to join, put together.* vuen (wyn) tra uuynt en denu eu cuarchae ne or pryd buykylyt neu eu kemescu ac eu mam 112.23. ereyll a dyweyt gwedy y del y trayan yr wreyc dylyu cymyscu y deuparth ar alanas ay rannv 77.14. imper. pass. kamesker 117.12, 13. *Addo*=Bwrw at, yngwanegu

cymmyscu, dodi wrth. P.MS. 228. cf. Lle ydoed cwbwl o ffyrd
y fforest yn ymgymysgu. H.MSS.I 282.19. A gwedy eu dyuot
yr tir a gwisgau eu harueu . . . ymgymysgu a wnaeth y deu
lu ar hynt. *Ibid.* 55.26. ryymgymysgu cleuyt ac ef druy
ulinder. R.B.II 18.12. ymgymyscu eu teir bydin a orugant.
Car.Mag.15.24. A welei lywelyn lewenyt dragon/Yg gymysc :
aruon ac eityonyt. M.A. 240a.4.

1. **kyn, kin, ken** prep. *before.* ae dale ef kyn kafael naut 9.21.
e guarthec a uo en y guarchadu ef teyr nos kyn eu llad euo
byeu eu cruyn 24.27.—16.15; 31.7; 34.3, 5, 7; 35.22; 39.27, 28;
47.15; 52.7; 53.38; 54.16; 73.4; 82.1; 95.10; 96.20; 108.21; 119.7;
121.24; 133.6, 12; 134.26. kyn noc, no. o myn yr alltudyon
mynet y urth eu hargluydy kyn noc eu bot yn pryodoryon
64.10.—35.2; 46.8; 47.2; 50.31; 53.14; 56.14; 60.25, 28; 64.16, 17;
77.29; 122.4; 127.22.

2. **kyn** *with equative.* guanet enteu y art en kyn kadarnet ac
na allho escrybyl y tory 114.9.—3.9; 127.20.

3. **kyn** see kyt, ket.

kyndeyryauc *mad, rabid.* O deruyd bod dyn en kendeyryauc
a bradhu dyn arall ac or brath hunnu deuod ageu yr dyn 120.11.
Ny dyukyr kaflauan un anyueyl kendeyrya 121.8. see dere.

kyndrychawl *present.* Ni dele macht duen guestel e kannogon
onibit necketias kandrechaul eni vach 45.32. A'r barbariaid a
ddangosasant ini fwyneidd-dra nid bychan : oblegid hwy a
gynneuasant dan, ac a'n derbyniasant ni oll oherwyd y gawod
gynnrychiol. Acts xxviii.2.

kanflyth *heifer; a cow after her first calving.* 25.20. pl.
kenflydhet. Nyd yaun dale e teyru o aust hyd huyl ueyr kentaf
kanys ena e byt teruenyt e k. 116.8. Llo o hanner Mawrth . . .
hyd galan Rhagfyr .vi. a tal . . . hyd Awst .xii. . . . hyt
galan Racuyr .xiv. . . . hyt Awst .xx. . . . hyt galan Racuyr
.xxvi. . . . nawuettyd Mei teithi kynfflith a dylyir y ovyn o
honei ac ynny dyd hwnnw y achwanecceir vn ar bymthec arnei
nyt amgen no gwerth y llaeth. A.L.I 564.xii.

[kynurasset] kembrasset *equally thick or stout.* equative of
' bras.' guert deruen .cxx. o byt duykeyc .ix. am pop vn o
bedant kambrasset a keny guynt kembrasset o bedant o untu
97.16.—3.7.

kenayaf, kenhayf *harvest time.* O nauuethid o aust e bit
kaiat e keureyth hit nauuethid guedi kalangayaf Essef achaus

e bit kaiat keureyth he kenhayf . . . rac llesdeyrau e medi e
kenhaf 51.29.—117.23.

cynhengl see kenhugel.

kanhelu *to support (by counsel)*. Ac guedi heni e may yr
eneit *proui* e kedueueit y edric a duc pop rey onaduunt huy bot en
priodaur e bleit e maent en i *kanhelu* 55.18. y maent yny
chynnelw. P.MS. 35, f. 36b.24. kenhelu. Ll.MS. 174, p. 71.15.
kynhelw. L.W. 128.29. cf. am kerd am kynhelu ohonau. M.A.
176a.24. am kert am kynhelw om perchen. M.A. 187a.17.
kynhelw neud kyndelw ae kynnal. M.A. 188a.14. see
also M.A. 150b; 162a, b; 178a; 186a; 189a; 234a, b; 166a.19.
3 sg. kynhelweis. M.A. 144b.27. cynnelwaf. M.A. 189a.54;
190a.31. c.=Ir. condelgg *counsel*. See M.C.

canhuynaul (a) *innate, by birth*. bonhedyc canhuynaul yu
dyn a uo kyulaun o uonhet yg kymrry o uam ac o tat 62.23.—
62.22; 71.8, 11; 73.13, 22; 78.8; 126.5. kymro vam tat vyd
bonhedic c. heb gaeth heb alltut heb ledach. Ll.MS. 116, p. 19.
cf. deillion cynhwynawl. M.A. 308b.1. da c. H.MSS.II 240.ii.
(b) *a native*. Canhuynaul powys ny dyly mamuys y guynet
52.13.

kanlleuan *a leash*. [guerth] kanllauan mylky brennyn .IIII.
101.21.—101.23, 24. pl. kenlleuaneu. e penkenyt . . . a dely
croen hyc e gayaf y gueneuthur k. 16.12.—16.5, 11; 17.6. -lleuan
=Ir. loman *rope, string*. W.W. *This is seen also in* lliwanen
a coarse sack-cloth for carrying hay, etc.

kenllust *a kennel*. ellgy brenyn punt en kefruys .cxx. en
agkefruys .lx. en y bluyt .xxx. en y kenllust 94.16.—94.19.
k. [aula]. A.L.II 824.iii. *This is written* kynllusc. A.L.II
798.iii; 902.ii.xix. *This appears to be the same as* Ir. lias *fold,
shed*. see B.L.G. *and the mod. Cardigan* lluest *sheep walk, etc.
with final* s>st *as in* falst. A.L.I 474.cxxii., tiglist see tyglys.

kennal *to hold, uphold, maintain*. trydedyn yu a dele kanal
kauedac en llys 4.13. roder dinagued bluyd eny llau geudi jrau
e loscuert ac o geil hi kenal hunu kemeret 36.8. O deruit ir
amdifenur readau testion a uo guell no rei a edeuis er haulur
. . . a mennu o honau kannal hinni 54.24. k. pen er yeu *to
complete the* cyfar 108.17, 22; 110.23.—48.2; 51.20. 3 sg. pres.
subj. kanalyho 98.26; 99.2, 4.

kennen *dispute*. O byt kennen am y llaet . . . dody en llestyr
messur godro ac o byt llaunt duegueyt en e det dogen eu 91.16.
see Loth p. 157.

kennesset *as near as.* esew a dele uot en reythur ydau. en kennesset ac e gallo alanas e ket ac ew 50.13.—79.3.

kynneu *to kindle.* kaneu e tan eny eneno 85.17.—3.27 ; 26.12 ; 70.1. 3 sg. pres. subj. kynneuho 69.23, 24 ; 86.2, 4.

kennogon, kanogon, kanngon, etc. *the original or principal debtor.* essef a guil e kefreis ena kanidoes nanin i un tauaut ef en gerru arnauau na dele namin vn tauaut e kennegon y guadu ye hep e kenoken minneu ae guadaf ef . . . teghet [e kennogon] hit nat macht ef ih i kanaue nac ar a deuaut nac ar dim oni urhtuc e mach arnau bĭt ryth e kannogen or haul a thalet e macht kubel ir haullur 44.2. Ni dele mach duyn guistel ar e kennogon ac ef en i nekesseu y argluit neu eny nekesseu e hun neu en guan ac ny dele er h̃aullur duen gustel e mach ᴇg kihit a hinni 46.29.—44.12, 17 ; 45.3-32 ; 45.3, 5 ; 46.2-38 ; 47.16-17 ; 48.38 ; 49.4, 17 ; 121.24, 25. kynogyn .i. perchennog. P.MS. 118, p. 485 ; 169, p. 263. but adprecor=attolygu, cynogni. P.MS. 228. a arbetto ei fach arbetted ei gynnog. Dr.D.Prov. y dydd y diffygior cynnogyn taled y mach. cynogyn .i. perchennog. P.MS. 118, p. 485. c.=Ir. cintach *criminal, offender, debtor.* B.L.G.

kannullau *to collect, gather.* ef a dely k. tuc e brenyn 15.21.

cynnvys *(re)-admission (to proprietary rights)* (?). Os nauuetdyn a dau y ouyn tyr dyfodedyc yn bryodolder a hunnv a dyt dyaspat am y uot o pryodaur yn mynet yn ampryodaur ac yna y gwerendeu y gyureyth y dyaspat honno ac y ryd kynnvys ydau. sew yu hynny kymeynt ac un or kywryuedy y buant ar y tyr yn eysted yny erbyn 61.5. Ev a damchweineu vot etifediaeth o dir gwedy disgin mewn man rannew rwg deigeint neu trygeint o git dylyedogyon a bod vn or welygord ef ae dat ae hendat ae orhendat y maes or wlat heb gaffel ran. Os hwnnw a delei a holi yn or welygord ar neillty od enillei ef dim yno ef a gaffei gystal a hwnnw. . . . Ac wrth hynny y gossodet yr hawl honno wrth y llys benatyr. . . . Ac os enill a wnelei ef yno rodi kynnwys ido ef gyda hwynt ; sef vydeu hynny kymeint ac vn or kyfriuedi a vei yn kynnal y tir ynny erbynn. A.L.II 432.1 sqq. *Admitto*=Godhef, cynhwyso, dwyn y mewn derbyn y mewn neu at, cynnwys y dhyfod y mewn neu at. P.MS. 228. goreu rhan rhoddi cynnuys. Dr.D.Prov. Tri chynnhwyssuid ynys prydein gwyddar ap Pwn Owain ap maxen wledic a chowrda ap kradawc. P.MS. 51, p. 173. cynhwyswch le iddo chware/mae gyda fo wyr ag arfe. Cronicl y Cymry, p. 16. Tri pheth a distrywiod Loeger Cynwys dieithriaid, etc.

P.MS. 120, p. 439. c. *home*. Peris paradwys yn g. i'r rhai da. M.A. 77a, b. Pan ddel fyngwaessaf/Cynwys a gaffaf/Or parth goreuhaf. M.A. 52b.6. see also Eluc. 133.12. W.B. col. 171.34. M.A. 289a.4; 291.33. A.B. 199.6. B.B.C. 40.8. R.B.II 99.19. Dr.P. *and* D.S.E. *explain this word as* cyn+dwys, *and this is accepted in* Bardd Cwsc (Glossary) *where it is further derived from the Latin* con-densus. *It appears, however, to belong to the same series as* cyfarwys, mabwys, tadwys, *etc., and to be a compound of* *cyn *as in* cynydd (*people, offspring*) *and the Ir.* ciniud *and meaning* "*the right to be one of the sept or tribe; or the rights of a tribesman.*" D.S.E. *gives* mab cynwys (*adopted son*), merch gynwys (*adopted daughter*), *which appears to be in keeping with our text, though as no refs. are given we do not know to what period they belong.*

kinnif, tir k. *land held in common* (?). ac ny dele kamrit tir k. en lle priodolder en ac o kemmer ay kolli ohonau en kefreihaul ni dileir e ennill ydau 56.25. Ny da ebedyhu en hol tyr kynnyf 125.19. see also A.L.II 658.xxvi. *As far as the form of the word is concerned* kinnif *might well be a cpd. of* gnif *work.* cf. Ni guru gnim molim trindaut. A.B. 1.15. guorgnim. *ibid.* 2.9. Nid over gniv i'm hogi maen. M.A. 96b.13. hir gniv heb esgor lludded. M.A. 93a.12. Cynnyf, *however, usually means in* Med.W. *not* '*joint-work*' *but* '*war.*' see M.A. 15a.10; 33a.30, b.39; 123a.24; 134a.11; 143b.41; 147a.1 (?); 153b.49; 156b.2; 162a.46; 175b.42; 180b.56. so gnif. M.A. 137a.4; 150a.10; 162a.46; 180b.55; 189b.28. kynnifyad *warrior*. M.A. 87b; 91a; 148a; 161a; 163b; 166a; 167a; 176b; 192a; 199a; 202b. R.B.I 38.23. B.A. 1.16. *Several texts read* tir cynnyd (*see* A.L.I 158.xxxv; II 12.ix; II 408.xxi; 422.xvi) *and though these are later in date, it is possible that this is the more correct, with the interchange of* f *and* dd *as in* negyf, negydd; tyfyn, tyddyn; cleddyfawg, cleddyddawg; afon, addon; kaerdyf, kaerdydd, *etc. This, however, does not help much for* cynnydd *has a great variety of meanings in* Med.W. *The more usual meaning is* "*conquest*" *or* "*what is acquired by conquest,*" *and this is how one text understands it here* trydyd [dyn a geiff estyn] yw dyn a dyly ystyn o dir k. a enillo trwydaw ehun. A.L.II 422.xvi; *but the v.l.* tir cyfrif, A.L. 12.ix, *seems to express the meaning better.* gwledychwys ynteu pryderi seith cantref dyuet. . . . Ac yn ol hynny y kynnydwys trichantref ystrat tywi. . . . Ac ar y kynnyd hwnnw y bu ef pryderi. R.B.I 25.14. ac o chollir ef mi aallaf dywedut na chynyda marchawc vyth ar gret grist yngymeint ac efo. H.MSS.I 428.25. Gwae ev a gynnydd (*pile up*)/

gogan a chelwydd/cyn ei elorwydd. M.A. 79a.16. Ynddi wedi mi ym hob modd/roy fy na ynghwr fy nayadd/genif nyd oedd ar gynidd/tranoedd ond yr ewinedd. P.MS. 65, p. 336. *It means also leader, chief, etc.* M.A. 15b.3; 44a.19; 52a.36; 53a.32; 81b.13; 127b.40; 132a.32; 178b.39; 193b.2; 198b.4; 200b.15. W.B. col. 188.14; 395.2; p. 285.27. Rep.MSS.I 573 §75; 590 §102; 591 §134; 597 §364; 606 §§140, 157; 641 §75; 677 §323; 1030 §115. P.MSS. 64, p. 233; 65, p. 24; 67, p. 168; 68, p. 19; 69, p. 44, etc. *It appears to mean family, lineage, etc., and so corresponding to the* Mod. Ir. cineadh *race, generation, tribe* (Dineen), Mid. Ir. ciniud. Arddelw Moesen hen hynaf ei gynnydd/Urddas llin Dafydd. M.A. 308a.24.

[**cynnyuer**] **cnyuer** *as many as.* y gynuer gweyth y del y brenyn 68.16.

[**kynnysgaeth**] **canescaeht** *marriage portion.* nyt reyt mach ar dylesruyt da can greyc en c. 40.29. gwaddol .i. cynnysgaeth. P.MS. 118, p. 478.

kenordy *kennel.* Nautey a dely myleynyeyt e brenyn y guneuthur nehuat . . . kenordy, etc. 30.9. *domus canum, id est,* kynordy. A.L.II 828.xvi. cf. cynor, A.L.I 720.4, *where it is part of the* Gayafdy.

kynt adv. *formerly.* Cyweyryav y teruyn ual kynt 68.27.—28.17; 29.19; 37.29 (kyn); kent 43.12; 60.19, 20; 61.2; 64.14; 73.12; 86.16; 89.6; 115.21. yn gynt no *earlier than*; y uot ganthau . . . tymor yn gynt no chan y llall 82.2.—77.8; 82.5. adj. *former, previous.* ty ny refo clauery entau .vii. blenet kynt 92.24.—133.6.

kyntaf (*a*) *first.* kentaf eu or rey henny guastraut auyn. er eyl eu troydyauc 23.20.—5.4; 6.11; 7.1; 12.8, 25; 15.22; 20.1, 19, 27; 23.25; 28.5; 30.20; 35, 5, 6, 8; 38.7; 39.3; 40.25; 41.13; 45.24, 28; 54.2 (kant); 54.11, 15; 64.13; 67.23; 70.6, 21; 74.23; 75.28; 76.15; 78.15; 80.13; 92.16; 98.10, 11, 24; 107.17; 110.21; 113.22; 114.15; 122.22, 24; 123.12, 14; 131.9.

(*b*) *swiftest.* e naud eu hyd e parhao talym e march kantaf 13.28.—22.2. =*quantum cursus velocissimi equi.* A.L.II 752.x. dwc gennyt y march kyntaf a wypych yny maes. R.B.I 9.27.

kyntet *the central or upper division of the hall, the part of honour in the* "neuadd." trayan a ueneler ys e kyntet o kefyr dyruy amamdanau ef ay dele. O deruuyd y dyn gueneuthur kam kuc e kyntet ay dale ohonau ef . . . en fo trayan y dyruy a dele penteulu 6.13.—9.19. *in anteriori parte aule, id est,* huc kyntet. A.L.II 755.29. =gwarthafdy. W.B. col. 459.1. Pedeir gradd llys arglwydd ysydd—kyntedd ac radd a meink a lleithig—kyntedd yr . . . iymyn y radd yr yscwiereid, y feink yr magwyeid (marchogyon) lleithig yr teyrnedd. P.MS. 55, p. 201. Cyn myned mab Cynan y dan dywawd. Ceffid yn i gyntet met a bragawd. M.A. 140a.30. see M.A. 17a; 177b.37; 189a.4, etc.

kynteyt, kenteyd *the first swarm that leaves the hive in the season.* Guert henlleu .11111xx. guert kenteyd .xvi. taruheyt .xii. 95.14.—95.15; 98.9, 11. Mel a uo chwechach naw mod no mel kynteit. R.B.I 121.26. dileeu mel kynnteit. Eluc. 99.29.— 94.17. Tad medd y kynteidiau mawr. Rep.MSS.I 661 §57.

kenud *firewood.* ny dely ef [e kenutey] manelu e kenut or ansaut y doto ar e march guedy e del adref 27.9.—25.29; 27.6, 9; 68.15. buyall k. *axe for chopping firewood* 27.38.—33.20; 100.2. k.=Ir. condud *firewood or firebote.* Joyce II 158.

[kenutuuyall] *axe for chopping firewood.* pl. kenutuuyeyll 27.13.

kenuta *to gather firewood* e kenutey . . . a dely march e kenut a kymryd ebran ydadau beunoeth or llys a marchokaet arnau en menet y kenuta 27.6.—27.4. Ac ydaeth peredur hyt lle ydoed keffyleu a gywedei gynnut udunt. R.B.I 195.6.

kenutey *firewood steward.* Sey[th]uet [or suyhoyon aruer o deuaut a uyd en llys] eu e kenutey 27.2.—3.27; 23.23. see kenuta.

kynwarchadu (a) *to have priority of possession.* 3 sg. pres. ind. kynwarchadu. Canys guell yu breynt pryodaur a g. tyr nogyt un newyd dyuot 62.12.

(b) *priority of possession.* priodaur a keuun tridet gur tridet gur a kicuin treftadauc . . . ac uelly y kerda eu breint heruuit e bo eu kenuarccadu 56.15.

[kynweith] kengueys *working for the first season.* dynaguet guru—o henne hyd em pen e bluyn .11. pop temmor a derkeyf arnau ac ar hene e tryc hyd en .vi. ed gueyt ac o hene allan damdug ac en kengueys y dody en arader 92.10.

kynyt *huntsman, master of hounds.* see penkynyd. k. kellky; k. mylky 17.1, 2. pl. kanedyon, kenethyon, kenedyon 10.6; 15.29; 16.1, 29; 17.1, 2, 3; 67.15; 96.19.

kynyc *to offer, present.* A guedi er eisteter ena e mae jaunt yr haulur kenic y devnidieu jam e testion ay keidveit 53.5.— 121.15. pres. subj. pass. kynykyer 134.26

kerchu *to seek, fetch, have recourse to.* talu ae gustlau ae kerccu keureis 48.39. ac ny dele er haulur duyn guestel e mach namen kerchu ell deuoet ar argluit 46.10. guedy darfo e kaueyr paup byeu kercu y defnedyeu atau adref 109.5.—51.10. 3 sg. pres. subj. kyrho 12.23. imperat. kerchet 49.3. k.=Lat. circ-o. Loth 157.

keraydu *to reach.* Nyny a deuedun na deleant venet namyn val e kallont er ecchen keraydu eu budelu 110.8. =ergytyont. P.MS. 35, f. 30b.11. 3 sg. subj. a hyd y karaetho o hyd breyc a hyd e uyalen 107.15.—karaydho 107.16. cf. haeddu ar nyth y caccwn. Dr.D.P. Mal haeddu awyr a bach. M.A. 30.

kyrryr see gyrru.

kyryauc (?). [guerth] eynyau[n] vaur .lx. eynyaun kyryauc .viii. 102.25. *bickorne anvil* (A.O.).

kyryc, gwyl g. *June* 16. 91.22.

kescu *to sleep.* 9.27; 11.29; 24.11; 26.20, 23, 26; 28.18; 36.14; 41.9; 71.22; 130.18. 3 sg. pres. ind. cusc 33.19. 3 sg. pres. subj. kasko 28.16; cesko 36.2, 25. pass. kesker 38.15, 20. 3 sg. pret. keskus 42.12.

kysseuyn adj. *first, original.* O deruit y din guneuthur agkeureyth a rac er agkeureith ono kerchu naut ac ef ar e naut henno keuodi haul arnau. Ni dele er abbadeu nar efeireit y hebrug ef eni wnel yaun am er ageureyth kesseuin 51.11. kesseuyn wythnos o uys chueurawr. Ll.MS. 174, p. 20.12. adv. *first.* kuyr e gulet ual hyn e renyr y trayan yr medyd kesseuyn 17.27.—72.1.

kyst *chest, coffer.* [guerth] k. damdug 101.14. see Ped. 200.

cystadylhau *to equalize, divide in equal portions.* Sew y dylyant etyued y braut yeuaw cystadylhau ac edyuet yr hynaw dewyssav 59.24. 3 pl. imperat. cystadlent 59.23.

kystal *usual equative of* da (see 'kynna' however. M.A. 202b; 213b) *as good as.* talet ydau coet cystal ar hun a dyosges 63.22.— 47.34; 55.13, 24; 63.24. adv. *as well as.* rody y baup kystal ay gylyd 60.1, 4; 89.16; 109.5, 22. noun. ef a dele or eydau ef deuod en y le y kastal kyn menet e llall 119.5.—43.8; 63.22.

keu *chicken, the young of birds.* keu yar 101.6.—94.7, 11; 95.5, 8.

[kywelogaeth] *to sleep together, cohabitation.* O try acaus e telyr amober un o nadunt o rod ac estyn. keny bo keuelocat o keuelogatc kehoydauc keny bo rod ac estyn 127.7.—38.20. k.=

kesgu en gohoedauc. Ll.MS. 174, p. 46.21. cf. cywelyogach *to lie or sleep together.* A.L.II 610.xxix; 336.xxxi. H.MSS.II 281.22. Cywelogaeth. M.A. 954b.6, 8, 12, etc. kywely *husband, wife.* Ll.MS. 209, pp. 23, 335, 483. see D.G. xliv.6; lii.36; lxxv.26.

cywerthyd *equal value, value.* Ny dyly cyghaus na chanllav seuyll ygyt a nep am haul a uo lley no chywerthyd tryugeynt 59.1. kauuersit 46.1. cywerthyd ceiniawg. L.W. 118 §3. c. punt. *ibid.* 162 §19. =cyfrifedu a. *ibid.* 146. cf. ac val hynny y kywerthydyei ef y gollet o gwerth yr irat. H.MSS.II 273.36. *aestimor* bod yn i gywerthydhiaw. P.MS. 228.

keueyrcorn *tuning key.* [guerth] keueyrcorn [brenyn].xxiiii. 99.21. kercorn 99.23.—100.1.

kyweyryau *to arrange, order, prepare, repair.* Y maer bysweyl a dyly kyweyryau llys y brenhyn oy mevn ac a berthyno atey mal eredyc a heu ac arheyl yscrybyl 68.3. e koc . . . or pan decreuho keueyryhoau er anrec kentaf 20.1. Puybynnac a dorro teruyn . . . cyweyryav y teruyn ual kynt 68.24.—66.18. 3 sg. pres. subj. keueyryho 23.5. pass. keueyryer 114.3. 3 sg. imperat. keueyryet 111.21. *for* kyureythyau 66.10 *read* keweyryau. see Ll.MS. 174, p. 85.6.

kyweythas *companionship, society.* pymhet [afeyth galanas] yu kyweythas ar llowrud. chwechet yu mynet yr drew . . . gytar llowrud 74.28.—78.17. corn k. *horn kept near its owner* 99.27. Tri chorn cyweithas y sydd i'r Brenin. . . . 1. y corn ydd yfo y Brenin ohonaw, 2. a'i Gorn cyweithas, 3. a chorn y Pencynydd. L.W. 311.xlii. = corn cychwyn a fo yn ei gyweithas yn wasdad. *ibid.* 266.14. kerdaur k. *fully trained minstrel qualified to go on a* cylch. pop penkerd telyn a dele y kan e keroryon telyn guedj ed emadauoent a telyn raun a menu bod en kerdaur keueyas ay uod en eyrcyat 128.14.

kywyrau *to make good.* O deruyt y dyn uynet yn uach a chyn teruynu yr haul y uynet yn clauur neu yn uynach . . . ny tybyco ef dylyu ohanau atep nyny a dywedun dylyu ohanau kywyrau a edewys tra uo byw 133.6.

chwaer *sister.* 74.11; 129.18. dual. duy chwyored 77.12, 23. pl. chwyoryd 77.19; 129.10, 17; chuarit 36.7; chuorrit 35.21; chuoryt 41.5.

chvvant *desire.* kemrit mach ar dilisruid e guistil rac y guadu ohonau ef ay yr chvvant e da ay yr peth arall nas rodassey 48.21. Ir. sant. Urkelt. 321.

chuarthaur *quarter.* puebenac a kaffo lluden en uaru glan ar tyr ef byeu y cuarthaur ar nep byeufo e tyr byeu amen henne 96.26.—96.20, 21, 22, 24.

chuarit see chwaer.

chwech, wec *six.* 69.20, 21; 78.11, etc. chwebuv 78.3, 5. chwechant 65.29. cuedyn *six men* 9.27. chwegwyr 79.4. wec guir 44.7 *six men.* chweford *six ways* 81.7. chwethorth *six loaves* 69.19, 27. chweugeynt 120 (*pence*) 69.15; 78.4, 5, 10, etc.

chwechet *sixth.* a phlant yr orhenuam a uyd kyuyrdyru . . . plant y chwechet uam a uyd gorchau 76.2. Hhuechet 13.3. cchuehet 22.25; 74.28; 78.19. vyked 85.17.

chuefraur *February.* 92.5. cuefraur 10.6. chueraur 16.3, 4; 25.11; 92 (*margin*). chewraur 51.27. chuecraur 92.12.

chuydued 26.17=wythfed.

chuynhokol *a hoe.* [guerth] ch. fyr*l*ing 100.20. ch. [*sarculum*]. A.L.II 865.xliii. Ai chunoc laeth ai chwynogl. I.G. 412.3.

da (*a*) adj. *good, holy.* cyureytheu da 64.22. Hyuel da 64.23. tyghu . . . yr allaur honno ac yr creyryeu da y syd arney 72.6.—42.9; 54.16; 59.26; 72.16.
(*b*) noun masc.. *goods, property, chattels.* pop da heb perchanauc ydau dyfeyth brenyn 30.10. essef eu messur e da buch laethauc a peys . . . a padell 37.8.—15.19; 21.17; 24.19; 25.21; 34.23; 37.7; 38.9; 39.30; 40.26, 29; 46.31, 33, 40; 47.1, 19; 47.20 (ta); 47.32; 48.3, 14, 15, 19, 20, 21; 60.13; 64.17; 67.20, 28; 68.2, 21; 70.26; 71.4, 7; 73.24; 74.9, 10, 11; 75.5, 7, 9, 10; 78.24; 81.7; 82.26; 85.13; 121.23; 122.2-17; 124.7-12; 125.22, 23; 126.17; 129.22; 130.4; 132.17-21; 133.10; 135.1, 2.

datanhud, dadannvd m. *uncovering (the hearth) as a sign of taking possession; claim to possession.* Try ryu datanhud y syd. d. ar ac eredyc a d. karr. a d. burn a beych. ar datanhudyeu hynny ny dylyir eu datanhudau namyn or mab yn lle y bu y tat gynt neu yn lle y bu y ryeny ehun gynt kany dylyir d. o ach ac edryn 60.17.—60.21-27; 61.21. pl. datanhudyeu 60.18; 61.1. d.=*actio possessoria.* A.L.II 852.xii, etc. d. *gl. elicio.* Z². 1052. see next.

dadanhudau *to uncover (the fire) in the morning,* metaph. *to claim possession.* Puebennac a cesko teyrnos gan gureyc or pan anuder e tan eny dadanudher tranohes 36.25. ar datanhudyeu hynny ny dylyir eu datanhudau namyn or mab lle y bu y tat gynt 60.18. pres. subj. pass. dadanudher 36.25. cf. er

iddynt ei enhuddo ef mewn dillad etto ni chynhesai efe.
I Kings 1.1.

dadel f. *dispute.* pop d. a uo eregthunt ehun eneyt e clas a
del barnu udunt. Pop d. a uo erug abat ac argluyd egneyt er
argluyt a dele barnu hykyd ac huy 124.12.

dadleu m. *a pleading, court of law.* Meyrydyon a chyghello-
ryon a dylyant kyureythyau eu gvlat a gwneuthur y dadleu
66.10. ef a keyf naut or pan decreuho dohosparth y dadeleu
kentaf eny darfo e dyguedaf en e dyt hunnu 12.24. maer
bysweyl ny dyly daly dadleu namyn ar wyr y uaerdref 67.27.
ef a dele . . . .xx. o pop punt a del yr brenyn am dadeleu tyr
a dayar 6.24.—9.17; 12.16; 24.22; 25.21; 56.20, 22; 66.27; 80.16;
120.20; 130.29; 131.2; 134.17-22. Z². 1054.8a. dadl (*gl. concio*).
Ir. dál *assembly, etc.*

dauat *sheep.* 11.8; 79.5; 91.12; 93.12, 15; 97.11; 113.12; 118.20.
pl. deueyt 9.14; 33.6-8; 93.18; 112.26; 113.12. see Anwyl. Celt.
Rel., p. 31. daf-=Ir. dam *ox.*

dauyn *drop.* Ac nat oes dauyn oy waet ew yndau onyt o adaw
72.18.

dangos *to show, present, tell, relate, declare.* Ac guedy henny
e penkynt a dely dangos e kun ar kyrn ar kenlleuaneu yr
brenyn 17.6. Ac ena e may yaun yr eneit erchi ydau enteu duyn
y keditveit ay testion y eu muinahu. Ac ena e mae yaun jdau
enteu eu duin huy en e keuil ef ac eu dangos 54.12. dangosset
y ach hyt y kyf 61.3.—54.8, 24. 3 sg. pres. subj. dangosso 17.7;
54.24. 3 pl. dangossoent 67.19. 3 sg. imperat. dangosset 34.2;
61.3. cf. Cas barn heb ddangosau. M.A. 787a.22.

dala, dale, daly (*a*) *to hold, seize, overtake, impound, yoke.*
Sef ual e dely daly y uarch tra dyskeno a pan eskenho 11.4.
daly trayt e brenhyn en y arfet 24.10. ny dyly daly dadleu
namyn ar wyr y uaerdref 67.28. O deruyd y dyn gueneuthur
cam ys koref a fo ohonau huc koref ay dale ef kyn kafael naut
9.21. y lety eu er escubaur e brenyn rac dale muc ar y adar
10.27; er amaeth a dele kemohorth e keylguat o dale er ecchen
(*to yoke*) 109.13. dale pen er yeu *to supply a new ox for the
cyfar when the first had died* 111.9. dale . . . aryant *to charge
money* 112.9. Ny deleyr dale [teirw] nac ar hyd nac ar guellt
impound 116.4.—6.15; 11.4, 5; 13.12; 20.10; 23.30; 24.19; 69.23;
75.2; 80.25; 81.1 (taly); 112.8; 113.21; 115.10 (dalale); 115.13, 18;
116.7-12; 117.9, 16; 118.2; 123.25. 3 sg. pres. ind. deyly 115.21.
subj. dalyho 118.2-15; dalyo 79.23; dalhyo 80.26; dalylo 23.12.
pass. dalyer 82.18; 115.19; 118.23. 3 sg. imperat. dalyet 117.3.

(b) m. *holding, impounding.* ny dele neb godro escrybyl blyth ac uent en dale 119.3. de *for* dale 118.11. see P.MS. 35, f. 80a.6. xi [breint] . . . nad oes dala ar eu kegheusaet 42.23.

daylo see dala.

[**dall**] *blind.* pl. deyllyon. Bedeyr a deyllyon ny muyneyr dym or a deuetoent 120.19. Ir. dall *blind.* B.L.G.

damdug, written also **dad, da** (a) *to appraise a thing by oath.* Y chyureyth hywel y bu tal am ledrat ar eyl tal. ac y symudus bledyn uab kynuyn talu y dyn y gollet urth y damdug 82.24. O deruyd damdug peth a gwerth arnaw o gyureyth a bot yn wy y damdug nor gwerth k[yfreyth]. yr yneyt a dylyant edrych ay cam y damdyghuyt ac os cam gwneler arnau cyureyth anudon 134.8.—81.8-12; 91.7; 92.9; 99.21; 101.15-25; 102.2-26; 103.14-23; 104.7, 22; 134.7, 8. 3 sg. pres. ind. damdug 81.15, 16. subj. damdygho 82.2. imperat. damdyghet 80.29; 81.15, 16; 82.1. pret. pass. damdyghuyt.

(b) *fixing of value by oath.* pop pedh ny uo guerth kefreyt damdug a uyd arnau 101.1, etc., etc. cf. Pris y llafyr ywch Bybyl, *i.e. upon oath.* P.MS. 65, p. 262.

[**damweinaw**] *to happen, befall.* 3 sg. pres. damguenya. o d. y deu din bot kefreiht erughunt 49.9. Ac yny lle m6yaf vo y niuer mynycha y6 dam6eina6 y vudugolyaeth. R.B.II 56.32.

[**dant**] *tooth.* pl. danhet. guerth pop vn or eskydred .11. byu a .xl. kanys bukeyl e danhet ynt 105.15.—20.14; 23.13; 105.12. see deynt.

daruod *to cease, be over or finished, to happen, come to pass.* O deruit na bo mab idau sauet er a[r]gluit en e le 47.17. guedy darfo e kylc hunu deuet ar e brenyn 8.4. or pan decreuho e dohosparth y dadeleu kyntaf eny darfo e dyguedaf 12.25. 3 sg. pres. ind. deruyd, deruit, der, de 4.24; 6.14; 9.19; 12.26; 14.29; 30.26, 29; 31.2-16; 33.1; 35.5-13; 36.3-15; 37.1-27; 38.27, 32; 39.1-28; 40.6, 22, 25; 41.9-14; 45.8-29; 46.1-31; 47.1, 15, 31, 34; 48.10, 29, 38; 49.5, 18; 50.3-32; 51.3-20; 52.1; 53.8-32; 54.22; 55.12; 61.7; 69.1; 71.21; 72.19-22; 73.18-25; 74.5; 80.20; 86.16; 87.2, 12; 91.24; 95.16; 96.10, 23; 108.2-17; 109.8-22; 110.4; 111.7, 10; 113.13; 114.25; 115.1, 8; 120.11; 121.23; 123.13-26; 124.21; 125.8; 127.17; 129.24; 130.6; 132.20, 24; 133.6-22; 134.4-25. subj. darfo, daruo 8.4; 12.25; 18.31; 28.8; 52.19, 30; 53.14, 15, 31; 55.1; 108.3, 14, 19; 109.15; 134.20. 3 sg. impf. subj. darfey 73.3; 107.5; 130.18.

daremret *to frequent, go back and fore.* Odena ford yr eneyt keuarvynep ac eu daremret y eu braudle 52.16. =a heol

gyuarvynep ac ew y uynet yu urautle 131.15. Llys y daw deon
yw darymred. M.A. 158a.35; 248b.47. Pedeir ar ugeint a geiff
ygan bob swydawc a darymreto bwyt a llyn yn y llys. A.L.I
640.xi. dynion a dalio kolomennot y brenhin yn d. oi golo-
mendei. P.MS. 41, p. 7. d.=*walk, go about.* M.A. 93a.5.

das *a heap, stack.* puebennac a semuto hyd ar e souel hyd ar
e guendun a gueneutur y das ar e guendun 19.17. Yny ymch-
welo y geuyn ar y das=*till harvest time is over* 60.21. so Ll.MS.
116, p. 78.14; 120.23; 174, p. 158.23. cf. y geniuer keinnauc a
vei yn y das aryant. H.MSS.II 115.25. deisseu calaned. *ibid.*
96.37. deissiev. P.MS. 41, p. 8. Ir. dais *corn rick.*

datkanu *to declare, recount.* pop perchenauc tir llan a
deleant deuot ar pop brenin newid a del y datkanu ydau ef eu
breint ac eu deleet 51.6. ac guedy e pader e may yaun yr egnat
dadkanu e duy keghessaith eylweyth 53.25. a guedi hene
datcanu euuaraut 56.4.—55.4; 56.3. 3 pl. pres. ind. datkanant
51.7. 3 sg. pres. subj. tadkano 53.19. pl. datkanont 51.8. 3 sg.
imperat. datkanet 52.2; 53.19; 132.12. pl. datkanent 53.32; 132.9.

dau see dyuot.

daun *tribute*; davn buyt *food-rent.* Or maynolyd caeth y
dylyr deu davn buyt pob bluydyn y gayaw huch deyrblvyd a
llestyr emenyn . . . a dogyn kervyn o wrac . . . a dreua o hyd
. . . a chwethorth o uara—a dyn a geneuho tan yn y neuad yn
y nos honno. . . . messur daunbuyt yr haw mollt teyrbluyd a
mannat emenyn—a chwethorth arugein . . . llaeth a uo o ludyn
blyth yn y drew 69.16. d. '*attribute,*' *often in* Med.W. see
gwaewd. M.A. 159b; 170b; haearnd. 169a. cf. Ir. dán *an
allotted task.* d.=Lat. donum. A.f.C.L.I p. 77.

dayar, daear (*a*) *the earth, earth.* ket boet kefreis ae kilit ar
a daear erug din ay gilid ac nid oes keureith erug diauul a gilid
. . . a urth hinni din a el yar a daear hon nid ois idau enteu
keureith 47.8. e gur a dele er escubaur as a uo vcch daear ac
ys daear o hyd 33.26.—25.15; 51.31.

(*b*) tir a dayar. *hendiadys for* '*land.*' Deu amser e bit agoret
keureyth am tir a dayar 51.26.—51.36; 52.1, 20; 53.4; 56.5 (dar);
56.20 (diar); 56.22 (daira).

dayret, daeret *bequest to the church* (?). ny dele e claf
kemennu djm namen e daeret ecluys ae arglujt ae deleedyon
34.16. efeyryat . . . a dele a del eneu d. 8.22. puebennac a
dorro kemen k[yfreith] ny amken ae jdaeret ae delehedyon
eskemun vyt 34.19; 82.27. Eissoes ef a wnaethpwyt seith ragor

yr eglwys rac llys y bot y pennaf : sef ynt y seith hynny degwm ac offrwm a daeret, etc. A.L.II 366.15 L.W. 173 §3. *It is used also for* dawn bwyd *and* cwynos. cf. keinnawc a telir yr svydogyon gyt a phob daun bvyt. . . . Sef yv y rei hynny y daeretvyr ae kynullo. Ll.MS. 69, p. 125. P.MS. 36a, p. 66.1. *Judex curie debet habere partem viri de nummis* dayret [*cene*]. A.L.II 821.xxii. cf. Bei cymun cein dayret/wedi cyffro cat. M.A. 14a.6. B.A. 16.16. Daeredwyr *is applied to the officers collecting the* dawn-bwyd. *et unus denarius ministris, id est* yrdaeredwyr ae kynnwllo. A.L.II 785.v. *There is a* daered *which appears to mean 'gave,' 'bequeathed.'* M.A. 190b.12. daerawd *was given, gave (?) seems to belong to the same verb.* M.A. 164b.45; 170b.34; 198b.43 (?). daerawd=talu dros y meirw. W.Llyn.Gloss. *It may, however, be the noun corresponding to the* Ir. 'daer,' 'doer' *bound, unfree.*

de see deu.

de 118.11=d[al]e.

decreu (*a*) *to begin.* e koc . . . a dely decreu pop anrec or ardemero ef 19.30. 3 sg. pres. ind. decreu 14.25; 23.4; 28.11; 53.2; 129.19 (decrecu); 130.7. 1 pl. decreuun 22.25. 3 pres. subj. decreuho 9.26; 12.24; 17.21; 18.30; 20.1; 24.4, 10; 26.27; 28.7, 18.

(*b*) m. *beginning.* Lema decreu kefreythyeu e gulad 30.20.—33.1.

dekyr see dwyn.

dedellu *to suck* (?). y llo a dele ememdeyt nau cam a dedellu groesyn oe phedeyr thet 90.19. cf. Nawfedydd Mai y dyly fod yn deithawl, dyfod llaeth o ben pob teth iddi ac ymdaith oi llo naw cam yn ei hol. Leg.Wal. 239 §29. cf. Ir. del *dug of a cow.* oc a diul *sucking her.* W.W. *There appears to be a dyl 'teat' in Welsh too. The expression* hwch ar y thyle *occurs several times in the various codices=a sow with its farrow.* A.L.I 454.lxiv. *This is translated thus* et partus suis dum site arethele [in suili]. A.L.II 777.lvii. *Tyle=Ir. tolg (a bed, couch) occurs often= couch, house, outhouse (see Trawstyle), but then one would not expect 'ar y thyle' to be the literal equivalent of 'in suili.' Tyle in 'ar y thyle' is regarded as a pl. for the 'dug of a sow' in South Carm. In that case it is for dyle, but several instances of the provection of a medial to a hard occur in the B.B.Ch.* cellgi *for* gellgi; caran *for* garan; taleith *for* dyleith, etc.

dedurit *decision, declaration.* yaun eu er [e]gnat ena barnu ena bot en detuurit e macht pahar e mae e macht ae ar peht

mauur ay ar pesh beccan 45.13. bit en pen e brenhin e gur a
roes udunt huy e nodav en deturit pa delo e roes ef udunt huy e
nodau honno 51.5. cf. deturyt gwlat gwirioned a dengys y
mywn llys am yr hynn a fuu en awssen y llys. A.L.I 588.iv.
Ll.MS. 116, p. 46.4. dedryd barn nev *verdict.* P.MS. 118,
p. 473. (cf. daduer *praise* (?). M.A. 169b.11.) *written often*
'dedryd.' Ll.MS. 116, pp. 10.19; 11.10; 26.36; 45.34, etc. *Like*
edfryd, diofryd, etc., *it is a v. noun and cpd. of* -ber-, daduero
yr amoduyr (yr amod). P.MS. 35, f. 24; daduer. P.MS. 36b.10.
see eduret.

detef *law.* Amod a tir detef. ket gueneler amod en erbin
kefreis dir yv i guadu 50.23. see amod.

deduaul *legal, recognised by law.* Reyt hiu yr egluys bot a
katwo ydy e breynt hunnu o testoyn deduaul 51.23. ny dyly
[e medyd] le detuaul en e lys 17.20.—50.1.

deuaut *custom, usage.* heman e trayhun or suyhoyon aruer
o deuaut a uyd en llys 23.30.

[defnyd] m. pl. defnedyeu *materials, requisites.* Paub pyeu
duyn y deueneyeu yr eredyc nac hyc na heryrn na petheu ereyll
a uo ydau 109.1. A guedi er eisteter ena e mae jaunt yr haulur
kenic y devnidieu jam e testion ay keidveit 54.4.—53.40; 54.7;
109.16. Ny dyly gwir na chyureith vot heb y petwar defnyd
hynn: arglwyd kyffredin; ac ygnat cadeirawc; a dwybleit
kytrychawl. A.L.I 614.xiii. cf. Ir. damna *in* im damnae
n-epscuip *for the material of a bishop, etc.* W.W.

defnet see dyfnet.

defnetyau *to use, make use of.* Ef a dele kadu ran e brennyn
or anreyth . . . eny uenno e brenyn y defnetyau 10.9. ny dylyir
dewnydyau tyr heb eu kanhyat 62.21.—62.15; 96.20. 3 sg. pres.
ind. dewnydya 66.20. imperat. defnethet 96.18.—43.13.

degin see dygn.

deg, dec m. *ten.* Sef yu hynny o eyryw pum ugyeyntrew a
hynny yu y cantrew yn yaun dec degweyth a dyly bot ym pob
cant ac nyt a ryw bellach dec 65.20.

degarugeynt *thirty.*

deguet *tenth.* 15.26.

degueyt see dyueduyt.

degweyth *ten-times.*

degum *tithe.* efeyryat teulu . . . a dely trayan degum e

I

brenyn ef a dele degum e teulu 8.21.   efeyryat e urenynes [a dele] trayan decum e urenynes 21.13.   see Loth p. 159.

deheu *right (as opp. to left).*   Ar llau deheu yr amdyfynur ar y glust assv yr anyueyl 81.17.—37.18; 68.26; 72.4, 14; 74.17; 81.17; 131.18.

deleoynt *see dyfod.*

delu *form, manner.*   yaun er egnat edrich pa delu e dele ef i guadu 44.1.—51.5.

denu *to suck.*   vuen (wyn) tra uuynt en denu eu cuarchae or pryd buykylyt neu eu kemescu ac eu mam Sef hyd e deleant denu hyd kalanmey 112.21.   cf. dyfnu=*suck.*   o enau maibion yn dyfnu gwnaethost foliant.   M.A. 368a.32.   d.=Ir. dinim *I drink, imbibe, suck.*   O.R. (*quoted in* W.W.)

dere *the staggers.*   Adan try heynt e deleyr uod am tey[t]hy march rac dere trygluyt.   a rac dueskynt teirlloer a rac llenmeyrc blaiyn 88.17.   sub dere [*vertigine*].   A.L.II 808.xvii. *written often* dera.   cf. Cyw'r ddera.   D.G. clix.28.   knoi'r ddor val kenavr ddera.   P.MS. 63, p. 95.   cf. penddaru=pendro= *vertigo.*   Dimet.   see penddar.   Med.M. p. 138 §234.   cynddaredd *rabies.*   Ll.MS. 116, p. 109.3.

dere *see* dyroddi.

derneneyt *see* dyrneyt.

derit *is related* (?), *belongs.*   ar guir hinny ni deleant hanuot o kenedel e mach.   namin o genedel e brehenin kanis ni derit kenedel e mach ir brehenin 47.23.   Arglwyd heb hi pwy yw dy enw di.   Ef am gelwir i arthur o tindagol heb ynteu.   A deirit ytti y brenhin arthur heb hi.   mi a vum heb ynteu yny lys lawer gweith.   H.MSS.I 352.23. *It is often written* deiryd.   O adrodd a hir edrych/y gwael sydd deiryd ir gwych.   (End of Llyfr Silyn.)   G. Mechain MSS.   Hen dir i honn a deiryd/hen drer beirdd ai henw drwyr byd.   P.MS. 63, p. 14.   Duw ai rhoes, mewn Daiar hen/a Ddeiryd ir Ddaiaren.   Flor. Poet 27-8.   Er hynn ll[ewely]n om ll6/Ir tan i deiryt h6nn6.   P.MS. 70, p. 15b. see also M.A. 291b; 304b; 308b; 312b.   cf. A thitheu a aethost y amdiffyn yr unbennes yr honn ny deirydei ytt o dim.   H.MSS.I 105.39.   see also aneiryd *impertinens.*   Dr.D.   derit *appears to be one of the few survivals of the absolute form of the 3 sg. pres. ind. act.; the conjunct form is* dawr *or* tawr *which is used, as far as we have seen, only in compounds, or when preceded by negative particles* nim dawr; *dydawr,* pathawr, *etc.   For the umlaut* o>e.   cf. coroticus = ceredig.   ' deirid '   *came to be*

regarded as the stem and some new forms were evolved.
deirydei impf. deirydu v. noun.

deru *an oak, fruit tree* (?). pop pren a argueto fruyt vn
guert a kolluyn eu eythyr deru ac auall ymp 98.1. Deru *and*
derwen *appear to be used as in Glamorgan, e.g.* derwen fala
apple tree; d. gnau *hazel tree.*

deruen *oak tree, a tree* (?). guert deruen .cxx. 97.15. Ereyll
a deueyt panyu deruen a ladher en hageuarc ar tref tat
pryodaur a deleu dody mantell arnau oyckudyau 128.23. cf.
Os avon a vyd not rvg tired deudyn a dygvydav derven ar travs
yr auon perchen y tir y tyfuo y prenn ohonav bieuuyd y prenn.
Ll.MS. 69, p. 139.12. *The Latin expression in the corresponding
passage is ' arbor.'* see A.L.II 779.xvii; 854.xlii. kekyn d.
97.21. see kekyn.

dethicauc see undydyauc.

detuuirt see dedurit.

deu, du m. *two.* pl. deuoet. ny dele er haulur duyn guestel
e mach namen kerchu ell deuoet ar argluyt 46.16.

deudec *twelve.* deudeg wyr 78.29. d. guesty 3.18, etc.

deudecuet *twelfth.* 17.31, etc.

deueneyeu see defnyd.

deuueredig see dyf-.

deugeynt *forty.* dec guyr a deuckeyn 85.21; vueth a deuceyn
88.3. a deuckeyn eu y guert *forty pence.* 90.18, etc.

deulyn *knees.* ny dele eyste en e neuat namyn ar tal y
deulyn 19.21. rac d. *in the presence of.* holet er haul rac
deulun er ignat 45.2.

deunau *eighteen.*

deuparth *two-thirds.* ef a dely cruyn e man escryþyl . . .
sef mal e dely trayan ydau ef ar deupart yr dysteyn 19.29.—
16.28, 29 ;17.27, 28 ; 77.14. deuphrt 35.15.

deuur *two men or persons.* ef a dely ran deuur 12.22; 15.7,
etc. deurur 128.18. deugur 7.12.

deuaut see dyuedyt.

deuet see dyueduyt.

dewys, deuys; *or* **deuyssau** (a) *to choose, select.* hunnu a
dely rannu ar brenyn deuuys 17.12. e gureyc pyeu rannu e gur
pyeu deuyssau 33.5.—7.28; 10.11; 59.18, 20; 70.3; 113.1.

dewyssay 59.24. 3 sg. pres. ind. dewys 82.1. subj. deguysso 12.15. imperat. deuysset 34.15. deguysset 118.20. 2 sg. pret. dewysseyst 130.11.

(b) *choice.* a henny en deuys perchen y guelt 18.24.—17.24; 46.26; 129.28; 130.3-11.

deylyat *detainer, impounder.* puebennac a del y ellug escrybyl tros ereyll yaun eu yr deylyat gouyn ydau ef a seyf em popet trosdunt ac ony seyf ny dele eu kollug 118.25.—115.1, 24; 118.4, 6, 20; 119.25 (delyat).

deynt *tooth* sg. or 'teeth' collect. Ny dyukyr guaet deynt a guaet crac a guaet truyn 106.21. Os hytheu ae y canada ef. ny dyhukyr djm ydy o treul deynt ac jstlys 36.19. cf. dy clust dy trem di teint. B.B.C. 32.9. see M.A. 116a.5; 850a.46. Da deynt rac tauaut. B.B.Ch. 32.22 and Dr.D.Prov. see dant.

di- see dy-.

diou 44.8. see duw.

dithun see dyd.

diuc see dywyn.

djuunt see dywyn.

doodreuen, deodreuen *household furniture and utensils, implements, arms, tools.* Lema guert e dohodreuen brecan—corn—gobenyt—peyr—kychueyn—telyn—taulburt, etc., 99.13.—15.19; 33.10, 14; 38.13; 42.15; 98.23; 99.13.

[dodwy] *to lay eggs.* 3 sg. pres. subj. dotuho 94.13. 3 pl. dodount, dotuoent 94.8, 9. cf. Ir. doth *act of hatching of eggs* B.L.G.

dody *to put, place.* ef a dele dody e delyn en llau e bart teulu en e teyr guyl arbennyc 6.6. or pan decreuho e gof llys gueneutur .iiii. pedhol ac . . . eu dody ad[a]n uarch e brenyr 24.5. d. gostec yn y maes 132.14. d. em pen *to submit, to appeal to.* .ix. tauodyauc sef eu e rey hene argluyd e rug e deu guas . . . o byd un or rey a deuedassa*m* ny huchof ny menho dody em pen e try tauodyauc ar llall y uenhu. kefreyt a eyrc y dody 30.21. (cf. datur arpen meichieu [*in manus vadium*] A.L.II 875.xlix)—54.10; 55.6; 132.3; 133.14. d. ar y gyureyth *to appeal to law* 53.9.—10.28; 52.35; 53.8; 61.18; 72.4, 14; 76.5; 91.19; 109.18; 111.1, 12; 114.20; 122.6; 123.21; 125.7; 128.25. 1 sg. pres. ind. dodau 52.34; 53.1; 130.11; 132.5. 2 sg. dody 52.33. 3 sg. dyt 61.13; 132.2, 4; dod 52.38. pass. dodyr 52.22; 111.12; 117.14; 133.15. 3 sg. subj. doto, dotho 11.20; 18.10; 24.13;

27.10; 82.16. pass. doter 15.17, 18; 61.17; 92.4; dotet *for* doter
(?) 62.26. 3 sg. imper. dodet 81.25. pass. doter, doder 54.4;
130.14. see dyroddi.

doedant 41.27. see dyuot.

doeht see dyuot.

doeth *wise, prudent.* ar gur hunnv a oed vr audurdodus
doeth 64.21. pl. doython, doythyon, doissihion 1,13, 21; 47.5.
used as a noun.

dof *tame, broken (of animals).* O deruyd y dyn tydau y
kassec en emyl hyd ar ebaul en legry er hyd ac na cafer y dale
kemerer e kassec . . . a decher yr ty a dalyer er ebaul en e ty
a deker e kassec eny lle ual kynt a llena e guyllt a deyly e dof
115.16.—1.27; 42.14; 117.11.

dohouod m. *a find, waif, thing found by chance, sea wrack.*
penkerd telyn . . . a dele o pop dohouod or a kafoent nac o
erchy nac o kauarus neythaur ran deuur keny bo en e lle os
kouyn 128.16.—38.11. Ryd vyd y bawp hely y mor : a vwryo
y mor hagen yr tir . . . y brenhin bieiuyd . . . hyt y trydyd
dyd; or trydyd dyd allan onys kymer y brenhin bit doouot yr
nep ae kaffo. A.L,.ll 52.x. Tri dowod yssyd ryd y dyn v
kymryd yar y fford nodwyd a phedawl a cheinawc. Ll.MS. 116,
p. 81.21. Or dygwyd pren ar traws auon a thynu magleu ar y
pren perchenawc y tir y bo bon y pren arnaw a dyly y douot pa
tu bynhac y trosso yr auon uric y pren. A.L.I 792.xii. *written*
dyuot. Eluc. 105.12. W.B. col. 420.39; 473.33. doefot. W.B.
p. 210.38. *This appears to be the same as* dyfod *to come; used
in a particular sense.*

dooureth *quarters, billeting during " progress."* O byd
alldudyon gwlat arall yr brenhyn ay yn wyr ydau ay yn arhos
gwynt . . . ew a dyly os myn eu gossot yn dooureth ar y
meybyon eyllyon 67.18. pedeyr [maynaul] a uyd o ueybyon
eyllyon y borthy kun a meyrch a chylch a dooureth 66.2. ny
dylyir gossot ar y maynoleu ryd na maer na chyghellaur na
chylch na doowreth 67.3. d. *often=kylch.* Maer a ran y teulu
pan elon ar dofreth. Ll.MS. 116, p. 13.5. Ll.MS. 69, p. 99.4.
A.L.I 488.iv L.W. 160 5. kerdorion o wlad arall a gant kylch
ar y bileinied. . . . Beth bynac a dangoso y dofrethwyr yr
tayogeu y delont oe ty ef ae tal. Ll.MS. 116, p. 12.33. dofreth
[*domicenium*] (accus.). A.L.II 766.31. Dobhraeth .i. herwa.
P.MS. 118, p. 471. " Dobhreth *was a kinde of taxation or rent
upon peasants when the king or his officers made circuit or*

progress with dogs and horses." Ll.MS. 68, p. 138. *This appears to be formed from* dof+rheith *with* dof=*house. Prof. Thurneysen suggests* (see Walde, *under* domo) *that the Welsh* dof, dofi *spring from* Lat. domare. *It is possible however that* dof *is borrowed from* domus *and from its constant use in the* genit. *came like many other words to be used as an* adj. *It is difficult to say whether expressions like* llysse dof, sage dof, *etc.* (Old Leech Book) *preserve an earlier meaning or are a later development.* dofaeth *gentle, urbane* (?) *if it is=*dof+faeth *would be similarly formed.* see D.G. ccxxix.13.

dogyn, dogen (a) *fill, sufficiency.* dogyn keruyn o ued 69.7.—69.18.

(b) *full, sufficient.* Ac o byt llaunt duegueyt en e det dogen eu 91.20.—40.11; 80.6-16; 82.5; 91.20. Mi a welaf yn dogyn a dywedy heb y ka6r. Car. Mag. 22.2.

doissihion see doeth.

dol *the bow or collar around the neck of the ox for fastening the yoke.* O deruyd kau dol ar ecchen 108.5.—108.13. pl. doleu. e keylguat a dele dyguallu e pestelyeu ar yeuuedon ar gudyn os hyrguet vyd e torccheu beccheyn a guyeyll e doleu 112.3. cf. Penffestr. . . . A dolau mwyn adeilad. D.G. cc.24. dol on vydd hyd y liniav/ac ar vn korn gwr yn kav. P.MS. 67, p. 213.

dohoduf *increase, increment, the advance in price of cattle that fell due every season till they attained full value.* A guedy et emholyer e derkeyf .IIII. kefreyt en e dyt hunnu ac o hene allan .II. pop temmor hyd hanner maurth . . . ac ena e dyle alu a dyguyau y haryant dohoduf eny uo kubyl y guert 91.4. cf. D.G. clxii.9. Ac eli twf, ddwdwf ddadl.

doolew *declaration, assertion.* mab d. *a child imputed to a certain man as father.* Sew yu mab doolew mab a dyweto gwreyc ar y thauaut leueryd y uot yn uab y ur ac nas dyco yr dygyn 73.14.

[**dor**] *door.* pl. doreu. talet .IIII. k. am pop pren bras. am e doreu am er amhynyokeu 99.7.

dohosparth *to order, arrange, decide.* Er egnat llys . . . or pan decreuho d. y dadeleu kentaf eny darfo e dyguedaf 12.25. ar egnat llys urth dehosparth pop ped pedrus 29.3 .

dracheuyn see tra.

drayngluyt *thorn-harrow.* [guerth] d. .I. 104.19. Tra retto'r og y rhed y ddraenglwyd. Dr.D.Prov.

dreua *a thrave (of 16 sheaves?)*. guerth dreua keyrc .IIII. 103.24. cf. [guerth] escub keyrc fyrd*lig* 101.4.—69.9, 18, 103.26. dereua [*thrava*]. A.L.II 783.ii.

dreuedyc *malodorous, stinking*. anadl d. *fetid breath* 34.10. cf. Ir. dreoghaim *I rot away, wither with age*. Dineen.

drut *a fool, an idiot*. Sew yu drut dyn ynvyt 134.29.—134.28. cf. Ny vir drud. nid yscrid iny timhyr. B.B.C. 31.7. Duw o nef gwae drut ny gret it. A.B. 306.11. cf. Drudaniaeth yw hir drigiat medhwl ar y druc. H.MSS.II 431.18 (but see M.A. 216b.). Llafar a mud a doeth a drud. M.A. 41b.42; 201b. Yn ol selyf . . . y gweldychawd roboam . . . a hwnnw a dremygawd knygor y hynafyeid ac a erbynawd drudanaeth y rei eueing. P.MS. 20, p. 29. A mud a drud a drythyll/yn llwyr yn eu llawn ddeall. M.A. 250b.57. d.=Ir. druth .i. oinmit. W.W. see ynfyt.

druc (*a*) *bad, evil*. O deruyt e gur duen moruyn en lladhud e argluy[d] ae y kenedel a dele y duen yganhau ef ken bo druc canthu *though she be unwilling* 37.28.

(*b*) *injury, mishap*. ac o deruyt druc udunt en henne o uessur ef ay tal 109.8. see Ped.I §27.

drus *door, entrance*. 5.16, 18; 6.5; 80.12, 13; 114.21. pl. dressou 3.27. see taldrus.

drycyn *bad weather, weather*. Sew mal y eystedyr yn gyureythyaul eysted or brenhyn ay geuyn ar yr heul neu ar y drycyn ual bo y uyneb ar y drycyn 131.11. cf. sychin *opp. to* drychin. P.MS. 62, p. 99.

drych *mirror*. [guerth] drych fyrd*lig* 101.10.

drecar *bad tillage*. O deruyd bod amresson am drecar edrecher eru er amayth a defnet y har ay llet 109.20. see ar, gwahanuynar, etc.

drill *a part, section*. kanyd oes did kwbil. ac nad yaun talu drill did en lle did 52.9.

dryssaur, dressaur *porter, janitor, the fifteenth among the king's officers*. ef a dely adnabod suyocyon e llys ac nas atalyho er un onadunt en e porth 19.8.—10.19, 22; 19.1; 22.25-31; 23.17. dryaur 8.1. cf. gwas y drws. M.A. 50b.32.

du see deu.

dw *black, dead*. O deruyd kau dol ar ecchen a maru vn onadunt . . . yaun eu kafael yr eru ohonau . . . a honno a elguyr eru er hecc dw 108.12. Rai yn chware karde brithion.

Rai yn magy gwartheg dyon = *misfortunes* (?). P.MS. 65, p. 96. cf. yn 1403 y bu lhadhva dhû yn y Bewmares. Rep. MSS.I 1053 §304. Ni sengis yr ych du ar dy droed; Hwyr y bydd dyn or diniewed du. Dr.D.Prov. Doe idd aeth dan y blaned ddv. P.MS. 63, p. 11. Planed ddv *misfortune*. P.MS. 72, p. 54. cf. Engl. *"black ox"* and Ger. *"schwarzes Fohlen"* = *misfortune, etc.*

dueskeynt (=du ysgefeint. ...A.L.II 324) *strangles* (A.O.). Adan try heynt e deleyr uod am tey[t]hy march rac dere . . . rac dueskeynt teir lloer 88.17. dere yscheveyn a llynmeyrch[(sub) *vertigine; morbo pulmonis; et aqua intercute*]. A.L.II 810.xxvii.

dulys *black* (?). [guerth] frueneu estayneyt a dulys ac euedeyt .IIII. 103.4.—103.24. cf. Fruineu ereill euedeit a dulys ac ystaneit [*frena alia, aenea, nigra et colorata*]. A.L.II 887.xvi. Ef a dely . . . hen kefruyeu llyu eu pren ay hen fruyneu dulys ay hen esparduneu dulys 13.22. (*or for* dylys=*to reject* (?). cf. ysparduneu o bydant eureit neu efydeit pan dirmycker. A.L.I 650.xvi). dulys *occurs as the name of several plants.* d. olus atrum. A.fcL.I 340. see Med.M. 281a, 286b, 293b. *but I have seen no reference to these used for making colour or dye.*

1. **dull** m. *form, manner.* Ac o byd byv y uam kymeynt ydy ac y duy chwyored a hunnv yu y dull goreu 77.10.—104.10.

2. **dull** *a wisp.* (*this is written* dul *also.*) escub keyrc fyrlyng dull llyn fyrlyng 101.5. Dul llyweth o lin. P.MS. 169, p. 228. wyth bleth wyth loweth loiwon . . . wyth ddyli o waith eiliad. P.MS. 66, p. 67. d.=Bret. dul *a handful of tow.* Henri. Lex. cf. Ir. dúal *brush.* Joyce II 311.

duu, duv *God.* (duhu) 14.26; (dyu) 28.12; (duo) 44.6; (diou) 44.8; (duy) 53.24.—31.19; 47.10; 49.31; 72.5, 15.

duuer *water.* d. suyn *holy water.* yr egluys y cymero d. suyn ay uara eferen 72.10. pl. dyuret. gwneuthur coredeu ar eu dyuret 67.12.

durn *fist, hand.* pop kanuyll a dalylo (dalyho) en y durn 23.12. ac yn gyulet ac o elyn hyt ar y durn 69.22.

duruidhau see truy.

duy f. *two.* due graget 39.3, etc. duy ran *two-thirds.* .VIII. yr dysteyn ar cokeu ar dysteyn a dele duyran ac un yr cokeu 10.18.—9.12; 12.3, 17; 13.7; 17.1, 3; 21.6, 7; 28.14.

duyuaul *divine.* er haner yr abat o byt d. letherur 30.15.

duyn, duen *to bring, take, convey, carry.* ef a dele duyn llestyr yr llys a dody guyraut endau 10.28. naud e penkynyd eu d. dyn a guenel kam hyd enyokel uo 17.13. d. treys ar gureyc *to commit a rape* 37.23. dvyn kylch *to go on a* "*progress*" 66.16. d. mab en kefreysyaul e gur *to affiliate.* 4.18; 6.4; 9.22, 27; 12.8; 14.16; 15.23; 17.22; 18-3, 31; 19.11; 20.2, 17; 21.2, 27; 23.32; 24.3, 6, 30; 29.22; 31.6; 33.13, 31; 35.28; 36.15; 37.23-29; 40.14, 24, 32; 45.30, 31; 46.16, 18, 29, 30; 54.13, 14; 56.31; 62.19; 64.6, 17; 67.5; 68.23; 71.21; 72.2-25; 73.4; 87.12; 91.16; 109.1; 111.8; 132.24; 133.16, 24. *written* d. 24.6, 14. 3 sg. pres. duc 6.1; 36.13; 40.29; 55.17; 87.8; 132.9, 24, 25; 110.2. 3 pl. degant 55.8. pass. digir 40.20; dekyr 41.11; 87.18. 3 sg. pres. subj. dyco, decho 20.2; 39.26 decko; 35.22 dhecco; 40.23 tecgo; 62.2; 69.3; 73.15, 16; 74.13; 79.12; 86.6 dyho; 89.11; 108.7; 134.17. pass. decher, dycher, decker 7.12; 25.18; 26.10; 41.18; 71.29; 72.23; 83.7; 85.1, 2; 133.28. 3 sg. imperat. decet 87.8; dechet 96.15. pass. decher 115.19; deker 115.20. 2 sg. pret. dugost 133.18. 3 sg. duc 35.26; 37.29; 40.15; 71.23; 72.24. pass. ducpuyt 133.27. reducpuet 40.25.

duyran see duy.

duyweyth *twice* 66.16; 68.14, etc.

dyag *to escape.* O deruyd menet eydyon en ruyd neu anyueyl arall a bryuau e ruyd a dyag er anyueyl yaun eu y dyuyn 121.21. dyaghac 87.3. 3 sg. pres. dyeyc 121.4.

dyal, dial (a) *vengeance.* Ac os am y cafael gan gur e maet. ny dele o djuunt namen henne. cany deleyr dyuunt a dyal am vn caflauan 38.5.—41.31; 82.23.

(b) *to avenge.* ac guedi y lad e doeht guir e koclet ema oy dial 41.27. d.=Ir. digal *vengeance.*

[**dyalwr**] pl. dyalwyr *avengers.* Ny dyly yr yscolheygyon nar gwraged ran o alanas canyt ynt dyalwyr 77.16. gwell ymroddwr no dialwr. M.A. 780a.53.

diamressoni *to appease, pacify.* O bit amresson eruc duy uaynaul or nau maynaul essit en aruon eu diamressoni or seyth 42.18. see amresson.

dyannot *without delay, immediate.* Ni deleir rody oet vrht porth am vach a kenogon kanes diannot e dele bot 49.3.—49.4; 82.14; 125.5. see annot.

dyaspat f. *cry of distress.* Os nauuetdyn a dau y ouyn **tyr**

dyfodedyc yn bryodolder a hunnv a dyt dyaspat am y uot o
pryodaur yn mynet yn ampryodaur ac yna y gwerendeu y
gyureyth y dyaspat honno ac y ryd kynnvys ydau . . . ar
dyaspat honno a elwyr dyaspat uvch annvvyn. a chet doter y
dyaspat honno o hynny allan ny werendewyr uyth 61.12. O
chlywi diaspat. dos wrthi. a diaspat gwreic anat diaspat or byt
W.B. col. 120.1. see W.B. col. 440.32. A.L.II 276.xviii. diasb
is given=llef. P.MS. 169, p. 226.

dyateb *not obliged to answer.* Puybynnac y barner ydau
dadanhud bvrn a beych . . . ew a dyly bot yno yn dyatep
teirnos a trydyeu ac yna rody atep 60.27.—60.25.

dyaut *drink.* greyc e brenyn a heill rodhy . . . y buyt ae y
dyaut a craun e cell 38.12.—19.33 ; 67.14.

diauul *devil.* sg. or collect (?). ket boet kefreis ae kilit
ar a daear erug din ay gilid. Nid ois keureith erug diauul a
gilid 47.7. cf. haint anynad ywch adwy. holl diawl a el a huy
yll dwy. Rep.MSS.I 129.12.

-dyblyc (*in compounds*) *-fold.* Yr argluyd a dyly camlurv
amdanadunt. herwyd meynt yr affeyth. vn yn undyblyc arall yn
deudyblyc ar all yn trydybdyc *single—double—treble* 75.15.
deu d. 77.6; 129.24, 27 ; 130.17. try d. 75.16. y dabler yn i
dyblic. Rep.MS.I 572 §18 ; 649 §216. deudyblic *double.*
H.MSS.II 180.18.

debrit *ill-formed, ugly, shameful, infamous.* O deruyt e
gurejc huriauc gueneutaur kaflauan debrit ae rodhi chussan y
hur ae gadael y gouessiau 35.9. cf. Ny welas erioet delw ar
dyn kyn hacret. na chyn dybrytet a honno. ac nyt oed debic
y dim onyt y gythreul. H.MSS.II 152.32. dybrydach. P.MS.
44, p. 15. ny byd dim nac annwedeid na dybryt arnaw. Eluc.
60.28. Tegwch absalon dybrydwch vyddei yno. kannys eu
tegwch wy a uyd megys eglurder yr heul. Eluc. 68.23. see
also 24.5 ; 60.22. d. = Ir. dochruth *gl. turpis, inhonestus* ;
dochrud *gl. indecor.* W.W.

dydor *to break loose or free, to flee.* Puybennac a dalyho
escrybl ac eu dydor hyd adref ny deleyr dym udunt kanyd yaun
deu de (dale) am un lluguyr 118.11. Oes un lle y bo eneit uadeu
lleidyr gwerth kyn y didor. oes. yny barner dyn yn lleidyr
gwerth ac [ni] mynno ymprynnu gan y allu ohonaw k. a uarn y
dihenydu. P.MS. 35, f. 76a.1. A.L.II 92.1 ; 112.lv. Pwybynnag
a a ddaljo ysgrubl. ac eu didor hyd atref. v.l. a'i diangc o'r
gwarchae hyd eu cartref. L.W. 291 §49. Didyrr deigr dioyr
adavael om drem. Rep.MSS.II 814.

ditreul *unused.* O byt arkefreu jdhy byt hunnu en ditreul hit empe*n* .vii. blenet 36.18. see treul.

dyd, did, diu, dihu m. *day, a day.* ymdeyth dyd ńeu nos 78.20. undyd a bluydyn 73.17; 133.1. erchi d. *to fix time* 52.2. hanner d. *mid-day* 96.12.—10.8; 11.14; 12.1, 26; 16.20; 25.8; 26.20; 28.24; 38.16; 46.24; 48.24, 32, 34, 35; 52.2, 7, 8, 9; 53.38, 39, 40; 54.1, 2, 3, 15; 56.29; 60.26; 67.22; 77.1; 81.22; 88.2; 90.18; 96.15; 110.25; 125.10; 131.5. pl. *(with numerals)* dyeu 34.22; 51.32, 33, 34, 35; 88.11. dydyeu 133.13. dyeoeth 65.1. dithun =dydd hwn 52.3.

dydon *fast, fasting* (?). dydyeu d. *fast days* (?). O deruit y dyn rodi mach ar deleet a diguitau er oet en vn or teirguil arpennic . . . yr cloy [=holy] ohonau ny kyll onyt y annot . . . os e pasc vit tranoes guedi dihupa[s]c beccan. os e sulguin vit tranoes guedi sul nessaf jr sulguin ar teir vhehnos hinny a eluuir o eu breint en vn dit dethon 48.30. O deruyd y dyn yn dydyeu dydon na cholly na cafael ny byd yr hynny ony byd dody oet colly cafael yndunt ac os hynny a dodyr cubyl a gollyr 133.13. Sef yw dydyev dydon o nos Nodolyc gwedy gosber hyd dvw Nodolic [kalan gwedy yfferen ac o nos Basc gwedi gosber hyt duw Pasc bychan gwedi yfferen ac o nos Sadwrn y Sulgwyn gwedi gosber hyt duw Ssvl y Drindot wedi yfferen]. A.L.II 272.ii. Hoedyl Dafydd megis dydd dyddon. M.A. 222a.8. Gwyn fyd Elise pan weler teulu. a meibion dyddon dysg weinyddu. Iolo MSS. 277.12. dyddyeu deduon. A.L.II 448.5. M.A. 961b.58. dyddyeu duon. P.MS. 27. *This word is usually translated 'blank' or 'holy'* (A.L.I 131; II 273, 449; Pughe) *because no legal business could be transacted during those days and because they were so closely associated with the great religious festivals. The variation in the written form of the expression suggests that the origin of the word was more or less forgotten. It appears to us that -on is the same word as the Ir. óin fasting (see Pass. Hom. p. 529) which was borrowed from Lat. ieiunium or rather from the form iāiunium or *ājunium (see De Hib. under óin, aoin, óine, p. 161, and Walde under jejunus) and that dydd-on is literally 'a day of fasting.' The vocalism of -on is not clear to me, but it is possible that it was influenced because dydon was evidently regarded as a plural. It appears to have survived in a curious form in colloquial Welsh till the last century. In the "Report of the Commissioner on Municipal Corporations in England and Wales," 1883, the following expression occurs in the report on Pwllheli, p. 123. "He takes from each boy 1/- on the Dydd dan fawr on every*

Great Thursday preceding Good Friday." For óin, etc., see Ped.
I §134; M.C. p. 41 *under* ainim; Celt.Stud.II p. 146; B.L.G.
p. 30; Pass.Hom. p. 642 *under* didin; Henry.Lex p. 175 *under*
Iûn; Walde *under* jejunus.

dydym *without goods or property.* Sew yu dyn dydym dyn
heb da ydau 135.1.—134.28. dyn d. *poor.* M.A. 134b.25.

dyebryd m. *to withhold, withholding, delay.* O deruyd y dyn
rody aryant neu yscrybyl ar arall ac or da hunnv kywnewydyau
ac elwha or nep y doeth atau a cheyssyau or neb pyeufo yr aryant
yr elu. Nyny a dywedun na dylyir onyt amot ay duc ydau.
canys nyt a svllt a dan dyebryt 132.19. cf. ni daim enecland
anad *honour price does not brook delay.* B.L.G. (sub. eneclann.)
Tri ryv diepryt yssyd vn yv dvyn peth ac nas atuerer dracheuen.
Eil yv adav argyved ar dyn . . . heb wneuthur iawn na hedwch.
Trydyd yv diebryt dyn ae dylyet dros amser talu. Ll.MS. 69,
p. 80.23. tredet [meuyllwryayth mechniayth] dwyn dyebryt or
mach gwedy taler ydaw . . . *tertium est, moratorium se prebere
postquam pecuniam recepit.* A.L.II 772.ix. diebrit mach
guedy roder [*moratio sponsionis postquam detur*] II 873.xxix.
Am uymot yn diaberwr ac ar herw ar arthur ermoet. W.B.
p. 289.29. see further Ll.MS. 116, pp. 5.12, 15; 57.11; 86.5, 6,
14, etc.

dyeyssyuau, diessiwau *to compensate, make up a loss.* Sef eu
anodeu pop peth a decher en ryd arall. Ny deleyr dym amyn
d. e dyn oe da. 85.2.—50.26, 29; 70.19; 85.10; 91.21.

dyeythyr prep. *outside, without.* O guerthyr march a tuyll
enthau ac na bo dyeythyr e croen ny dyhucyr 90.1.

[dyua] *to annul.* 3 sg. pret. dyuaus. Hywel wedy hynny a
wnaeth kyureythyeu ac a dyuaus rey Dywynwal 64.24. see
M.A. 57a.44 difa, etc.

dyuach, deuach *without legal surety.* d. *occurs only in the
exp.* guarthec d. meybjon e reu graget e telyr guarthec de vach
onadunt. ac esef acaus e geluyr e guarthec hene en guarthec d.
canyd oes kenedel tat ae talho. amen kenedel e uam 39.20;
73.11; 125.6.

dyuarnu *to condemn, convict.* Puybynnac a holo peth a
dyuot yr maes ac yn y maes kylyau ohanav . . . ac o achaus y
uot ew yn kylyau mynnu y dyuarnu or da ny wyl y gyureyth
bot yn yaun y dyuarnu or eydau nac oy haul 130.4. 3 pl.
imperat. diuarnent 55.12. pass. diuarner 55.13. cf. y farn a
roed yngharno ni ddifernir fyth ohono. Ll.MS. 53, p. 137.

[dyferedyg] deuueredyc *irrational, not endowed with reason.* O deruyd deuot moch y ty a guaskaru e tan eny llosko e ty a dyaghac e moch talet e perckenau[c] ·e moch eu gueytret os e moch a lyst kehedet eu kanes deuueredyc ynt 87.5.—121.19. Pieu y gaer heb wynt Meredic a wyr ywch chwi nyt oes yn y byt ny wypo pieu y gaer hon. R.B.I 126. W.B. col. 486.13. R.B.I 115.18. dyfredic. P.MS. 35, f. 112b.15. gwyddyl diefyl diferogion. M.A. 58a.29. deivyr diuerogyon. A.B.II 68.26. cf. Dafydd gi merydd giw mall. Rep.MSS.I 748 §26. cf. Ir. mer *madman.* merad *act of maddening.* see Loth.Mab. p. 343. see also mer-danacht. Meyer.Fianaigecht.Gloss.

dyuessyr *unlimited, indefinite.* ay ankuyn en dyuessyr ar uuyt a llyn 4.1. kanu ydy kerd en dyuessur 14.31.—4.20 ; 18.32 ; 20.17 ; 21.8

dyueychyau *to pledge, give security* (?). A hunnv a eluyr yn warthec dyuach urth uot yn dyr d. ar y gwarthec hynny 73.11. see dyuach.

defnet *depth.* O deruyd bod amresson am drecar edrecher eru er amayth a defnet y har ay llet 109.21.

dyuot, deuot, douot *to come.* Ac nas ellecho uyth yr guychet nac en menet nac en deuot 12.12. ac or brath hunnu deuod ageu 120.12. d. ar e tir *or* d. yr tir *to gain possession of land* 55.13, 15, 22. gur d. *a squatter* 56.13.—12.10 ; 19.31 ; 36.3, 14 ; 39.9, 10, 11 ; 45.9 ; 46.11, 12, 38 ; 47.2, 16, 32 ; 48.28 ; 51.6 ; 52.10 ; 53.7, 20, 29, 40 ; 55.22 ; 56.1 ; 62.13 ; 72.1, 3, 4, 13 ; 87.2 ; 96.10 ; 118.5 ; 119.5, 7 ; 121.15 ; 123.19 ; 124.18 ; 130.1, 28 ; 131.6. 3 sg. pres. dau 24.9 ; 45.18 ; 50.16 ; 53.30 ; 61.12 ; 69.14 ; 71.16, 22 ; 75.2 ; 77.22 ; 78.22 ; 96.13. pl. deuant 96.18, 20. 3 sg. pres. subj. del 6.24 ; 8.22 ; 9.16, 17 ; 10.10 ; 15.12, 20 ; 18.3 ; 19.28 ; 21.18 ; 26.4, 6, 14 ; 28.5 ; 31.6 ; 38.11 ; 40.10 ; 47.34 ; 51.7 ; 56.13, 20 ; 61.9 ; 65.27 ; 66.26 ; 68.16, 17 ; 75.2 ; 77.14 ; 95.3, 11 ; 98.5, 10, 11 ; 110.26 ; 113.23, 24 ; 118.18, 21, 25. 3 sg. imperat. deuet 8.4 ; 45.1 ; 52.2 ; 80.25 ; 86.9. doet 50.1 ; 80.14 ; 132.11. 3 pl. deuent 17.9 ; 53.31. doent 54.18. 3 sg. pret. doeth 131.3 ; 132.17, 23 ; 134.18. dath 31.18. doeht 41.27. doet 108.10. 3 pl. doythant 1.7. doyant 1.9. doytant 1.13. doedant 41.27. doetant 41.30. doethant 42.2.

dyuotyat *coming.* d. y tir *to come into possession of land.* nyt dylys y dyn d. y tyr namyn [o] uraut 62.27.

dyurenhyn *without a king, not tributary to a king.* Ny dyly untyr bot yn d. o byd abbatyr ew a dyly udunt o bydant leygyon dyruy a chamlvru 60.8.

[difwynaw] dywuynau *to spoil, render useless.* sew yu fyrnygruyd d. y da ydau ehun ac yu berchennauc 83.5.

dyuuynyant *profitless, void, idle.* Ar geyr a deweter gwedi er ostec bot hunnu en d. er neb ay dewetto. ac yr keghaus e devether ir porth ydau 52.24. Sef eu gueyrclaud tyr d. namyn y gueyr a claud en y kylc 116.21.

[difyn] *a fragment, bit, crumb.* pl. dyuenyon. kanuyllyd . . . a dely bryu uara a bryu d. a hel dros deskel e brenyn 23.15.—20.12. Bwyta divyn val y rhuddo (sev ar lech yn pobi). M.A. 841b.1. a phan vu digawn kic y mab ef a beris y dorri yn divynnyon man. H.MSS.I 235.10. see I 340.11. cf. dyhennyon. -fyn = Ir. benaim *I cut.*

dyuynnu *to call, summon.* Yna y mae yau[n] yr argluyd d. yr effeyryat atau a dywedet urthau yr hyn a rydywedpuyt urthau ynteu 80.10. 3 sg. pret. deuenus 1.3. pass. uennuyt 1.6. dyfyn a gwys a rhyfel ar vrys. P.MS. 94, p. 20.

deuerky *otter.* [guerth] croen deuerky .viii. 97.13.

dyfeyth *common land regarded as the king's property, waif, anything left without acknowledged owner.* pop da heb perchenauc ydau d. brenhyn 30.10. A deudeg maynaul a duydrew ym pob kymut. y duydrew a dyly bot yn reyt brenhyn vn onadunt a dyly bot yn tyr maertrew ar lleyll yn d. brenhyn 65.15.—60.12. O deruyt gur duyn moruyn lladhllud. a guedy e del yr dyfeyth a hy 31.6.—29.25; 64.2; 65.16; 66.20; 124.9. Pob kyffaned a dyly hwylua yr dyffaith kyffredyn y drev a thalv tyr arall amdanaw. A.L.II 270.viii. cf. dinas a ddiffydd diffaith. Dr.D.Prov. M.A. 119b. see Loth p. 161.

dyfody *to extinguish.* metaph. *escheat.* O deruyd duyn treys yar uoruyn . . . sew a dyweyt y gyureyth yna dyfody yr amobyr yr argluyd cany allus y chadu rac treys ac ef a dylyu y chadu 133.29.—64.19; 125.23. 3 sg. pres. dyfryt (*for* dyfyt) 61.8. subj pass. dyfoder. or pan enynher e kanuyll kentaf eny d. e dyuethaf 20.19. part. pass dyfodedyc *escheated.* ac ny byd erv d. yn tyr kyuryw 60.3.—61.13; 68.24; 128.2. ac o dyna mynet yny bed a wnaeth [moessen] a diffodi. H.MSS.II 246.35. dinas a ddiffydd diffaeth. M.A. 119b.

dyfryt 61.8 *read* dyfyt. see A.L.I 756.x; II 276.xviii. see 'dyfody' above.

[dyfryd] *to defend.* 3 sg. pres. subj. dyfero. nauvet [afeyth] yu gwelet y lad yn y uyd ac nas dyfero 75.3. cf. ymddiffryd = ymddiffyn; ymddiffrais = ymddiffynais. P.MS. 189, p. 83.

dygaun (a) adj. *sufficient, adequate.* es[e]f eu a deueiht e kefrehit ony vrhtug arnauhu bot en digaunt e llu ehun 49.19.—53.5, 17; 129.21. diguant 44.24.

(b) noun. Ac osid a hamehuo hinni e may ymy digaun ay guyr 53.13.—53.12.

[**dygaun**] *to do, to make.* 3 sg. pret. digones. bit rith e mach or haul am a guad a digones 45.4. digigones 45.6. redigones 51.38.

diguitau *to fall, happen, lapse.* O deruit y din rodi mach ar deleet a d. er oet en vn or teir guil arpennic 48.29. Rey a deveyt na diguith gustil o llau vach hyt e pen vndit a bluidin 48.11. diguthauhau 46.1; dikutau 46.5; dyguyau 91.4. 3 sg. pres. dyguyd, diguith 48.11, 12, 15; 49.23; 62.17; 75.19; 79.15; 117.21; dicuit 46.8. subj. dygvydho 74.1; diguatho 47.24; diguitho 48.4. imperat. diguidet 50.25; 82.9.

dygymot *reconciliation, arrangement.* Pa dyn bynnac a dyholyer o uraut y gyureyth ay gafael yn y wlat tros yr oet . . . byt eneyt uadeu . . . cany dyly ew y wlat yn oes yr argluyd ay dyholyo onyt can dygymot ac ew 79.9.

dygyn, dwyn yr d. *to bring to the test, to affirm by oath.* Sew yu mab doolew mab a dyweto gureyc ar y thauaut leueryd y uod yn uab y ur ac nas dyco yr dygyn 73.15. ket dyweto perchennauc lledrat ar y dauautleueryd ar arall ac nas dyco yr dygyn 79.12.

dygyngoll m. *severe loss.* Ac o llad ew dyn kenedyl y uam ay tal y deuparth yr alanas arnau ynteu yn llourud ac o lledyr ynteu vynt a dylyant deuparth y alanas ew a hunnv a elwyr yn un o dygyngoll cenedel 73.2. Och arglwyd dygyn a thruan yw bot yn reit ytt vynet y diodef. H.MSS.I 259.12. *For* Tri dygyngoll kenedyl see A.L.II 40.vii.

dyhenyt *death, forfeiture of life.* Ay d. ew yn ewyllys yr argluyd nay grogy nay losgy a uynno 129.25.—85.12. hennyd *life* (?). B.A. 3.22.

dyenydu *to execute, inflict capital punishment.* Ny dyly argluyd ebedyu dyn a dyenydyo. o dyenydyir ygwlat arall yr argluyd a dyly y ebedyu 82.27.—79.22; 83.1; 85.4; dyenydhu 85.9; 129.29. pres. pass. dyenytyr 31.17; dyenydyir 82.28. 3 sg. subj. dyenydyo 82.27.

dyhenyon pl. *bits, fragments.* Ar koceu a dele e guer ar d. ar emescar 8.3.—19.31. dihynnyon y gallavr. Ll.MS. 69, p. 31.18. d. *fragmina.* A.L.II 763.xxi; 827.xviii.

dyheu *certain* 71.28.

dyheurau *to exonerate, plead for.* Ny deleyr dyenythu caeth os pryn y argluyt ac ony kefyr dym eny lau y argluyt a eyll y dyheurau 85.4. O deruyd y dyn gyrru peth ar arall y greyryeu a gwedy y gyrr y dyheurau hunnv a elwyr yn gyureyth anudon 134.11.—36.6, 7; 85.7. 3 sg. pres. ind. dyheura 41.4; 115.8. pres. pass. dyheuryr 115.11. see R.B.II 130.13. A.L.II 412.xxxviii.

dyho see duyn.

dyhol *to banish.* Pa dyn bynnac a dyholyer o uraut y gyureyth ay gafael yn y wlat tros yr oet a roer ydau byt eneytuadeu . . . cany dyly ew y wlat yn oes yr argluyd 79.26.— 46.32 diol; 61.7; 78.25; 79.18; 129.29. 3 sg. subj. dyholyo 79.29. pass. dyholyer 79.20, 26. imperat. pass. dyholyer 79.26; 80. 2,18.

dyholwr *an exile.* Puybynnac a dyholyer . . . dywyrnaut urth pob cantrew a uo yr argluyd . . . a hunnv yu oet dyholwr 79.21.

dylath see tylath.

dylesteyr *unimpeded, unhindered, free.* Ef a dely o pop pun kenud truy porth escheren a tenno en d. yr march 25.29. puybennac pyeufo er heryrn keueyryet ef uuent en d. yr geylguat 111.21.—38.30. llestyr, *(apparently the same as* 'llestr.' Ir. lestar *vat, etc.,) is used for 'prison' in Med.W. (see W.B. col. 255) but whether this is the negative of it in that sense is not clear to me.*

[dyleu] *to annul.* 3 pl. pret. dyleassant. er hen kefreythyeu a esteryasant ar ey onadunt a adassant y redec ar ey a emendassant ac er eyll en kubyl a d. 1.16.

dylur *hind, back.* O deruyd deuod chun e brenyn en hol hyd ay lad . . . rodher chuarthaur yr nep pyeufo e tyr e cuartaur dylur y pop perchen penhecen ar chuartaur rac y pop perchen kella 96.21.—96.25. tyget y perchenawc . . . uynet [y bugeilgi] ym blaen yr ysgrybyl y bore, a chadw eu dilyryeit y diwedyd. A.L.I 730.xiv. cf. Ir. lorg *track.* frim lorg *behind me.* see W.W. 2 lorg. cf. Corn. dylarg, dellarch *behind.* Bret. dilerch. see dylyrbren.

dylyet, delehet, delet *claim, right, debt, service.* Uchof e trayhuyd o ureynt a delehet er un suydauc ar pemdec 20.24. O deruit y din tebigu bot in rit macht oe wni o tallu peth or delet a hep talu kubel 45.22.—5.1; 24.4; 28.30; 45.29; 46.21; 47.2, 16;

48.30; 49.9; 51.1; 62.3, 15; 82.24; 126.14; 127.15, 16; 128.5. pl. deleedyon 34.17; 47.3. delhedyon 34.20. deletdyon 34.4.

dylyrbren *last choice* (?), *last lot* (?). Ony byd tey y mab yeuaw a dyly rannv holl trew tat ar hynaw dewyssau . . . os tey a uyd y braut eyl yeuaw a dyly rannv y tydynneu canys dylyrbren uyd ynteu yna ar yeuaw dewyssau ar y tydynneu 59.20. *so* P.MS. 35, p. 42a.1. cf. blaenbren *first choice, great privilege, supreme luck.* a blaenbren oed gan vn onadunt a gaffei vynet ar y croen hwnnw. W.B. col. 202.32. bwrw derwen blaynbren y blaid. P.MS. 71, p. 36. *so* 68, p. 100. Elisa oejd yn lys wenn vel i vnbrawd yn flaynbren. P.MS. 61, p. 37. Sef yw eu kynnefawt kynullaw holl wyr jeueingk y wlat rac bronn eu tywyssogyon a bwrw prenneu y rygthunt. Ac megys y del y coelbrenn' udunt y deholir. R.B.II 131.31. *The translation of* 'dilerbren' *as* 'measuring rod or instrument,' *etc.* (see Pughe, L.W.; D.S.E.; A.O.) *appears to us obviously untenable and based on a misapprehension of the whole text. When anything which belonged to two or more parties was to be divided one was to divide the other to choose, e.g.* e gureyc pyeu rannu e gur pyeu deuyssau. A.L.I 80.1. etyued y braut yeuaw [a dyly] cystadylhau (*divide in equal portions*) ac edyuet yr hynaw dewyssaw 168.iv, etc. *In the first part of the text the younger son divides first and so is the last to receive his share. In the second part the "next youngest" is to divide and so he is now to be the last to choose instead of last but one as before.* see dylur.

dylys, dilis *valid, acceptable, free, secure.* puipennac a gusto gust adeuedic a tebiccu honau ef vrth na does vach arnau bot e guestel en anilis. nini a deuedun dikutau hunu ae y vod en dilis 46.5. O deruyt y gur mennu escar ay gureyc a mennu ohonau gureyc arall dylis eu e cantaf 39.3.—43.10; 47.32; 56.26; 62.27; 132.13. see llyssu, dillusu.

dylysruyd, dilisruid (*a*) *indisputable claim, property, integrity, validity.* o llau argluid nac o llau vach nid reyt mach ar d. e guistil kani guadant huy y roi 48.16. nit reit kemrit mach ar d. ariant 48.36. cf. Eng. '*money has no ear-mark*'=unryw vyd pop aryant ae gilyd. A.L.II 340.17. Nyt reyt mach ar d. da can greyc 40.29.—48.8, 17, 21, 36; 119.4. Sef yv d. bot yn warant yr neb ae prynho hyt na allo arall na dala na damdvg na phrofi meddyant namyn y uot yn eidav ef. A.L.II 741.1.

(*b*) *compensation for violating integrity* (?). o deruyd e gur adef duen treys ar gureyc talet. xii. myu en dyruy yr arglujt

J

ae hamobor yr argluyt ac os moruyn vyt. e coguyll aej haguedhy . . . ay huenepuuert ae d. 37.25.—133.22=*Si quis uoilenter puellam cognouerit, reddat domino mercedem et dyruy: puelle uero suam iniuriam, et egwedy [dotem].* *ct* edylysruyt [*evictionem*] *det.* A.L.II 794.xix.

dillusu *to give up, abandon, renounce.* O deruit y dyn kemrit arall ar i oruodogyaith ac oyt arnau a kin or oyt dillusu or llourud e goruodauc 50.31. a bot yn well ganthunt dilyssu eu teyrnget no hynny. R.B.II 121.10.

dylyu, delehu, deleu *to be due, deserve, be obliged to, to owe, to merit.* Gwynwyr o wlat arall a trayano ac argluyd o delyir eu bot yn lladron gwerth. ac o lledyr dylyu galanas amdanunt 83.1. y lety eu e ty nessaf yr escubaur urth deleu ohonau ef rannu er ebran 13.6. Sew a dyweyt y gyureyth yna dyfody yr amobyr yr argluyd cany allus y chadu rac treys ac ew yn dylyu y chadu 133.29. ny dyly untyr bot yn dyurenhyn o byd abbatyr ew a dyly udunt o bydant leygyon dyruy a chamlvru . . . o byd escoptyr ew a dyly llvyd a lledrat 60.10.—1.9; 13.13; 45.23; 48.1, 18; 49.9, 27; 51.20; 52.5; 53.7; 54.11; 61.10, 11; 62.28; 73.7; 75.5, 6, 7, 8; 110.23; 111.6; 116.23; 120.17; 123.17; 130.17, 24; 132.29; 133.8. 1 pres. deleauy 49.13; deleau 53.11. 2 sg. deleedi 49.14; deleidy 49.15; dylyy 130.12. 3 sg. dly, deley, dele, dyly, dely 3.21, 22, 23; 4.4-16; 5.2-23, etc. 3 pl. deleant, dylyant 2.13; 4.14; 7.7, etc. pass. deleyr 7.6; 8.10, etc. dylyir 59.29; 60.18, etc. dylyr 69.16, etc. delyr 66.29. *for* dydyir 81.12 *read* dylyir. 3 sg. pres. subj. deleho 9.31; 16.27; 37.25; 38.3; 46.33; 48.23; 50.28; 51.12,25; 88.6; 117.22; 119.21; 122.12; dylyho 61.24; 62.6; 63.14; 74.4. 3 pl. dylyoynt 64.8; dylyoent 75.23; dylyhoynt 79.3; deleoent (?) 44.20. pass. deleher 54.1; 113.20; 114.19; 128.1; dylyer 80.7. 3 sg. impf. dylyey 81.19; 130.19. pass. dyleyt 47.33.

dyllat *clothes.* ef a dely y dyllat a uo am e brenyn 8.28. pan dano d. ar e guely 22.22. guaet d. *clothes of a wounded person given in return for medical attendance* 7.20; 18.5.—7.9, 10; 8.28; 14.11, 15, 24; 18.5; 21.16; 23.26; 25.9; 26.23; 27.17; 28.23; 33.16, 17, 18, 19; 34.1; 104.7. Ir. dillat *garment, suit of clothes.* B.L.G. see Ped.I 24.

dyllallu 23.3 see dyuallu.

dylluc *to free, release.* em pop amser y d. escrybyl o karcar ny deleyr namen aryant 112.14.

dym, dim, djm *a thing, bit, part.* na guenelynt dym namyn kan y kaghor ef 7.11. ny vruernir ir kannogon kumeint a dim

46.2. ny dele enteu roy d. o henne 4.4.—4.4; 13.24; 26.21; 27.5; 34.16; 35.28; 36.2, 10, 20; 38.9, 14; 39.5; 40.4, 28; 44.10; 46.2; 47.25; 49.13, 14, 15; 62.12; 63.1, 2; 64.17; 67.3; 75.13; 79.23; 80.17; 81.5; 82.22; 85.3, 5, 9; 91.19; 106.16; 108.15; 110.27; 118.11; 120.9, 16, 21, 22; 122.16; 123.3, 22; 125.23; 132.23, 27; 133.10; 134.29.

dymey *halfpenny, half the curt penny and a third of the legal penny.* 93.22; 94.8, 13, 20; 100.6, 14, 15, 16, 18. 101.10 dym; 105.5, 9; 112. 17; 129.6. a phan wnaethbwyd cyfreith Hywel nat oedd ffyrdling. canys wedy y gwahanwyt ceynyoc yn ddimeu a ffyrdling. A.L.II 596.ix. canys dymey yu traian e kennyauc keureyth. Ll.MS. 174, p. 55.24. P.MS. 35, f. 21b.6.

dyn *man, human being.* . llu .vii. nyn eam e mam ay tat 36.6. o duc dyn gureyc lathlud 36.13. O deruyt e gureic llat dyn hy a dele cafael k. paladar a hunnu eu e dyn ae kemmer ac nys tal 41.15.—4.19; 6.4, 15; 9.19, 22, 26, 27; 12.26, 27, etc. pl. dynyon, denyon 8.7; 48.24; 53.20; 54.20; 59.1; 77.12; 88.20; 120.2, 3, 24; 121.4; 123.13, 18, 19; 129.28; 135.8.

dynaguet, dynauguet *a steer, heifer.* d. guru vn kerdhed a dynaued vanu 92.2. roder d. bluyd en y llau 36.8.—92.3, 18.

dynessyt *citizen;* (genit.) *of best quality.* pop mantell d. .xxiiii. 104.14.

dynesyc *belonging to a city, of the best quality.* [guerth] pop capan d. .xxiiii. 104.16. Coch dynesic & coch tanesig yw coch y dre & coch y ddinas ne r coch gore. P.MS. 169, p. 224. cf. y colled llawer o bentrefydd Dinesig. Iolo MSS. p. 42. Anno. 353. cf. guerth tudedyn parawt ygkyfreith Howel da xxiiii. aryant. A.L.I 792. xviii. see M.A. 927 §§77, 78.

dynneu 88.2 *read* dyuuyn. Ll.MS. 174, p. 113.13.

dynot *free* (?), *without any distinguishing mark.* llv deudeg wyr am uarch a tryugeynt aryant . . . a hanner hynny yn wyr not ar hanner arall yn wyr dynot 79.2.—85.23. Reithwr not a dyly tygu bot yn lan llw y neb y tygo ygyt ac ef. O ffalla un gwr onadunt palledic uyd y reith oll. Reithwr dinot a dyly tygu bot yn tebycaf gantaw bot yn wir a twng. ket pallo reith gyffredin yn ol y deuparth y dylyir barnu. P.MS. 35, f. 73a.3. gwyr dynot=gwyr addfwyn. L.W. 208 §14. cf. a heuyt hi a wydyat y vot yn oreu marchawc urdawl or holl vyt. ae vot yn dynodus o bop gwyd. H.MSS.I 273.8. tri dyn diouredawc a dylyant vot yny reith honno [o varchogaeth a lliein a gwreic], A.L.I 408.1, *appears to describe the same persons as the* gwyr not *of* 85.23. see not.

[diot] *to remove, displace, depose, clear.* subj. pass. dyother. or pan d. e maer eny doter arall 15.18. 3 pret. rydyodes. ac ony cheyf o henuaes ardet yr hyn r. or koet pedeyr blynet ew 63.23. aruer6ch . . oc a6ch nerthoed y diot ymein hyn. R.B.II 168.20. arho hep y gwalchmei mi a diodaf y arueu y am y gwr . . . yna y diodes gwalchmei y holl arueu. W.B. p. 289.17. cf. odi *to cast.* Meglyt a oruc yspadaden penka6r yn un or tri llechwayó g6enh6ynic . . . ae odi ar eu hol. W.B. col. 477.23 = dodi. R.B.I 118.25. diodedic y wisc. R.B.II 153.15.

dyodew *to suffer, allow, submit to.* O dyryd mab uchelwr y uab ar uab eyllt argluyd ar ueythryn gan y gannyat neu gan y dyodew undyd a bluydyn ohanav 68.20. mab d. yu mab a dyco gwreyc y ur yn gyureythyaul a dyodew or gur hep y wadu un dyd a bluydyn 73.16. a dyodew haul ac atep ohanav 131.6.— 35.27; 73.14, 16, 17, 20; 124.23. 3 sg. subj. dyodeuo 63.5.

dioer, dioyr *certain,* excl. *forsooth, surely.* deueduit or haullur dioer mach a deleauy . . . dioyr hep e llall nit mach ar ny vo mach 49.13. *v.l.* Duw a wyr. L.W. 97 §2. duw a wyr *and* diohir *or* dioer *are often used without any apparent distinction in the Laws.*

dyofryt *vow, oath.* Ac a dodassant eu hemendyt ar er egnat a kamero d. braut ac ar er argluyt ay rodhey ydau ar ny huypey teyr kolhouen kefreyt 1.25. ae mynet yn vanaches ae y mywn diofryt arall. A.L.I 530.liii. tri dyn dioureda6c a dylyant vot yny reith honno o varchogaeth a lliein a g6reic. A.L.I 408.1. *This has nothing, at any rate directly, to do with* 'bryd' *mind* (B.Cwsc.Gloss.) *but is rather a v. noun corresponding to* 'edryd,' 'cymryd.' *The* 1st sg. pres. ind. *occurs in* B.Tal. 65.20 (A.B. 196.8). Namyn ydu6 vchaf nys dioferaf.

dyogel, dyhochel, dyhoghel, diokel *safe, out of peril.* naud e penkynyd eu duyn dyn a guenel kam hyd enyokel uo 17.13.— 4.19; 6.4; 9.23; 19.14; 21.4; 26.15; 45.28. superl. dyogelhaw *best established* 82.21.

[dyosg] *to strip, lay bare.* 3 sg. pret. dyosges. ny dyly braud bod yn goedur yr braud arall. namyn talet ydau coet cystal ar hun a d. ew 63.21.

dyr, dir *due, necessary, certain.* pob dyn a holer y alanas a dylyir y enwy erbyn y henv . . . ac ny ellyr enwy nep yny uedydyer ac urth hynny y mae dyr y uot ynteu ar ureynt gur yny uedydyer 70.15.—50.24; 73.11. A fo da gan Dduw ys dir. Dr.D.Prov. pechod . . . yw achos pob dir a chyny drwy'r tir.

Ll.MS. 202, p. 167. cf. diryaw=*to compel.* W.B. col. 438.38. diryawc. M.A. 215a.13. Ir. dĩir *proprius, conveniens*; dir *congruum.* Zimmer Celt.Stud.I 107.

dyrchaw *to attack, set on.* kany dyly y genedyl namyn sarhaet eu car ay alanas. ac nat oes yn hynny na dyrchaw na gossot. na gwaet na gwely na choll eneyt 75.11. cf. diffryt dyn rac . . . drychaf arf. A.L.II 312.iv. pan ladher y gelein drychaf a gossot arnei. II 40.vi. drychaf law arnaw dyrnawt mawr. W.B. col. 124.29. =a dyrchauel lla6 arna6. ae dara6 dyrna6t ma6r. R.B.I 201.21. Sef yu er emlad dyrchaf a gossot a guaet a guely. Ll.MS. 174, p. 97.20.

derchauael, darcauael *to raise, enhance the value of, produce* y sarhaet .vi. byu a vi.xx aryant kany darcauael 20.23. ef a dely . . . hucc a hallo ef erbyn y gurych y derchauael ay un llau 26.4. pa haullur pennac a dercauo testestion en dit colli caffael a darchavael ereill or amdifennir eny erbin 56.29.—92.5; 98.13. 3 sg. pres. ind. derkeyf, dyrcheyw 4.25; 77.7; 90.16; 91.1; 92.7. pass. derckeuyr 3.4; 14.4; 35.12. 3 pres. subj. dercauo 56.29. see ardyrchauael.

dernaut *thrust, blow.* ef a dely medhecynyaet rad . . . onyt un or teyr guely arperykyl uyd sef eu e rey heny. d. em pen hyd er emenyt d. hyd er emescar 7.22.—18.6; 105.23, 25.

derneyt *written* derneneyt 25.29 *handful.* ef a del[y] o pop anrec a el truy e porth d. 25.29. *written* derneyt. Ll.MS. 174, p. 33.24.

dernuet m. *hand-breadth.* kanuyllyd . . . a dely d. o pob kanuyll a dalylo en y durn 23.12. keruyn . . . nau nyruet yn y hyt 69.8., =a chervyneit gvryf o nav ryvant. Ll.MS. 69, p. 124.26.—10.30; 13.25; 20.13; 68.22; 69.10, 17, 18. deu uoel dyrnuet 69.26 = dyrnued . . . ae uawt yn y seuyll. A.L.I 770.xi. *so also* L.W. 175 dau foel ddyrnfedd=dyrnfedd ai fawd yn ei sefyll. see moel. cf. Ir. mail-dorn. *The dorn or "fist" with the thumb closed in (called mail-dorn bare fist) was 5 inches; with the thumb extended (called airtem fist) 6 inches.* Joyce II 373. see also Airtem. B.L.G. and M.L.

dyrnu *to thrash.* vynt a dylyant dyrnu a chrassu a medy a llywnu 68.14.

[**dyrodi** (?)] *to give, put.* 3 sg. pres. ind. dyry, dere, dyryd. O dyryd mab uchelwr y uab ar uab eyllt 68.18.—54.7; 76.10, 11.

dyruy *fine, the heaviest fine imposed by the law and was six times the simple 'camlwrw.'* wrth hynny yr argluyd a dyly

camlurv amdanadunt . . . cany bu ymlad yno pey ymlad a
uey dyruy yr argluyd a uydey 75.3. Naw affeyth lledrat . . .
Sew yu eu dyrwy deudec muw ney teyr punt 78.22.—6.14, 16;
9.18, 19, 21; 11.10; 13.29; 15.12; 16.1; 20.31; 24.20; 26.9; 29.27;
37.23; 41.23; 60.9; 68.6; 70.17, 18; 75.17; 78.22; 79.16; 80.22;
87.21; 106.22. Tri ryw dirwy yssyd vn o ymlad ac arall o treis
tryded o letrat. P.MS. 36b, p. 43.7. *The usual expression in
the Latin laws is* multa publica. see camlurw.

dyruyauc *condemned to pay* dyruy. Ac os maed gan guynau
or mab racdau ew a uyd dyruyauc 71.5.—29.18.

dyruyn *to wind.* estellaut d. 100.25 *yarn winder.* (A.O.)

dysc *education, learning, training.* e penkerd . . . a dely
ykan pop kerdaur guedy ed emadauh ay dysc .xxiiii. 28.15.

descu *to learn.* teyr keluydyt ny dely mab tayauc eu descu
heb kanyat y argluyd 29.21.

dyskyl, deskel *dish, platter.* troydau[c] . . . a dely buyta
yar un d. ar *brenhyn* 24.14.—5.8; 20.11, 12; 23.15; 24.14; 33.12;
101.5, 6. pl. deskeleu 13.12.

dyskennu *to descend, dismount, lapse.* puebennac a decho
march en aghauarc .iiii. eskyn . . . ny deleyr am d. canys
yaun eu d. can eskenhuyt 89.13. canys yn petwarygur yd a
dyn yn pryodaur, ac nid y uelly y dysgyn dyn oe pryodolder
yny uo yn alldut 61.6. 3 sg. pres. dysgyn 61.6. 3 sg. pres.
subj. dyskenho 11.4; 23.31.

dissiuit *sudden, without warning.* Ni dele y dithun kaifail
ateb e dithun. kanis haul d. yu ar guercheidveith. ac urth
hinni i guercheidveith a deleant oyt urth porth 52.3. d.=Lat.
de subito. Loth p. 161.

dysteyn *principal steward over the household.* e dysteyn . . .
essyt pen ar er holl suydguyr 9.9.—6.2; 7.17; 9.3-27; 10.11-21;
11.1; 14.1, 25; 15.14, 22; 17.20, 25; 18.30, 33; 19.15, 27, 29;
20.3-27; 21.1-8; 23.3, 6; 30.2; 56.21; 78.1; 127.24. d.=Ang. Sax.
disc-thegn *literally 'dish-servant.'* W.P. p. 198.

disteinniat *office of* "dysteyn." Gober kereishiaul e brenin
. . . o tir e bo suyd ohonau mal penhebogyaet neu d. . . . punt
56.17.

dystryw *to break down, destroy.* 3 sg. pres. subj. dystreuho.
puebennac a d. neuat e brenyn talet .xi. o pop gauael a
kanalyho e nen 98.25. d.=Lat. destruo. Loth.

dyuul see dywyll.

duun *agreeable.* ac erchi y paup deuot ay devnidev kanthau e did hynnu hit ar e tir kenebo d. kan e duybleyd hinny 53.41.

dyundab *agreement, compact.* ew a dyguyd traygyuen eythyr un peth yny bo d. tat a brodyr a cheuyndyru . . . am talu tyr yn waetyr 62.18.

dyguall *unfailing, complete, careful.* er amaeth ar keylguad byeu kadu ereyn hene en d. a gueneuthur ydau kestal ac yr eudun ehun 109.4.

dyuallu *to furnish, supply.* Pemdecuet eu e koc . . . e dysteyn a dely y d. o holl leseuoet 20.3.—12.7; 18.26; 22.13; 68.12; 112.1. dyllallu 23.3. Ac yn ky6eirya6 y tei oll ac yn eu di6allu o wellt a than. R.B.I 256.17.

dywarawun *without objection or obstruction.* ac os keiff gather ydy en d. y breint 51.24.

deueduyt, dyweduyt, deudeuit, deueduet, deuedut *to say, declare, command, inform.* O deruyd ydau ef deueduyt bod dyn yn kydleydyr ac ef 31.16. yaun ir egnat d. kosb er anostec 54.9. d. ar *to accuse.* o deruyt e gureyc deueduyt ar gur duyn treys arney 37.15.—30.30; 31.3; 40.7, 14; 45.10; 45.11 (deueuit); 46.13; 47.35; 48.32; 49.11, 12, 25; 51.3, 22; 52.31, 36; 53.1, 2, 3; 54.5, 7, 22, 27; 55.3, 7, 8; 80.9; 81.2, 3, 5; 121.25; 130.8, 9; 132.5; 133.16, 17, 26; 134.4; 135.6. 1 sg. pres. ind. dewedau 53.12. 3 sg. deueyt, dyweyt 4.10; 9.25; 11.17; 12.1; 16.10; 22.1; 26.21; 36.4; 37.2 (deguejt); 40.13, 16; 41.4; 42.5; 45.1; 47.4; 48.11; 49.19 (deueiht); 49.26; 52.2; 56.30; 59.15; 61.6, 18, 25, 27, 29; 62.3, 7, 8, 11, 28, 29; 63.6, 28; 64.14; 68.17; 70.5, 10, 11; 73.5; 75.4, 9; 77.13; 79.19; 82.20; 104.6, 9; 111.5; 113.16; 120.16; 123.17; 128.21, 23, 27; 129.1, 22; 130.19, 25, 28; 134.2; 135.4. 1 pl. deuedun 40.23, 27; 45.20, 22; 46.5, 22; 47.5, 36; 48.1, 7, 11, 12; 49.15, 29; 50.18; 53.9, 14; 110.6, 10; 110.14 (deguedun); 110.19, 25; 111.9, 13; 130.20, 25; 132.18; 133.8; 134.19, 23. 3 pl. dewedant 47.6; 53.34-36; deweduuant 52.5; dewant 53.35. pass. dewedyr 13.14; dywedyr 133.4. 3 sg. pres. subj. deueto 29.28; 73.14; 79.11; deuetho 22.24; 49.18; 51.20; 53.8; dewetto 52.24; teueto 115.5; etuethyo 39.28. 3 pl. deuedoent 54.17; 55.8; 120.20; deueteien 120.25; deuedunt 54.16. pass. deueter 19.5; 52.24; 54.10; 79.17; 120.26; devether 52.25. 3 sg. imperat. dywedet 80.8, 11, 15; 82.2, 6; 132.3. 3 pl. deuedent 50.2. 3 sg. pret. deuaut 44.9; dywaut 133.21. 1 pl. duedassam 30.23; 34.5; dewethassam 45.7; rydywedassam 72.13; 73.12; 132.7. 3 pl. deuedassant 50.3; 53.17. pass. deueduet 40.19; dywetpuyt 72.10; rydwetpuyt.

dyuet *end.* hyd en d. e guahanuyn 10.7. e popuryes . . . a dely . . . teyssen d. poby 27.18. Ir. diad *end.* B.L.G.

dyuethaf, dyuedaf superl. fr. diwedd *last, hindmost.* Or hoel kentaf hyd e dyuethaf 12.8.—9.26; 11.18; 12.25; 15.23; 19.32; 20.2, 19; 28.19; 34.23; 38.17; 45.23; 70.8; 74.18, 22; 107.24 (dyguedhaf); 123.15.

[**dywyll**] **dyuul** *training* (?). Ac ena e may gueneuthur y dyuul a deleho arnau nac amus na palfrey vo na gueynytuarc 88.6. L.W. 230 §4. Ll.MS. 174, p. 113.18. have 'dywyll.' cf. Ll.MS. 174, p. 102. ac os guarthec dywylyon uydant taru dewyl urth pob can muu onadunt.

dewillau *to till, cultivate.* Essef achaus e bit kaiat keureyth he kenhayf ar guaiannun urht dewillau e dayar en e d[e]u amser hene 51.31. diwylh, diwylhio = aredig. P.MS. 118, p. 471.

dywyn, dyhuyn, dyhuynt, dyuunt *to atone for, make amends, give compensation or satisfaction for in kind rather than money.* Am lukyr hyd . . . e may yaun dale ar e gayauar aryant hyd huel sanfreyt ac o hene allan dyuny llukyr 112.9. O deruyt kafael march tros kay en essu hyt. Nyt yaun y dalale namyn dyhuynt llukyr 115.8. yr hun a uo eneytuadeu ny dylyir dym oy da cany dylyir dywuyn a dyal eythyr talu yr colledyc yr eydau 82.23.—74.12; 82.23; 112.13; 115.10; 117.1; 119.13 (dyun); 119.16; 121.22. 3 sg. pres. dyhuc 120.3; diuc 46.9. pass. dyukyr, dyhuchyr. sef e d. escub yach en lle er claf 114.23.— 26.25; 36.20; 41.10; 86.10; 87.7; 90.3; 106.21; 111.4; 119.19; 120.7, 8; 121.7, 17; 134.16. 3 sg. pres. subj. dywyco 73.24; dyhuko 119.22. imperat. dyhuked 120.1. pass. dyucher 114.10, 23; dyhucher 115.15; dyhuycher 114.17; dyuecher 87.1.

dywuynau see [difwynaw].

dywyrnaut *a day.* Puybynnac a dyholyer . . . d. urth pob cantrew a uo yr argluyd . . . a hunnv yu oet dyholwr 79.21.

[**eang**] *written* 'yng' *freedom, liberty.* see yng.

ebaul m. *a colt, a young horse up to two years.* 112.17; 115.17, 20; 116.15. see saeth. pl. ebolyon 13.19; 22.3. ny dylyir y difwyn y lwgyr yny uo dwy vlwyd, canys hyt hynny y byd ebawl. A.L.II 114.lvii.

ebedyu, abedyu, ebedyhu *death duty; a sum, ranging from 16 to 120 pence, payable to the overlord.* A pan uo maru e penteulu e brenyn a dele y uarch ay arueu ay cun ay hebauc a hyny en lle ebedyu. kany deleyr ebedyu y aylaut e brenyn namen hy harneys 8.10. O byt gur a deu aylaut a tyr ydau adan bob un onadunt enteu a dele talu ebedyu y bob un onadunt 126.10. canyd oes 'e gureyc a. amen e hamobor 39.6.—4.7; 24.21; 29.27; 38.31; 39.6, 7, 8; 60.10; 66.17; 68.6, 8; 70.28; 82.28, 29; 124.11; 125.11-23; 126.2-21; 127.10-21; 128.2-7.

eboles *filly.* 90.4; 112.17.

ebolyauc *capable of bearing a foal.* teyty [eboles] tennu kar . . . a bot en ebolyauc 90.11. eboliauc [*apta . . . parere*]. A.L.II 892.1.

eb-ran m. *provender, the daily portion of provender for a horse.* e dysteyn . . . a dely deu ebran yu uarch 10.3. a seyth dreua o geyrch un ruym yn ebran 69.9.—4.19; 6.21; 12.3; 13.7; 27.6; 69.19; 70.1.

ebryll *April.* 88.9; 91.3; 116.14.

ebyll *peg, gimlet.* [guerth] e. dymey 100.6. cf. Ar dannedd gwynnion fal hen ebillion. M.A. 354a.37. *clauum* epill. Z². 106ɪ. o ebill i ebill *lath, stave.* Iolo MSS. 207.31 sqq. Bum ebill yngefel. M.A. 36a.

ec see yd.

echam 48.4 see cam.

echwng see hechuc.

[echuyd] hecuuyt *dinner hour, time of leaving off work before the mid-day rest.* dynaguet guru . . . y dody en arader ac od ard or bore hyd hecuuyd nauuetyt chuecraur byt ryd e neb ay guertho 92.11. Beunyd yrwg e. a hanner dyd disgynnei egylyon yn y llyn. H.MSS. 249.13. A thranoeth ygkylch awr echwyd . . . yd oed charlymaen ae niveroed yn kymryt eu kinyaw. II 35.5. Echvydd = o 9 hyd 12 ar y gloch. Rep.MSS. İ 1112. Diunner vcher ac echwyt. M.A. 193a.53. Echwyd a muchyd kymysgetor. A.B. 181.31. e. = Bret.Ec'hoaz *Le repos du bétail pendant la grande chaleur du jour.* L.G. cf. e. *evening milking time.* L.W. 177 §13. e. *evening.* M.A. 786.29. Traferth ych hyd echuydd. M.A. 859a.16.

eturet *to claim, declare, restore.* Guerth cath .iiii. y teythy guelet a clebot a llad llechod . . . ac o byt vn en eyssyeu ϵ. trayan y guerth 94.1. O deruit e din gueihur amot ac na menno y kadu. ac na guatho er amot er argluit bieu kemell y kadu val y haduᵉruero er amoduuir 50.5. pres. pass. atueryr 89.2. 3 sg. pres subj. aduero (*written* adueruero) 50.5. pret. pass. ryatueruyt 133.5. Bvgayl trefgord y edvyryt ar y

ryscrybyl o lledyr vn o nadvnt pwy ay lladod. A.L.II 256.viii.
This is often written edryt. O byd gmrysson am derwyn y rwg
dwydref vn vraynt . . . o byd kyhyt ev dav warchadw edryt o
betwargwr arvgain ohynavyait y kantref os gwybyddant. A.L.
II 294.ii. see II 378.iii; 386.xxi; 394.xli; 400.xviii. Ll.MS. 116,
2a.9, 20; 5.29; 28.37; 39.16, etc. see ad-ber *I say*. B.L.G.

edheyn 117.12 *read* y deudyn. *as* P.MS. 35, f. 79b.8.

edlyg m. *heir apparent to the throne.* Edlyg eu er hun a dele
gleduchu guedy guedy e brenyn ac a dele bod en anredetussaf
guedy e brenyn ar urenynes ef a dele y uod en uab neu en neu
yr brenyn 3.21.—4.5-21; 5.7; 9.29; 28.18; 40.18; 77.27; 127.9, 23;
133.19. see gwrthrychiad.

edrych, edrich *to see, examine, consider, declare* (?). Ac
guedi as creirhauont e may yaun vddunt menet allan ac edric
er hen jaunaf a ueloent urth a gluassant 55.9. O deruyt y
uoruyn dyweduyt ar vr duyn treys yarney ar gur yn gwadu
. . . sew y barn y gyureyth y hedrech sew ay hedrych yr edlyg
133.16.—44.2; 55.17; 134.8. imperat. pass. edrecher 109.20.
edrycher 134.4. 1 pl. pret. kammeint ac a deuedassam ni
vchod j guadu macht a dau j guadu pop vn onahunt vniteu
heruit val edreckassam ni vchof j guadu macht 45.18.

edrychyat *spectator, looker on.* Petweryd [afeyth galanas]
yu bot yn e. . . . nauvet yu gwelet y lad yny uyd ac nas dyfero
74.27. erdychiat [*spectator*]. A.L.II 833.iv. cf. *Quartum est,
esse spectator, id est,* keuarwyd. A.L.II 767.iv. cf. W.B. col.
253.4. val y gall6n vynet yn edrychyat ar y llu. *The* edrychyat
*who abstained from helping a man when attacked was regarded
as a* llygattrud *if the man was killed; and like the* sellach=
'*red-eyed looker on' of the Brehon Laws was punished.* see
A.L.I 404.xii sqq. Sellach. B.L.G.

edriu *to allot* (?), *allotment* (?). ach ac e. *hendiadys for,
'descent.'* Ac o bit a ameuho ydau ef y uot briodaur bot
kanthau entheu a kathuo y briodolder o ach ac edriu 53.5.—
5.10; 60.20; 61.3. (*written often* ach ac edryd, ach ac edvryt.)
cf. gwrth-riv-iad. A hawl g. sev hwnw etivedd cyssevin a
wrthbrito dir e genedyl a brided dan gov a chadw a chlyw
gwlad. M.A. 928a.55; *ibid.* b. §94. L.W. 375 §213. A.L.II
422.xx. Rhaid vydd i wr a ofynno tir ddwyn i ach ac edryd ir
tir megys tad neu hendad neu orhendad yn berchen ir tir hwnw
ai vod ynte yn dyfod o gorff y gwr hwnw ai vod yn dyfod ir tir
hwnw yn ddibasdart ddigyswyn ar tir yn ddised ddifforfed

hwnw a dichon gofyn estyn. P.MS. 86, p. 157. cf. gwrthriviad
=etivedd. A.L.II 520.xciv. L.W. 375.ccxiii-3. see cyfrif.

edwyc see heduch.

edyuar *repentant, sorry.* O deruyt y gur duyn moruyn
lladhllud . . . ac guedy henny bod en e. kanthau ef heny
31.10.—35.6; 47.27.

edyu see bod.

edeu see adaw.

edhy 34.21. see eydau.

edyl see anghenedyl.

eueden *brass vessel.* [guerth] e. da*mdung* 101.15. cf. presen
brass vessel; copren *copper vessel.* Med.M. 156 §317.

euedeyt *made of brass or bronze.* guarthaualeu o bedant
eureyt .viii. o bedant aryanėyt .iiii. o bydant euedeyt neu
dulys neu estavneyt .iiii. 103.23. *gl. by 'aena.'* A.L.II
887.xvi.

euernyc *a yearling goat in milk.* ac euelle e keyuyr eythyr
nad oes y he[s]byn namyn y bod en hesb ac euernyc eu vn
blyth 93.21. Ac y euyrnyc e mae canys hanner kerdet gauyr
yu er eydy un keynnyauc am e blith a dymey am y myn.
A.L.I 278.x and note d.

eferen see oferen.

eghuyt see guyt 2.

egnat see ynat.

egluys, ecluys f. *the church, a church, church building.* Er
egluis ar brenin a dele kemell bridiu kanes diu a kemerhuit cn
lle mach 49.31. O deruit bot egluys a dewetho deleu kenhal
dyn ar e nodua . . . a bot er argluyt a uo ar e wlat en
gurthunebu ydy hynny 51.20. O byt ecluys ar y tyr 125.15.
mam e. *metropolitan church.* puybenac a guenel kam y uam
ecluys talet .xiiii. punt er hanner yr abat . . . ar llall erug er
efeyryat ar clas 30.15. cf. Nyt oes vn reith a dylyer kyrchu
mam eglwys a hi mwy no llan arall, onyt am wadu mab neu y
gymryt; y deu peth hynny ny dylyir namyn y mywn mam
eglwys. A.L.II 112.li. yny kyuarffei teruyn llys arglwyd a
theruyn esgobty y uam eglwys a teruyna. P.MS. 35, f. 74a.16.
(see A.L.II 772.viii; 842.xx)—30.18; 34.17; 49.24, 32; 51.23, 24;
52.3; 59.4; 60.13; 72.3, 9, 13; 73.27; 80.12, 13; 82.27; 124.8;
134.10.

eghy *to give birth.* O deruyt beychyhochy gueynydauc a cayth. e nep ay beychyoco a dele roy greyc arall y guasanaethu eny lle eny agho . . . ac o byt maru en heghy talu e guert 38.27. 3 sg. subj. pres. agho 37.5; 38.29, 30; 130.22. I helpu gwraig i engi. Old Leech Book, p. 84.

egil *an angel.* essef achaus yv ket boet kefreis ae kilit ar a daear erug din ay gilit. Nid ois keureith erug diauul a gilid ac nid oes keureith erug egil a gilid namin evvlis diu 47.9. *so* Ll.MS. 174, p. 57.23, 24. cf. Aruolledigaeth y dia6l dros egyl goleuat. R.B.II 245.6. A Sande pryd angel ny dodes neb y way6 ynda6 yghamlan rac y decket pa6b adebygynt y uod yn engyl canhorth6y. W.B. col. 463.2. vy mam hep y peredur pa beth yw yrei rackaw engylyon vy map hep hi. Minheu aaf yn engyl ygyt ac wynt. W.B. p. 286.26. R.B.I 194.18. =egylyon uy mab heb hi yd afi yn agel ygyt ac 6ynt heb y peredur. cf. y diefyl (sg.) gan howel davi. P.MS. 67, p. 67. *It appears to be a new sg. formed from the new pl.* engylyon *or the old pl. was kept as a sg. to distinguish it from the new pl.*

ehedec *to fly.* O deruyd y dyn en duen tan o ty arall ehedec tan ykantau 87.12. kanys ehedec a allant [e guydeu] 114.13.

ehol see geol.

ehu see bot.

eil see gallu.

eleyn *a fawn.* vnguert yurc a buc a gauar a yerchel ac eleyn a myn 97.9. pl. alanet. e manescrybyl sef eu e rey heny deueyt ar huyn ar meneu ar yrch ac alanet 9.15. Sef tri llydyn oedynt carw ac ewig ac elein cryf. R.B.I 66.20. W.B. col. 91.16. Elain *do (doe)* eilon hydh. P.MS. 118, p. 467. Ir. elit *doe.* W.W.

eli see eyl, rudeli.

elidir pr. n. Eman e llas elidir muhenuaur gur or kocled ɐc guedi y lad e doeht guir e koclet ema oy dial 41.26. 41.30.

eloy see holy.

elu *profit, gain.* O deruyd y dyn rody aryant neu ysgrybyl ar arall ac or da hunnv kywnewydyau ac elwha . . . a cheyssyau or neb pyeyfo yr aryant yr elu. Nyny a dywedun na dylyir 132.16.—89.19. see helw.

elwha *to make profit* 132.17. cf. R.B.II 148.27. yny dielweo y neill y llall o amylder y deil.

elyn *elbow.* chwethorth o uara . . . yn gyulet ac o elyn hyt ar y durn 69.22.—106.15. cf. a thrigyaw elin yr geing ar y llawr. Eluc. 120.18. ac yn diannot ydiffrwythawd ydwylaw. hyt ympenn y elined. Eluc. 82.20. Ir. ule. acc. uilinn *elbow*.

ellwng see gollwng.

emaruoll see ym-.

emcuelo see ymchuelyd

emen see pen.

[**emendau**] *to amend, correct.* 3 pl. pret. emendassant. er hen kefreythyeu a esteryasant a rey onadunt a adassant y redec a rey a emendassant 1.15. *the* vb. noun *occurs as* emendau, emendanav, emendenav. Eluc. 56.17; 29.20; 34.28. emendanav. P.MS. 15, p. 81.

emendyth *curse.* a ossodassant eu hemendyth ar hon kamry holl ar e nep egkemry a lecrey heb eu kadu e kefreytheu 1.22.—1.24.

emkafoent see ymgaffael.

emrecholl see am-.

emys see amus.

ene see yny

enanat 28.11 ynat.

eneyt *life.* O deruyd y dyn gyrru brau ar arall ac ar brau hunnv colly y eneyt or dyn 134.14.—70.9; 75.12; 134.17.

eneytuadeu *doomed, life-forfeited.* O deruyd y dyn llad arall a gwenuyn galanas deudyblyc a tal. canys fyrnyc yu neu ynteu yn eneyt uadeu. am y neyll alanas ay dyhenyd ew yn ewyllys yr argluyd nay grogy nay losgy a uynno 129.25.—79.17, 25, 27; 80.17; 82.19, 20; 83.3; 129.25. see madeu.

eneynt *bath.* try tan ny dyukyr tan godeyt maurth a tan geueyl . . . a tan eneynt trefcort a uo seyth uryt yurth e tey ereyll 86.13. see R.B.I 76.11, 12.

enguy see enwy.

enhorob 69.10. see hannerob.

enlip m. *scandal, reproach.* O deruyt enllibyau gur ar greyc e treikil cantaf llu .vii. graget . . . o henne allan am pop enlip .1. 41.14. tri enllib yssyd ar wreic. sef ynt. y chaffel yn dyuot o goet neu o wacty neu dan vn vantell. A.L.II 54.xix. cf. Ll.MS. 202, p. 95. lladron na llibwyr.

enllibyau *to slander, reproach.* see enlip. Tri argae gwaet :

gwaet hyt rann; a g. hyt gwll; a g. hyt lawr : or deu y bydir digwyn ny dylyir dim; am y trydyd ot enllibyir ef a dylyir am waetleu y daear. A.L.II 40.iii. see I 690.xi. e.=hort. P.MS. 169, p. 232.

enllyn *companage, souling, anything eaten with bread.* Ac ny dylyant eyghyau namyn y nos gyntaw o chahant bara ac un enllyn 67.23. Sew ual y rennyr y punt honno chweugeynt yr bara a tryugeynt yr llyn a tryugeynt yr enllyn 69.15.—25.17; 26.18. Goreu un enllyn halen. M.A. 777b.1. pro enllyn [*companagio*]. A.L.II 783.xiii; 830.xxii. *pro dapibus aliis, id est,* enlyn. II 827.v. enllyn trwyn *snuff.* Hanes Llan. p. 144. e.=Ir. anlann, annlann *sauce, condiment, pickles; applied to fish, meat, etc., taken with bread.* Dineen. see also Meyer. Vis.Maccon.

henw *name.* pob dyn a holer y alanas a dylyir y enwy erbyn y henv 70.13.—70.14; 72.8.

enwy *to name, call, specify.* ac yna gouyn yr amdyfynnvr puy dy gyghaus puy dy ganllav. ac yna enwy puy ynt 132.1. ny ellyr enwy nep erbyn y henw yny uedydyer 70.14. O deruyd roy greyc y gur ac enguy da 40.25.—52.33, 38; 70.13; 81.22. 3 sg. pret. enguis 54.15.

enwywet *injury, damage.* Sew y turyw ac e. llosgy tey a thorry aradyr 63.8.—63.5. Sef yw twrwf ac eniwed llosgi tei neu dori erydyr hyny yw twryf. Eniwed yw kwyn mynych wrth wlad ac arglwyd. Ll.MS. 116, p. 84.11.

enyll *yield, produce.* trayan a kafo o e. o tyr 2.18. Ir. indile *cattle, property, moveables.* B.L.G.

ennill *to restore.* Ac ny dele kamrit tir . . . ac o kemmer ay kolli ohonau en kefreihaul ny deleir e ennill ydau 56.25.

[**ennynhu**] *to take fire, to burn.* Nau afeyt tan . . . seysuet kaneu tan eny eneno 85.18.—86.16. 3 sg. pres. subj. eneno. pass. enynher 20.18. 3 sg. pret. ind. enenus 88.25. Ir. ad-annaim *to light.* Pass.Hom.

epyl *offspring.* O deruyd duyn huch y dyn yn lledrat a meythryn o honey epyl 132.24.—132.22.

er see yd, yr.

erbytyus (?) 86.17 *read* erbynnyws (?). Ll.MS. 174, p. 112.12, etc.

erbyn (*a*) prep. *against, before, by.* puybenac a deueto geyr anguar en erbyn e brenyn 29.28. ac erbyn e nodolyc deuent ar e brenyn 17.9. rodi naud en e un o tri peht 51.3. enwy nep erbyn y henw 70.14. huc a hallo ef erbyn y gurych y derchauael 26.4.—21.17; 37.21; 50.23; 62.26; 69.23; 70.13; 72.8; 74.20; 80.16; 92.13.

(b) noun *opposition.* a bot pryodaur en eistet en i erbin 56.11. ac v̇rth henne ene lle bo kehedet e kefreyth ny dyhucyr namen eu bot erbyn en erbyn 87.7.—51.5; 56.30; 61.11, 16; 134.17, 18, 26.

erbynnyau *to receive.* maer bysweyl ny dyly . . . namyn e. da y brenhyn ygan y meyrydyon 67.28.—78.19. 3 sg. pret. erbynnyus 81.12. erbytyus *for* erbynyus 86.17.

erchy, erchi, erky *to bid, request.* Ac ena e may yaun yr eneit erchi ydau enteu duyn y keditveit ay testion y eu muinhau 54.12. ny dyly erchy namyn penkerd 28.13.—52.2; 53.40; 54.8 hercki; 117.19 herchy; 124.18 erky; 128.17. 3 sg. pres. ind. eyrc 30.25; 40.8. 3 subj. archo 18.1; 86.8, 9.

erkyd m. *cast, throw.* buru e. ay a mayn ay a sayth 123.6.

[**ergydyaw**] *to reach.* ef a dele emdeyth ene uenwent ar gorfflan . . . ai escribil ygit ac escribil e clas ar abbadeu hit e deluuint pellaw ac ed ergeduynt e buches tracheuen 51.17. 3 pl. pres. subj. P.MS. 35, f. 30b.6 *has* ergytyont.

erlyt, erlyd, erlit *to pursue, chase.* O deruyd y forthaul yar e fort gueled anyueyl . . . ay erlyd enyhu godhyhuedho 123.5.— 47.6. e. cyureyth *to institute legal action* 79.16.—14.16; 20.18; 123.8. 3 sg. imper. erlynet 44.26. erlyt vn. & erlynet imperat. Ll.MS. 174, p. 54.2, 3, etc. 'erlyn' *as a v.n. appears to be a new formation from the finite stem.*

[**erthylu**] *to give birth out of time.* Ny deleyr dody na meyrch na kessyc na bucc en arader ac o dodyr ked erthelo a kessyc a guarthec ny dyukyr 111.3. 3 sg. pres. subj. erthylo.

eru, yru f. *an acre.* Messur eru gyureythyaul petwar troetued yny uerryeu vyth yn yr eyl yeu. deudec yny gesseylyeu. unarbymthec yn yr hyryeu. a gwyalen gyhyt a honno yn llau y geylwat. ar llau arall ar yr yscur peruet yr yeu. a hyt yr arhaydo a honno o bop parth ydau yn llet yr erw ay dec arugeyn yny hyt 59.11. e. guyd *the last acre of the* cyfar *for the maintenance of the plough* 107.24. e. er hecc dw *the acre of the ox that died before the end of the* cyfar 108.12.—51.19; 59.8, 9, 11, 15; 60.2; 65.7, 11, 12, 21, 26; 66.7, 24; 107.6; 108.7, 21, 22; 109.20; 111.7, 10. pl. erwy, eruuy 65.20.—29; 107.21. un troetued ar pympthec a vyd yn hyt yr hirieu ac vn ieu ar pymthec a wnant yr erw o hyt a dwy vyd y llet. P.MS. 36a, p. 67.22.

escop *a bishop.* teyr gorsetua ysyd allant gwneuthur eu cabydul ehun yn y lle na llesteyryhoynt keureyth y brenhyn sew yu y rey hynny abat ac escop ac hyspyty 60.14. ar eyl [suydauc] eu efeyryat teulu . . . ny del[e] escop persony nep ar sapeleu e brenyn heb y kanyat 9.2.—13.9, 10; 60.12; 121.5; 123.24; 124.3, 5, 6, 7. pl. esgyp 63.27. see A.L.II 364.xiii; 400.

escoptyr *land belonging to a bishop.* ny dyly untyr bot yn dyurenhyn . . . o byt e. ew a dyly llvyd a lledrat 60.10.

[eskyd] *shoe.* pl. eskydyeu. [guerth] e. careyauc .11. 103.11.— 22.20; 38.12 skjdyeu. Eskidieu carreiauc [*calcei corrigiati*]. A.L.II 888.xxi.

eskyn see yskyn.

eskenu, eskyn *to ascend, mount, elevate, to roost.* ef a dely . . . dyuuallu y uarch . . . ay duyn ydau y eskennu arnau pan uarchoco 12.9. ac ony byd ereyll ar y tyr wedy eu hesgynnu yn bryodoryon 61.10. pop keu escub keyryc neu firdlyc [a tal] eny eskenno 94.12.—24.3; 89.12. 3 sg. pres. subj. eskenho 23.31; 71.10; 94.12. pret. pass. eskenhuyt 89.13. see A.L.II 594.vi.

eskernechu see yx-.

espodol see yspodol.

esso see yssu.

estraun *a stranger, an outsider.* Ac ny dyly y tat y uaydu [y mab] mvy noc estraun 71.4. pl. estronyon. cany dylyaut yr e. na duyn dyn yg cerenyd nay wahanu ay gerenyt 129.23. Lat. extraneus. Loth.

estyn *to give, grant, bestow, invest, grant investiture.* nyt dylys y dyuodyat y tyr namyn [o] uraut y gyureyth neu o estyn argluyd 62.27. O byt deu argluyt a llu kan pop un onadunt en e gulat a deuot dyn y erky estyn ydau ar peth ageuodedyn nyd rod eu rod ac nyd estyn eu hestyn eny hueper pyeufo e gulat 124.16. O trymod e deleyr amobor y grejc o rod ac estin 38.20.—61.2; 127.6, 8. 3 sg. pres. subj. estenho 128.3. pass. estynher 68.19; estene*r* 9.10; 16.2. 3 sg. imperat. estynnet. Mod.W. ystum. *as* Ystumdwy *earlier* Ystyndwy; Ystyn kegid; Y. llyn, etc.

estyuos (?). [guerth] due e. .1111. 103.9. ystywaws *stays, a pair of stays.* Pughe. A.L.II 888.xix *has* duo stuios [   ] *with nothing to explain the word.*

et see yd.

eto, etwa *still, yet.* Ony dugost ty treys y arnaw uy moruyn vyw y etwa 133.18.—65.6.

etuethjo 39.28 *read* dyuetho.

etyued, edyued *parentela, sons, grandsons, and greatgrandsons regarded collect., heir.* y mab hynaw byeu mynegy edyuet y dat ay wely a bot ygyt a gwassanaythwyr yr argluyd yn kymryt yr alanas 76.18. O byd maru mab o bedeyr bluyd ar dec allan ac na bo edyuet ydau y argluyd byeuuyd y da 71.6.— 59.24; 62.29; 76.18; 77.19. Kid ettifedion ynt brodyr a chefenderw a chyferderw. A.L.II 398.vi. etifedion dyn yw y rei a hanffo oe gorff megis mab a gwyr a gorwyr. II 426.xxix.

eth see y.

etheuo see yued.

etheuis see adau.

ethol *to choose, select.* pan uo reyt menet a teulu y anreythyau neu y neges arall. ef a dely ethol e rey a uenho ac ny deleyr y homet ef 7.5.

eur *gold, gold coin.* claur eur kyfled ay huynep 3.8. Saraet e brenyn a telyr ydhy hy am y saraet. a hynne heb eur heb aryant 3.15.—3.7; 4.18; 6.4; 30.12, 13; 33.24; 103.13.

eureyt *gilt.* fruyn eureyt 103.1.—103.20.

eurgaltc, eurgalt *a kind of brass;* genit. *brazen, brass mounted.* [guerth] taryan .viii. o byt kalcc llasart neu eurgaltc .xxiiii. 102.21.—23.29. e.=Lat. orichalcum *yellow copper ore.* see calc.

evvlis see euyllys.

euyc *hind, deer.* [guerth] croen hyd .viii. croen buch .vii. croen euchyc .vii. 97.11.—10.7; 11.12. pl. euychet. ac or huysnos o uys chueraur . . . hyd huyl yeuan hanner haf hele euychet 16.8.—16.6.

euellys *will, wish, testament, carnal desire.* ac nid oes keureith erug egil a gilid namin evvlis diu 47.10. Sew yu y drut dyn ynvyt ac ynuyt ny ellyr kymell dym namyn y ewyllys 134.29. Ac un or lleoed ny dyly y mab bot yn lle y tat. Sew achaus nas dyly canyt edewys dym oy da ydau namy wellys ny dyly ynteu seuyll trostau o dym namyn y ewyllys 133.10.—40.10; 129.26; 134.25; 135.1. cyffroant ar y ewyllus. P.MS. 50, p. 175. ewyll=Ir. áil f. *wish.* Z.f.c.P. iv.323. see Urk.Spr. p. 23.

K

euyn *nail, claw.* claur eur kefled ay huynep a kyntehet ac euyn amaeth 3.9. cath . . . na bo tun en y heuyn 93.24.—105.3.

eydin pr. n. *one of the princes of the men of the North* 41.28.

eydyon m. *a head of cattle.* O deruyd llad lludyn y dyn o escrybyl perchenokyon ereyll am henny geyr ew gejr e bukeyl ena ba eydyon ay lladaut 31.14.—10.11; 12.15; 36.16, 27; 59.3; 79.4; 95.4; 100.5; 101.23; 112.17; 121.19.

eydau *possession, property.* bot yn eydau y tat y da 70.25. o byt eydau e brenyn 104.2.—47.33; 74.4; 81.26; 104.5. *with personal endings = own.* ef a dele or eydau ef deuod en y le y kastal 119.7. ac yr eydau ehun 89.16.—70.20; 74.4; 80.6, 21, 27; 81.1, 13, 14; 82.5; 109.10; 118.17; 119.7; 122.3; 130.5. eskyn o byt eydau e brenyn punt o byt eydhy urenynes punt 104.4.—34.12, 21; 38.9; 40.13, 28; 61.23; 71.18. gueneuthur ydau kestal ac yr eudun ehun 109.5.

eydhecyc, eyheuyc *best* (?). er eru kentaf yr ammaeth. er eyl yr heyrn. E tredet yr eyheuyc teuarc. E peduaret yr eydhecyc guell 107.18. cf. Lloc yr amaeth yn gyntaf; ac odyna lloc yr swch [ar] cwlltwr; ac odyna lloc yr ych goreu ac odyna lloc yr geilwat; ac odyna o oreu y oreu [or ychen]. A.L.I 726.xix. L.W. 280 §4 *has* eithewig, eithafig, eitheuyg, ethewig. M.A. 1003a *reads* eitevig. A.L.II 856.viii. *prima acra vomeri, secunda cultro, tercia aratori, postea tribus melioribus bobus de meliore ad meliorem.* Ethevigion jaith vevged Gwynedd pedwar kydwedd ked. P.MS. 64, p. 21. *what appears to be the same word is used in* B.Tal. 28.13 = *swift* (?). pan yw mor redegawc. karr mor eithiawc (*written* eithiwawg. M.A. 28a.32). ieitheuyc *occurs in* M.A. 230b.47 *but the meaning is not clear.* Pughe *has* eithafig = *extreme, ultimate.* A.O. *regards it as a cpd.* eithaf + ych = *exterior ox.* A.L.I 317.

eyghyau *to remain, dwell.* Ac o byd alldudyon gwlat arall yr brenhyn . . . ny dylyant e. namyn y nos gyntaw o chahant bara ac un enllyn 67.23. nyt eigwys [bendigeit uran] y mywn ty eiryoet. R.B.I 37.20. nid aing dev vras dan las dir. P.MS. 67, p. 262.

eyht 33.11, 12. see eythyr.

eyl *the second (written also* eli, heyl. eyll, eil). 21.11, 88.3, etc.

[eylwers] *every other.* a teyr ran e dele uod o teylu er henran ar an perued ar an eueig a pop eylguerth e dele uod y ky ac huynt 7.27. *v.l.* eilwers. A.L.I 16.

eylweyth *the second time.* talet y gur ydy hy cxx e treygyl kentaf. am er eylgueyt punt 38.8.—50.17; 53.25; 62.24; 72.26. eygueyt 37.6.

eyllt, eyll *a house* (?). eyllt *occurs only in the expression* mab e. *which is glossed by* villanus. A.L.II 785.xv, etc. Ebedyu uchelur .lxlx. Ebedyhu mab eyll o byt ecluys ar y tyr .lxlx. ac ony byt .xlxl. Ebedyu alldut .xxiiii. 125.14. Val hyn y dyly brodyr rannv tyr a dayar y rygthunt pedeyr erv urth pob tydyn a gwedy hynny y symuduys bledynt uab kynvyn. deudec yrv yr mab uchelwr ac vyth yr mab eyllt. a pedeyr yr godayauc 59.10. O dyryd mab uchelwr y uab ar uab eyllt argluyd ay ueythryn gan y gannyat neu gan y dyodew undyd a bluydyn ohanav hunnv a dyly ran mab o tyr y mab eyllt ac oy da gwedy hynny 68.19. Maer a chyghellaur a dylyant kyweyryau meybyon eyllyon ar eu tyr kyuryw pan uo maru un onadunt 66.19.—36.32; 38.24; 94.22, 25; 99.4; 100.12; 104.7; 124.22. pl. eyllyon *or* meibyon e. 66.2, 16, 17, 18; 67.9, 12, 18, 24. *As is suggested in* W.P. (p. 191, note i) taeog, *to which* mab eyllt *generally corresponds, " is of the same origin as* ty (house) *and was probably suggested by* villanus." Mab eyllt *appears to be formed in the same way. There is a word* eillt *in Med.W. which appears to be quite distinct from* allt, eillt (hill, cliff) *and* aillt (villanus), *and which appears to correspond to the Irish* ailt *house.* (see M.C., Ir.T. iv, p. 378.) dyrllydei vedgyrn eillt mynydawc. B.An. 10.10. *He dispensed the drinking horns of the hall of Mynyddawg, i.e., the* neuad *to which he refers to in* 10.5, 11. (eillt *cannot be the subject of* dyrllydei *for the office would be performed by highly placed officers.*) eillt wyned klywer e arderched. B.An. 19.1. cf. cyfranc allt a gallt ac Echwydd. M.A. 60b.44. nac aillt nag ado. M.A. 57a.34. 'm. eyllt' *would then be 'son' or 'man of the house.' For the construction cf.* mab keuyn *a child of the back, i.e., a child carried on the back.* Med.Law. 96.4. mab llwyn a perth *bastard.* Ir. Mac orna *son of barley=whisky.* Celt.Stud.II 217b.26. cf. also Ir. ailt *house;* in-aillt *serva.* I.F. iii.228.

eynyaun f. *anvil.* Ofer gof .cxx. eynyau vaur .ix. eynyaun kyryauc .viii. 102.24. Dyrnawt a rodaf yt kymeint ac na ellych dywedut geir mwy nor einyawn. pan trawher ar ord hayarn. H.MSS.II 61.8. eingon. R.B.I 129.12. *incudo* einnian. Z².1061.1.7. Ir. indeoin *anvil.* B.L.G.

eyrcyat *suppliant, a minstrel qualified to ask for gifts.* pop

pe*n*kerd telyn a dele yka*n* e keroryon telyn guedy eð emadau-
oent a telyn raun a menu bod en kerdaur keuey[th]as ay uod
en eyrcyat 128.15. cf. ny dely erchy namy*n* pe*n*kerd 28.13. Ni
af ar vyn deudecuet yn rith beird arglwyd y erchi y moch.
R.B.I 60.26.

eyryf *number.* Sew yu hynny o eyryw erwy yn y cantrew
chwecant, etc. 65.29.—65.18; 96.8.

eyryonyn m. *thong* (?), *margin on the side of a ploughed
field.* escur er hyryeu en y lau a hyd y karaetho ohyd breyc a
hyd e uyalen val y karaydho deu eyryonyn e tyr 107.17. pl.
eyryonennyeu 25.15. *et si non fuerit* talar [*porca*] *habebit
deuheyronyn* [*duos limites*]. A.L.II 765.ii. cf. Messur fin . . .
rwg deu randir, pedeir troetued; rwg dwy erw dwy gwys.
I 764. Eirjonynneu=ymmyleu. L.W. 290 §40. cf. eirionyn
rhus. (Ir Fiaren.) D.G. clxxiii.37. *It appears to be the same
as the modern* irionyn 'thong.' see Old Leech Book.

eyssyoes *yet, on the other hand, in spite of that.* Rei or
enejt ne at guad en erbin henne. Nyny eyssyoes a adun guad
val e deuedassam ny vchot 37.21. Ac urth hynny y gat y
gyureyth y reyn hynny yn pryodoryon ar gyureyth eyssyoys
a dywet o byd suyd neu ureynt or tyr hunnv na cheyph ew
dym o hunnv hyt y trydyt gur 62.11.—59.10; 75.9; 80.3; 82.20;
128.27; 130.20.

eyssywedyc *in need, in want.* Puybynnac a ueychychoco
gu*r*eyc o luyn a perth namyn yny agho na orfo arney y
ueythryn namyn y canyeu sew achaus yu cany chauas hy grym
y gur na wyl y gyureyth dylyu ohoney hytheu bot yn
eyssywedyc oy achaus ew 130.24. see dyeyssyuau.

eysted, eysteth, eyste *to sit, occupy, be in possession of land.*
keuody racdau ac eyste en y hol 13.10. Puybynnac y barner
ydau datanhud o ar ac eredyc ew a dyly eysted yno yny
ymchwelo y geuyn ar y das a hynny heb atep 60.20. Puy
bynnac a dyodeuo rannu y dyr un dyd a bluydyn heb turyw
heb enwywet ac yn un wlat ac ew ac eysted arnau 63.6.—5.5, 15;
11.30; 14.23; 17.34; 19.20; 22.28; 24.11; 25.3, 21; 52.11, 12, 20, 30;
54.2; 56.10; 61.16; 63.6; 130.7; 131.10, 11. pres. pass. eystedyr
131.10; estedyr 52.11. 3 sg. subj. pres. esteho 42.25. pl.
eystedont 53.23. pass. eisteter 54.4. 3 sg. pret. ind. eystedus
54.2, 3.

eythaw *extreme, farthest.* e deu berchennauc haul yn y
perued. ar duy ganllau yn eythaw 131.17. cf. y dyn eithaf.
R.B.I 5.4, etc.

eithefyg see eydh-.

eythyr (a) prep. *outside, without, except.* anreytheu a decher eythyr e gulad 7.13. nac en llys e bo nac eyhyr e llys 18.3. ef a dely guassanayth ar e ure*nyn*es eythyr e teyr guyl arbenyc 22.11. e deskeleu eyht vn dyskyl 33.12.—4.24; 6.3; 7.20; 9.13; 13.8; 14.13; 18.5; 25.18; 27.26; 33.11, 21, 24; 34.1 heyhyrt; 34.1, 8, 13; 35.8; 38.2; 39.18; 60.13; 62.17; 66.11; 67.4, 8; 80.5; 82.23; 97.24; 98.7, 18; 114.11; 119.20; 124.7. heyhyrt 34.1. eyht 33.11, 12.

(b) conj. *but.* Puybynnac byeufo tyr yglan traeth ew byeuyt kywlet ar tyr or traeth . . . eythyr o buru y mor betheu yr tyr neu yr traeth hunnv byeuyt y brenhyn 63.10.—39.17; 67.21; 70.16; 82.15; 93.19; 97.18; 107.22.

faeth *cultivated.* O deruyd bod amresson er rug deu kauarur am tyr guyll ac arall faeth 109.24. Eglwysau Bassa ynt faeth heno. *v.l.* ynt tirion heno. M.A. 89a.7. dayar hoff yw yn dir ffaeth/oes man na wnawd yssmonaeth. P.MS. 69, p. 320. Med.Lat. Factum=Territorium, praedium rusticum. M.D. see Loth p. 166.

ferem *dish, mess of food.* e koc a . . . a dele decreu pop ferem or a keueyryho ef 23.4. *v.l.* anrec. A.L.I 58, note ii. Med.Lat. firma "Scriptoribus Anglicis, convivium et omnis mensae apparatus.". M.D. Ang.Sax. feorm *feeding, provisions, food, etc.* Sweet.

fo *to flee, to run away.* O deruyd y dyn gueneuthur cam ys koref a fo ohonau huc koref 9.20.—6.16. see tonuo.

fonnaut *a blow, stroke.* gustil e macht . . . a dele kamrit e fonnaut cantaf o bit emlat 45.28.

for see ford.

fore *a fork.* [guerth] f. fyr*d*ling 101.2.

ford, fort, forth, for f. *road, path, way, manner.* A heol gyuarvynep ac ew y uynet yu urautle ac y dyuot ar duy bleyt o pob tu yr ford 131.16. Teyr fordh e sereyr e urenynes un eu tory y naud, etc., 3.11.—2.22; 19.16, 17; 22.19; 39.4 for; 52.15, 16, 18; 69.5, 6; 82.26; 122.18; 123.5, 6, 9; 126.16; 131.16, 18, 19. ff.=M.Eng. ford, forth (?).

forthaul *wayfarer.* O deruyd y forthaul yar fort guelet anyueyl 123.5.

fruyn *bridle.* mug march vn guer ae y fruyn 89.6. [guerth] fruyn eureyt .viii. fruyn aryaneyt .vi. frueneu estayneyt a dulys ac euedeyt .IIII. 103.1.—4.2; 103.2. pl. -eu 13.22; 22.22; 23.27; 103.3. see afwyn.

fruyndof *bridle-tame, answering the bridle.* [wedi] e tredet bluydyn . . . e dele vod en fruyndof 88.5.

fruyth, fruyt, fruyd *fruit, produce.* pop pren a arguetho fruyt 97.24.—97.21; 98.3, 5. pl. fruytheu. melyn a choret a perllan ar try hynny ny dylyir eu rannv . . . namyn rannv eu fruytheu 63.13.

[**ffrwythaw**] *to bear fruit.* pop pren a planer en gasgautguyd .xxiiii. a tal pop pren ny fruyho .iiii. eythyr heuen 98.7. 3 sg. pres. subj.

funen *band, kerchief.* [guerth] funen .IIII. 104.1. ffvnen= talaith. P.MS. 169, p. 237. ffun-=Lat. funis. W.Ph. p. 106.

funud *form, manner.* jaun yu er ignat ar e macht barnu e llu ar isseisuet en un funud ac e dewethassam vchot 45.7.—51.34.

fust *flail.* [guerth] f. fyrlyng 100.26. f.=Lat. fustis. Loth 171.

fyol, fiol *bowl, cup.* [guerth] f. pren a el en llyn .IIII. 100.23. fiol duuer fferling 100.19. pl. fuoleu, fyoleu. e guastauel . . . byeu kadu tresor e brenyn y fuoleu ay kyrn 14.17.—14.18; 18.22; 99.19. R.B.I 289.21. kynnic ffioleit o lynn idi hi. yf heb ynteu y ffioleit honn 206.13. ac y uessur ffiol or llynn ef a rodes y bawp gystal ae gilyd.

firdlyc abbrev. ffer, fyr, fir a *farthing.* 94.12; 100.10-29; 101.1-13; 104.1-6, etc. see dymeu.

fyrnyc *brutal, savage, atrocious.* O deruyd y dyn llad arall a guenuyn galanas deudyblyc a tal. canys fyrnyc yu 129.25. f.=Lat. fornax (?). Loth p. 172.

[**fyrnycwr** (?)] *a savage, brute.* pl. fyrnycwyr. f. o gwadant eu fyrnygruyd. guat a dylyant deudyblyc. sew yu fyrnygruyd dywuynau y da ydau ehun ac yu berchennauc 83.4.—83.3.

fyrnygruyd *atrocity* 77.5; 83.5. see fyrnycwr.

gadael, adau, gadu *to leave, permit, allow.* y uelly y dyly y maer bysweyl gwneythur am tyr y uaertrew can adael paup yn y dydyn 60.7. Ac os y drydellau a geyf ay cymero ohoney gadael ydy 82.15. a gadu yr nep pyeufo y maes a heb adael dym yr llo 91.18. ef a dele adau y ueyrc ay cun yr brenyn 4.6. a chamluru ar yr amdyfynvr am adau y maes yn aghyurey-thyaul 131.4.—4.6; 35.10; 47.3; 50.21; 53.33; 64.11; 80.19; 82.15, 24; 91.18, 19; 129.21; 130.14; 131.1. 3 sg. pres. ind. gad (kad)

36.6; 37.21; 62.10; 77.18; 130.2; edeu 34.8, 11. 1 pl. gadun 37.21.
3 pl. gadant 103.12, 16. 3 sg. subj. adauha *for* adauho (?) 56.12.
3 sg. imperat. gadet 63.24. pass. gater, gather 37.4; 51.24;
53.18; 115.1; 132.29. 3 sg. pret. edewys 64.25; 133.10. 3 pl.
adassant 1.15.

1. **gauael** *fork for supporting roof tree.* ar pop gauael a
kanalyo e nen. Sef eu henne .vi. colouen 99.2.—98.26; 99.4.
cf. a pob fforch a gynhalyo y nenpren. Ll.MS. 116, p. 40.2, 3.
Yndi y kud y draena6c y auaeleu. R.B..II 150.16. Duc anreith
vffern yny affleu. M.A. 231b.15. g.=Ir. gabal, gabul *a branch,
balk.* see Ped.I §28.7.

2. **gauael** f. *a measure of land containing* 34 *acres.* pedeyr
randyr ym pob gauael pedeyr gauael ym pob trew 65.13.—65.22.
see atauael.

gauar *she goat.* 97.9, 12; 118.20. pl. geyuyr 33.7; keyuyr
93.9; 113.12; keuyr 112.26; 113.8.

galanas *fine paid for homicide by one kindred to another.* O
llad denyon enuyd denyon ereyll taler galanas trosdunt ual
tros denyon ereyll kanys e kenedel a dele eu kadu rac gueuthur
kam onadunt 120.3. Plant y seythuet uam a uyd neyeynt
ueybyon gorchau. ac nyt a galanas bellach hynny 76.3. O
deruid ena mennu llessu un oreihtwyr henne, nit oys lis arnau.
namin na hanuo oy kenedel . . . esew ual e dele uot en reythur
'ydau en kennesset ac e gallo alanas 50.13. O deruyd y dyn
llad arall a gwenuyn galanas deudyblyc a tal 129.24. g.
wasgarauc *the galanas which the kindred of the homicide from
the parents to* "ney uab gorchau" *were to pay in defnite
proportions* 35.3, 4; 40.1; 41.3, 20; 46.32; 50.13; 61.7; 63.4;
70.5-13; 71.27; 73.1-9; 74.23; 75.11-20; 76.3, 19; 77.26-28; 78.1-8;
82.29; 83.4; 86.18; 120.3-6; 122.6, 9; 129.2, 3, 25; 134.17. pl. -eu
77.16. cf. Ir. fingal *murder of a tribesman.* W.W. B.L.G.

galu *to call, name.* a hunu a elwyr mab anwar 34.18. g. am
to demand. cet gallo yr amdyfynvr galu am uraut 130.3. galu
(ychen) *to sing to them while working, to drive* (see geylwat)
45.5; 131.2. pres. pass. geluyr, gelguyr 3.20; 34.18; 39.20;
41.11; 48.3, 35; 60.2; 61.16; 63.12; 66.7; 67.1; 73.2, 10; 74.24;
80.24; 95.18; 98.13; 108.1, 12; 116.16; 132.7; 134.12. 3 sg.
imperat. galwet 49.20; 50.9; 130.15. galw ychen=cathrain.
P.MS. 169, p. 224. Swmbwl gwialen alw hevyd o dhec troetvedh
o hyd y vessuro a hi. P.MS. 228 *under* accena. see alu.

gallu *to be able to, to have power to.* O deruid y personeu
ir egluys deweduyt gallu onadunt huy rodi naud 51.3. ac uynt

a dylyant anrydedu y brenhyn pan del yr llys herwyd eu gallu
68.17. a kan adeuuyt ef ny ellyr y guadu 31.1. Teyr provedy-
gaeth a ellyr ar anyveyl 135.3. esew ual e dele uot en reythur
ydau. en kennesset ac e gallo alanas eket ac ew 50.13. ceny
aller mach o wreyc 130.26.—67.19; 91.13. 3 sg. pres. geyll, geil,
keyll 12.27; 29.16; 36.9, 10; 38.9, 10, 12, 14; 40.11, 12, 27; 46.25;
48.2; 50.21, 22; 54.17-20; 55.23; 80.18; 81.13; 82.9; 85.5; 87.13;
105.20; 122.8; 133.20; 134.12. 3 pl. gallant 59.27; 60.14; 63.27;
78.24, 26; 108.4; 114.13. pres. pass. gellyr 31.1; 37.11, 29, 32;
53.9; 56.22; 69.11, 13; 70.14; 73.16, 19; 74.10; 79.8; 80.17; 81.8;
114.12; 115.4; 121.3; 134.29; 135.2, 3. 3 pres. subj. gallo, kallo
26.4; 27.13; 33.30; 34.10; 40.7; 48.28; 50.13; 60.8; 61.8 alho;
81.1; 114.9; 122.17; 130.3. pass. galler 5.22; 130.26. 3 pret.
ind. gallus 133.29.

[garan] caran *crane.* ef a dele y anredethu o teyr anrec e dyt
e ll[a]dho y hebauc un o try ederyn ay bun ay caran ay cryhyr
11.15. yna y duc y wreic idaw bara peilleit . . . a chic
gwarthec. ac yn ol hynny kic garanot a hwyeit. H.MSS.II
140.29. coes garan (i'r fieren). D.G. clxxiii.57. see clxxi.45.

garth, gart *field.* bressyc a llyn guedy medy neu eghart heb
uedy 114.6.—114.8, 9; 119.20. pl. gardeu 63.15, 16. see H.MSS.
I 397.8, 25. gard=herber. ac o wedd llion (weddillion (?))
hen wenith ir heir i gardde o newydd. P.MS. 58, p. 17.

gayaf, gyaf m. *winter.* kalan g. 51.27; 90.14; 93.10. see
kalan. gayafar *winter tilth* 112.9. keueyr e g. *winter co-tillage*
104.10. kauafty *winter residence, winter house for cattle* (?).
ar pop un or godey. hafty .IIII. kauafty .VIII. 99.5.—16.12;
13.23; 67.4; 69.6-17; 104.10. gauafdy *v.l.* Hendref : ac anifail
a gaffai yn ei Hendref. L.W. 399.cclxi.

geuel *pincers, tongs.* [guerth] geuel pren fyrling 101.2.
geuel gof .IIII. 102.27. see Ped.I §28.7.

geueyl *smithy.* try tan ny dyukyr tan godeyt maurth a tan
geueyl trefcort a uo .VII. huryt eregthy ar tey ahytheu en
pethendo neu en tyglys 86.11.

geuyn *a fetter or shackle.* [guerth] geuyn .XXIIII. 102.6.
g.=*compes.* Ll.MS. 55, p. 148. Mod.Ir. geibhinn *fetter.*

gelef *a knife.* [guerth] gelef .I. 100.13. gylym [*novacula*].
A.L.II 865.xlvi. geleu yn ei galon. M.A. 161a. cf. Geleurut
ein gwyr gwedi lludet trwm. M.A. 191a.1. Oed amliw gelau
oed aml gelor. M.A. 150b.19. Glyw lovrud geleurud gaur.
M.A. 174b.11. Ef gogwyt galon geleurutyeid aer. M.A.

203a.25. (cf. aryfrud. M.A. 258a; 260a; 290a. gwaewrud. M.A. 246a; 252b; 253a; 259b. llafynrud. M.A. 252a; 259a; 261a; 262b).

[gelynyaeth] *enmity, feud.* Os e hemreyn a derujt e saraehet honno a derkeuyr ar vod e haner en vuy kanys o kenedel helenyaet et henyu 35.13.

gellgy, kellky *stag hound.* ellgy brenyn punt en keuruys cxx 94.15. o deuparth e kenedyon duy ran y kynyt kellky ac un y kynyt mylky 17.1. pl. kellchun 17.3. megis gellgwn neu gallgwn yn hely ac yn dilyt carw blin. M.A. 729a.31. gellchy [*molossus*]. A.L.II 777.lvi. *The Lat. Laws mention a* gallicus canis, *A.L.II* 799.xxvii, *and* gellgy *seems to be popular etymology for this.*

geneu *the lips, mouth.* tra uo e kannogen en rodi i eneu ir creir 44.13.

geny *to be born.* bot yn eydau y uam ay eny ay ueythryn ganthau 81.26.—81.23, 24. pres. subj. pass. ganer, ganher 37.6; 70.22, 27; 71.15; 87.27; 90.13; 93.10 (kaner); 94.17, 20; 112.19, 20. pret. ind. pass. ganet 81.27.

gehol f. *gaol, dungeon.* pop karcharaur or a hel en y ehol 24.25. ae dodi yn yr eol gatarnaf yn y helw. H.MSS.II 131.23. Mi a baraf dy dodi ym geol. ac y mae degwryt arugein o dyfynder yndi. H.MSS.II 133.31. W.B. col. 172.16. Ac ynteu a ellyga6d g6yr am pen peredur oe dala ac y dodi y my6n geol. M.A. 728a.42. dodassant ef yng geol Gaer y carchar gwaethaf. g.=Fr. geole.

geudy see gueuty.

geylwat *ox driver, ploughboy.* Paub pyeu duyn y deueneyeu yr eredyc nac hycc na heryrn . . . e geylguat a dele kayu arnunt val na bo rekeuyc ac na bo reheag a galu val na torhoent e kaloneu 109.5.—59.13; 65.10, 11, 27; 107.13, 21; 109.3, 13; 111.22; 112.1. g. *v.l.* cathreawr. L.W. 280 §4. *"You may see one man put his hand to the plough, and another, as it were, goad on the oxen, mitigating their sense of labour, by the usual rude song.* Gerald. 349. *They seldom yoke less than four oxen to their ploughs; the driver walks before, but backwards, and when he falls down is frequently exposed to danger from the refractory oxen."* Gerald. p. 506. Mis Mai difrydus geilwad. C.Ll.II 105.3. *Accena* Swmbwl, gwialen alw. P.MS. 228. Yr ydym yn aredig. Wrth gywydd—beunydd i ben. Er achub gwaith yr ychen. D.G. cc. 35-6. cf. galu ychen=cathrain. P.MS. 169,

p. 224. Os chwech [ychen] gogytrech a gaf/ar y kantor maer kyntaf. P.MS. 67, p. 212.

geylyd see gweylyd.

geyr, geir, gejr, keir m. word. mal e cleuho e keyr lleyaf a deuetho e urenynhes 22.24. O deruyd y dyn or duybleyt . . . guadu y uraut ar llall en y adef geyr eu geyr er egnat ena ar y uraut=*his word stands, or is decisive* 30.28. g. keuarch. see kyuarch. 29.28; 31.4, 11, 14, 19; 35.25; 52.23; 53.26, 32; 54.10; 121.3; 132.10, 15.

gladoet see gulat.

1. **glan** *shore*. y glan y mor 64.28. glan guerit 42.1.—63.9.

2. **glan** *clean, pure, holy*. a bot er aniuel en glan ual y galler jssu y kyc 43.3; 94.2. escrftur lan 1.7.—1.10; 73.28. lluden en uaru glan 96.26=lluden glan en uaru. cf. P.MS. 5, f. xxviii.5. y daeth y heneit hitheu glann oe chorff. *also* A mor6yn gyr y lla6 a chrys a llenlliein ymdenei *gohen* yn dechreu atueila6. R.B.I 251.8.

glanau *to clear, exonerate.* O deruyd llugry hyd ac na hodyuedher er escrybyl ar er hyd. byd en llu e perchenau[c] eu glanau 115.4. O deruyd kafael na march nac anyueyl arall ay deutroet ulaen ar er hyd. ny deleyr y dale kany bu en kabyl ar er hyd ac ny ellyr kubyl o aghubyl ony leneyr dyhucher y luger 115.15. pres. ind. pass. gleneyr.

glas *green*. llyn glas 25.14.

glau *rain*. kapaneu glau e brenyn 23.26.—13.20.

gleif see gelef.

gleyndyt *holiness, purity.* Sef amser achaus e doyant e garauuys eno urth delehu o paup bod en yaun en er amser glan hunnu. Ac na guenelhey ka*m* en amser gleyndyt 1.12. lle glendit y6 yr egl6ys. P.MS. 35, f. 12b.17.

gleysyat m. *a salmon.* [guerth] g. .11. 102.10. Tri pheth a vyddant oreu pan a'u croger : gleisiad hallt, het wleb, a charn Sais. M.A. 903 §31. Tri pheth goreu vydd eu crogi : eog hallt, etc. M.A. 895 §28; 899 §38. see M.A. 872b; 317b.13.

gleysyadec *a salmon net.* [guerth] g. .xxiiii. 102.7.

gluyt see gulith.

glin m. *knee.* e grueyc byeu ac allho e duyn o blaut er rug nerth y duylau ae y deu lin 33.31.

[gnawd] *usual, habitual, be wont.* superl. gnotaw. O deruyd

bot rey o genedyl mab yny wadu ac ereyl yny gymryt yaunaw
yu credu yr nep y syd yny gymryt . . . canys gnotaw yu guadu
mab yr trew y tat 74.8. Ir. gnath *known, usual.*

gobenyt m. *cushion, pillow.* ar gobenyt ed eysteth e brenyn
arnau e dyt 11.30.—99.15, 34. pan gymero bard cadeir y cymer
yr ygnat y korn bual ar uodrwy ar gobennyd a dotter ydanaw
yn y cadeir. A.L.I 646.xxv. gohenwreic yn eisted ar obennyd.
R.B.I 251.4. *ceruical gl.* gubennid. Z². 1063.1.

gobyr, gober m. *pay, fee, bribe.* e guylur . . . a dely kysku
e dyt ac na guenel dym namyn yr y hober 26.21. Messur gober
egneit am tir a dar .xxiiii. 56.5. yaunaw yu credu yr nep y
syd yn y gymryt gan eu llv nat yr gobyr nat yr gwerth y
maent yn y gymryt 74.7.—26.10; 56.2, 15; 128.15; 132.12. cf.
yd oed yn ymoprau a gweisson y meirch am y adu oe dwyn yr
dwfyr. R.B.I 21.26. a myneich a obryn beich o pechodau.
M.A. 106b.42.

godayauc *under tayauc* (?), *villein.* deudec yrv yr mab
uchelwr ac vyth yr mab eyllt a pedeyr yr godayauc 59.10. cf.
gowr [*villani advene*] (gen.) A.L.II 789.xxiv. see tayawc.

godro (*a*) *to milk.* gadu yr nep pyeufo y godro 91.19.—69.28;
91.18; 119.22. 3 sg. pres. subj. godroho 92.2. imperat. pass.
godroher 69.29.
(*b*) *the milk of one milking.* a dody en llestyr messur y
godro 91.19.

[gody] *small room or house, outhouse.* pl. godey. te ma[p]
eyll .x. ar pop gauael a ganallyo e nen .xxx. ar pop vn or godey
99.5. Ll.MS. 174, p. 131.27, *enumerates them* y gell ae ueuty ae
escubaur ae odyn ar keyl ar kreumoch ay hafty ay kynhayafty.
so A.L.I 292.iii. *Pro aliis domibus, id est,* gotey. A.L.II
803.xii. cf. kynn coller yn ranty. Ll.MS. 69, p. 70.9.

[g]odew *violence, force, theft* (?). *This occurs only in the
expression* anreyth odew, *which was the fine for one of the* nau
affeyth lledrat. Puybynnac y cafer ol lleydyr yn dyuot yu ty
ac na allo y hebrug y urthau byt anreythodew 80.1. O gallant
vynteu gafael y tal ny dylyant uot yn dyholwyr nac yn anreyth
odew 78.27. *There is an expression in the* B.B.Ch. *which
appears to have much the same meaning as this, viz.,* anreith
gribdeil. *This was the penalty inflicted for homicide committed
by a thief in search for booty. Later codices regard the word
as* goddef *suffering.* Un yw goddev o ddyn orthrymder gan
swyddawg arglwydd yn gwneuthur anghyfraith arno yn lle

cyfraith; a hwnw a eilw cyvraîth yn anrhaith oddev. M.A. 949b.30. see also M.A. 931 §148. *This may be only another of the numerous instances in the Laws of folk-etymology at work, and it is possible that the word is the abstract corresponding to* odwr q.v. *'receiver of stolen goods.' Or is it possible that there was a form* godef *corresponding to the* Ir. gataim *' I steal,' 'take away' and that it became confused with* goddef?

[**godeyth**] f. *gorse-, or heath-fire.* pl. -yeu. pa dyn benac a loscho godeythyeu namen maurth ef ae tal 86.20. *ignis* godeith [*accensus*]. A.L.II 836.xi. see I.F. xxvii, p. 163.

godyuues *to overtake.* A bod en ediuar gan e gur cantaf reescarassey ay grejc a godyuues ohonau hy ar neylltroet en e gueli ar llall eythir e gueli 35.7. 3 sg. pres. subj. godhyhuedho 123.7. pass. godyuedher 115.2. 3 sg. pret. ind. godyuaut 116.27. odiwawd. W.B. p. 217, l. 25; 284, l. 18. P.MS. 45, p. 79. *but* cf. gordiwawd. W.B. col. 109, l. 13. gordiwedawd. R.B.I 79.28; 282.9. W.B. col. 404.1; col. 405.2. godiwedawd. H.MS.I 370.9.

gof *smith, artificer.* [lle] e gof llys em pen e ueyg rac deulun er efeyryat 5.14.—6.23; 10.4; 23.24; 24.5; 27.24; 102.23, 27. pl. goueyn 28.4. cf. gof pren. H.MSS.II 220.18.

gouanaet *the smith's craft.* teyr keluydyt ny dely mab tayauc eu descu . . . . sef eu henny escolectau[d] a gouanaet a bardhony 29.22.

gouuyn *fine paid by husband to wife on being found with another woman.* esef eu gouuyn o keif hy y gwr gan gwreic arall talet y gur ydy hy .cxx. y treigyl kentaf 38 :6. *It is used also as 'agweddi.'* Try pryf wrey gwreyc e chowyll ae hagwedy ae sarhaet. Ll.MS. 174, p. 45.21=Try pryurey greic y couyll ae gouuen ae y sarahet 37.30=Ei chowyll ei Hagweddi [*v.l.* a'i Gwarthrudd] a'i Sarhaad. L.W. 386.ccliii. Gofyn *v.l.* Gwarthrudd. *ibid.* §8 and note. : Os kin e seyhtuet bluyn ed edeu hy e gur. kubyl o hene a kill. eythyr e kouyll ac hunepuurth am e gooujn 34.9. gouin *multa concupiscentie.* A.L.II 872.xx. *It is variously written* gofyn, gouyn. *and* gowyn *elsewhere.* cf. diwyn.

gouyn, gouin *to ask, request.* a gouyn ydau pedh a roy dy 31.8. Os nauuetdyn a dau y ouyn tyr dyfodedyc yn bryodolder 61.12.—52.5; 55.1; 55.2, 5, 32, 33, 36; 54.18, 26; 61.9; 118.1, 27; 119.16; 129.2; 132.1. 3 sg. pres. ind. gofyn (kofyn) 128.18. 3 sg. pres. subj. gouenho 117.24; 127.13; kouenho 19.18; 125.9.

pass. gouener 53.27; gouynner 71.3. 3 sg. imperat. gouynnet, gouenet 53.16, 17; 80.26; 81.1. pass. gouynner 132.2, 3.

go-uessiau *to finger, handle.* O deruyt e gurejc huriauc gueneutur kaflauan debrit ae rodhi chussan y hur ae gadael y gouessiau ay hemreyn sarahet ehu gur eu hene 35.10.—35.13, 17. g.=palualu. A.L.I 442.xxii; II 795.xxvii. *de govissiau* [*contrectata*] 849.xxxv. g.=paluu. P.MS. 36b, p. 53.17. see palyf.

gogaur *anything harvested, a harvest.* Sef eu gogaur hyd guedy keueyryer yar e tyr e tefho arnau a perllan a bressyc a llyn guedy medy neu eghart heb uedy a gueyr syc a to tey 114.3. Pob gogawr oc yd ymogoryo dyn ac ef. catwet pawb y ogawr. Sef yd gogawr yt gwedy y kychwynner yar y tir, etc. P.MS. 35, f. 77b.33. Tri amryw gyfreith y sydd am foch a ddalyer ar ymogor neu lafur dyn. A.L.II 594.viii. gogor. f.= *hay and straw.* Dimet. cf. ymogor=annedd ne gyvannedd [ac a vo yntho (*added later*)]. P.MS. 169, p. 343. amogawr. M.A. 38b.36. *This appears to be a compound of* cor, *as in* hebgor=*to put, place.* cor *the corresponding Irish word serves as a v.noun to* fo-cherdaim *I put, cast.* see ymogoryaw. cf. gogor *bee hive* (?). B.B.C. 90.6.

[**gogled**] kocled *the North of Britain* (?). Ac odhena [arvon] e lluydhaus rud uab maelcun a guir guinet kanthau ac e doethant hid eglan guerit en e kocled 42.2.

gogor, goger *sieve.* e gur a dele e rydyl e gureyc a dele e goger man 33.14.—38.14; 101.7. see D.G. clxx.7. Myned (hir yw'r dynged hon)/Yr wyf a'r gogr i'r afon.

gocreyt *a sieve-full.* O sereyr e rghyll . . . ny dely kafael namyn gocreyt keyrc a blyckyn huy 25.22. *This appears to be equivalent to the modern 'farthing damages.' It is written* g. eissin a chuccwy. Med.Law 31.1. *also* g. hilceirch *and was evidently of no value.*

gokeuarc *prominent, conspicuous.* teyr creyt okeuarc esyt vn ar uynep ac arall ar troet ac arall ar lau .xxx. . . . pop kreyt kudyedyc .iiii. 106.9. *precio cicatricis conspicue.* A.L.II 786.xi. deudeg gogyfarch. R.B.II 209.8, etc.=d. gogyfurd. Car.Mag. 28.28; 29.20=*twelve peers*=pares. Schultz 133-53. cf. poen ogyuarch. D.G. clxxxiv.11

gokefurt *of equal value or rank.* guerth nau aylauyt g. eu hyn. ar pop vn oy deutroet .vi. byu a .vi. ugeyn aryant . . .

deu legat . . . duy gueus . . . truyn . . . clust 104.20.—105.17.
see gokeuarc.

golchbren *washing beetle.* naud [er holchuryes] hyd y
buryho ay golchbren 28.25. colffon=golchbrenn. P.MS. 51,
p. 191.

golchuryes *washer-woman, the eleventh among the customary
servants of the court.* 28.22.

golchy *to wash.* tanu llenllyeyn guen adanunt neguyt olchy
newly washed 40.9.

goleuat *light, a light.* .I. a tal y oleuat pop nos 106.8.—
18.32. yn yr honn ny bu oleuat. namyn tywyllwch eiroet.
H.MSS.II 222.39.

goluyth m. *a collop, a portion of meat for cooking.* guerth
hyd o kalan gayaf hyd guyl yeuan .LX. . . . ac o huyl yeuan
hyd e k[a]lan .XII. goluys kefreythyaul esyd endau . . . sef
goluythyon e duy vanec val e deu corn ay tauaut ay laubron ay
kallon ay heruth ay ahu ay due leuen ay thumon ay hydkellen
ay koluyden 96.3. pl. -yon 96.4. nawd e coc yv or pan decreuho
troi y g. kynntaf. Ll.MS. 69, p. 11.4. A.L.II 354.xxv. O
galan gayaf hyt wyl yeuan ny byd golwython brenhinawl yn
hyd y brenhin. A.L.I 494.v. a dyuot . . . a lloneit y dwrn o
vereu a golwython arnadunt. W.B. col. 224.17. see R.B.I
103.17. g.=*a heart thrown into the fire.* Rep.MS.I 93, ll. 28,
45. Ac ar dy frest mae g. per / a ffitiar Ber yn burion.
Ll.MS. 209, p. 238. *The word is always used, as far as we are
aware, for a piece of flesh, cooked or for cooking; but at the
same time, a small piece as if the word were a compound of*
llwyth. Llwyth *itself is used for portion* tanllwytheu *fireballs.*
H.MSS.I 329.15. Lib.Hym. *gives* lucht *portion;* lucht saille
bit of bacon. There may be a suggestion of the Irish fulocht
'*hearth,*' '*cooking place,*' *with which the word has been compared
in* Rof it bwyth golwyth y gof (?). *Or is this=muscle* (?).
Rep.MSS.I 131.

[g]ellug, ellugu *to leave, give up, loose, send.* Puybynnac
a dalyo lleydyr a lledrat yn y lau ay ellug ay yr cerennyd ay yr
gwerth 79.23. puybennac a dalyho escrybyl llauer ac atael un
. . . ac ellugu e lleyll y kerdhet 118.17. e lle dyuedaf et hellegh
y hebauc ar ederyn 11.18. Puybynnac a uynho gwneuthur
dogyn uynac aet ar yr argluyd . . . yna y mae yau[n] yr
argluyd dyuynnu yr effeyryat . . . ac ellvg yr effeyryat ygyt
ac ew hyt drus yr egluys 80.11. e dillat a vo adanadunt e gur

pyeu eny greyckao. a guedy e greycaho ellugu e dyllat yr
greyc 33.18.—40.10; 79.24; 96.23; 109.14 hellunt; 114.15; 118.26;
119.1 kollug; 122.20. 3 sg. pres. subj. gellecho 11.3; 12.11;
118.8 ellegho. imperat. pass. elleger 53.26. 3 sg. pret. ind.
elleghus 42.4. verb. adj. golleghedyc *apt or ready to flow.* Ny
dyukyr guaet deynt . . . a guaet truyn . . . ac ny telyr yr
nep pyeufo e guaet kanys golleghedyc ynt 106.23.

geudy see gueudy.

gomet *to refuse.* pan uo reyt menet y anreythyau . . . ef a
dely ethol e rey a uenho ac ny deleyr y homet ef 7.4.—130.28.
past part. gomededyc *having refused.* pa dyn bynnac y bo
haul arnau a gomet o hanav heb dyuot y wneuthur yaun am yr
haul ym pob dadleu y bo gomededyc ew o hanav camlurv a
tal 130.29.

gor *to brood, hatch.* (in gen.) *brooding.* gurth guyt or
kemeynt a guerth y nyt 94.5.—94.9. cf. deor, gori, *and* Ir.
guirid *it warms.* see Ped.I, p. 108. Mod.Ir. " gor ' Hitze;
Brüten,' " etc.; gor i. tine. W.W.

gorchau *one of the sixth generation.* plant y uam gyntaw a
uyd brodyr . . . plant y chwechet uam a uyd gorchau 76.2.—
76.3, 6; 129.12.3.

gorcheuyn, gorcheyuyn *one of the fifth generation.* 129.11.
pl. gorcheyneynt. plant y bymhet uam a uyd g. 76.1.

gorchymyn *to command, commend.* ym pen y petwaret ar
dec wluydyn y dyly y tat duyn y uab ar yr argluyd ay
orchymyn ydau 71.1. ac a orckemenus en kadarn eu kadu 1.19.
3 sg. pret.

gorduy *violence.* Nau afeyth galanas . . . seythuet yu bot
yn porth orduy. vythuet yu daly y dyn yny del y llowrud yu
lad 75.2. heb treis heb ordwy. A.L.II 206.xxiv. gordvy
[*opem ferre*]. II 881 §ii, etc. porth ordwy [*homicidium adjuvare*].
II 882.

gored *tent, a piece of lint to keep a wound open.* e medyc
a dely en e doto gorhet .xxiiii. 18.10.—106.6. Ll.MS. 174,
p. 23.4, *has* goreth. gyrru goraeth . . . i gadwr briw yn
helaeth. Inter.Odl. dod [yr eli] ar y dolur, a phan fo addfed
agor, a dod wareth ynddo, a iacha ef fel iachau brath arall.
Med.M. 148. Efe a ddylai ddwyn yn ei gylch . . . ei gelfi
cnawd, ai gyfodau, ai waredau gantho. *ibid.* 298. dod beth o
hono ar oreth yn dwym, adod yn y brath. *ibid.* 110. gwarethu'r
clwyf. *ibid.* 148. *This word is treated in later Medical MSS. as if it*

were borrowed from the Engl. wreath, *used in Medical treatises in a similar way.* see Old Leech Book. Gloss.

goresgin *to take possession of land (by the descendants of an "alltud" who had qualified), to occupy.* Tri peth ni deleir naud racdunt kan eu bod en kevadeuedic Goruotdogaith a meichinaith a g. 51.2. O deruyd y alltut oe wlat gwrhau y uchelwr. ac y gan hwnnw mynet att arall; a cherdet o honaw ae vab gwedy ef ae wyr, ae orwyr, ae oresgyennyd o vchelwr y gilyd, heb wastattau yn vn lle mwy noe gilydd; bint wynteu ar vreint alltutyon hyt tra vont heb wastattu uelly. A.L.II 86.cxxv. Tri chamwerescyn yssyd goresgyn yn erbyn perchennawc oe anuod heb vrawt neu weresgyn trwy y perchennawc ac yn erbyn etiued oe anuod heb vrawt, etc. I 466.cvi. see II 374.iv. Yn amser benwyll athraw y doded Celfyddyd gyntaf ar ddwyn arfau bonedd, ag nis dylid arfau i neb onid a geffid yn wr o fonedd cynhenid sef ym mraint y nawfed ach neu ynteu y nawfed goresgyn. Iolo MSS. 74.16 sqq. Da was da dos ag entra/Y lawenydd Crist dy arglwydd/Cymer wresgyn yn ddiderfyn/or hyfryd wledd sydd heb ddiwedd. Ll.MS. 202, p. 74.

goreu *best.* sup. *in use of* da. or hyt goreu ar tref e tat 37.9. mal e deleo oreu 51.25. ac euelley e kerdha er eruuy o oreu y oreu er ecchen 107.22.—6.3; 37.9; 53.11; 55.3; 60.8; 64.25, 69.7, 19; 77.12.

goreuguyr *nobles.* llv canhur o oreugwyr y genedyl arall ar uod yn uadeuedyc eu car 76.25. Val hyn y dylyir kymryt mab yg kenedyl y tat ehun a eyll y gymryt gwedy as dico y uam ydau ony byd y tat y pen kenedyl ar y seythuet a eyll y gymryt o oreu gwyr 74.14.—73.27, 29; 74.19.

goruod *to guarantee, answer for, be obliged to, defeat.* puebenac a guertho dynauguet yaun eu ydau y goruod rac try heyn e guarthec 92.19. puebennac a keneuho tan en ty ny uo eydau hyd em pen e teyrnos ar trydyeu goruod arnau y gueytret 86.2.—50.32; 93.5, 13. 3 sg. pres. goruyt. O keyll e dyn hunnu prouy uod en kam y uraut a uarnus er enat kollet er enat y tauaut . . . Os enteu a oruyd talet ydau y saraet 12.30.—87.16. sbj. goruo 51.1; gorfo 130.22. cf. Parth yr oen gorfod im gossodych. M.A. 274a.26. Yn y mor y maer pysgod yn y kowrt y mayr gorvod. P.MS. 65, p. 77. Gwledig gwlad orfod. M.A. 142a. *The translation of this as 'lord of the realm of fate'* (Lloyd, p. 99) *seems hardly possible. 'secure,' 'everlasting' convey the meaning better.*

goruodauc *guarantor.* O deruit y dyn kemrit arall ar i oruodogyaith ac oyt arnau. a kin or oyt dillusu or llourud e goruodauc talet e goruodauc trosdau kubil 50.30.—49.30 ; 50.28. y neb a uo gorfodauc dros arall yw ellwng o garchar un dal a fydd arnaw ac ar y neb ydd aeth drostaw pes ceffit. A.L.II 644.x. Trydydd achos yw gorfyddawc mach yw hwnnw dros dyn ar y ddyfot y atteb o hawl gysswyn. II 660.xi. g. [*vas*]. II 843.xiv. Os mar6 uyd ynteu gormod uyd agheu gvas kystal ac edern yn syrhaed mor6yn. . . . Ac yna yd aeth arthur yn oruda6c drosta6. W.B. col. 406.18.

goruodocgaith, goruodocaes *bail, security.* Pvypennac a kemero arall ar y o. diguidet ef em pop kerit or a pot ar e dyn a kemmirt 50.25.—50.28, 30 ; 51.2.

gorhenuam *great-grandmother.* 75.29.

gorsaf m. *a pause, stay, station.* try g. greic pan gesker kenthy ny dele kechuin odeno hyd em p[en] e .ix. uetyt. a pan escaro ae gur ny dele kecuyn hyd em pen .ix. uetyt . . . a pan vo maru e gur ny dele kechuyn or te hyt e pen e .ix. uetit 38.15. Teir gorsaf gureic [*stationes uxoris*]. A.L.II 873.xxiv. *but* cf. sef yu gorsaf kyureyth peth a trosso e kefreyth y urth y peth y byder en emdyweduyt amdanau ac a dycco y peth arall a uo kystal ac ef neu a uo guell ual y bo reyt annot e kyfreyth. A.L.II 156.10. Ll.MS. 174, p. 162.3. Sef yw Arddelw cyfheithjawl Gorsaf Cyfraith. L.W. 434.42. cf. diorssaf. M.A. 282a.9. see also A.L.II 154.6.

gorsed f. *tribunal, court.* Teyr gorset breynyauc a dele bod gorsed er argluyd a gorset escob a gorsed abat pop un onadunt a dele dale y orset truydau ehun. O deruyd y hur onadunt gueutur *cam* [y] gur e llall ny dele neb onadunt guenthur yaun namyn eghorset y argluyt ehun 123.23.—124.2, 5, 6. see A.L.II 318.v ; 332.xxi : 775.xxxviii.

gorsetua f. (*v.l.* gorsedauc. A.L.I 170.x) *authority, president* (?). teyr gorsetua ysyd a allant gwneuthur eu cabydul ehun yn y lle na llesteyryoynt keureyth y brenhyn sew yu y rey hynny abat ac escop ac [meystyr] hyspyty 60.14.

goruc (*he*) *made, did.* 134.16. *usually employed as* 3 sg. pret. ind. act. *of* gwneuthur. cf. *however,* gwreith. M.A. 19a.6 ; 32b.19. goreu. M.A. 27a.24.

gorgulad *border country.* ef a dely bucc neu ycch or anreyth a guenel e teulu eghorgulad 15.2.—12.14. y neb a differo buch neu ych rac lladron yn vn wlat ar perchennawc .iv. k. a geiff

ef os y gorwlat y differ .VIII. geinhawc a geiff. A.L.I
708.xxxiv. see 770.xxxv. Caer offa . . . Kae ir wlad rrac
gorwledydd. P.MS. 64 ,p. 239. cf. mon ai gorthir. Rep.MSS.I
9 §49; 290 §173.

[gorysgwr] cor-escur *the yoke, the part crossing the neck.*
Ny dele nep dody c. ar hyc y kylyd heb y kanyat 109. see
ysgwr. L.W. *has* gorysgwr 282 §19. A.L.II 586.xi. gwrasgwr.
Ll.MS. 116, p. 106.4. see yscur.

goskorth *suite, retinue.* brenyn a dele uod en y kedemdeythas
un dyn ar *pem*dec ar ueyrch ar ugeyn en marchokaet e peduuar
suydauc ar ugeyn a deudec guestey heb y teulu ay guyrda ay
gueysyon ay kerdhoryon ac aghanocyon a hene a elguyr goskorth
e brenyn 3.15. *satellites gl.* casgoord. Z². 1062. g.= Cor.
goscor *family.*

goskemon *fuel, tinder.* pemmet [afeyt tan] eu llad tan VI.
ked eu keysyau goskemon 85.17. wynt ae lladant nyt amgen
y dievyl a wassanaytha. ac a ennyn gosgymon y bechodeu.
H.MSS.II 34.30. A gwedy kaffel or tan goskymon ny
orffowysswys hyt pan losges y castell. R.B.II 158.9. Ac
annoc a wnaeth Jeuenctit llys arthur y walchmei gwneuthur
gwrthgassed yn llys yr amherawdyr. Megys y gellynt gaffel
gosgymonn y ymgyuaruot a gwyr rufein 214.4. cf. diskymon=
tinder, fuel. R.B.I 114.4. gosgyman gvith. B.B.C. 11.5.
M.A. 233b.22. Doeth un ysgymun osgymmon pobloedd. M.A.
324a.4.

gossot (a) *to set, place.* ef a dely ehun deuot ar anrec dyuedaf
ay gossot rac bron e brenyn 19.31. ef a dely gossod nadhu
(nawdd) ac atestu gwyrodeu 10.1.—67.2, 18. 3 sg. pres. subj.
gossodho 10.2. 3 sg. pret. gossodes 64.21. 3 pl. gossodassant
1.17, 21.

(b) *attack, onset, blow.* kany dyly y genedyl namyn sarhaet
eu car ay alanas. ac nat oes yn hynny na dyrchaw na gossot
na gwaet na gwely 75.11. Taro ei phen cledren clod, Ag isarn
ar un gosod. D.G. cl.20. E neb a gnithyo dyn talet y sarhaet
yn gyntaf kanys dyrchaf a gossot yw sarhaet. A.L.I 506.xviii.
tr6y rynn a gosgrynn a drychaf a gossot a chledyf tri a6cha6l.
A.L.II 466.31. Ac ar y gossod kyntaf y g6r a oed yn lle ara6n
a ossodes ar hafgan ym perued bogel y daryan. R.B.I 5.14.
Ac ar hynny est6ng g6ae6 a oruc y blaenaf ohonunt a gossot ar
ereint. R.B.I 271.11. Ac yn y lle gossot o rolond ar y cawr a
dwrndard y gledyf. H.MSS.II 39.26. see M.A. 809a.12.
H.MSS.II 22.27.

[gossymdeyth] gossemchejth *maintenance, support.* e mab
. . . o *pen* e pedeir blenet ar dec e mae jaun jr tat e duyn ar e
argluyt. ac jdhau ynteu gurau jdhau ef. o *henny* allan byt
urth ossemchejth e argluyt 37.15.

[gossymdeythau] gossemtheitau *to maintain.* O deruyt
beychochy gureyc o luyn a perth ef a dele g. e mab 37.1.

gostec f. *a proclaiming of silence in court.* O deruyd dody
gostec yn y maes ac odyna anostegu o un yn y maes teyr buv
camlurv arnau 132.14.—15.22; 52.22, 24. cf. Ir. fear-stuic
*trumpeter, whose duty it was to sound his trumpet just three
times (at the feast).* Joyce II 106. *For a description of the* Stoc
see O.M.III 336 sqq.

gostecu *to maintain order, silence.* gostecur . . . a dely
guasanaythu a gostecu a tarau e post 15.14.

gostecur *silentiary, the ninth of the court officials.* see
gostecu. 5.12; 15.9; 66.8; 68.1. see gostec.

gradell *a griddle.* [guerth] gradell d*a*mdung 101.17. g.=
Lat. gratella. Loth p. 174.

[grad] *grade, degree.* pl. -eu. hynny o dynyon yu y gradeu
ny dylyir dewnydyau tyr hep eu kanyat 62.20. Lat. gradus.
Loth.

[gradwr] grahur *one in holy orders, an ecclesiastic.* er
efeyryat . . . y sarhaet heruit braut senet . . . ac euelly pop
grahur 21.22. O deruyd y radwr gaffel kam gan lyc. diwgied
val y dwetto yr eglwys. Ll.MSS. 116, p. 90.16. see A.L.II
48.xxvi, xxvii. cf. Rep.MSS.II 911 §79. *Epithets of God :*
Celi . . . Gradur. Ir. aes grad *clergy.* see grad.

graun *corn, grain.* Ac ny deleyr dale yeyr ar hyd namen e
pedheunos kentaf ed heer ac o hyny eny del graun ny delyr
113.23.—113.24. sg. gronyn *a grain of corn.* g. heyd *lowest
unit of lineal measure.* try hyt g. heyt en e uodued 107.7.—
65.2, 3, 7.

garauys *Lent.* sef amser achaus e doythant e garauys eno
urth delehu o paup bod yn yaun en er amser glan hunnu 1.9.—
1.8; 8.28. see carawys. Loth p. 144.

gremhaha see grymhau.

gren *a big vat or vessel.* [guerth] gren .11. 100.18. Melget
pedeir tunell o fel a gassei pedeir mu ympob tunell, dwy
grenneit ym pob mu llwyth deu wr ar drossol ym pob grenn.
A.L.II 584.v. Rep.MSS.II 828.81. Un diwarnod wedi cael

llonaid gren bridd o laeth ai dwyn adref, etc. IoloMSS. 181.17.—
169.23. Pedwar galwyn a wna un celwrn. Pedwar celwrn a
wna un gren. Med.M. 295.

groesyn *a drop* (?). y llo a dele ememdeyt nau cam a
dedellu groesyn oe phedeyrthet 90.20. *v.l.* dyfod llaeth o ben
pob teth iddi. L.W. 239 §29. *This appears to be the* sglt.
masc. *of a word corresponding to the* Ir. fross *rain.* T.B.F. 42=
frass. W.W. Mod.Ir. frass *a shower, hail, small shot, seed,
any small round grain.* Dineen.

gruereyc see gwreyc.

grugyll n.l. Ac o grugyll y mon hyt yn soram yglan y mor
pym cant mylltyr. a hynny yu llet yr ynys hon 64.28.

[grumseit] grunseyt *with dark coloured blade.* [guerth]
cledyf o byd breulyf .xii. o byd grunseyt .xii. o byd guenseyt
.xxiiii. 102.19. Dwyn cledyf wrnach a wnaethpwyt attaw.
kymryt agalen gleis a oruc kei y dan y gesseil. a gouyn or deu
pwy oed oreu gantaw ae gwynseit ae grwmseit. R.B.I 127.7.
grum=gwrm=*blue, dark*=Ir. gorm *blue.* also=urdairc. W.W.
see gurem, guenseit.

grvn *a ridge of land 27 feet broad.* try troeduet yn y cam
try cam yny neyt try neyt yn y tyr. Sew yu y tyr o gymraec
newyd grvn 65.5. g.=Ir. ferann *land.* Urk.Spr. p. 271. see
ferand *land.* B.L.G.

grym *power, substance.* Puybynnac a ueychychoco gwreyc
o luyn a perth namyn yny agho na orfo arney y ueythryn . . .
sef achaus yu cany chauas hy grym y gur 130.23.

[grymhau] *to benefit, be of avail.* 3 sg. pres. ind. gremhaha.
ny deleyr llu geylyd amdanadunt kany r. ked adeuer 115.17.
In H.MSS.I 355.21 *the v.n. is* grymyaw. ni wdam ni pa delw y
dichawn ef r. y ereill pryt na ellei y nerthau ehun.

gwat, guad *denial.* Rei or enejt ne at guad en erbyn henne
37.21. O gwedyr yr affeythyoed uchot cymeynt yu eu gwat a
gwat llowrud 78.28.—37.22; 45.4; 47.5, 24; 75.5, 9, 10.; 78.28;
80.19; 83.5; 129.27; 134.6.

gwadu, guadu *to deny.* a kan adeuuyt ef ny ellyr y guadu
31.1. kammeint ac a deuedassam ni vchod j guadu macht a
dau j guadu pop vn onahunt 45.17.—30.27; 35.15, 17, 25; 39.11;
40.14; 44. 1, 2, 17; 45.1, 3, 12, 16, 19, 20; 47.4, 18, 25; 48.6, 9, 10,
21, 26; 49.21, 28; 50.7, 10 watdu; 50.16, 17, 18, 24; 71.28; 72.12,
13, 22; 73.16-29; 74.1-10; 75.4, 7; 77.2; 79.5; 85.20; 129.26; 133.17,
20; 134.5. 1 sg. pres. ind. guadaf 44.1, 5. 3 sg. guata, guada

35.19; 48.9, 11; 74.26; 130.27.   3 pl. gwadant 48.17; 83.4; 129.29.
pass. gwedyr, guedir 50.10 59.6; 74.26; 75.3; 78.27, 29.   3 sg. pres.
subj. gwato 31.11; 40.23 guadto; 46.23; 47.23; 50.24 guatho;
130.26.   3 pl. gwatoent 77.18.   pass. gwater 74.5; 83.6; 85.1.
3 sg. imperat. guadet 47.18, 21; 49.18; 50.19; 109.12.   3 sg. impf.
subj. guatei 47.18.   3 sg. pret. ind. gwadus 72.25, 26.   pass.
gwaduyt 73.19.

guadaut *sediment, lees.* e penguastraut a dely dernuet erug
llyn a guadaut 13.25.—13.24.   g. = Corn.   godhas *sediment.*

gwadaul *division, distribution.* O deruyd y dyn cafael kyc
anyueyl ny bo eydau . . . ay gymryt ohanau hep gannyat
dyruy a uyd hyt yd el nac o rod nac o wadaul nac o brynu hyt
y ganvet llau 80.23.   *but* g. = *dowry* see A.L.I 522.xxvi; 544.vi.
g. = kynhysgaeth.   P.MS. 169, p. 242, etc. godolei o heit meirch
e gayaf. B.An. 37.20.   Ir. fo-dail *sub-division.* B.L.G.

gwaet *blood.* nas creus ew y mab hunnv . . . ac nat oes
dauyn oy waet ew yndau onyt o adaw 72.18.—75.7, 12; 77.3;
106.18, 19, 21, 24.

guaet dyllad *blood-stained clothes given as part payment of
the doctor's fee.* Am pob un or try perygyl henny e dely e
medyc .lx.xx. ay uuyd neu punt heb y uuyd a heuyd y guayd
dyllat 18.9.—7.20; 18.5; 106.5

guaet tyr, gwaetyr *the land of a homicide sold to pay the*
galanas. Y gyureyth a dyweyt nat g. yr un namyn tyr llowrud
a talhel yn gyureythyaul wedy na bo dym ar helu y llowrud
63.1.—62.19, 28.

guacret *a downward slope.* tennu kar en alld ac eg g. 90.11.
ni bydd allt heb waered. Dr.D.Prov.

guaeth *worse.* 109.10.   guaethaf *worst.* ac o guelhant bot
en vell testion e neill rei noe gilit diuarnent huy e guaethaf e
testion 55.11.

guacty *empty house.* O deruyt guelet greyc en deuot or
parthun yr lluen ar gur or parch arall.   neu en deuot o guacty
39.10.   g. = nebty.   A.L.I 750.xxxiv.

guahan *separation.* Os o veuu e guahanant . . . a guybot
ae kefreithul he guahan 34.22.—34.23.

guahanu (tr. and intr.) *to separate, sever, create.* vuent a
allant os mennant g. ony byt ammod ae ruym 108.4.   cany
dylyant yr estronyon na duyn dyn yg cerennyd nay wahanu ay
gerenyt 129.23.   tygu y duv yny blaen ac yr allaur . . . ac yr gur

ay gwahanus ew o creedygaeth tat a mam nas creus ew y mab
hunnv yg kallon gwreyc 72.16.—108.3; 125.20 3 pl. pres. ind.
guahanant 34.12, 20. 3 sg. pres. subj. guahano 7.24. 1 sg.
pret. gweheneys 129.19. 3 sg. gwahanus 72.16; 81.6. pass.
part. guahanedyc *separated* 38.10. A wahanodd cnawd g.
ddolur. Dr.D. Prov. Ef a wahannawd pop peth (=*created*).
P.MS. 15, p. 63. gwahannawd=gwnaeth (?). Eluc. 5.5.
gwahan *v.l.* gwnahon. M.A. 58a.

[**guahard**] **guahrt** *to prohibit, forbid.* ar egluis bieu i guahrt
am bridiu ar brenin y kamell 49.32.

guahaut *to invite.* Od a gur ar teylu ykan e brenyn o achaus
yrllonet ef a dele y guahaut urth y uuyt ay kamody ar
brenyn 7.3.

guahrt see guahard.

guala f. *fill, sufficiency, satiety.* eny kafo [dauad] teyr guala
o tauaul neuuyd 93.14. Nid gwala gan gybydd meddiannu y
ddaiaren. M.A. 757a.7. Bret. gualc'h. cf. diwala. neb ny
duc yny chetymdeithas namyn gwraged a meibon a dynyon
didraha diwala. W.B. col. 117.21. Oia arglwydes dec. yr y
duw y credy di idaw. dyro ym un walyeit o fwyt. H.MSS.I
139.36.

guall *lack, need.* ef a dely guylyau e brenhyn rac pob guall
24.13.

guall 106.17. *read* guallt. see A.L.I 314.xxvi.

guallau *to serve liquor, to pour out.* e guastauel . . . a dely
guallau ar e brenyn eithyr e teyr guyl arbenyc 14.13. subj.
pass. lloneyt e llestry e guallouyer endunt o kurif 25.5.—18.28.
Nam gwallaw oth law *cast.* M.A. 190b.51. gwallau=llenwi.
P.MS. 169, p. 245. gwallofiad=briwer. *ibid.* 241. cf. darllo=
gollwng breci. P.MS. 50, p. 193. Ir. folam *empty.* Ped. §26.4.

guan *sick, ailing, weak.* Ni dele mach duyn guistel ar
kennogon ac ef en i nekesseu y argluit . . . neu en guan 46.29.

guanaf *a layer (as of corn in a sack).* e ryghyll a dely . . .
kyc bulch . . . ar guanaf yssaf or hyd 25.14. =y do nessaf yr
llawr. A.L.I 394.vii. cf. gwana '*the amount cut by one sweep
of the scythe . . . reckoning breadthwise.*' Trans. Guild of
Grads. 1909-11, p. 28.

guanant see guneuthur.

guander *weakness, sickness.* er hebogyt . . . a dele duyn
llestyr yr llys y dody guyraut endau kany dele ef namen tor y

sechet sef acaus eu henny rac guander yu adar 10.30. cf. Ac
ynyr amsser hwnnw y cleuychawd tat beuno o heint annobaith.
ac anuon kennat at veuno y vab a oruc ac erchi idaw dyuot vrth
y wenndit ae diwed. Eluc. 120.6. Rhag gwander ymenydd
berw y beton. Ll.MS. 82.10.

guahanuyn *springtime.* o nauuethid cchewraur ebit kayat e
hewreyth hit nauvethid o uey. . . . Rac llesdeyrau eredyc e g.
51.31.—10.7; 11.12; 51.30; 104.11. guahanuynar *land tilled in
Spring* 112.11.

guaraduyt *shame, disgrace.* Ereyll a deueyt panyu deruen a
ladher en hageuarc ar treftat pryodaur a deleu dody mantell
arnau oy kudyau rac y gueled a bod en guaraduyt yr treftadauc
y gu[e]llet 128.25.

guarandau *to listen, hear, eavesdrop.* dechreu holy a
gwarandau atep 130.8. a guedy es tadkano aynt er egneyt allan
. . . a Righyll ygyt aguy hy eu kadv. Rac douot dynyon y
warandu arnadunt 53.21.—52.2; 53.21; 61.19. 3 sg. pres. ind.
gwerendeu 61.14. pass. gwerendewyr 61.17. 3 sg. pres. subj.
guarrandaho 44.22. subj. pass. gwarandawer 53.9.

gwarchadu *to keep, impound, hold in custody.* Mayr bysweyl
. . . a dely g. e llys guedy er estyuart 24.17. e guarthec a uo
en y guarchadu ef teyr nos kyn eu llad 24.27. o bydant yn
gwarchadu tyr adanadunt kyhyt a hynny 64.4.—15.18; 18.22;
53.11; 56.7; 70.26; 81.4. 3 sg. pres. ind. gwercheydu 80.26;
81.2, 3. 3 sg. pres. subj .gwarchatwo 80.27.

guarchae *to confine, impound, have charge of.* vuen (wyn)
tra uuynt en denu eu cuarchae or pryd buykylyt neu eu
kemescu ac eu mam 112.22. e kenutey . . . a dely march e
kenud . . . o kyll ac ef ar y guarchau ef ef a dely y talu
27.8.—112.20 guarhy; 116.2; 117.11; 119.2. pass. part. gwarch-
aedyc *barred* (?). Puy bynnac a dyodeuo rannu y dyr un dyd
a bluydyn . . . y gyureyth a dyweyt na dyly hunnv atep or
tyr hunnv. namyn y uot yn warchaedyc ac yn haul tra
bluydyn 63.7. yn diannot gwedy gwarchae clusteu y meirch
ac eu llygeit y kyrchassant yn hy. Car.Mag. 23.22. gwarchav
bvn mewn arch a bedd. P.MS. 63, p. 85.

guarthaual, guardhaual *stirrup.* sef ual e dely daly y uarch
tra dyskeno a pan eskenho daly y guarhauel 11.5.—23.31; 27.27;
103.1, 4. pl. guarthaualeu 103.19.

guarthal *re-division.* ceyssyau oet urth porth a dyweduyt
or amdyfynnvr ket ryfo yth dewys nyt ydyu cany chygeyn

gwarthal gan dewys 130.10. *so* M.A. 852b.32. A.L.I 544.iii.
Keveis gan dreth ortethol. Tarw tec talgarth yg gwarthal.
M.A. 184b.4. Ny dyly neb gofyn atran onyd y neb ny chafas
ran dewis. Odyna y diaereb yssyd nyd oes warthawl gan dewis.
Ll.MS. 116, p. 29.21. Ll.MS. 69, p. 132.4. Med.Law 53.7. Dr.
Pughe *translated this 'what is given to boot' as if it were from*
gor+tal=over price; this is very unlikely for in every instance
it is equal to adran. *The proverb means ' it is not in keeping*
with the law to ask for re-division after having chosen at the
first division.'

guarthec pl. *cows, cattle.* e teyru o hanner haf hyd aust.
Ny deleyr eu dale . . . kanys en er amser hunnu e byt teruen
e guarthec prouaduy 116.5. deu hechen a uenho ar y guarthec
42.15.—3.27; 9.11, 13; 24.26, 28; 25.7; 29.9, 12, 14; 39.19, 20;
71.11; 73.10, 11, 12; 92.20; 111.13; 125.5.

guas m. *a servant, a page.* maer a chyghellaur a dylyant
kylch dvyweyth yn y bluydyn a deu was gan bop un 70.2.
brenyn a dele uod eny kedemdeythas undyn ar pemdec ar
ueyrch arugeyn en marchokaet . . . heb y teulu ay guyrda ay
gueysyon 3.10. gueyssion kaet *bondsmen* 42.12.—30.22; 53.29;
76.8. pl. gueysyon 3.19; 42.11. A.L.II 816 §iii *has 'pueros '*
(acc.)=gueysyon 3.19. gweisjon *v.l.* maccwyaid. L.W. 11, cap.
viii. A.L.I 348.iv; 626.iv. Ir. foss *servant.*

guastauell *chamberlain.* 10.22; 14.5; 22.7, 17. pl. gueyssyon
esteuyll 10.19.

guassanayth *service.* a guasanaytuyr a deleant seuyll rac y
uron en y g. 4.14. er efeyryat . . . a dely seuyll eguasanaet e
brenyn eny absen 15.15.—5.2; 8.27; 18.33; 108.11; 128.20.

guasanaythu, guasanaeth *to serve, minister.* E djsteyn a
dele guasanaythu ar cuedyn ar uuyd 9.27. ef a dely guassanayth
ar e urenynes . . . ar uuyt a llyn 22.11.—13.13; 15.14; 20.30;
21.1; 22.11, 29; 23.33; 38.29; 47.12; 48.29 guassanaessu. 3 sg.
pres. ind. guasanaytha 11.3. 3 sg. past. subj. guasanaethei
47.13.

guasanaethur *servant.* 5.1. pl. guasanaytguyr, gwassanay-
thwyr 2.19; 4.14; 8.16; 68.1; 69.12; 76.18.

guasgarauc *distributed, divided.* val hyn y rennyr galanas
wasgarauc 129.3. see galanas.

guaskaru *to scatter, disperse.* O deruyd deuot moch y ty a
g. e tan 87.2. g.=Ir. -scaraim *I divide, etc.* W.W.

[**gwasgaudwydd**] *sheltering-trees.* pop pren a planer en gasgautguyd .xxiiii. a tal 98.6. yd oed charlymaen yn eistedd y dan gwascawt pren godowyll. H.MSS.II 83.19. g.=Ir. foscad *shadow.*

gwastat *even, constant, settled.* nad el or llys en guastat 18.16. ef a dely uod en guastat ykyd ar brenyn 8.30.—6.18; 9.24; 25.28.

guastraut *groom, esquire.* guastraut auuyn *one of the customary servants of the court.* ef a dely daly guardhaual e brenyn pan eskynho a pan dyskenho a duyn y uarch yu lety 23.22.—23.25. pl. guastrodyon 12.13; 13.18, 19, 29.

gwatdu see guadu.

guatho see guadu.

guaylaut *bottom.* messur e llaeth teyr modued en y guaylaut a .vi. em peruet e llestyr 91.8.

guayssaw m. *protection, guarantee, defence.* O deruyt y ur dyweduyt bot gwreyc yn veychyauc ar wreyc yn gwadu ar gur yn adew ar argluyd yn mynnv yr amober talet y gur . . . canyt oes wat tros wayssaw 134.6.—41.25. Tri g. y syd : arddelw neu warant neu amddifyn heb warant. M.A. 942a.56. Tri ymdillvg o rvym havl yssyd gvir tvg neu waessaf neu ynvytrvyd. Ll.MS. 69, p. 70.21. gwasaf yw gwarant. P.MS. 138, p. 496. gwaessaf *is a warrantor.* Ll.MS. 68, p. 134.18. Pan ddel fyngwaessaf/Cynwys a gaffaf. M.A. 52b. Guaissaf *pledge.* L.L. li. see M.A. 106a; 114b; 248a. g.=Ir. foessam *protection.* for foessam=*upon (under) the protection of a person.* Lib.Hym.

guaesauur *one who gives "gwayssaw."* Od a g. yhurt y guaesaf .lx. 41.24. nawdwr y brenhin . . . a hwnnw a elwir gwassafwr. Ll.MS. 116, p. 14, 15. Ll.MS. 69, p. 100.25. Tri ry6 6rogaeth yssyd cletren wassaf6r; ac ass6yn6r; ac atlam6r : O deruyd y dreftada6c g6rhau y dreftada6e arall ac adeilat ac ar ac eredic yn diamot a bot yn ediuar gantha6 a mynnu mynet y6rtha6, ef a dyly talu ch6eugeint ida6; a honno a el6ir cletren wassaf6r. A.L.II 42.ix.

guaeu *lance, spear.* teyr keuelyn en hyd y guaeu 25.17. guerth guaeu .iiii. 102.15.—27.29.

guden *withe,* (in pl.) *traces or harness made of twisted withes.* O deruyd y dynyon hele pescaut . . . a deuod dynyon . . . a mennu ran or pescaut uent a deleant ony deruyd eu dody ar huden neu vac[h] 123.21. pl. gudyn *harness* 112.2. cf. cytleidyr a grocer a wydnyen am y wddyf yn ddiobeith oe eneit. A.L.II

682. Gwden = miaren. D.G. clxxiii.67. see also lxvi.23; lxxiv.50; ccxxx.66. Ac yn lle kyfrwy y rodes panyorec ac owdyn anwaredut yr hyn a welsei gan walchmei. W.B. p. 287.2. cf. p. 288.14. I dreio i did wden nodedig. Ll.MS. 209, p. 561. Gwtna ydyw'r wden a nyddir yn ir. *ibid.* p. 247. Bret. "gweden *corde, lien d'osier.*" Henry Lex.

[gwddf] *neck.* pl. gedueu. e kenuteu . . . a dely gedueu er escrybyl a ladher en e llys 27.11.

gudif, guedyf *billhook.* naud [e kenutey] eu hyd e kallo y uury ay uuyall neu ay hudyf 27.14.—33.22; 100.11. *pro vologio, id est,* gwdyu [*falce*]. A.L.II 845.xiii. lignismus gl. uiidimm. Z². 1061. g.=Ir. fidhba *gl. falcastrum.* W.W. see Urk.Spr. p. 280. Ped.I 389, note 4.

gue *yarn, web.* pl. gueeu, gueheu. guedhesseu a kemerhoent gueeu neu pellenneu ereyll 86.22.—33.25. *so* P.MS. 35, 89b.3. y gweeu llin ar gwlan. P.MS. 36a, p. 59.10.

guebethit see guybydyeit.

guedy, wedy (a) prep. *after.* nauuethid guedi kalangayaf 51.30. guedy hynny *after that* 134.27.

(b) adv. *after.* Sew yu hynny gwedy del oll ygyt o erwy yn y kymhud vyth cant 65.27.—17.7. guedy=guedy+y 71.14; 72.23; 87.22 (cf. 112.18); 130.17.

guet *a yoke.* taru neu anyueyl nyd el adan guet 25.19. pl. -eu. canys yna yda [mab] adan lau y beryglaur ac y cymer g. arnau 70.21. D.B.C.I.K. of A.L. *read* "gwed duw." *so* Ll.MS. 174, p. 90.20. A.L.I 202. cymryt gued=*to submit*=gwedu. W.B. col. 190.30. R.B.II 69.7. y dan wed mab duw. R.B.II 107.8. carr ac vn or gvedeu. Ll.MS 69, p. 119.15.

guedes see guyd.

guedu *a widow.* 27.22. cf. Llawer gweddw a gwaedd amdanaw. M.A. 269a.22. Er pan ddelid Crist weddw athrist wedd. M.A. 275b.26. ar mynwennoed yn llawn o vedeu. ar eglwysseu yn wedw. H.MSS.I 259.9.

guedy *f. prayer.* ac ena guedy ed eystedont huy e may iaun yr effeyryat guedy a duy y dangos o duy er yaun udunt 53.24 *read* guedyau (?) *so* Ll.MS. 174, p. 68.23.

guedhyll *remainder.* ef a dyly guedhyll e kanuylleu holl 23.14. kanyt oed neb yny phres6ylya6 eithyr ychydic wedillon. R.B.II 253.30. see Ped.I §66.

[**gweddillio**] *to remain over.* 3 sg. pres. subj. guethyllo. ef a dely a g. or kanuylleu 20.15.

[**gwefus**] *written* gueus 105.4. f. *the lip.* [guerth] y duygueus .vi. byu a vi ugeyn aryant 105.4.

guekyl *neck*; ar e g.=*behind.* kayher er escubhoryeu. . . . Sef eu val e deleyr y kayu dody teyr bancor ar e llokyl a peth ar e drus a try ruym arnau deu ar e guekyl ac un or tu rechy 114.19.

guahalyeth *stock, nobility.* O deruyt roy kamraes y alldud mab honno a dele ran o tref tat ac ny dele ran or tedyn breynyauc hyd e tredydyn ony bod er alldut en guahalyet seys neu en huydhel a hunnu ae keyf en dy annod 125.3. ny deleyr y hun guahalyeth abedyu. hyn heruyt y delet uaur ef e byt ryd enteu o pop delet uechan 127.14. Tri amryw ddyn a dal chwegein o abediw : swyddogion y llys eithyr y pendefigyon ; a breyr diswydd a gwahalaeth, sef yw hwnnw mab arglwydd ny bo nac edling na phenteulu. A.L.II 608.xix. *This is treated sometimes, and perhaps correctly, as a derivative of* gwely= *family.* Gwelieth holl gymrv . . . tri gweli klotheith. . . . Gweheliaeth holl kymrv. Rep.MSS.I 772.

gweisur see guneuthur.

guejsdret see gueythret.

guel 37.2. see guneuthur; 111.16. see guellt.

guelet *to see, provide.* guelet greyc en deuot 39.9. teythy [cath] guelet a clebot 93.23. essef a guil e kefreish bod en nyaun rannu erreghunt en deu hanner e kollet 46.34.—75.2; 85.20; 115.5; 123.5. 3 sg. pres. ind. gwyl, guil 44.2, 16; 46.34; 51.8; 130.5, 12, 15; 131.3. 3 pl. guelhant 55.11. 3 sg. subj. pres. guelo 81.3. 3 pl. gueloent. pass. gueler 40.11. 3 sg. pret. ind. guelles 1.2; 98.22. 3 pl. guelsant 120.20. cf. kanys ny da6 [agheu] y neb namyn yr neb y g6elho du6. R.B.II 222.16=*providesset.* Schultz 149.9.

guelt 18.24. see guled.

1. **guely** *bed.* pan dano y dyllat ar e guely 22.22.—11.2 ; 14.9, 11, 15 ; 16.6 ; 22.14, 23 ; 35.8 ; 39.29.

2. **guely** *family.* 76.18. pl. -eu. Plant y seythuet uam a uyd neyeynt ueybyon gorchau. ac nyt a galanas bellach hynny. keny vyper namyn duy neu teyr buryer yr alanas arnadunt. ac ar ny el arnadunt huy ranner ar y gwelyeu yd hanuo y tat onadunt huy a dody duyran ar y kyph 76.5. see

corthlan. *This is generally regarded to be the same as* guely *bed* (W.P. p. 195, etc.). *If, however, the equation* gwely=Ir. fuil *is correct, then it appears that the idea underlying this is* 'blood' *rather than* 'bed.' Gwely "bed" *acc. to* Loth. Rev.Celt. xx.351; xxv.383 *is a derivative of* gwal=Ir. foil (*as in* mucc-foil gl. hara, stabulum porcorum. Z². 854a.). Peders. 147. *The fact that* guele *is translated* lectum *in the* Record of Carnarvon (*see* Seebohm, Trib. System, p. 33) *is not insuperable, as may be seen from earlier instances of mis-translations from Welsh into Latin, some of which are noticed in the preface.* see next.

3. **guely** f. *wound, injury.* Onyt un or teyr guely arperykyl uyt sef eu e rey heny-dernaut em pen hyd er emenyt, etc. 7.21.— 75.8, 12. g.=Ir. fuil *blood.* Ped.I p. 139. *Stokes* (?) *suggests somewhere that this word corresponds to the* Ir. fuil *" blood," and the word* rhedweli (*course of blood* (?)) *"vein, artery," seems to corroborate this. Walde, however, says it is related to the* Lat. volnus. *so* Stokes, Urkelt.Spr. 285.

guell (*comp. in use of* da) *better.* bu guell kanthau ef uunet en uab ir gur ragu . . . no bot en argluit 47.19.—45.26; 47.26; 49.2; 54.22, 23; 55.11, 14; 62.12; 112.12; 118.19; 140.2.

guellau *to better, improve.* gouenet udunt a uennant g. eu kykeussayth 53.17.

guelleu m. *shears.* [guerth] guelleu .i. 100.8. kymryt crip eur o arthur. a gwelleu a doleu aryant idaw. R.B.I 106.4; 137.23. cf. *forceps* gl. guillihim. Z².1062.

guellt *straw, grass, sward.* keysyau beyc guellt a dan e brenyn 14.14. guell[t] paur 117.4. ny deleyr semudau hycc ahkauarer en e ryc[h] ar e guel[lt] heb kanyat y kauaruyr 111.15.—68.15; 107.20 guell; 111.16 guel; 116.4 guellth; 117.2, 3. see gwyllt, gwlet.

guellta *to spread straw.* e porthaur . . . a dely arluyau e llys yam pery guellta a pery keneu tan 26.12. see W.B. col. 203. a phan edrych6yt ar y dyle nyt oed arnei namyn byrwellt dysdlyt ch6einllyt a boneu g6rysc yn amyl tr6yda6.

guendun *sward, turf.* puebennac a semuto hyd ar e souel hyd ar e guendun a gueneutur y das ar e guendun. ked lleger ena ef ny dyuckyr 119.18. cf. Ir. tond talman *earth's surface.* W.W.

guenouy *to cause to grow white.* puebennac a uenficyo march y arall a g. e bleu yar e keuen .iiii. a tal 89.9. gonoui [*crines albifacere*]. A.L.II 810.xxxv. cf. cosi y llaw yny wenofo. Med.M. 27. see Diverres. Med.M. p. 125.

guenseit see guynseit.

guenuyn *poison*. O deruyd y dyn llad arall a guenuyn galanas deudyblyc a tal 129.24.—129.28. g.=venenum. Loth p. 175.

guenyn *bees*. 95.19; 98.5, 8. see kynteit, asgelleit.

gwenythdyr *land under wheat*. 69.20.

guer *tallow, fat*. ar koceu a dele e guer ar dyhenyon 8.3.— 19.31. g.=Ir. geir (*which was much used as* annlann. Joyce II 132.)

guer see guerth.

gwercheytwat *trustee, guardian*. O deruyd yn daly yr eydau dyuot g. a gurthuynebu ydav gouynnet ynteu puy a wercheydv hwn 81.1. pl. guercheidveith 52.3, 4. Gwercheitwat yw y neb a gynhalyo neu a warchattwo dylyet dyn arall. P.MS. 36a. 79.14.

guerdir *the buttocks*. 36.8. keuuc· ae guerdir=kyfywch ae phedrein. Ll.MS. 116, p. 21.13. g. *the vagina*. Med.M. 188 §476; 296 §111. cf. Ir. fordhronn. (pl.)=*the loin, the womb*. Dineen.

guerit n.l. Ac odhena [aruon] e lluydhaus rud uab maelcun a guir guinet kanthau ac e doethant hid eglan guerit en e kocled ac ena e buant en hir en armesson pui a heley en e blaen druy auon guerit 42.2.

guerth, guert, gurth, guer, guet *value, price, bribe*. mug march vn guer ae y fruyn vn guert ae y talkudyn y kebystyr 89.6. Guerth e brenyn eu y saraet teyr gueyth 2.21. Nauuet [affeyth lledrat] yu cymryt gwerth ygan y lleydyr yr kelu arnau 78.21. guerth kefreyth *legal value* 101.2. lleydyr gwerth *a thief that could redeem himself by paying* 4.17; 6.3; 79.24; 80.18; 82.19; 83.2; 90.9; 94.22 guet, 24; 97.8; 105.21.

guerthu *to sell*. ny dele grejc na prenu na guerthu 39.22.— 12.6; 29.17; 108.18. 3 sg. pres. ind. guerth 29.18. pass. guerthyr 90.1. sg. pres. subj. guertho 92.12, 18; guerho 88.22. pass. gwerther 82.21. 3 sg. imperat. guerdhet 29.19.

guerthyd *spindle*. [guerth] g. fyrling 101.23. ac yw uerchet y peris ef aruer o gogeil a gwerthyd a nytwyd. R.B.II 387.14. cf. val y troes rot y velin ar y werthyt. H.MSS.II 9.25. gadael yr . . . olwyn goks yn ry dyn wrth y gwerthydyd.

(Treatise on milling.) P.MS. 56, p. 75. gosod y werthid ynghanol y droell. *ibid.* p. 87. g.=Ir. fertas *shaft, spindles of the axle-tree of a chariot, etc.* W.W.

guerendaut *maidenhood.* esef eu e couuyll er hyn a cafey am y g. 38.1.

guestau see guystlau.

guestey *guest.* brenyn a del uod eny kedymdeithas undynarpemdec ar ueyrch arugeyn en marchokaet e peduuar suydauc arugeyn a deudec guestey heb y teulu ay guyrda ay gueysyon 3.18. pl. guesteyon. ac am henny e rodhes rund vdut .xIIII. brein . . . . .xII. na thaler meirch guesteyon na gur ar kilc 42.23. .xII. guestey=xII. *hospites.* A.L.II 751.iv; 816.ii. pawb o dynyon gwlat arall. nyt amgen. gwesteion. Eluc. 168.23. cf. Na6 nos g6esty *or* g6estei. A.L.II 346.viii.

guestua *the foodrent of the free-maynols to the king.* Messur g. y brenyn yn amser gayaw o uaynaul ryd. Sew yu hynny pun march or blaut goreu . . . a buuch . . . a dogyn keruyn o ued . . . a seyth dreua o geyrch . . . a llestyr emenyn a hynny a dau o bop maynaul ryd yr brenhyn 69.6.—66.4.

guestuaeu *to collect the* "guestua." e mayr bysgueyl . . . a dely g. ar guyr e uaertref 24.25. *or* pl. *of* guestua (?) *v.l.* ef a dely guestuaeu e gan guyr e uaertref. A.L.I 64.xi.

gueuty *for* geuty (?) *closet.* y lety eu estauell e ure*nyn*es ay guely eny gueuty urth uod en paraut y gueneuthur nechesseu e bre*nyn* ar ure*nyn*es 22.15. Ll.MS. 174, p. 28.25 *reads* geuty. cf. A hi ae harwedawd ef hyt yggeudy a oed gysselltedic wrth y castell. R.B.II 282.6. kystud dygyn geudy guely agheu *the grave* (?). M.A. 35a.6. *closet.* Marc. vii.199.

gueylyd, geylyd *an onlooker* (?), *voluntary witness* (?). O deruyd llugry hyd ac na hodyuedher er escrybyl ar er hyd byd en llu e perchenau[c] eu glanhau kany ellyr testyolaeth ar anyveyl ked as teueto paup y guelet ny remah ny deleyr llu geylyd amdanadunt. kany remhaha ked adeuer os e perchenauc ay dyheura 115.6. hyn o denyon a dyeyc rac lu gueylyd. escob ac argluyd a mud a bedar a dyn ageuyeyt a greyc ueycyauc 121.5. Llw gweilid am dda arall nit godor ar ddyn nas roddo yn ywbarno kyfreith iddo yw roddi. sef yw llw gweylyd dyfot or kolledic a chrair gantho ar y dyn a typyo tyg yd Dvw ɛr crair hwn na ddvgost vy na a henwet y da a golles yna. A.L.II 226.ix. Sef yw llw gweilydd lw un dyn heb lw neb y yrru nac y wadu eithyr un llw. II 718.iii. llw gueilit [*juramentum*

voluntarium]. II 795.xxxii; 849.xl cf. meirch gweilyd *idle* (?).
A.B. 127.12. M.A. 141a.25. Bryssyaf lle y gwelaf brys gweilyd.
M.A. 310b.27. gwilym a roes gwlm ar wydd/nid vn gwlm a
dyn gweilydd. P.MS. 67, p. 234. cf. Mab kadr kydwaladr
kedweilydd. Rep.MSS.I 203 §353.

gueyny *service, work.* er efeyryat teulu . . . a dele . . .
offrum e suydguyr aclan. a trayan gueyny 8.25. Guert eboles
. . . en y teyr bluyt .ix. ac ena [y mae oed] gueyny arney 90.8.

gueynydauc *embroidress* (?). O deruyt beychyhochy g. a
cayt e nep ay beychyoco a dele roy greyc arall y guasanaethu
en y lle 38.28. sef yw gwenydawc. caeth a vo yn ty mab
vchelwr nyt el y raw nac y ureuan. A.L.II 118.lxxii. cf.
gwenigawl . . . nid el nac yn rhaw nac ym mreuan. L.W.
204 §43. gweniga6l . . . sef y6 honno g6reic 6rth y notwyd.
P.MS. 36a, p. 50.12. *It appears to be formed like* Mod.Dimet.
'gwinhidd-es' '*a sempstress*' *and not to be confused with*
'gweinidawc' '*servant.*'

gueynytuarch *working horse.* palfrey .cxx. a tal runcy neu
summeruarc .cxx. a tal gueynytuarch [a lusco karr ac oc] .ix.
88.13.—88.7. *for* [*v.l.*] *see* A.L.I 262.viii.

gueyr *hay.* 68.15; 114.6; 116.22.

gueyrclaud f. *meadow.* Puebennac a uenho gueyrclaut
kadued o huyl padryc hyd kalangayaf. Sef eu g. tyr
dyuuynyant namyn y gueyr a claud en y kylch 116.21.—116.18,
25; 117.7.

gueys see gueyth.

1. **gueyth** f. *time, turn.* vynt a dylyant . . . keyssyau gwellt
a chynnut y gnyuer g. y del y brenhyn yr llys 68.16. ungueyth,
ungueys *once* 6.22; 10.4; 11.9; 15.25; 17.15, 16, 29; 30.4; 67.5,
14, 16; 69.29; 78.2. eylgueyt, duygueyt 37.6; 38.8; 66.16; 68.14;
91.20; 116.24. teyrgueyt 2.21; 8.13; 9.4; 10.25; 77.26. tredet
gueys 38.8. .vi. ed gueyt 92.9. weython, weythyon *now* 52.31;
53.2; 72.28.

2. **gueyth** *work.* ef a dely guesyau guyr e uaertref y gueyth
26.9. gwneuthur gweyth kestyll 67.8.—28.7.

gueythret, gueytret, gueysret *deed,* collect. *acts.* kany dyly y
brenhyn na dyruy na chamlvrv am annodeu nac am weythret
dyn ynvyt 70.18. puebennac a keneuho tan en odyn keuoet
kan arall e llosko . . . talet trayan y gueytret 86.6.—18.14
gueytret; gueisret 43.6; 86.3, 7, 8; 87.1, 4; 118.16; 121.3; 122.10
gueysret; 122.11. guejsdret 35.15. see Thurn.Altir. §264

gwlat, gulat, gvlat, glad, gluad f. *country, domain, kingdom, district.* roder oet ydau y geyssyau y arwayssaw. nyt amgen trydyeu yn un gymhut pytheunos ygwlat arall 82.13 O byt deu argluyt a llu kan pop un onadunt en e gulat a deuot dyn y erky estyn ydau ar peth ageuodedyn ar tyr nyd rod eu rod . . . eny hueper pyeufo e gulat onadunt 124.21. Ny dele e brenyn menet ay lu ọr gulat namyn un gueys pop bluydyn 30.4.—10.10; 25.19; 29.26; 30.20; 38.32; 39.24; 42.27; 46.33, 39; 51.22; 53.37; 61.7, 8; 63.6; 64.7, 13; 66.10, 22; 67.5, 7, 17; 79.27, 28; 83.1; 85.8; 124.18. pl. gladoet. teruenu ar e gladoet ac kauarfoent ac aruon 24.17.

gulan, gluan *wool.* dauat ay hoen a gallu ohoney cudyau y hoen ay gluan rac kauad uey 91.13.—33.23.

gleduchu *to rule, reign.* Edlyg eu er hun a dele g. guedy e brenyn 3.21.

guled, gulet f. *feast, meal.* e trullyat . . . a dely guyraut o pob g. e bo med arney 18.25.—10.14; 17.24, 26; 18.24 guelt. Ir. fled *feast.*

[gwlith] gluyt *dew, a dewfall, a night.* adan tryheynt e deleyr uod am tey[t]hy marc rac dere trygluyt. a rac dueskynt teirlloer 88.18.

guneuthur, gueneutur, *etc. to make, do.* croen ewyc y gueneuthur menyc 11.12. gueneutaur kaflauan 35.9. ena e may yaun gueneythur du pleit ac eyste en keureithiaul 52.11. gueneuthur guely e brenyn 14.9.—6.10, 15; 9.20; 11.13; 13.26; 14.9, 15; 16.12, 13; 17.21; 19.21; 22.10, 13, 15; 24.5; 27.25; 28.1; 30.6, 8; 43.2; 48.39 gueisur; 49.1 gueihur; 50.15 gunehur; 50.20 guneyhtur; 50.22 gueuthur; 51.13, 18, 19; 51.21 heythur; 60.14; 63.25 gwneuthur *for* gwerthu; 66.10, 15; 67.7, 11, 24, 27; 68.12; 72.11; 73.6, 18; 80.8; 88.6; 97.19; 109.4; 111.18, 19; 118.3; 118.9 gueneuth; 119.18; 120.5; 123.13; 123.26 gueutur; 124.1, 3; 130.13, 28; 131.8. 3 sg. pres. ind. guna, guana, gna 35.15, 17, 29; 44.1; 45.4, 29; 71.5; 74.27; 89.17; 108.20; 129.7. 3 pl. guanant 39.11. pres. pass. gueneyr 2.22; 30.16. 3 sg. pres. subj. gwnel, guenel 6.5; 9.22; 12.14; 15.2, 23; 17.13, 22; 18.13, 32; 20.2, 18; 21.3; 22.2; 26.21; 30.13, 17; 41.21; 50.21; 51.11; 63.3; 72.28; 87.9; 107.1; 110.21, 23 ,24; 117.2; 120.1, 9; 129.28; 133.4. gnel 110.18; 18.3 (?); guel 19.12; 38.2; 50.1. 3 pl. guenelhont 118.4. pass. gwneler, gueneler 6.13; 9.19; 25.21; 50.23; 69.29; 87.10; 108.12; 134.21. 3 sg. imperat. gwnaet 63.9; 81.25; gunayit 51.25; guanet 114.8; guanaet 122.3. imperat. pass gueneler 109.21; gwneler 134.9. 3 sg. past. subj. guenelhey 1.11. 3 pl.

guenelynt 7.11; 107.4. 3 sg. pret. ind. gwnaeth 64.23; gnayth
51.14; guanaeth 109.9; regunaeth 43.6; goruc 134.16. 3 pl.
gwnaythant 65.6. pass. part. gueneuthuredyc *done, regarded
as done.* nyd g. dym or au guenel dyn medu 120.9.

gur *man, husband, male, vassal.* eu keuuc gur ac e kaller
penteylu ohonau 5.22. o deruyt e greyc deueduyt ar gur duyn
treys arney 37.16. ac eghuyt e deu urenyn ar deulu llad o hur
yr neyll gur yr llall 3.2. cany wys beth yu ew ay gur ay
gwreyc 70.10, etc., etc. pl. gwyr, guir, gujr, guir aruon 42.6,
8, 10. g. guynet 6.1; 42.1; 61.22. g. powys 73.29. g. e pist
pendu 42.8.

gura *to marry.* hanner galanas y braut ay sarhaet yuelly
kynn noy gura 77.29.

gwrda *nobleman, the highest class next to the royal house.*
Try anhebkor gurda y telyn ay ureckan ay kallaur 29.5.—29.12;
36.31; 52.26; 101.19, 23. pl. gwyrda 3.18; 52.15; 131.13, 20.

gwregys *girdle, belt for carrying the sword.* Nit reit kemrit
mach ar dilesruyt ariant nac ar tlesseu treicledic cae a kallell
a guregis 48.37. [guerth] gurekys o byt eur neu aryant
damdung ony byt .1. 103.13.—103.21. ac ymdanaw yr oed
wregys o gywreinweith wedy rywehu o van adafed eur yn
gyfulawn o werthfawrussyon emmev. a maen karbwnkulus
llewychlathyr yn waec arnaw. a gwaell o rudeur yn kayu
arnei. a men mererit disgleirwynn yn benn ar y gwregys
Eluc. 96.30. kanys yr ystlys am arwedo i ny orvydir arnaó
. . . o chymer vynggwregis yr hwnn y dylyir vy arwein wrthaw.
H.MSS.I 124.1. see Walde *under* rīca. also Ped.I §30.1.

gwreyc, greyc, grueic, gureych *woman, wife, a female.* ena
e deuejt e kefreisth na vyr nep bech eu hy ai moruyn ae gureic
36.4. o deruyt e gur escar a gueric 37.4. canys wys beth yu ew
ay gur ay gwreyc 70.11, etc. pl. gwraged, graget, gruaget
39.3, 23; 42.12, etc., etc.

[gwreica] *to take a wife.* 3 sg. pres. subj. greyckao. e dillat
a vo adanadunt e gur pyeu eny g. 33.17.—33.18.

gwreygyauc *married (of a husband).* 77.9.

gurhau *to pay homage, to marry (of a woman).* Ac o pen e
pedeir blenet ar dec e mae jaun jr tat e duyn ar e argluyt ac
jdhau ynteu gurau jdhau ef 37.4.—71.2. 3 sg. pret. gurhaus.
O digir treys ar gureyc vryauc ny deleyr talu amober canjs hy
ae talus pan vrhaus 40.21.

gvruernir 46.2. *v.l.* bernir, wrthveryr, atverir, diwygyr.

M

A.L.I 120.xvi. gwrthuerir *occurs in* P.MS. 35, f. 21b, *as a cpd. of* -ber- *like* adfer, dadfer, etc.

1. **[gwrth] urth, vrth** (prep.) *by, to, for.* with pron. suff. 3 sg. m. urthau. 3 pl. urthunt. .ix. [tauyodyauc] eu lleydyr urth e croc ar e kydlladron 31.15. or pan anher mab yny uo pedeyr bluyd ar dec y dyly uot urth noe y tat 70.22. ef a dely senyau urth deodreuen 15.19. ac o bit reyt . . . urth kemyrit keghor 53.27. *to, for* naud [e medyc] eu or pan archo e brenyn ydau uenet urth dyn archolledyc . . . eny del yurthau 18.2. ceyssyau oet urth porth 130.8. *because of, for* ac vrt lad elidir en aber meuhedus en aruon e lloskasant aruon en rachor dial 41.30. urth hynny *for that, therefore* 60.2.—5.10; 8.16; 14.24; 15.19; 18.33; 19.21; 22.15; 23.33; 24.3; 27.4; 29.1, 3; 39.13; 49.12, 16; 52.4; 65.2; 80.11; 107.2; 108.10; 120.18; 121.1; 130.8. yurth *from, away from.* od a guaessauur yhurt y guaesaf 41.24.— 4.16; 18.3; 38.10; 40.25; 55.21; 64.5, 10; 80.1; 86.14. *for* 18.11 see *v.l.* A.L.I 42.ix and 24.i. *ibid.* 60.22.

2. **[gwrth]** (conj.) *because.* neg. wrth na. essef pa achaus e geill ef gouin hinni vrth na eill alldut bot en vybitiat ar treftadauc 54.19. a tebiccu ohonau ef vrth nad oes vach arnau bot e guestel en anilis 46.4.—1.9; 4.8; 5.24; 13.10, 13; 27.12; 37.31; 48.2; 54.19; 55.24; 73.10, 20; 75.6; 81.12; 82.23; 116.23; 117.26.

gurtheb *to answer.* A guedi er eisteter ena e mae jaunt yr haulur kenic y devnidieu . . . a deueduit y vot ef en *p*araut. Ac ena e mae yaun ir amdifinnur gurtheb ac esev ateb a dere 54.6. 3 sg. imperat. gurthebet. medyg a dely kemryt telluet ykan kenedel er archolledyc o byt maru or uedhecynyaet a guenel ef ac onys kemer ef g. tros y gueytret 18.4. cf. Tri gwrtheb yssyd adef neu wad neu amdiffyn. Ll.MS. 116, p. 10.10.

gurthot *to refuse, reject.* O deruyd da y dyn ac am e da hunu roy oet ydau a kyn er oet kafael or kenogon e tal a kynyc ydau a deueduyt na dele y urthot 122.1.—49.5; 118.13. 3 sg. pres. ind. gwrthyt 49.8. subj. gurthoto 132.28. 3 sg. pret. ind. gurthodes 130.6.

[gwrthrychyat] *heirship, succession to the kingship.* ereyll a deueyt nad edlyg neb namyn he neb e roho e brenyn gobeyth ydau a grurtrecyat ydaw 4.12. *g. is used often as 'heir,' 'edlyg' and* gwrthrych *for the abstract idea.* Eisted kyfrwg deu or milwyr a didangerd ragot a breint edling arnat gwrthrychyad teyrnas. W.B. col. 459.12. yr holl wrthrychyeit ar gwyr ryd

ar kyllidusson yn llety yr edlig y bydant. A.L.I 625.vii.
Gorthrychiad i dad ydyw i vap. P.MS. 169, p. 246. gorthry-
chiad=ymaros [wynepryd *later*]. P.MS. 169, p. 246. gwrth-
rych=*edling*. Ll.MS. 174, p. 4.1. L.W. 12 §7, etc. neum
llwydd tristyd prid prif wrthrychiad wyf. M.A. 276b.34. cf.
Car.Mag. 26.8. yn y teir eistedua pennadur hynny y trychir ac
teruynir yn deduaul. *so* H.MSS.II 47.22.

gurthtug *to counter-swear.* teghet i diou . . . hit nat macht
ef ih ikanhaue nac ar a deuaut nac ar dim oni urhtuc e mach
arnau bit ryth e kannogen 44.11. 44.12 gurthuc; 45.5 gurhtun;
45.6 gurtuc; 49.20 gurhtug; 50.8 gvrhtun. 3 sg. pres. ind.
gurthtug, gurhtuc 44.10; 49.19. 3 sg. pres. subj. gurthtegho
45.3.

gurthuynebu *to oppose.* O deruit bot egluys a dewetho deleu
kenhal dyn ar e nodua seyth belenet . . . a bot er argluyt a uo
ar e wlat en gurthuenebu ydy hyny 51.22.—81.1.

guryauc *married (of wife).* ac os moruyn vyt . . . ac os
greyc vryauc vyt 37.26.—35.1, 9; 40.20; 41.22. see Rep.MSS.I
678 §382. I verch wriog.

guryc[h] *bristle.* ef a dely . . . hucc a hallo ef erbyn y guryc
y derchauael ay un llau 26.4. G6rtheb a 6naeth grugyn g6rych
ereint. mal adaned aryant oed y wrych oll y fford y kerdei.
R.B.I 137.16.

guresken *branch of a tree.* tredet hele ryd heyt guenyn ar
guresken 95.23. O deruyd bot deu dyn yn kerdet trwy goet,
ac ysgeinaw gwrysgen y gan y blaenhaf ar lygat yr olaf. A.L.
II 46.xxiii. see R.B.I 145.15. D.G. xxxix.52. Foy (Idg.Forsch.
vi.323) *derives this from* *vrdska *but it appears to us that it is
possibly borrowed from* Lat. rusca *or* ruscum, *with interchange
of* grw- *and* rhw- *as in* grwnigen *and* rhwnigen (*see* Med.M.
292a). Rusca *appears to be used in the sense of* 'branch' *in*
A.L.II 802.v.

guru *male.* dynaguet guru vn kerdhet a dynauet vanu 92.3.

guryt *an ell.* try tan ny dyukyr . . . tan geueyl trefcort a
uo .vii. huryt eregthy ar tey 86.12.—86.14. *v.l.* a fo naw cam
i wrth y dref. L.W. 415 §288. geueil, *si sit edificata in spatio
nouem cubitorum a domibus uille.* A.L.II 770.xiv. Messur
fin y rwg dwytref . . . gwrhyt ahanher. A.L.I 764.v=tervyn
dwytref pvmp troetved. A.L.II 268.iv.

gurem *dark-blue, best, splendid.* [guerth] mantell gurem
.xxiiii. pop mantell dynessyt pedeyr ar ugeynt 104.13. Gwydi

gurum a choch a chein.   a goruytaur maur minrein in llan
helet bet owein.   B.B.C. 64.9.   Duw mawrth gwisgassant eu
gwrym dudet.   A.B. 83.19.   cf. a llenn o borffor glas ar warthaf
hynny.   R.B.I 247.17.   g. = Ir. gorm = *blue, urdairc*.   see
grumseit.

gust see guystl.

guy 22,12.   see guyl.

guyalen *rod, goad, withe.*   guyalen eur kehyd ac ef ehun a
kynurasset ac y uys e becan 3.7.   teyrn w. *sceptre* 64.17.—25.2;
59.13,15; 65.10; 99.9.   pl. guyeyll (?).   e keylguat a dele dyguallu
. . . e torccheu a guyeyll e doleu 112.3.   P.MS. 35, p. 43, *has*
gwehyll y doleu *pegs, splinters.*   Ac yn taraw galaath a gwaew
yny vyd yn weyll uch y ben.   H.MSS.I 28.15.   A gwalchmei ae
trewis ynteu.   a dryll paladyr y waew yny yttoed yn weyll.
ibid. 208.34.   Ll.MS. 116, p. 107.8 *reads* gwieil.

guybot *to know.*   huybod puy byeufey e blaen 42.4.—34.22;
54.16; 65.1; 81.7; 87.10 huybobod 132.25.   3 sg. pres. ind. guyr
36.4; 53.6, 13.   guybyt. ny dele nep kamryt amayth arnau ony
huybyt gueneuthur aradar 111.18.   pass. (?) guys 70.11; 98.19.
3 sg. pres. subj. guypo 133.25; 134.4.   3 pl. guypuynt 120.26.
pass. guyper 76.3; 120.25; 124.20.   3 sg. past. subj. guypey 1.26.
3 sg. pret. guyyat 90.4.

guybitiat *a witness who testifies to what he has known or
seen.*   Ac ena e may yaun yr eneit erchi ydau enteu duyn y
keditveit ay testion . . . er amdifenur a eil gouin a oes breint
yr rei hinny . . . esseu pa achaus e geill ef gouin hinni vrth
na eill alldut bot en vybitiat ar treftadauc ac na eill gureic ar
gur.   ac ekid a hene ni heill llauer o denion bot en vibetiet nac
en kedueit 54.19.   pl. guybedyeid 53.8; gubideit 53.33; vibetiet
54.20; guebebthit 55.6; guebjtied 55.7.   Nyt gwybydyeit namyn
y dynyon a welho yn eu gwyd yr hynn a dotter yn eu penneu.
A.L.II 608.xlii.   Tri gwahan yssyd rwg gwybydyeit a thystonn
g. am yr hyn a fu kynn ymhawl y dygant eu tystyolaeth . . .
g. bieu deturyt eu gwybot yghyureith tystonn kyny thyster
vdunt . . . tryded yw g. bieu dwyn eu tystolyaeth yn erbyn
gwat ac amdiffynn.   A.L.I 460.lxxxvii.

guychet *wicket.*   er egnat llys . . . a dely ycan e porthaur
agory e porth maur ydau . . . ac nas ellecho uyth yr guychet
12.12.   Dot ti dy ben drwy wychet y porth.   H.MSS.II 244.23.

1. **guyt** f. *goose.*   guyt or see 'gor.   94.9.—94.4.   kuyt; 94.5
huyt; *for* guyt 114.16 *read* guynt.   pl. -eu 113.1, 9, 13; 114.11;
117.17; 121.15.   huydheu 42.14.

2. **guyt** *presence.* eguyt (yn+guyd) *before, in the presence
of, openly.* ac eghuyt e deu urenyn ar deulu llad o hur yr neyll
gur yr llall 3.1. Sef eu treys popeth a decker eguyt o anuod
85.1. guelet y lad yny uyd ac nas dyfero 75.3.—45.33. eny
huet 87.19.

3. [**guyd**] *weaver* f. guedes. prenyal g. 102.15. guedhesseu a
kemerhoent gueeu 86.21. mae eraill yn dwyn gwenholiaid . . .
rai a ddywaid pam yw gwydd oedd hynaif y rrain. Rep.MSS.I
782 §205.

4. **guyt** (*a*) *wood, trees.* pop keycg or man guyt k. a tal
98.19.

(*b*) *the wood of a plough, a plough.* yr ychen ay hardo ar
guyd ar heyrn 68.25. eru guyd *ploughbote* 107.24. tyr guyd
or guyd *cultivated land.* O deruyd bod amresson errug deu
kauarur am tyr guyll [*v.l.* guyd] ac arall faeth ar neyll en
menhu eredyc e guyt ar llall heb y uennu 110.1. tir gwyd
[*terra graminea*]. A.L.II 856.x. neitiwr gwiw dros nawtir
gwydd. D.G. lxix.32. Ado'r gerdd fal yn dir gwydd. *ibid.*
p. xxxviii, 1. 26. na ddalied gwr ddeuled gwydd. Rep.MSS.I
1115 §65. myn gwydd erryd ychen. *ibid.* 664 §55b. *This is
called* clwyd *in* Ll.MS. 116, p. 98. see kasnat.

guydhel *an Irishman.* 125.4.

guydua *a burial place, grave.* Pa wreyc bynnac a uynno
duyn mab yn gyureythyaul ual hyn y mae ydy y duyn. dyuot
hy ar mab hyt egluys y bo y guydua yndy a dyuot hyt yr
allaur 72.4. A gwedy marw dauid ae cladu ygwydua y
brenhined. H.MSS.II 248.14. Guyd vynuent guydva brenhined.
M.A. 177b.42. A'm gadael yma, buchedd dibara. A'm corph
mewn gwyddfa terra toriad. D.G. ccxlv.147. llann addfed a
llawn wyddfa. P.MS. 61, p. 22. yr hwn o vewn serttein o
amser ynnol gladdwyd o vewn mynnachlog aberkonwy o vewn
gwyddua ne orweddua I dad. Rep.MSS.I 218.12. cf. Neud
gwydd-fedd gwedi gwydd fod. M.A. 246a.52. see M.A. 174b;
182a; 198a.

guyl f. *festival.* O deruit y din rodi mach ar deleet a diguitau
er oet en vn or teir guil arpennic e pa[s]c ar sulguin ar nodolic
48.31.—4.26; 6.7, 18; 8.20; 9.7; 11.16; 14.13, 25; 17.19; 19.6;
22.12. g. kyryc *June 16th* 91.22. g. ueyr kentaf *August 15th*
116.7. g. vyhagel *September 29th* 91.22; 116.12; 10.6 vyhagh.
g. patryc *March 17th* 92.21; 116.20. g. sanfreyt *February 1st*
51.33; 112.10, 11. g. yeuan *June 24th* 16.7, 14; 93.1, 2; 96.1, 2;
116.18. g.=vigilia. Loth p. 176.

guylur m. *night watchman.* ny dely huyllyau namyn or pan heler yhkysku kyd e dyt 26.17.—23.23.

guylyau *to keep watch.* naud [e guylur] eu or pan decreuho ef kanu y korn pan el y huylyau eny agorer e porth tranonoeth 26.27. g . rac *to guard, protect.* guylyau e brenyn rac pob guall 24.12.—26.19, 24.

guyll see guyllt.

guyllt *untamed, uncultivated.* a llena e guyllt a deyly e dof 115.21. *written* guyll 88.14; 97.3; 109.23; 117.10. guellt 1.27.

guyn *white.* 70.7; 95.6; 100.29. f. guen 40.9.

uynep *face.* teyr creyth okeuarc esyt vn ar uynep ac arall ar troet ac arall ar lau 106.9.—3.8; 52.13; 106.11; 123.1; 131.12. vyneb [yn vyneb] *face to face* 54.1. rac hueneb *next* 98.1. rac huneb 49.23. Ir. enech. see gwynepwarth.

guynepwarth, guynepwerth *honour price, a fine for insult.* e dressaur. . . a dely adnabod suyocyon e llys ac nas atalyho er un onadunt en e porth ac os eteyl talet kamlury yr brenyn. ac os un uyd or pensuyocyon talet huynep guarth 19.10.   O deruyt e gur adef duen treys ar gureyc. talet .xii. myu en dyruy yr arglujt ae hamobor yr argluyt. ac os moruyn vyt. e coguyll . . . ay huenepuuert ae dylyssruyt 37.25.—33.19; 34.9; 70.5; 133.21. Teir gweith y keyff gwreic y hwyneb werth. kyntaf y keiff wheigeint. yr eil punt y trydyd weith y dychawn adaw y gwr a myned ae holl dylyed genthi. Ll.MS. 116, p. 23.3. cf. Ll.MS. 116, p. 75.34. O myny gadw dy wyneb kadw dy eir. W.B. col. 241.33. Lunet heb yr iarlles py wyneb yssyd arnat ti. pryt na delut y edrych y gofut auu arnaf i. D.G. ccxlv.45. Meddwdod, diwyneb, Methiant, glythineb.   Cof. Dr. Davies Caerdydd, p. 75. ni fu gwyneb erioed ar Llanelli cyn i Mr. Davies Siloam ddyfod yma. M.A. 206a.24. nyd vch wyneb nae lin. cf. Ir. enech-log *and* eneclann *honour-price.*

guynet *Venedotia, one of the three divisions of Wales.* Canhuynaul powys ny dyly mamuys y guynet nac o vyned y powys. ac y uelly yn deheuparth 62.14.—42.1, 4, 16; 61.22; 80.20.

guenseit *with white or polished blade.* cledyf obyd grunseyt xvi o byd g. .xxiiii. 102.20. *The quotation from* R.B.I 127, *given under* grumseit, *suggests that* gwynseit='*polished side,*' *but some texts use it*='*white or silver hafted.*' gweynseyt [*capulum album*]. A.L.II 805.ii; 866.cvii. Cledyf a uo eur neu aryant ar y dwrn xxiv atal. Med.Law 105.6. cf. Gomynyat gelyn; ehanseit ervyn. B.An. 27.12. see grumseit.

guynt m. *wind, favourable wind for putting to sea. opp. to camwynt.* Ac o byd alldudyon gwlat arall yr brenhyn ay yn wyr ydau ay yn arhos guynt 67.17. ny dylyant trygau yma namyn hyt ar y gwynt kyntaw y cafoent uynet y eu glat . . . ereyll a dyweyt na dylyant mynet hyt ar y trydygwynt 64.13.— guyt 64.16. camwynt. A.L.II 302.v.

guyntesseu *buskins.* [gwerth] g. .i. 103.12. Guintesseu [cothurni]. A.L.II 888.xxii. a dwy hossan o vreythyn gwyrd velyn teneu am y traet. ac uchaf yr hossaneu dwy wintas o gordwal brith. a chaeadeu o eur am vynygleu y draet yn eu kaeu. W.B. col. 213.5. Gwintysseu o gordwal newyd am eu traet a llafneu o rudeur en eu caeu. W.B. p. 91a.16. *g.=high shoes worn by persons of quality.* E.Lh. *The -as of the sg. appears to be=Ir. as a shoe; see* B.L.G., *maelassa* W.W. *It also appears in* botas. *For gwynt- or gwent- cf.* M.Lat. *wantus.* "tegumena manuum, quae Galli wantos, *i.e.,* chirothecas vocant." Bede *quot. in* Diez *under* ganto.

gvynwyr *soldiers, military officers* (?). Gvynwyr o wlat arall a trayano ac argluyd o delyir eu bot yn lladron gwerth. Ac o lledyr dylyu galanas amdanadunt 83.1. *This is written gvynwyr, cwynwyr, gofynwyr, mynwyr, and appears not to be always understood by the scribes.* A.O. [A.L.I 255, note a] *says: "This term appears to signify 'religious,' or 'procurators' who wandered about the country under the pretext of collecting alms for religious purposes." We do not know, however, of any text to support this. The word corresponds in form to the Ir. Fian, Fiana, which meant a 'band of roving warriors,' and the meaning suits the context here. It is almost certain that it is the same word as the kwynwyr 'recruiting officers' of Ystorya Dared.* ef a anuones kwynwyr drwy holl roec. ac y gynnull kedymdeithon megys y gellynt hwy vynet yn hyborth y ymlad a gwyr troea. R.B.II 11.13=Agamemnon postquam Spartam venit, fratrem consolatus est et placuit, ut per totam Graeciam conquisituri mitterentur ad convocandos Graecos et Troianis bellum indicendum. see Meister. De Excidio Troiae Historia, p. 13. cf. *also* Bendigaw gwynnwyr ae wyr ae wlad. M.A. 249b. *For the Ir. Fiana, Fianaigecht, see* Dr. K. Meyer, R.I.A. Todd Lect., 1910, note 6, p. ix. see Introduction to this Glossary.

guir, guyr *truth, true, thus, also.* ac vrht lu e reythuyr bot

en wir [a dyweyt] e gerenid 50.14 (*for v.l.* see A.L.I 136.iv)—
53.12 ; 129.22 ; 134.2. *thus* (?), *also* (?). brynar duy wlynet y
dylyir y eredyc brandeyl guyr euelly buarthdeyl teyr blyned y
dylyir y eredyc. karrdeyl pedeir blynet y dylyir y eredyc tyr
coet gwyr euelly brynar teyl pedeir blynet heuyt 63.19. *so*
P.MS. 35, f. 46b.11. cf. P.MS. 35, f. 38a.4. a dec.k. yr distein
wir y uelly. *so ibid.* 33a. branteyl wyr e uelly ; tyr coet wyr
euelly. Ll.MS. 174, p. 81.28.

guyraut *drink, liquor, allowance of drink.* messur guyraut
kefreythyaul eu lloney[t] e llestry e guallofyer endunt o kuref
ac eu haner o uragaut ac eu trayan o ued 18.17. ef a dele duyn
llestyr yr llys y dody guyraut endau 10.28.—18.24, 27 ; 22.27 ;
28.5. gwirod=wassel. P.MS. 51, p. 192.

guirion *innocent.* O deruit i din kamrit mach ar da a guedi
henny diol e kenogon . . . a minnu oe haullur et da . . . essef
a guil e kefreish bod en nyaun rannu er reghunnt en deu hanner
. . . kanas hager yv talu or mach kubel ac ef en guirion 46.36.

guysc f. *garment, clothing, vestment.* e dysteyn . . . a dele
y tyr . . . ay g. teyr gueyt en e uuluyn 9.4. try fedh ny dely
e brenyn y ranh ac arall. eur ac aryant . . . a guysc e bo
hurlys eur ydhy 30.12. guysgyoed yr egluys ay thlysseu
60.13.—6.17 ; 8.13, 14 ; 9.5, 7 ; 124.7 guyst. pl. -yoed 60.13. see
brethyn, llyeyn. see also W.Ph. 10.

guysgau *to put on (an article of dress).* kynn y keuody ar y
guely a guycscau y kuaraneu 16.16.

guyspren *v.l.* gwacspren, gwspren *a binder* (A.O.). [guerth]
guyspren .1. asseth .1. 99.10. [guerth] guyspren .1. k. asseth .1. k.
canys guyalen yu pob un onadunt. Ll.MS. 174, p. 132.6.
L.W. 264 §8. A.L.I 294.

guyssyau *to summon, call.* e porthaur a dely guesyau guyr
e uaertref y gueyth 26.8.—76.20. dyvyn a gwys a rhyfel ar
frys. Rep.MSS.I 580 §20. peri a wnaeth y prior ganv kloch
wys i wssio yr holl vrodyr. *Ibid.* 223 §251. see Ped.I §87.

gustlau *to pledge, deposit a security.* a mab grueyc a
gusteller egluat aghefyet o keyf vecykochy ay gustellau hyteu
oy kenedel 39.24.—48.39 ; 110.15, 16 guesteau. 1 sg. pres. ind.
gusthaf 46.15. 3 sg. pres. subj. gustho 46.3 ; 119.10 ; guystylho
119.8. pass. gusteller 39.24.

gvystlyryaeth f. *suretyship, state of being a hostage.* trydyt
yw gwreyc a rodho y chenedyl y guystyl alldudet ac yn yr v.
honno kael mab ohoney 62.4.

guystyl, guestel m. *pledge, security, hostage.* essef eu gustul kefreshaul e traian en guell nor tal 45.26. gwreyc a rodho y chenedyl y guystyl alldudet 62.4.—45.25-32; 46.2-30; 47.34; 48.12-21; 49.2; 117.19-21; 118.13; 119.4-8; 122.15; 125.11; 134.26. pl. guystlon, gustelon, guetelon 56.4; 52.20, 22; 53.39; 54.8. O.Ir. giall. Anglo Sax. gīsel. see Gaesum. Walde. see also Ped.I §87.

gylyf see gelef.

gyrr *legal proceding, prosecution.* y reythyoed hynny nyt a namyn yn ol g. kyureythyaul. Seu yu gyrr c. llu y perchennauc ar y uot yn wyr ar y dyn racu y lledrat canyt gyrr namyn gyrr perchennauc 79.9.—80.19; 134.11. see however 'yr.'

gyrru, gerru, kerru *to prosecute, accuse, send, dismiss.* e dressaur . . . a dely guedy buyta keru a uo yaun y eru or neuad 19.19. yaun yu gadayl udunt vintheu eu ardelu a gerru deu y ouyn puy e gubideyt 53.33. cany dyly namyn perchennac gyrru lledrat 79.14. o deruyd y dyn gyrru brau ar arall 134.13.—19.19; 37.17; 44.3; 50.6; 134.11. reherru 53.6; reerru 53.5. 3 sg. pres. ind. act. gyrr 64.15; kjr 35.25. pass. kyrryr 85.22. 3 sg. pres. subj. gyrro 79.13. pret. pass. gyrruyt 134.14.

hacure see achwre.

hael, Mardaf h. 41.29; Nud h. 41.28; Retherc h. 41.29.

haf *summer.* guyl yeuan hanner haf 16.8.—13.24; 16.13, 14; 69.25; 70.3; 90.24; 116.3. see hafdy.

haudy *summer dwelling or cattle shed.* teyr ruyd tayauc y uocch ay guardhec ay haafdy o kalanmey hyd ahust 29.14. [guerth] hafty .IIII. 99.5. pl. hauodyd. y maer bysweyl a dyly kyweyryau llys y brenhyn . . . ay hauodyd 68.4. Kanys y Jarll kyn no hynny a orchymynassei . . . anuon holl hafodyd ae anifeileit ae oludoed y blith y brytanyeit. R.B.II 277.5. calan gauav . . . gweddw havod. M.A. 99a.7. ath hendref ath hauod. M.A. 208a. 'hafod' *and* 'hafdy' *appear to mean the same.*

hauottyr *summer pasture.* y duy drew a dyly bot yn reyt brenyn vn onadunt a dyly bot yn tyr maertrew ar lleyll yn dyfeyth brenhyn ac yn hauot dyr ydau 65.17.—68.10. cf. Tri brodyr pen mynydd : havodwr, heliwr, a myvyrgar. M.A. 914 §23.

hagen, haken *on the other hand, however.* kany dyly y brenhyn na dyruy na chamlvrv am annodeu nac am weythret dyn ynwyt . . . ef a dyly hagen dyeyssywau y colledyc or eydau 70.19.—59.29; 106.25; 124.10; 127.19 hachen. a.=M.Eng. agen (?). but see Loth Vocab. p. 150.

hager, hegar *unfair.* kanas hager yv talu or mach kubel ac ef en guirion ac hegar kolli or haullur kubel ar e gredu ohonau ef e mach 46.36.

halaucty *defiled house.* Puybynac y cafer lledrat yn y dy gan uot y gyuanhed yndau. ket bo ydav ew a gatwo y gorf rac y lledrat euo eyssyoes byeu cadu y ty. ac urth hynny y barnun ny y ty hunnv yn halaucty 80.4. *for the form* cf. Ir. salach *dirty.*

hallo see gallu.

hallt *salted, pickled.* huch teyrbluyd ac enhorob hallt a llet tryuys yn y thewed 69.10. see hely.

hamol see ymol.

hanuot [o] *to spring [from], issue [from].* ar guir hinny ni deleant hanuot o kenedel e mach namin o genedel e brehenin 47.22. 3 sg. pres. ind. henyu. dangosset y ach hyt y kyf yd henyv ohonau 61.4. karthur na march llefny ny henyu or kefreyt 109.17.—35.13; 59.5; 76.9, 10; 126.8, 23. 3 pl. henynt 64.11, 12. 3 sg. pres. subj. hanuo, hanfo 8.26; 50.12; 76.5. 3 pl. past. subj. anhoydynt 64.7.

hanner m. *a half, middle.* talet .xiiii. punt er h. yr abat . . . ar llall erug er efeyryat ar clas 30.14. kin hanner did 52.7.—3.4;' 10.6; 16.8, 14; 18.26; 25.6; 27.21, 23; 30.14, 19; 33.4, 5, 7; 35.2, 4, 12; 37.5, 10, 27; 40.1, 2; 46.35, 40; 52.8; 53.38; 55.22; 64.11; 66.11, 17; 69.3; 77.29; 79.1, 5; 85.23; 88.10; 90.23; 91.2, 3; 94.2; 96.12, 15; 116.3, 14; 123.18.

[hanerob] *a young pig* (?). messur gwestua y brenhyn . . . huch teyr bluyd ac enhorob hallt a llet tryuys yny thewet 69.10. Pwy eu henw wy heb ef. Hobeu arglwyd . . . aniueileit bychein guell eu kic no chic eidon . . . ac y maent yn symudaw enweu. Moch y gelwir weithon . . . ac etwa yd ys yn cadw or enw hwnnw. hanner hwch. hanner hob. W.B. col. 83.8. hanerob *is always translated by A.O. as 'a flitch of bacon,' and one of the Latin translators has ' perna salsata,'* A.L.II 784,33, *'perna salsa,'* 828.xiv, *but another understood it differently or had a different text. This one says* porcus, trium digitorum lardi in scapulis, et in clunibus, et in costis, et hujusmodi porcus dicitur buch triguan [sus trium annorum]. A.L.II 868.iii. *cf. also the* Dimet. Code : baccwn tri byssyg ynny hysgwydeu ac ynny heis ac ynny chlunyeu neu hwch teir blwyd vehineit. A.L.I 534.ix. Hanerob *reminds one of the word* byrhwch '*small pig.*' Cais floneg mochyn bychan a elwir mewn manau byrhwch. Med.M. p. 208 §560. Byrhwch *is translated by* Pughe '*a badger,*' *etc.; this is accepted by* D.S.E. *apparently on the authority of this text of* Med.M. *which appears to us impossible. It reminds us also of the difficult word* mannuclenn *in a specification of* a dawn bwyd. L.L. xlv §3.3. *The Editors regard this, rightly we think, as a dimin. of* banw '*a sucking pig,*' *and the translation* '*sheaf,*' '*handful*' (Lloyd 214, note 105) *appears to us quite inadmissible. In that case it belongs to the same category as the English* swine *a dimin. of* su *and* haner *is confused with* anner. Anner *usually means in W. 'a young cow,' but the Ir.* ainder '*a young woman*' *suggests that it had a wider application.*

hanwylleu see kanwyll.

harneys *harness, accoutrements, equipment of a soldier* (?). pan uo maru e penteulu e brenyn a dele y uarch ay arueu ay cun ay hebauc a hyny en lle ebedyu. kany deleyr ebedyu y aylaut e brenyn namyn hy harneys 8.11. Ac ar vyrder o ennyd ynn ol J peris y brenin gyuodi ḷlu mawr o bobyl mewn harnais J vyned J ddisdrowio gwyned. Rep.MSS.I 216.53.—215.54. Karw harneissioc (*of an armed man*). P.MS. 69, p. 292. cf. airneis *cattle, wealth, possessions, household stuff.* M.C. *In old books '* harness *' almost always means '* body armour for soldiers.*' Skeat.

haul f. *claim, legal action.* O deruit yr haulur mennu holi tir en er amseroyt hinni deuhet ar er argluit y erchi did y guarandau y haul 52.2. O deruyt ydau ynteu dyuot yr maes a dyodew haul ac atep o honav 131.7. haul dra bluydyn *a claim that has become invalid.* Ac o pheyt un dyd a bl. byt yr haul yn h. dra bl. a honno ny dylyir yaun uyth am daney 133.1.— 16.17; 44.11; 45.2, 4, 31; 46.24; 48.32, 33; 49.4-17; 51.10-36; 52.2; 53.2; 59.2; 61.20, 21; 63.7; 71.3; 86.10; 118.5; 130.5-29; 131.17; 132.13, 29; 133.1-6. 16.9 hul; 49.4 huaul. cf. Ger. holen. Ang.Sax. holian. also hōl '*to fetch*' (Dimet) *which does not appear to have any connection with* nol (yn ol) *to fetch* (N. Wales).

haulur *plaintiff.* O deruit y din kamrit macht jkan arall ar peth a deuot y duipleit ykit er haulur ar kannogon ar mach a holi or haulur e macht 45.9. ac os ew a wna yr haulur adau y maes doter croes racdau nat el ac od a galwet yr amdyfynnvr am uraut 130.14.—44.11; 45.28; 46.12-37; 49.2 hullur; 49.5-12;

50.9; 52.1; 52.4 halur; 52.16, 28; 53.3; 54.5, 10; 55.15; 56.29; 81.3; 131.2-22; 132.4.

hayarn *iron.* hual hyarn 103.27. pl. heyrn *the irons of the plough; ploughshare and coulter.* Puybynnac a dorro teruyn y rug duydrew oy eredyc. y brenhyn a dyly yr ychen ay hardo ar gwyd ar heyrn. 68.26.—107.18; 109.1; 111.21 heryrn; 102.8 reyrnt. Ny na6t vyd aradyr. heb heyrn heb hat. B.Tal. 37.24.

[haydu] *to deserve, merit.* 3 sg. pret. haydus. O deruit y dyn bot creireu arnau a gwneythur cam ohonau adan e creireu. Ni dele e amdyffin or creireu hinni kanis haydus 51.19.

haychost see mynet.

[h]aythorth see heyd.

he see def. art.

1. **heb, hep** defect. vb. *said (he, etc.).* ac ena may yaun yr haulur [dywedut] dodav heb ef 52.36. [Dyoer] heb [er] amdiffenur myuy essit briodaur o acc ac edriu 53.9.—31.4; 44.4; 49.13; 52.34; 53.1; 123.14, 15. see W.Ph. 94.

2. **heb, hep** prep. *without, minus, in the absence of.* sarhaet e brenyn a telyr ydhy hy am y saraet a hy*n*ne heb eur heb aryant 3.15. pop da heb perchennauc dyfeyt brenyn eu 124.9. e penteulu . . . a dele keuanedu e neuat heb e brenyn ar suydguyr a deleant guasanaythu arnau ef ual ar e brenyn 7.7. O deruyd bot amresson errug deu kauarur am tyr . . . ar neyll en menhu eredyc e guyt ar llall heb y uennu 110.1.—49.1 he; 45.12 haep. h.+suff. 3 sg. m. hebdau 60.11; 110.28.—3.18; 4.5, 18; 7.7; 9.2; 14.16; 18.19; 20.18; 25.9; 29.17, 21; 30.10; 35.14; 36.10; 37.16, 17; 38.9, 11; 40.19; 41.9; 42.19; 45.22, 30; 48.28, 39; 50.15, 19; 51.16, 21; 53.29; 60.11, 13; 62.21; 63.5, 25; 69.11; 70.1; 71.26; 73.17; 80.22; 86.10; 87.8, 10; 91.18; 96.12; 97.6; 98.13; 106.4; 109.18; 110.11, 28; 111.16; 114.6; 118.5, 6; 119.25; 124.4; 126.3; 130.6, 18, 28; 135.1.

hebauc *hawk, falcon.* er hebogyt . . . a dele . . . croe*n* euyc y gueneuthur menyc y a[r]gueyn y hebauc ac y gueneutur tauelhualeu ef a dele y anredethu o teyr anrec e dyt e ll[a]dho y hebauc un o try ederyn ay bun ay caran ay cryhyr 11.13.—8.9; 11.14, 18, 20; 12.19; 29.8; 95.5, 9. pl. hebokeu, hebogeu, hebocheu, heboheu 6.19, 20; 11.8, 19; 127.12. hebawc *like the* Ir. sebocc *is borrowed from* Ang.Sax. heafoc. see habicht. Kluge. see also Zimmer.Celt.Stud.I 107; Ped.I p. 72.

hebogyt *falconer, the fourth among the principal officers of*

the king. see hebauc. 10.24. pl. hebokedyon 11.10; hebogydon
67.15.

hebrug *to convey, conduct, dismiss.* O deruit y din
guneuthur agkeureyth a rac er agkewrith ono kerchu naut ac
ef ar naut henno keuodi haul arnau. Ni dele er abbadeu nar
efeireit y hebrug ef eni wnel yaun am er ageureyth kesseuin.
O deruit na kefroho haul arnau ef. hepregken vintheu euo hit
en lle e delehoint j heprug 51.11. Pvybynnac y cafer ol lleydyr
yn dyuot yu ty ac na allo y hebrug yurthau byt anreythodeu =
to trace him from there 80.1.—45.27; 68.2. 3 sg. imperat.
hepreghet 51.24. 3 pl. hepregken 51.12.

hebyn see hesb.

hechuc *narrowness, need, necessity* (?) (in genit.) *limited.*
Ac am henny e rodhes rund vdut .xɪɪɪɪ. brein. . . . Nauuet
na boent vreuan hechuc 42.22. cf. Eurged beirt neud echwg.
M.A. 157b.24. Lleissyawn berchen benn ban fv ystwng, Dreic
—a dragon yn echwng. M.A. 206a.30. Rhoddi seirch a meirch
marchogaeth, Echwng Lloegr lledgynt farwolaeth. M.A. 242a.4.
Hiraeth am gwalaeth gweled arnaw flwng, Hirhebrwg echwg
och or cutyaw. M.A. 253a.9. Echwng dan ais trais trahir
301a. 23. see also M.A. 219b; 276a; 302a, b; 304a; 376a.
echyngawdd. M.A. 302a.

hedeuis see adau.

[**heddwch**] *peace.* canys yr mab y prynwt edwyc [*v.l.* hedwch]
o hunnw mal yr tat 62.20.

heuectyt 41.8. see yeuenctyd.

heuoed 92.13. see cyfoed.

heuyt *also, in addition.* ac ny thal gwreyc galanas . . . ac
nys tal yscolheygyon heuyt 76.13. am pop un or try perygyl
henny e dely e medyc .ɪx.xx. ay uuyd neu punt heb y uuyd a
heuyd y guayd dyllat 18.9.—4.4; 48.37; 63.21; 64.8; 113.19.

hel 33.28. see hely.

helenyaet see gelynyaeth.

helw *possession, ownership.* y gyureyth a dyweyt nat
gwaettyr yr un namyn tyr llowrud a talhel yn gyureythyaul
wedy na bo dym ar helu y llowrud nac o geynnyauc baladyr
nac o dym arall 63.2. O deruyd y dyn menet y hele a decrecu
hele ac ellug ar anyueyl . . . a kauaruod kun secur ac ef ay
lad eccun kentaf ay kecuenus byeuyd . . . a llena hyd e dele
er helyur kentaf bod er anyueyl ar y helu eny emchelo y huynep

parth ac adref 123.1.—46.12; 82.4; 122.16. see R.B.I 138.27;
A.B. 85.25. H.MSS.II 131.23. ar h.=Ir. for seilb. see R.C.
iv.469. see elw.

hely, hele *to hunt.* O deruyd y dyn menet y hele a decrecu
hele ac ellug ar anyueyl 122.20. hele pescaut 123.18.—16.6, 8,
15; 16.21 kely; 16.22; 123.2, 10, 14, 19. pres. indic. pass. helyr
10.9; 16.20, 25.

hele *game, hunt.* tredet hele ryd heyt guenyn ar guresken
95.23. see ystatvs hela. Rep.MSS.I 1048 §916. see Selgovae.
Celt.Brit. 306.

heley see mynet.

hely *pickle, salt, brine.* e buyd val hyn e renyr e greyc byeu
e kic en y hel[y] ar caus en y hely a guedy e croker e gur pyeu
33.28. h.=Ir. saill *fat, bacon, pickle, brine, etc.*

helyc *willow.* byol helyc 100.27.—100.28.

hellegh see gellug.

heman see yma.

hemol see ymol.

hen *old.* ef a dely capaneu glau e brenyn ay hen kefruyeu
13.21. Ny dele greyc ene byt talu .j. paladar na hen na jeugan
40.6.—7.26; 13.21, 22; 14.11; 22.19, 20, 21; 23.27, 28. henuaes
land under cultivation 63.23. henvam *grandmother* 75.28.
superl. hynaw, henaf, henau 33.10; 42.5; 52.13; 59.18, 21, 24, 25;
62.24, 25; 63.16; 74.17, 21; 76.18. eyl hynaw *oldest but one*
74.21. o hynaw y hynaw *from oldest to next oldest* 59.25.
see hyneif.

hen=yn 127.15.

hene=hynny 40.12.

heneuid *a senior, an elder, an adviser* (metath, for henedyf
old resident (?)). ac ena y may yaun guneythur du pleit ac
eiste en keureithiaul . . . ac eg kell [*v.l.* kylch] er argluid e
deu heneuid ay guirda o hinni allan 52.15. hyneyf, henadur
and heneuid *or* henedyf *are used much in the same sense.*
kymeret [y penteulu] yr heneuyd a uynho ar deheu idaw ac
arall ar y asseu. A.L.I 636.ix. *Si episcopus fuerit in tribus
principalibus festis cum rege, ad dexteram regis debet sedere;
et keghellaur [cancellarius] ad sinistram yn hynaf [ut senex].*
A.L.II 832.xxv. see hyneif.

henlleu *the old stock of bees in a hive.* guert modredaf
guenyn .xxiiii. ac euelle e bedant hyd kalangayaf o kalan-

gayaf allan henlleu vyd pop vn a .xxiiii. y guert. eythyr
askelleyt ny byd henlleu hyd kalanmey kany guys ena a uyd
byhu 98.17.—95.14, 21, 22; 98.8, 18.

heol *passage.* ynat llys rac y uron ac ynat y kymut ar y
neylltu ydav ar efeyryat or tu arall ydau. a heol gyuarvynep
ac ew y uynet yu urautle 131.14. cf. Ir. seol *a course.* W.W.

herbytyus 86.17. *v.l.* erbynnyus, erbynnod. see erbynnyau.

hermidiur *a hermit, anchorite.* kany deleant huy guadu
mach ny delleant huy roy mach nyt amgen a manach hermidiur
a dyn aghefieih ac scoleic escol 48.27.

heruth *rectum, the straight gut.* (Pughe.) .xii. goluys
kefreythyaul esyd endau . . . kallon ay heruth ay ahu, etc.,
96.6. herut [*rectum*]. A.L.II 800.iv.

herwyd, heruuyd, heruit (*a*) (prep.) *according to, in respect
of.* tyr kyllydus hagen ny dylyir y rannv h. brodyr namyn
maer a chygellaur a dylyant rannu a rody y baup kystal ay
gylyd 59.29. saraet [efeyryat] heruut braut senet 21.20. heruyd
rey pedey[r] keynyauc or .v. lledyn moch ereyll a deueyt panyu
keynyauc o pop vn or mocch 113.15.—2.14; 8.18; 21.21; 25.23;
38.25, 26; 46.38; 54.21; 56.15; 60.8; 61.21; 63.14; 66.27; 67.19;
68.17; 74.22; 75.15; 82.17; 106.20; 119.21; 127.15; 128.5; 130.17;
132.9; 134.16.

(*b*) (conj.) *as.* yna mae reyt yr llowrud mynegy ydau y kyf
ual y mae y gerenhyt herwyd ry dydywedassam ny uchow
129.20.—45.18.

(*c*) (noun) *cause, reason.* O deruyd y dyn gyrru brau ar
arall edrycher pa herwyd y gyrruyt y brau ay yn herwyt brau
ay yn herwyt peth arall 134.15.—63.17.

hesb *dry, without milk.* eythyr nadoes y he[s]byn na myn y
bod en hesb ac evernyc eu vn blyth 93.20.—11.8; 93.15. cf. ac
berw (*springs*) y tir yn hysb ac yr a y ffynhoniav yn issbydd
P.MS. 58, p. 23. h.=Ir. sesc. Mod. Ir. seasc *barren, fruitless,
sterile, etc.* Dineen.

hesbyn *a barren goat or sheep.* see hesb.

heskyn *a bucket, vessel.* [guerth] heskyn eu .ii. . . . heskyn
helyc .i. 100.26, 28. Heschyn helyc [*situlus saligneus*]. A.L.II
804.xxxiv.

hestaur m. *a measure of about two bushels.* W.Ph. 25.
[guerth] hestaur fyr*ling* 104.2. naw hestawr llinat. R.B.I
121.19. Tered, hestored=hanner hobed=$\frac{1}{4}$ krennoc. Rep.MSS.

I 1112. *in sextario* .i. hi hestaur mel. h.=Lat. sextarius. W.Ph. 25.

heu *to sow.* 68.4. pres. subj. pass. heer 113.22.

heul *the sun.* 131.11. eul 52.12.

heyt f. *swarm, swarm of bees.* tredet hele ryd heyt guenyn ar guresken 95.23.—95.15, 16, 17; 98.10 hey; 98.10, 11, 13. see askellheyd, kenteyd, tarwheyd. h.=Ir. saithe *swarm (of bees).* B.L.G.

heydyau *to swarm.* O deruyd h. heyd guedy ahust .1111. a tal 95.17.—98.14.

heyd, heyt *barley, corn.* puebennac a uenel kay eg kylc y eyd dalyet ar e guellt a uo endau ual ar er yd 117.3. blaut heyt 91.23. gronyn heyd *a barley-corn, a third of an inch* 65.2, 3, 7; 94.8; 107.7. aythorth *barley loaf* 26.18. cf. A glas ressa6u a wnaethant ar y g6yr. a chynneu tan g6rysc udunt a mynet y pobi a oruc y wreic. a d6yn y b6yt udunt. bara heid a cha6s a glast6fyr llefrith. W.B. col. 203.9.

hehyrt 34.1. see eythyr.

heyl see gallu.

heynt, heyn m. *disease.* a dan tryheynt e deleyr uod am teyhy marc rac e dere . . . a rac dueskynt . . . a rac llenmeyrc 88.20.—90.4; 92.20; 120.14.

hi see my.

hober see gobyr.

hodyn see odyn.

hoel *nail, peg.* pl. hoelyon, hoylyon. ef a dele .1111. pedhol ac eu to hoelyon ungueys en e uuluydyn ykan e gof llys 6.22.— 10.4; 12.8; 24.5; 90.1.

hoylyau *to nail* (?), *to guide* (?). ny dele nep kamryt amayath arnau ony huybyt gueneuthur aradar ay hoylyau 111.19. *v.l.* hwylau y heyrn *to guide the plough.* cf. solas arddwr os hwylir (aradr.). Ignat.Wms.MS. p. 79. *for* "hoelion aradr." see *quot. under* aradr.

holi, holy *to claim, demand, prosecute.* Puybynnac ynteu a uynho holy tyr o ach ac edryu dangosset y ach hyt y kyf yd henyv ohonau 61..3 eyste yn y pleyt a dechreu holy a gwarandau atep 130.7.—45.10; 48.31 eloy; 52.1; 53.14; 56.8, 9; 81.10; 130.2, 3, 11; 132.29; 133.12. 3 pl. pres. ind. holan 59.5. 3 sg. pres. subj. holo 80.16; 130.1, 3. pres. subj. pass. holer 70.13. 2 sg. imperat. act. haul 53.2. 3 sg. holet 45.2. see hawl.

holl, oll, ell *all, every.* holl *before* nouns. holl suydguyr e brenyn 21.4.—4.1; 9.8, 9; 20.3; 21.8; 23.29; 24.20; 38.13; 59.17, 21. *after.* guedhyll e kanuyllau holl 23.14.—8.27; 25.21. oll *after* nouns. e man escrybyl oll 19.28.—1.1; 33.21, 27; 60.12; 65.18, 27, 28; 105.16, 20, 22; 118.16. ell. Ny dele er haulur duyn guestel e mach namen kerchu ell deuoet ar argluit 46.16 but see 'yll,' Loth, Str.Intr. §67.

homet see gomet.

honfest *a mantle.* [guerth] honfest .xxiii. 102.5. honphest *mantel.* P.MS. 169, p. 253. P.MS. 51, p. 192.

honneyt *open, declared, known.* teyr gwraged a dyly eu meybyon trewtat . . . yr eyl yv gwreyc a dyco alldut treys yarney yn honneyt 62.2.—38.21.

honny *to declare, claim.* a guedy honny onadunt e kefreythyeu a uarnassant eu cadu heuel a rodes y audurdaut uthunt 1.17. pres. subj. pass. honner. O deruyt rody moruyn e gur ac na honner e couuyll ken e keuody tranoes ny dele ef ateb ydhy o hene allan 39.27.

honsas *dagger, dirk.* [guerth] honsas .i. 103.20. mi dorra'r honsach arno (*by beating a man*). Ll.MS. 209, p. 407. h.= Lat. honsex.

hosp see osp.

hossaneu f. *hose, leathern shoe.* e guylur . . . a dele y dyllat yam capan a h. 26.23.—23.27; 103.7. Tra geffit gantaw ef nac escit na hossan ny phrynit dim gan gryd yn yr holl dref. W.B. col. 68.1; 72.31. dwy hossan o vrethyn gwyrd velyn teneu am y traet. W.B. col. 213.2. hossanneu lledyr. A.L.I 386.1. see also Rep.MSS.I 346. Anno 1332. Hossaneu or ystinos teneu claerwyn. Eluc. 95.9. a d6y hossan am y draet o v6ckran g6yn teneu. Ac ar uchaf yr hossaneu d6y wintas o gordwal du am y draet. W.B. col. 214.8. Ac yna y kafas yn y gynghor tynnu un or torsseu kwyr oe ganhwyllbren. a roi y canhwyllbren yn y hossan ledyr. H.MSS.I 176.16. see Zimmer. Celt.Stud. I 108.

hoseoaus *v.l.* hossyawr *hose.* [guerth] due h. .vi. 103.8. h.=Fr. houseaux (?).

hual *fetter.* [guerth] hual hyarn .i. 103.27.—104.1. see taulhualeu. hual=cwlm ar ddevdroed vlaen anifail, anglice pastons. Rep.MSS.I 721. h. march [*compedes equi*]. A.L.II 882.4. Sef y rhodded iddynt wisgaw hualeu euraid am eu breicheu, ac am eu glinieu, ac am eu gyddfeu. M.A. 403 §28.

N

h.=Lat. fibula (?). see Loth p. 178, *who regards it as native. For another form* 'fual' see Z². 1062.

huely 11.2. see guely.

hun, ehun *self, him-, her-, itself, themselves.* ny ellyr e duen egan e gur ae duc en llathlud onyt ehun ae myn 37.29. y wadu eydyon chwegwyr ac ehun yn seyuet 79.4. talent ehun trosdunt 40.5. pop dadel a uo eregthunt e hun 124.3.—3.7; 9.8; 16.10; 19.31; 24.29; 34.24; 36.12, 15, 17; 37.11, 30; 44.18, 19; 45.29; 46.3, 30; 47.1, 18; 49.20, 22; 50.16, 19, 32; 51.1, 5; 52.6; 56.14, 28; 59.4; 60.14, 19, 24, 28; 61.23; 62.6, 15; 63.25; 66.24; 67.7, 32; 70.20, 28; 71.3, 19; 74.13; 79.4, 7; 83.6; 86.7; 88.16; 89.15, 16; 93.7; 105.8, 17; 109.5; 118.21; 123.26; 124.2; 126.25, 28; 127.14; 128.6; 129.15; 132.27; 134.2. cf. *the use of* Ir. 'oin' *in* oinar.

hunau see unau.

hundy *dormitory.* 67.26. h.=ty gwalae. P.MS. 51, p. 192. pan yttoedwn ym plith uygkedymdeithesseu yn yr hunty. R.B.II 142.22. dyuot yr neuad a 6naethant nyt oed neb. kyrchu y kastell ar hundy ny welynt neb. R.B.I 46.29.

huch, hucc *sow, pig.* teythy huyc na bo baetredauc 93.3. en e kefreyt e bu huc or moch ac un or man escrybyl keny bey nam*en try* lluden onadunt 113.3.—26.4; 69.9, 17; 79.5; 113.4, 7, 9; 118.24, 25; 132.24.

huet 87.19. see guyd 2.

huiui 44.14=wyf.

hul see haul.

hwn, hun, hvn, hunn demonst. pron. and adj. masc. sg. *this.* Puybynnac a uynno daly lledrat yn llau arall deuet uch pen y peth a dalhyo a gouynnet puy a wercheydu hun 80.26. kefreish e bit hun 47.6. Edlyg eu er hun a dele gleduchu guedy e brenyn 3.21. y dithun *this day* 52.3.—15.20; 21.16; 54.16; 63.22, 23; 81.2; 128.28; 129.1. e tir hun ema 53.3. y mab hun yman 72.7. hon. fem. sg. a hauel ar doythyon a uuant y kyd ac ef. a ossodassant eu hemendyth ar hon kamry holl ar e nep . . . a lecrey . . . e kefreythyeu 1.22. (see A.L.I 350.16; II 304.32; 584.1; 588.1. Ll.MS.116, p. 77.14.) yar a daear hon 47.10.— 11.29; 64.11, 18, 22, 29; 78.10. hyn. neut. and pl. guerth nau aylauyt gokefurt eu hyn 104.21. Saraet brenyn aberfrau uel hyn e telyr 3.5. hyn o denyon a dyeyc 121.4.—5.17; 9.25; 10.13; 16.23; 17.26; 33.11, 28; 34.7; 37.32; 44.14; 52.13, 35 en; 55.6, 10; 59.7; 65.20; 72.3, 9; 74.12; 75.19; 76.14; 77.24; 104.21; 117.8; 127.17; 129.2, 12; 132.6, 20; 133.4.

hunnu, hunu demonst. pron. and adj. masc. sg. *that.* a hunu a elguyr saeth ebaul 116.15. yn oes yr argluyd hunnv 130.16. llv deudeg wyr am uarch a tryugeynt aryant canys hunnv leyhaw march y werth o gyureyth 79.1, etc, etc. fem. sg. honno, hono 18.31; 35.12, 14; 40.9, 27, 28; 41.11, etc.; henno 51.10; ono 51.10. hynny. sg. neut. and pl. sew yw hynny naw can mylltyr 64.28. urth henny *therefore* 52.3; 60.11; 122.10. henny 13.9; hinni 51.18. hynny 16.27 *for* yna (?).

huryauc see guryauc.

huryt see guryt.

huy see hyr.

huybyt see guybot.

huyc see hucc.

huyd 29.25. see uyth.

huydheu see guyt 1.

huyedyc *hawk, male hawk, goshawk* (?). nyth hebauc punt a tal . . . huyedyc o byt hebauc .xxiiii. 95.8. ef a dely llamesten kefruys neu h. hebauc ykan e penhebogyt 12.9.— 10.5. *Eius sunt masculi accipitres, id est.* hwyedyd. A.L.II 758.vii. *Precium accipitris masculi, id est,* hwyedic. II 823.xii. *Precium* hwyedyd [*macropteri*], *id est,* gwalch [*falconis*]. II 797.iv. *Auceps debet habere masculum aucipitrem. i.* huiedic. II 900.xv, v. *As* llemhysten *appears to be an adaptation of* gyrfalco, tafl-hualeu *of Med. Lat.* jactus (*Eng. jesses*); *so* hwyedyc *or* hwyedyd *appears to be equivalent to the Eng.* goshawk (=goosehawk. Skeat). Hwyad *is invariably translated in Welsh as 'duck' but the word itself =* Lat. auca; Fr. oie *goose.* (Ped.I 56. Walde p. 86.) *The oldest law codices do not mention* hwyad *and the later ones only just mention it as a domestic bird without giving the detailed series of prices, etc., as in the case of the goose and the hen.* see A.L.I 718.xv. *There is no doubt, however, that* hwyad *was one of the birds caught by the falcon, the famous passage in Peredur* (W.B. col. 140.19) *establishes it; but* Chretien *says, in describing this scene,* "Véues les a et oies/Qu'eles s'en aloient bruiant." (*see* extracts. Celt.Stud.II p. 201) *and* Wolfram, "Artus valke al mite streich; da wol tusent gense lagen." (*Ibid.* 202.) *leaving little doubt that* hwyad=wildgoose. *There is in Welsh a* hwyedig = longus, prolongatus (Dr.D.) *and the* macropteron *above seems to be a translation of this but* hwyedyd *is a different word. It is possible, however, that* hwyedyc *is a* *translation of* acceptor *'hawk' (confused with* accipiter) *regarding that as a cpd. of* auca *rather than* avis.

huyl *a sheet, covering.* naud [medyd] eu or pan dechreuho ef gueneuthur keruyn uet eny ruymo y huyl am y pen 17.22.—17.23; 18.23. h. = Ir. seol gł. velum, carbasus. W.W. dwyn howel ddoeth dan hwyl ddv *(funeral pall).* P.MS. 67, p. 108.

huysnos 16.4 wythnos.

huyth see uyth.

hyc see kyc.

1. **hyd** m. *length, depth.* teyr keuelyn en hyd y guaeu 25.17. hanner mey a mys heduuref ar y hyd 88.10. a llestyr emenyn try dyrnued yny hyt hep y uoel. a thry yny let 69.11. rac hid e trikassant en e lluyd e keskus eu gruaket can eu gueyssion kaet 42.11.—19.17; 51.19; 64.28; 65.3, 12; 68.22; 69.8-17 ;91.9; 107.8, 15, 16; 112.24; 122.24.

2. **hyd, hyt** (prep.) *to, up to, as far as.* dyuot . . . hyt yr egluys 72.3. or porth hyd e neuat 19.5. o haner ebryll hyd hanner mey 88.9.—26.20 kyd; 69.22; 117.21. hyt yn *up to.* o grugyll . . . hyt yn soram . . . pum can mylltyr 64.28. ar kyureythyeu hynny a barassant hyt yn oes hywel da 64.23. y nahud eu duyn dyn a guenel cam hyd ar e penteulu ac enteu hyd en dyhochel 9.23.—4.19; 6.4; 8.5; 10.6; 13.19; 17.13; 19.14; 21.4; 22.3; 26.15; 33.2; 34.21; 36.16, 17, 19, 23, 28; 37.7; 38.16, 17; 41.7; 42.2, 4; 45.28; 48.12; 51.12; 64.27, 28; 71.22, 26; 82.18, 21; 85.15; 86.26; 87.15, 21; 93.11. hyt ar *up to, till.* y naud eu hyd ar e urenynes 11.17. trygau yma . . . hyt ar y gwynt kyntaw 64.13.—9.22; 11.17; 12.23; 15.16; 19.12; 21.3, 8; 45.1; 53.41; 59.18, 21, 25; 64.13, 15; 80.12; 117.22; 119.18. hyd guedy *till after* 96.16; 98.14. hyt en oet *even.* urth hene e dele e gur a gurich roi bridiu. het in oet mab seihisbluit 49.35.—4.2. *up to, except.* O deruyt roy greyc y gur ac enguy da a cafael cubeł hyt en oet vn keynyauc ac na cafer honno 40.26. hyt pan 28.19. hyt tra 7.29; 22.1; 73.6; 82.10; 92.26.

3. **hyt** (conj. and adv.) *as far as, as long as.* naud [er holchuryes] hyd y buryho ay golcbren 28.25. ac o bit a ameuho . . . y uot en briodaur bot kanthau entheu a kathuo y briodolder o ach ac edriu hit e may digaun en e keureyth 53.5. hyt na *that not.* teghet i diou en e blaen . . . hit nat macht ef ih i kanhauc 44.9.—13.28; 27.13, 20; 45.21, 23; 51.15, 17; 59.14; 80.22; 85.6; 114.10, 26.

hyd 87.1. see yd. 5.17, etc. see kyd.

hydref see hyduref.

hyd *stag.* [guerth] taulburt . . . o . . . blayn corn hyt
.xxiiii. 100.4. ef a dele y kanedyon o hanner cuefraur hyd en
dyuet e guahanuyn croen euyc. pan uenoent or dyd hunnu hyd
haner heduref croen hyd kanys en e temoryeu henny ed helyr
10.8.—11.11; 95.25; 96.10, 12, 14, 23; 97.10; 100.4. pl. hedhod
16.19.

hyduref *(the rutting of deer), autumn.* ef a dele croyn hyd
en heduref ar guahanuyn croen euyc 11.12.—10.8; 88.10. P.MS.
49.f.46b. see teruenyt.

hydkyllen *the stomach of a stag, one of the twelve legal
portions of a stag in season.* 96.7, 19. *v.l.* hydgylla. Ll.MS.
69, p. 102. hedgellen [*stomachus*]. A.L.II 825.xiv.

hin *weather, bad weather.* eyste or brenihin . . . ay keuen
ar er eul neu ar er hin. Rac aulonidu er hin oy uyneb ef 52.12,
13. *v.l.* ar yr heul neu ar y gwynt. A.L.II 202.xiv. cf. 131.11.
ual na bo y uyneb ar y drycyn. h.=Ir. sin *weather, bad
weather.* O.R.

hyneif *elder, adviser.* or pl. (?). e dysteyn a dele guasanaythu ar
cuedyn ar uuyd. ar seyued ar lyn sef eu e rey henny e brenyn
ay heneyf ay hosb. ay edlyg. ay penhebogyt ay troydauc ar
penguastraut en seythuet ar lyn 9.29. Sew mal y eystedyr yn
gyureythyaul eysted or brenhyn ay geuyn ar yr heul . . . ay
deu hyneyw un o pob tu ydau 131.12=dau heneuydd. A.L.II
212.vii.—52.26 (?); 131.20. cf. ag yn amser Dyfnwal Moelmud
yr oed [Idwal Falch] yn ben hynaif yn llys Dyfnwal, ag o hynny
allan yr aeth ei eppil ef o Dywysogion yn Ben hyneifiaid yn yr
holl Lysoed. Iolo MSS. 5 §16.

hir *long.* en hir *a long time* 42.3. compar. huy 51.21.
superl. huyaw 59.16.

hyrguet *a long team of oxen.* e keylguat a dele dyguallu e
pestelyeu ar yeuuedon ar gudyn os hyrguet vyd e torccheu
beccheyn a guyeyll e doleu 112.2.

hyryeu *long yoke, a measure of sixteen feet.* pedwar troetued
yn yr yeu ac vyth yn yr yeuyeu. a deudec yn y gesseylyeu un
ar bymthec yn yr hyryeu 65.10.—107.12, 14.

hys see bod.

hyshaf see yssel.

hyspyty see yspyty.

hywel, heuel *Hywel the good.* 1.1; 6.2; 77.25; 82.18.

ihuckellur see uchelur.

jeugan see yeuanc.

lekerus see llygru.

lell see lle.

lenet see blenet.

leuen f. *loin.* .xii. goluys kefreythyaul esyd endau . . .
kallon ay heruth ay ahu ay due leuen 96.7. edwylleuyn [*duo
lumbi*]. A.L.II 800.iv.

loscuert see lloscurn.

lyst see llosky.

llad, llat (*a*) *to strike, cut, cut off, slay, kill.* pemmet [afeyt
tan] eu llad tan . . . seysuet kaneu e tan eny eneno 85.17.
dyrnu . . . a llywnu a llad gweyr 68.15. llad o hur yr neyll
gur yr llall 3.2. o deruyd y dyn llad arall a gwenuyn 129.24.—
24.27; 31.12; 41.14, 26, 30; 63.3; 73.3, 8; 74.25, 26; 75.2, 3, 7;
80.7; 93.24; 96.11; 116.24; 123.19; 129.28; 135.5. 3 sg. pres. ind.
llad 72.29; 120.2. 3 pl. lladant 121.12. pass. lledyr 41.20;
62.28; 73.1; 83.2; 105.11; 135.9. 3 sg. pres. subj. lladho 11.14
lldho; 72.24; 89.3; 120.6; 122.5; 123.4. pass. lladher 8.2; 9.11;
11.7; 13.27; 26.2, 22; 27.11; 74.24, 29; 77.7; 123.15; 135.3.
imperat. pass. lladher, llader 36.8; 78.13. 3 sg. pret. ind.
lladaut 31.15; 135.7. pret. ind. pass. llas 41.26; llads 123.16.
(*b*) *murder, homicide.* greyc a dele trayan sarahet e gur nac
o llat e saraer nac o peth arall 41.1.—75.8; 77.3, 5. llad keleyn
murder 80.7; 129.27.

llad 30.19. *read* llall.

llads see llad.

llaeth m. *milk, the milk of one milking.* keulau llaeth a uo
o ludyn blyth yn y dref 69.28. messur e llaeth teyr modued eny
guaylaut 91.8.—33.11; 68.18; 70.1; 91.16; 93.16.

llaethauc *milch.* 37.8.

llaueneu (?). [yna] e kant delyessin kikleu odures eu ll.
42.10.

llauur m. *labour, work.* e gof llys . . . a dely tal y lauur
28.1. ked gueneler keuar ac ecch ac nad el ef yr llauur a kau
dol arnau 108.13.—28.3.

llavvrau (?) *to labour, suffer trouble* (?). O deruit ydyn
torri troeth aniueil . . . yaun yu er dyn ay briuho kymryt er

aniueil . . . eni uo yach kani dele perkennauc er aniueil l. tros gueisret eneb regunaeth cam ydau 43.5.

llall *the other.* O deruyd y dyn or duybleyt . . . guadu y uraut aɪ llall en y adef 30.26. ar neyll hanner yn wyr nod ar llall o wyr dynot 79.6.—3.3; 30.15, 19, 25; 28, 31; 31.4; 35.8; 46.36; 47.29; 49.1, 13, 26; 55.14; 59.17; 60.6; 79.6; 82.3; 110.1. 3; 119.8; 123.15, 26; 133.20; 134.17. pl. lleyll. e gur a dele er eyr oll ac vn kad ar lleyll yr grueyc 33.27.—6.9; 66.3; 118.17; 119.11. lleyll (sg.). y duydrew a dyly bot yn reyt brenhyn vn o nadunt a dyly bot yn tyr maertrew ar lleyll yn dyfeyth brenhyn 65.15.—30.17; 69.2 (?) ; 85.23.

llamysten see llemysten.

llan *church.* O deruit y din guneuthur cam keinauc yar nodua a keuodi haul arnau ef am er agheureyth redigones yar nodua. Ny dele y amdiffin or naud e gunayth cam arnau onis atnewida o naud arall oy newid en llan arall puipennac a kemero naud ef a dele emdeyth ene [u]enwent ar gorfflan 51.15. tir llan *church-land* pop perchenauc tir llan a deleant deuot ar pop brenin newid . . . y datkanu ydau ef eu breint ac eu deleet 51.6. en e llann e guarrandaho ef eferen 44.22. see Urk.Spr. p. 239. ll.=Ir. land, lann *open space, etc.*=Eng. land (Macbain). *The original meaning appears to be kept in* llanerch *'a green glade'; for* erch *'green,' 'grey' see* M.A. 203a.17. Yn erchlyfyn yn erchliw gleissyeid. R.B.I 2. march erchlas mawr.

llanu *tide.* llanu a trey *the sea.* 52.7; 53.37.

llasart *blue enamel.* [guerth] taryan .vɪɪɪ. o byt kalcc llasart neu eur galtc .xxɪɪɪɪ. 102.22. *Pretium scuti, si sit coloratum auricalco, uel argenteo colore, uel glauco, id est, calchlassar.* A.L.II 805.iv. a dechreu a wnaeth ef uanawydan llunyaw corfeu ac eu lliwaw ar y wed y gwelsei gan lasar llaesgygwyd a chalch llasar. a gwneuthur calch lasar racdaw ual y gwnathoed y gwr arall. R.B.I 47.15. Y dan llafnawr lleith wotew. Y dan llassar glas llas llew. M.A. 184b.15. cf. ballassar. Eluc. 94.27. düw lasar. Rep.MS.II 311.12. ll.=Ger. lasur, lazur=Med.Lat. lazur<(lapis) lazuli *blue stone.*

llathlut, lladhlud *abduction, theft.* kanes ny fara gureyc nac o ladhlud nac o rod ar vreynt e haguedhy namen hjt e pen e .vɪɪ. blenet 36.22. O deruyd duyn gwreyc lathlut o dy y that hyt yn ty arall ac yno kysgu genthy 71.23.—31.6; 35.22; 36.14, 15; 37.27, 29; 71.21, 24. ll. *often written elsewhere* llathrud. gl. rapina. A.L.II 793.xi; 874.vi. cf. R.B.II 10.19. Ac yna alexander a orchymynna6d y ba6b vot yn bara6t yn eu llogeu.

megys y gellynt h6y llathrudya6 elen ae d6yn gantunt or demyl honno. ll.=Ir. slatratu (?) *boldness, urging to crime.* B.L.G. co slatra. gl. co m-brassi. W.W. sub. voc. slatra. also co slatra no co solam. *ibid.* sub. voc. brasse.

llaw, llau *hand, power.* llau assu 81.15. o llau argluid nac o llau vach nid reyt mach ar dilissruid e guistil 48.16. Sew y ryv geytweyt a dyly bot ydau cymydauc uch llau ac arall ys llau nyt amgen gur uch y ureynt ac arall ys y ureynt 81.28. vrth hene e dele e gur a gurich roi bridiu het *en* oet mab sehisbluit a el adan lau periglaut 49.35.—3.13; 5.16; 6.5, 6; 14.24; 20.13; 25.2, 31; 26.5; 36.9; 37.18; 44.6, 9; 47.34; 48.12, 13, 15, 16; 49.29, 30; 50.3, 15; 52.14, 16, 17; 59.13, 16; 61.23; 65.10, 11; 68.13, 26; 72.4, 5, 14, 15; 71.1, 17, 18, 21, 22; 78.14, 15; 81.16; 105.26; 106.10, 11, 15; 107.13; 126.7; 131.18.

llaubron *the breast* (?). Sef goluythyon e duy vanec val e deu corn ay tauaut ay laubron, etc., 96.5. Ai llai'r corff nor Iarll ar cawg/neur llawfron no Iarll efrawc. P.MS. 68, p. 3. vn wydd davydd pan dyfynt/vn lawvron ac einion gynt. P.MS. 67, p. 190.

llaudkaut *lees* (?). Ac am henny e rodhes rund vdut .XIIII. brein[t] . . . Nauuet na boent vreuan hechuc .x. na euoent laudkaut 42.22. O derfyd bod dyn yn dywedud na ddylyai yfed llacawd, a bod amryson am lonaid llacawd sef yw maint y llesdr [*al.* llacawd] cyhyd a chygwn ewin hirfys. L.W. 449 §23. Cynnetyf y Bowys benn ymadrawt gwyr, Vch gwiraud eur gymlawt; Yn nep llys yn nep lle anhawt, nad ef daw ar eu llaw lledcawt. M.A. 186a.52. (Breinyeu Gwyr Powys.) A.L. II 744.xi. cf. diletcawt. M.A. 157b.34. (gwaetkawd. M.A. 165a.54. catgaud. M.A. 170a.) A Owen says, "*Literally 'annoyance'; this measure was the depth of the nail joint of the middle finger in the drinking vessel.*" A.L.I 107, note e. *There is no mention in the laws, as far as we can find, of any drinking vessel so shallow; and a drinking cup an inch deep was not likely to be employed. The laws, however, fix the depth of the lees in the cup. Penguastraut debet habere longitudinem digiti medii de seruisia super feces, et de bragaut usque ad extremum nodum.* A.L.II 899.xiii.v. see also Med. Law 14.10; 15.3. Ll.MS. 116, p. 90.25.

llaudyr *trousers.* a .ix. uedtyt kalangayaf [e ryghyll a dely] peys ac krys a llahudyr heb tenllyf. kahyd e dely y dyllat a kulym y laudyr 25.9.—104.20. a their lladh o liein o ben y elin hyt pen y bys perued y wnneuthur llawdyr idaw. A.L.I 392.v. llowdr=tyn bais. P.MS. 169, p. 271. see Ped.I p. 324.

llaueneu see llafn.

llauer, llawer *many, much.* llawer o keuryw dennion 48.24. papeth a oruo arnau ay bichan ay llawer 51.1.—45.16; 54.20; 118.15. Ir. loor, lour. Altir. p. 122.

[**llawes**] *a sleeve.* pl. lleuys. sef achaus nas dely [.IIII. k.] ykan er escob. urth y uod en peryglaur yr brenyn a keuody racdau. ac eyste enyhol a dale y lleuys tra emolcho 13.12. cf. cwni llewish *to encourage.* Glam. ar mab a ddywat wrth y dat. bot y brein yn dywedut y byddei da gan y dat gaffel daly blaenau y lewys tra ymolchei. ae vam yn taly twel iddaw. H.MSS.II 322.13. Kymryt y col6yn yn llawes y chapann. R.B.I 241.26. a botymev o eur perffeithgoeth ar bop ll. o ardwrnn hyt ym pennelin. Eluc. 95.13. [doeth] y wynvydedig wyry a bwrw y ll. tros y wreic. P.MS. 5.xli b.36.

llauoruyn *handmaid, maid.* 10.22; 22.18.

llaucud m. *casket, coffer, work-box.* e greyc pyeu e badell . . . ar triskud ac a uo endau eythyr eur neu aryant . . . esef ev triskud e llaucud 33.25. cf. Sef a wnaeth y mab dodi diaspat uchel . . . a . . . guydyon ay kymerth . . . ac ae cudyawd. Sef y cudyawd ymywn llaw gist is traed y wely. W.B. col. 93.30. see triskud.

llet m. *width, breadth.* try llet palyw yn y troetued 65.8.— 59.14; 64.29; 65.3, 8; 69.9, 10, 11, 17; 109.21.

lledrat *robbery, theft, stolen goods, service.* Nau affeyth lledrat kyntaw yu mynegy y lledrat 78.15. Puybynnac a dalyo lleydyr a lledrat yn y lau 79.13. Sew yu lledrat pob peth a water or a dycer 83.6. ny dyly untyr bot yn dyurenhyn. . . . o byd escoptyr ew a dyly llvyd a lledrat ac o byd yspytyr ew a dyly lledrat 60.10.—24.24; 31.16, 17; 41.3; 46.32; 60.10; 78.16, 29; 79.11, 13, 14, 17, 21; 81.12; 82.7, 10, 17; 111.8; 132.24. see lleydyr.

llef *voice, sound.* llef y korn 17.14.—38.14.

lleueryd *utterance.* tauaut l. *verbal evidence but not given on oath.* Sew yu mab doolew mab a dyweto gwreyc ar y thauaut leueryt y uot yn uab y ur ac nas dyco yr dygyn 73.15.—55.9.

lleger see llygry.

llemysten, llamesten *sparrowhawk, merlin, hawk.* [guerth] nyth llemesten .xxIIII. llemysten keny menet emud .xII. a guedy edel emud .xxIIII. 95.10.—11.20; 12.8. Precium nidi lemysten [*accipitris merularii*]. A.L.II 823.xii. Barcut gynt a edrychawd ar y vreicheu ae ylyf ae ewined ac a dywawt. Ponyt yttwyfi yn gyn gryfet ac yn gyn rymusset o gorff ac aelodeu ar llamystaen. Rep.MSS.II 397 §64. llymysten. *sparehawk. Nisus.* Rep.MS.II 41. see R.B.I 252.20. *Several of the terms of falconry are borrowed or modelled on foreign terms and* llemysten, *or as it is usually written,* llamysten, *seems to be a Welsh adaptation of* gyrfalcon *or* gyrofalco, *which was so named from its circling flight* (Skeat). Llamysten *is several times glossed by* gwiba *which appears to be another attempt at translating the same original.* see Rep.MSS.I 424.

llaun *full.* a dody en llestyr messur y godro ac o byt llaunt duegueyt en e dyt dogen eu 91.19.

llaur m. *the ground, floor.* dodet pen y elyn ar e llawr ay lau huc pen e cauc 106.15.

lle (*a*) m. *place, position.* em pob lle en eu blayn 7.10. y le en e llys eu pedua[r]egur nessaf yr brenyn 10.25. bot yn lle mab ydau *as his son* 71.7. cf. mynwch wybod yn lle gwir/pwy dir y mae fo yrowran. P.MS. 65, p. 150. *so* H.MSS.I 1.23; 9.10; 22.10. Rep.MSS.II 427.9. Med.M. 114.126. yn lle marw. M.A. 677b.56. provedic yw yn lle gwir *for a fact.* Old Leech Bk. §269.—3.24; 6.5; 8.15; 10.25; 11.3, 18, 27; 12.21; 13.5; 15.28; 17.9, 20, 25, 33; 18.1; 19.5, 7; 23.29; 28.5; 30.1; 35.26; 36.10; 38.29; 46.1, 38; 47.1; 49.32; 50.19; 51.12; 52.5, 12; 53.7, 34; 54.2; 55.22, 25; 56.25; 60.15, 19; 61.24; 74.9; 75.12; 78.26; 80.7; 81.9, 15; 82.12; 87.6; 89.18; 91.17 92.23 110.23; 111.12; 115.19, 21; 122.11 lleu; 132.26; 133.9; 135.2. pl. -oed 133.9.

(*b*) *where.* Nyt oes cyureyth lle y dyler anreyth grybdeyl 80.7.

llenllyeyn *linen sheet, sheet.* tanu llenllyeyn guen adanunt 40.8.—11.30; 40.8, 10, 11; 104.24. pl. -eu 22.20.

llesget f. *neglect, carelessness, sloth.* chweford yd a da dyn yganthau ac or teyr y gellyr damdug ac or teyr ereyll ny ellyr . . . y teyr ereyll ysyd yaun damdug arnadunt. vn onadunt lledrat. ar eyl collet o lesget ar trydyt yu aghyuarch 81.12. sef yu llesget da a gollo gan dyn ay ar ford ay yn lle arall. A.L.II 240.xii. ehudruydh (neu esgudruydh) yssydh wrthwyneb y Lesgedh. H.MSS.II 437.11. Kyn no hynn ofyn a ryfu arnaf i. rac gorfot o lesged y brytanyeit o hir hedwch. R.B.II 205.14. eiriol dwyslawn i ochelud beic lhesgedh a syrthni. Rep.MSS.I 276.15. ll. R.B.II 205.13=otium. Schulz 135.39; R.B.II 205.23

=segnitia. Schulz 136.46. Ir. lesc *gl. piger.* W.W., adlesc *very slow, lazy.* Pass.Hom.

llesdeyrau *to hinder, impede.* Essef achaus e bit kaiat keureyth he kenhayf ar guaiannun . . . rac ll. eredyc e guayanuhin a rac ll. e medi e kenhaf 51.31. 3 pl. pres. subj. llesteyryhoynt 60.15. H.MSS.I 243.3. A phan weles gwalchmei hynny ef a gyrchawd y porth ac a doeth yr castell heb neb ryw lesteir arnaw.

llestyr *vessel, cup, pan.* ef a dele duyn ll. yr llys y dody guyraut endau 10.28. llestyr emenyn try dyrnued yny hyt hep y uoel 69.10.—69.11, 17; 91.9, 10, 19. pl. llestry 18.28, 31; 25.5; 33.11, 14, 29. Ir. lestar.

lletaw *broadest, widest.* mannat emenyn cyvlet ar dysgyl letaw a uo yn y trew 69.25.

llety m. *chamber, room, lodging, stable.* y lety eu estauell e urenynes ay guely en y gueuty 22.14. y lety yu e ty muyhaf en e tref a kemeruedaf ac y kyd ac ef e rey a uenno or teylu 6.7. ef a dely . . . duyn y uarch yu lety a tranoyth y duyn ydau 23.22 (cf. lletyeu y meirch *v.l.* ystableu. A.L.I 650.xiii)—3.25; 6.9; 8.16; 10.27; 11.28; 12.1; 13.6; 14.24; 15.5, 29, 30; 17.20; 18.30; 20.5, 21, 32; 21.18, 27; 22.14, 30; 24.1, 30; 26.14; 42.24. pl. lleteu 9.8.

llewyg see lluyc.

lleuys see llawes.

lley (comp. *in use of* 'bach') *less, smaller.* haul a uo lley no chywerthyd tryugeynt 59.2. nyt mvy nyt lley 66.1. superl. lleyhaw 22.24; 79.1. Ir. laigiu. see Altir. 226.

lleydyr m. *thief, burglar, servant, soldier* (?). y cyureyth hywel y mae hyt ym pedeyr ceynnyauc y uot yn lleydyr gwerth ac o hynny allan yn eneyt uadeu . . . y lleydyr a werther seyth punt yu y werth 82.19. try fet ny dely brenyn y kefrann e sullt ay hebauc ay leydyr 29.8.—29.26; 31.15; 66.12; 78.17, 20, 21; 80.17; 82.17. pl. lladron 83.2; kydlladron 31.16. lleidr *appears to have meant a 'minister,' 'servant,' and used in a good sense. The quotation given above from 29.8 is found also in* Ll.MS. 69, p. 61.7. *In* M.A.68, §59 lladron *is used=ordinary soldiers* (?). Ni ddodai lew ar ladron/Ni roddi guir y alon. *In* Rep.MSS.I 1038 §40 lladron *those who minister at the celebration of the Mass.* Tri dyn a gar Duw,—Lleidr offeren/ a meddylgar oi ddioddefaint/ac edrychwr delw Grist. Lladron *is given as* sg. *in* Rep.MSS.I 275.12. *see quot. from* 60.10 *under* lledrat.

[**lleyg**] *layman.* pl. lleygyon, lleycyn. Ac ena e may jaunt yr haulur deueduit breint y testion ae vntoe en veirri neu en keghe[ll]oron ae vnteu en venich neu en ahtraon ae vnteu en efferiet neu en escoleicion ae vinteu en lleecion breniaul 54.29. p[e]duuar en lleycyon ar deu en scolecyon . . . rac gossod or lleycyn dym a uey en erbyn er escrftur 1.5.—60.9. Tri rhyw briodorion y sydd : cynhwynolion anianawl, gwyr llys, a gwyr llen ; sew y cyntav or tri a elwir llëygion. M.A. 934 §193.

llo *calf.* 90.13, 16, 19, 20 ; 91.6, 19 ; 92.16 ; 98.4 ; 112.13. pl. lloe 115.23.

lloer *the moon, a month.* adan tryheynt e deleyr uod am tey[t]hy marc rac e dere trygluyt a rac dueskynt teir lloer 88.18.

llourud (*a red-handed man*), *a murderer, homicide.* Ac o llad ew dyn kenedyl y uam ay tal y deuparth yr alanas arnau ynteu yn llourud 73.1 Pvybynnac a uo llowrud galanas cubyl a dyguyd arnav 75.19.—50.29, 31 ; 63.1-4 ; 74.28, 29 ; 75.2-26 ; 76.7 ; 77.19 ; 122.11 ; 128.29 ; 129.2-22. pl. llowrudyeyt 78.24. see tauaut. cf. Ir. fer laime derge *red-handed.* B.L.G. sub. derg.

llowrudyaeth (*red-handedness*), *murder, homicide.* llv try-chanvr a dau o genedyl y wadu ll. gwaet a gwely a llad dyn 77.2. cf. ac 6rth hynny kyttsynnya6 y6 yr holl affeitheu rei o honynt tr6y ol6c ereill tr6y eireu ereill tr6y weithredoed megys llygattrudyaeth neu tauodrudyaeth. A.L.I 404.vii.

lloc *hire, wage.* ny dele namen y lu ehun gueneuthur ydau kestal ac yr eydau ehun os y loky a guana atalher ydau y loc 89.17.—81.9. see next.

lloky *to hire, take on hire, rent.* O deruyd y dyn lloky hyd en lle ac os tros henne ed a talet trayan er elu y perchenauc e march 89.17. ny dyly nep [gwerthu] tyr nay brydau . . . namyn lloget pob bluydyn 63.26. 3 sg. imperat. lloget. ll.= Lat. loc-o. Loth. *for* Ir. loc see De.Hib. p. 151. B.L.G. 537.

llokyl *a wattle, a wall, side of a building.* o kalangayaf allant kayher er escuboryeu val e deleher. Sef eu val e deleyr y kayu dody teyr bancor ar e llogyl a pheth ar e drus 114.20. cf. ony byd bangor yn tri lle ar y cant. Ll.MS. 69, p. 156.11. llogail= kant ty. P.MS. 169, p. 273 P.MS. 51, p. 187. llogeil *v.l.* cant, pared. L.W. 287 §§17, 18. ll. *paries.* A.L.II 864.xvi. cf. Drud dy tihenit. dy imtuin ar llogylwit. B.B.C. 19.10. see bancor.

lloneyt *the fill.* ll. e kar or dohodreuen 42.15.—18.27; 25.5.

lloscurn *tail.* dauad . . . y llegat ay clust ay cornt ay lloscurn ay thet[h] .i. k. am pop vn o nadunt 93.16.—92.16; 36.9 loscuert.

llosky *to burn, set on fire.* puebennac a losko ty a losky ohunu ty arall 85.24. ay dyhenyd ew yn ewyllys yr argluyd nay grogy nay losgy a uynno 129.26.—25.2; 68.3. 3 sg. pres. ind. llyst 87.5. subj. llosko 85.24; 86.19; 87.3; 86.20 loscho. 3 pl. pret. ind. lloskasant 41.31.

llostlydan *(broad-tail), beaver.* [guerth] croen llosledan .cxx. 97.14. ll. *fiber.* A.L.II 773.viii. see wrlys. *for* llost cf. arllóst, bonllost *spearshaft.*

lloygyr *England.* mab oed hunnv [dywynwal moel mud] y arll kernyv o uerch brenhyn lloygyr 64.19.

llu m. *a host, an army.* Ny dely e brenyn menet ay lu or gulat namyn ungueys pop bluydyn 30.3.—124.7. deu-lu 3.2.

lludias *to refuse.* yaun yu ir ha[u]llur y ludyas [oyt urth porth] udunt onit e keureyth ay deweyt y deleu 52.4.—45.27; 56.22.

[lluest] *a hut, temporary dwelling during a campaign.* pl. lluesteu. y brenhyn a dyly o pob byleyndrew gvr a bvyall y wneuthur llesteu yn y lluyd 67.27.—30.7. cf. lluestu *to encamp.* C.M. 16.15, etc.

llumenitiah *ensignship.* Gober kereishiaul e brenin o tir ni bo suid ohonau .vi. ugeint. o tîr e bo suyd ohonau mal pen hebokeyaet neu disteinniat neu keghelloriat neu lumenitiah neu varony punt 56.18. *v.l.* lumanyaeth. A.L.I 158.xxxiii. *for* lluman *'standard'* see M.A. 211a.57. O.R. *gives* 'lomán *an ensign, banner, etc.*' *but one of the meanings given by* O.R. *and those given by* Dineen *'a bare, bark-stripped log, etc.'* *suggest that it is a derivative of* 'lom' W. llwm *'bare' and it is difficult to see how* lomán *'ensign' could come from this.* but see Meyer Vis. Maccon. 186; Joyce II 195-6.

llun *form, manner.* kadu er amod ar e lun e deuedassant 50.3.—82.1.

llundeyn *London.* kyn no duyn coron lundeyn a theyrn wyalen o sayson dywynwal moel mud oed urenhyn ar yr ynys hon 64.17.

lluryc f. *cuirass, coat of mail.* [guerth] taryan .viii. . . . luryc damdung 102.24. Ar marchawc ynteu a drawawd y

brenhin y adan y daryan yny rwygaw modrwyeu y luryc.
H.MSS.I 18.15. ac yna y hurdawd ermin ef yn varchawc
urdawl. · ac y gwiscawd arueu ymdanaw. nyt amgen actwn
da dilis ysgafyn. a lluryc dwy dyplyc. yr hon ni ffwysei dec
arugeint o fwnei y wlat. ac nyt oed aryf a allei argywedu un
o hynny trwy y lluryc. H.MSS.II 126.35. ll.=Lat. lorica.

lluyd m. *hosting, foray, raid.* ny dyly y brenhyn duyn lluyd
or wlat allan. namyn vn weyth pob bluydyn. ac ny dyly bot
yn hunnv namyn pytheunos a mys yn y wlat ehun ryd yu ydau
lluyd pan uynho 67.5. Ny dyly untyr bot yn dyurenhyn o byd
abbatyr ew a dyly udunt o bydant leygyon dyruy a chamlvru
ac amobyr ac ebedyv a llvyd a lledrat 60.10.—42.11; 67.27. pl.
lluedeu, lluydeu 18.15; 42.16; 67.13. see L.L. 120.11, 29. ll.=
Ir. sluagad *hosting.*

[lluydau] *to go on a military expedition.* 3 sg. pret. ind.
lluydhaus. ac odhena y ll. rud . . . a guir guinet kanthau ac
e doethant hid eglan guerit 42.1. Ha 6yr heb y g6ydyon ni a
gyrchwn kedernit g6ynet ar aniueileit hynn. yd ys yn lluydaw
yn an hol. W.B. col. 86.21.

llu, llv m. *an oath.* yaun yr eregnat kamret e kereir en e lau
a deueduit vrth e kenogen naut duo racod a naut pap ruuein a
nos en llu cam od a enteu ir llu teghet i diou
. . . ac ir kereir 44.5.—35.16-20; 37.16; 39.11; 41.13, 14; 44.8, 17;
45.7; 49.20, 21; 50.9-19; 55.21; 71.15, 27; 72.19; 73.27, 28; 74.7,
26; 75.1, 3; 76.9-13; 77.2, 5; 78.29; 79.6; 89.15; 90.4; 92.1; 109.9;
115.1, 3; 119.14; 129.27, 29; 134.2, 12. llu gueylyd see 'gueylyd.'

lluden m. *a beast, domestic animal.* puybennac a kafo man
lludyn ar hyd ay dauad ay gauar 118.19. llaeth a uo o ludyn
blyth yny drew 69.28.—26.6; 31.13; 91.17; 96.25; 97.1, 2; 116.2;
118.18, 21. pl. llydyn, lledyn (?) 113.11, 16, 18. see Bret. loen.
Henry Lex.

lluecha see lluyg.

llugyr, llukyr m. *damage, loss, injury.* puebennac a uo
llugyr maur ar y hyd a kafael escrybyl arnau a me*n*nu ohonau
y gan er escrybyl henne dyun kubyl 119.11.—98.24; 112.5, 11,
13; 115.10, 16; 117.1, 23; 118.12; 119.16, 22.

lluyf *elm, elm-bark.* [gurth] raf luyf .xii. kauelyn .i. 101.15.
=*funis ulmeus.* A.L.II 805.liv. see Ped.I §105.

lluyc *restiveness.* adan *t*ry heynt e deleyr uod am tey[t]hy
*m*arc . . . ac adan y luyc eny uarckocer en terua denyon a
*m*eyrc ac ony lluecha ena byt ryd e nep ae guer[t]ho ac o lluyka

aduerer y trayan guer[th] 88.19. cf. llwygus [*restivus*]. A.L.II 861.iv.

[**lluygau** (?)] *to be restive.* 3 sg. pres. ind. lluyka, lluecha 88.21, 22. cf. palinus gwn pa lyniaeth, dull o nych dallu a wnaeth; gwnaeth dewi roddi ar hynt, i lygaid fal na lwygynt. Iolo MSS. 299.4. minne lwyga maban morwyn. Rep.MSS.II 507 §125.

lluyn *bush, grove, wood.* O deruyt guelet greyc en deuot or parthun yr lluen ar gur or parch arall 39.9. Puybynnac a ueychychoco gwreyc o luyn a perth *to beget an illegitimate child* 130.21.—37.1. cf. mab a gafer yn llwyn ac yn mherth *illegitimate child.* M.A. 941a.14. cf. also Ir. merdrech muine *bush strumpet.* B.L.G. loinou (*gl. frutices: aucupibus noti frutices*). Z². 1055.2. see Loth p. 183.

lluynauc *a fox.* guert croen .vIII. 97.12.

lly *abbrev. for* llyeyn.

llydan, lledan *wide, broad.* buyall ledan 33.22.—100.1.

llyeyn *linen, linen clothes.* panel lyeyn 103.5. for ' llyeyn-guysc.' efeyryat teulu . . . a dele . . . y guysc teyrgueyt en euuluydyn y lyeyn ykan e urenynes ay uredhenguys ykan e brenyn 8.13.—17.32 ; 18.20 ; 19.2, 25 ; 20.9 ly ; 20.28 ; 21.12, 24 ; 22.8 ; 22.26 ly ; 23.2 ; 24.8 ; 23.10 l. see penllyeyn, llenllyeyn.

llyeynguysc *linen clothing.* y urethynglysc ykan e brenyn ay l. ykan e urenynes 9.5.—6.21 ; 11.26 ; 13.3 ; 14.6, 22 ; 15.10, 27 ; 17.18.

[**llyfassu**] *to dare, risk.* 3 sg. pres. ind. lleueys. Puybynnac a uynho gwneuthur dogyn uynac aet ar yr argluyd a dywedet rywneuthur lledrat o dyn ny leueys y dyweduyt arnau ay rac y uonhed ay rac y uedyant 80.9. Nodua dewi yw. pa le bynnac y bo tir kyssegredic y dewi sant. ac na lauasso na brenhin . . . nac escob . . . rodi nawd idaw ymblaen dewi. Eluc. 115.29. ny lyuass6ys dyn uynet yr fforest yr ys bl6ydyn. R.B.I 241.17. Kanys blwg vu gan wyr groec . . . llyuassu o honunt wynteu anuon y ryw lythyr hwnnw attunt hwy. R.B.II 44.19. see M.A. 248b.44-50. ll.=Corn. lavasy *to dare, venture, attempt.* Lex.Cor.

llywnu, llefnu *to harrow.* vynt a dylyant dyrnu a chrassu a medy a llywnu 68.15.—109.17.

[**llyur**] *book.* pl.lleuereu. Er argluyt pan uo maru er escob a dele y da. eytyr guyst er egluys ay lleuereu ay thyr 124.8.

llegat m. *eye.* nau aylauyt gokefurt . . . deu legat . . . truyn . . . clust, etc., 104.20.—88.24; 89.1; 91.11; 93.16. pl. llegeyt 26.22; 94.17, 20; 120.23.

llygod *mice.* teythy[cath] guelet a clebot a llead llechot 93.24. sg. llyg (*corr. to* Ir. luch. gen. lochad) *now means ' shrew mouse.'*

llegry, llugry *to damage, impair, violate.* O deruyt y dyn tydau y kassec en emyl hyd ar ebaul en legry er hyd 115.17. O deruit y dyn roi kauuersit punt en lle vn keniauc a diguthau hau[l] e gustel ny uernir ir kannogon kumeint a dim kanas hef ehun a lekerus brein i gustel 46.3.—115.1. 3 sg. pres. ind. act. lluger 54.21. pass. llygryr 70.4; llegryr 114.16. pres. subj. pass. lleger 119.19. 3 sg. past subj. llecrey 1.23. 3 sg. pret. ind. llekerus 46.3. pass. part. llegredic. *defiled, violated.* O rodjr morujn y hur ac j kafael en gureic . . . ac guedy as kafo ef en llegredic 35.29.—36.2.

llema *here, now.* Lema decreu kefreythyeu e gulad 30.20. llema paup or guebethit en deueduit e sauahant. llema popun or duipleit en amheu *then* . . . *next* 55.6.—33.1; 53.3; 98.22; 99.13.

1. **llyn** *drink, liquor.* buyt a llyn 15.13. e penguastraut a dely dernuet erug llyn a guadaut 13.25. e grueyc a dele e car . . . e gur a dele holl llestry e lyn 33.14.—4.1; 6.13; 8.19; 9.24, 28, 30; 13.30; 15.31; 19.15; 20.30; 22.12; 69.15; 100.23. Ir. lind *fluid.*

2. **llyn** *flax.* llyn guedy medy neu . . . eghart heb uedy 114.5.—25.14; 33.23; 101.5; 119.20. ll.=Lat. linum. Loth p. 182.

llyna, llena *there, that.* a lena e tredit le er ran kefreis 46.37. a llena er achaus kanys tredyt anepcor brenyn eu 8.6.—47.1; 70.6, 13; 115.21; 122.23.

llynat *linseed, flax-seed.* e greyc pyeu e badell ar trebed . . . ar llyn aklan ar llynad 33.23. Pan gyuaruum gysseuin a mam y uorwyn honno. yd hewyt naw hestawr llinat yndaw na du na gwyn ny deuth ohonaw ettwa. R.B.I 121.19. see 132.25, 27. H6ynt6y wedy hynny a doethant ar na6 hesta6r llinat. a nodes yspadaden pennka6r . . . eithyr un llinhedyn.

llenmeyrch *farcy* (A.O.). adan try heynt e deleyr uod am tey[t]hy marc rac e dere . . . a rac dueskynt . . . a rac llenmeyrc bluy[dy]n 88.19. ll. [aqua intercute]. A.L.II 810.xxvii. et de llyn meirch [*pano*]. II 861.iii.

1. **llys** f. *court, royal residence, court of law.* y maer bysweyl a dyly kyweyryau llys y brenhyn oy mevn ac a berthyno atey mal eredyc a heu 68.3. y le en e llys en tal e ueyg 28.6. pa le bennac ed emkafoent er efeyryat ar dysteyn ar enat ena e byt breynt e llys 30.2.—3.24 ; 4.14 ; 5.3, 13, 14 ; 6.11, 13 ; 8.8, 27 ; 9.8 ; 10.26, 28 ; 12.11 ; 13.17 ; 14.27 ; 15.13, 20, 28 ; 17.9, 20 ; 18.2, 3, 4 ; 19.8 ; 20.14 ; 23.19, 21 ; 24.17-30 ; 25.1, 27 ; 26.2, 11, 12, 22 ; 27.4-26 ; 28.1-28 ; 29.2 ; 52.13 ; 56.6 ; 65.26 ; 67.11 ; 68.4-17 ; 78.3 ; 126.4 ; 131.13. Henwau taü : Palas—pab/llys—Emerodr neü frenin/kastell— Tywysog neü arglwydd/Nevadd Marchog neü esgwier. Rep. MSS.II 170 §94.

2. **llys, llis** *rejection, objection, strife.* O deruid ena mennu llessu un or reihtwyr henne. nit oys lis arnau namin na hanuo oy kenedel val na deleo vot en rey[t]hur 50.11. ny byd galanas am leydyr ac ny byd llys yrug duy genedyl yr y dyenydu 82.29. cf. *non erit* llys [*rejectio*] *inter gentes, quia odium inter gentes est deletum.* A.L.II 892.liii. see dylys, anilis.

llesseu pl. *herbs, pot herbs.* medhechynyat llesseu 18.11 ; 106.7. double pl. llesseuoet. e dysteyn a dely y dyuallu o holl leseuoet yam pepyr a llesseuoet ereyll 20.3.—18.11 ; 106.7. Yr heul aoed yn disgleiryaw trwy berfed y ffenestri gwydyr. ar hyt y neuad. yr honn oed wedy bwrw blodeu tec a llysseuoed ar y hyt. H.MSS.I 191.15.

llessu *to reject, object to.* a guedi dagosso ef e testion njt jaun yr haulur eu llessu ventheu 54.24.—50.10 ; 54.15. 3 sg. pres. subj. llesso 54.16.

llithyaw *to bait, feed.* ac ony dau e kanedyon blygyet er hyd a kaduet y kyc ar croen a llydhyet e kun a dechet cantau adref 96.14. 3 sg. pres. imper. llydhyet. ac onny deuant paret y breyr y vligaw a llithiet y kwn or kic. A.L.I 492.iii. gwae lwth a lithir ar Wenerau. Gogyn. 223a.36. Llith=Blawd Ceirch ffres mewn llaeth efrat. Cyfaill yr Aelwyd V. 134.3. Llaeth gafr nid oes ll. gyfriw. Rep.MSS.I 190 §463. Llith anian yw llaeth enwun. Huw Cowper p. 90. Ef llithyeu wydgwn oe anghat. B.An. 8.22. Llithiaist ath ron aer feryfon ar fore fwyd. M.A. 298a.27. llith=Ir. littiu *Porridge.* R.C. xii.122. see however Ped.I §97.4.

lletherur *graduate, a learned man.* puybenac a guenel kam y uam ecluys. talet .xiiii. punt er hanner yr abat o byd duyuaul letherur 30.15. cf. Abadeu Teilaw a Theulydawc ac Ysmael a Degman a dylyant vot yn lythyrawl vrdolyon. A.L.I

o

558.viii. Ar alvryt hwnnw a vagyssit ygan leo bab. a gwr llythyrawl oed. R.B.II 386.4.

llyu m. *colour, hue*. ef a dely e capaneu glau e brenyn ay hen kefruyeu llyu eu pren *with wood in its natural colour* 13.21. A gwybydwch chwi yn wir na liwyssit eiryoet dim or prenneu hynny. namyn y lliw a rodes duw udunt oc eu hanyan ehunein. H.MSS.I 127.5.

lleucroen *guiding thong* (A.O.). [guerth] lleucroen fyrling 101.9. cf. llawlyw=braich aradr. P.MS. 51, p. 187.

lleuyadur *palm-iron* (A.O.), *rule* (?). [guerth] ll. fyrling 101.8. cf. yn lle iren y gymell yr ychen y eredic. yd oed wialen eur. kyn vuanet y tynhei y kwysseu. a chynn tecket. a llinyeu a tynnit wrth lywyawdyr gyfyawn. H.MSS.II 7.39.

mab *son, child, minor*. tat erug deu uab 30.23. ena e deuejt e kefreish na vyr nep bech eu hy ai moruyn ae gureic o achaus redeuod arujt mab arney 36.4. or pan anher mab yny uo pedeyr bluyd ardec y dyly uot urth noe y tat 70.22. O deruyt roy camaraes y allduf a bo[t] plant meybyon vrthunt 39.16.— 3.23 ; 5.21, 23, 25 ; 29.20 ; 30.23 ; 34.17, 18 ; 36.14 ; 37.2, 3, 6 ; 38.11, 29 ; 39.18, 23, 24 ; 40.22 ; 41.29 ; 42.1 ; 47.3, 4, 12, 13, 14, 17, 20, 21 ; 49.35 ; 56.12 ; 59.9, 17 ; 60.19 ; 62.2, 3, 5, 15, 19 ; 64.15, 18 ; 66.25, 27 ; 68.19, 20 ; 70.22, 28 ; 71.1, 5, 6, 7, 28 ; 72,2-28 ; 73.8-25 ; 74.1-17 ; 76.14 ; 78.5 ; 82.25 ; 94.24 ; 95.7 ; 98.22 ; 99.2, 22 ; 100.11 ; 125.24 ; 126.5, 9 ; 127.18, 20 ; 128.27 ; 129.13 ; 133.9 ; 134.3 ; 129.13 a ; 41.28 vad. pl. meybyon 4.9 ; 33.25 ; 39.18, 23 ; 61.24, 25, 28, 29 ; 62.6, 7 ; 63.28 ; 64.3, 5 ; 76.3, 13. see eyllt, vchelwr, llwyn. see also map brethinnou (gl. *in cunis*) ; hin map diiob (gl. Iove dignus : in cunis iam Iove dignus erat). Z². 1057.

[macuyf] *a youth, a page*. pl. macuyueyt. Edlyg . . . y lety en e neuat ar mackuyueyt ykyt ac ef 3.26.—67.15 cum eo debent hospitari pueri, id est, makwuieit. A.L.II 816.viii. *iuuenes, i.,* machuiueid. II 894.iv. [*De succesore*] . . . *cuius socii sunt filii optimatis, i.,* macuiueid. II 895.vi. m.=Ir. maccoem *a youth, lad*. coem *is here not the Irish* coem=W. cu *'dear' but* coem<Lat. comes. see De.Hib. p. 128a. Maccwyon *berries, etc.* (Med.Myd. pp. 201, 268, etc.) *has nothing to do with this, but is rather a* pl. *of* bagwy, etc.<Lat. baccae. see 4 A.B. 250.13, 253.2. see guas. *It corresponds in meaning to* knight =*youth, servant, man at arms*.

mach, macht m. *bail, one who held the debtor responsible for his debt, security*. O deruit y din kamrit mach jkan arall ar peth a deuot e duipleit ykit er haulur ar kannogon ar mach a

holi or hullur e macht a deueduit e uod en vach ar peht mauur
ac atep or kannogon a deueduit y vod in vach ar peth beckan
a haep guadu e uechni yaun eu er egnat ena barnu ena bot en
detuurit e macht pahar e mae macht ae ar peht mauur ay ar
pesh beccan 45.8.—30.29, 32; 36.15; 39.9; 40.29; 41.3; 44.1-14;
45.1-32; 46.4-37; 47.1-33; 48.2-38; 49.2-32; 52.20; 56.2; 71.23;
117.22; 119.4; 120.10; 126.27, 28; 129.2; 130.7-27; 131.9; 132.12;
133.6. pl. meychieu, meychyeu, meckieu 36.12; 45.16; 48.18;
50.27-30; 52.30; 73.3. see Ped.I p. 128.

madauc pr. n. Lema e gueles yoruerth vab m. uod en krenno
escryuennu guerth e tey, etc., 98.22.—128.27.

madeu *to give up, abandon, forfeit.* eneyt uadeu *life-forfeited,
doomed.* O deruyd y dyn llad arall a gwenuyn galanas
deudyblyc a tal. canys fyrnyc yu neu ynteu yn eneyt uadeu
am y neyll alanas ay dyhenyd ew yn ewyllys yr argluyd nay
grogy nay losgy a uynho 129.25.—79.18, 19. pass. part.
madeuedyc *forgiven, absolved.* yaun talu galanas ac yn try
trayan . . . yn yr oet cyntaw a uo y genedyl y tat y talu vn oc
eu trayaneu. y dylyant llv canhur o oreugwyr y genedyl arall
ar uot yn uadeuedyc eu car 76.25.—76.27, 29. cf. yr edling a
allan ovyn i vraint wrthvnt yn y lle na madevhei dim oy vraint
pan el i bedu i gyvoeth. A.L.II 306.3. Dioer heb y pryderi
ny madeuaf i uyg kwn. W.B. col. 69.32. O hynny allan y
dygyuores vyg kyuoeth am vym pen y erchi im ymvadeu ac
wynt. R.B.I 33.19. a phei as caffei hi efo odyno nas madeuei.
Kanys hi a vynnei gaeu ystauell arnaw. H.MSS.I 283.29.

maydu, maethu *to buffet, beat, strike.* esef euu y sarahet
pop maedhu a gu[n]el e gur arney eythir am *try* phes . . . esef
eu e *try* phec e dele y maethu am rodhy pehec ny deleho y roy,
etc., 38.1. ar colouen uch y pen a dely er gostechur y maydu
5.12.—71.4. 3 sg. pres. ind. maed, maet 38.5; 71.4. pres. ind.
pass. meythyr 26.25. pres. subj. pass. mayher 26.24. cf. Ir.
maidid *breaks.*

mayher see maydu.

maeldaf pr. n. rey a deueyt panyu maeldaf henaf pendeuic
penart ay barnus y guir aruon 42.5.

maelcun pr. n. ac odhena e lluydhaus rud uab m. a guir
guinet ac e doethant hit eglan guerit 42.1.

1. **maen** m. *a stone.* e maen vchaf yr vreuan 33.15. buru
erkyd ay a m. ay a sayth 123.6.—25.13; 69.4; 102.6, 12, 13.

2. **maen** *lord, man of power.* Tri chadar[n] byt argluyd a

drut a dydym. Sef achaus yu m. dros iaen yu argluyd 134.29.
O deruyd y dyn rodi mach y arall ar da. ac na bo gantaw dim
a talho namyn da kyt. kyfreith a dyweit nas dyly. Eissoes
yr arglwyd a digawn bot yn uaen tros iaen a chanhadu yr mach
ranu y da a gwystlet y mach ohwnnw. P.MS. 35, f. 24b.1.
kyfreith a dyweit na dyly y mach rodi gwystyl or kyt da yny
ranher; ar arglwyd a dyly bot yn vaen tros y gymhell y rannu.
A.L.II 68.lxvi. Maestr rosser a brýderwyd/maen dros iaen man
dyrys wyd. P.MS. 67, p. 268. Maen dros iaen *has been
translated "a stone along ice,"* A.L.II 37; Pughe; Med.Law
281; *then the meaning implied is the direct contrary to the
context which is: that the lord is regarded as responsible for
the weak ones; and the proverb,* Ni bydd gwan heb ei gadarn
(M.A. 359b; Dr.D.Prov.) *appears to convey the same meaning.
There are several proverbs where* Maen=*'a lord' or 'man of
power' but their form shew that they were used when no longer
understood.* Addaw mab addaw vaen. M.A. 838b=Addaw
maen addaw mab. P.MS. 12, p. 127=Addo mab addo maon.
P.MS. 54, p. 138=Addaw fab addaw faen. Dr.D.Prov. *i.e.,
the son's promise is the lord's promise* (?). (Maon *occurs often
in mediæval poetry, meaning 'lords' or 'leaders.'* see M.A. 3b;
5a; 14b; 25a; 31a; 38b; 51b; 62b; 117a; 119a; 146b; 153a; 155b; 156a;
179b; 185a; 192a; 206b; 207b; 222a; 234a; 246a; 267a). Da yw'r
maen gyda'r Efengyl. Dr.D.Prov. Maen *here is supposed to
have reference to the druidical stones, but it no doubt means that
'it is good to have power with the gospel.'* maen *and* mein *occur
frequently in Med.W. poetry with the meaning 'powerful,'
'great,' and appear to be cognate with or borrowed from the
Lat.* magnus. *It may, however, be a native word; for we
have* magni *with some such meaning in* Ecenimagni. mein
uchel medel y alon. M.A. 53a.44. O fynyw hyd faen gaer
lleon. M.A. 222a.4. caer uyrtin vein (?). M.A. 226a.23.
yg goleuad gwlad gwledic veinyon (pl. ?). M.A. 161a.20.
magna *itself is similarly used in Med.W.* A dewi ae goruc
gwr bieifyt/Magna vab (=Jesus) yn vyw ae varw deudyt.
M.A. 195a.11. see also meinyeu (under yeuyeu), and maynawl.

maynaul f. *an arbitrary division of the country containing
4 trefs.* Pedeyr trew ym pob maynaul a deudeg m. a duy drew
ym pob kymut 65.14. ny dylyir gossot ar y maynoleu ryd na
maer na chygellaur na chylch na doowreth na dym namyn a
dywedassam ny uchot eythyr kylch maer yr teulu y gayaf 67.2.
or deudec maynaul a dyly uot yny kymut. pedeyr a uyd o
ueybyon eyllyon y borthy kun a meyrch a chylch a dooureth.

ac un kyghelloryaeth ac un uayrony ar lleyll yn ueybyon
uchelwyr rydyon 66.1. m. ryd *free maenol* 67.2; 68.21; 69.6, 14.
m. caeth *bond maenol* 69.16.—42.18; 65.14-25; 66.1, 6, 28; 67.1.
pl. maynoleu 67.2; maynolyd 69.16. *As suggested in* W.P.,
p. 218, maenawl *is probably a compound of* maen *but most likely
it is* maen=*lord; and not* maen *'stone'; so that literally*
m.=*'domain,' 'lordship.* cf. Odwy vaenawl/Daear a nef.
M.A.311b.16. *The* -aul *is* < awr (r > l, *as* cythrawl < Lat.
contrarius; cadafel<Lat. cadaver. *(late borr. etc.)*<or *district,
country, border.* see M.A. 12b.16; 162b.10; goror. M.A.
82a.29; 141a.31; 150b.37; pedror, or pedeiror. M.A. 26b.39, 42;
150b.3, etc. see maen 2. *for or see* 'orlo.' K.R. p. 70.

maer, mayr m. *steward, reeve, one of the two principal
stewards that superintended the king's estates, and next to the
chancellor in dignity.* kyghellaur a dyly rannv yrygthav ar
brenhyn. a dewys yr brenhyn. maer yrygthav ar kyghellaur
66.13. Meyrydyon a chyghelloryon a dylyant kyureythyau eu
gvlat a gwneuthur y dadlei 66.9. ny dyly na maer na
chychellaur bot yn benkenedyl namyn o uchelwyr eu gwlat
66.21.—9.13; 24.19; 25.12; 38.22; 60.1, 3; 66.13, 14, 18, 21; 67.3,
4; 70.1; 78.5; 125.13. maer keghellaur *seems to have been over
the* maer *and* kyghellaur. Ebedyu maer k. punt Ebedyu maer
.LXLX. Ebedyhu keghellaur .LXLX. 125.12.—38.22; 127.25. maer
bysweyl *the third of the ten minor servants who was responsible
for the king's furniture and property and the affairs of the
maerdref.* pop maer bysweyl . . . a dely . . . guarchadu e
llys ef a dely senyau urth deodreuen ac urth da e brenyn en e
llys 15.17.—19.27; 23.22; 24.17, 28; 41.17; 60.6; 67.12, 27; 68.2,
3; 68.9, 13. pl. meirri 54.28; meyrydyon 66.19; 67.29. m.=Lat.
maior. Loth p. 183.

maertref f. *a* tref *set aside in every* kwmwd *for the king's use.*
deudeg maynaul a duydrew ym pob kymut. y duydrew a dyly
bot yn reyt brenhyn. vn onadunt a dyly bot yn tyr maertrew
ar lleyll yn dyfeyth brenhyn ac yn hauot dyr 65.15. e porthaur
. . . a dely guesyau guyr e uaertref y gueyth 26.8. gwyr y
uaertrew a dyly gwneuthur odyn ac yscubaur yr brenhyn ac
. . . a dylyant dyrnu a chrassu a medy a llywnu a llad gweyr
a cheyssyau gwellt a chynut y gnyuer gweyth y del y brenhyn
yr llys 68.11.—24.21, 23, 26; 26.7, 9; 41.17; 60.7; 67.8, 28; 68.5.

mayrony, maerony f. *the* maer's *office.* 55.26; 56.18; 66.3;
68.1.

maes, mays *law court out in the open, place of meeting of the* *court*. Puybynnac a holo peth a dyuot yr maes ac yn y maes kylyau ohanav a bot yn well ganthau tewy no holy 130.1. adau y maes *to abandon the case*. 131.3.—52.14, 22; 53.22, 34; 54.8; 82.10, 11; 130.14; 131.14; 133.21, 23. cf. llanerch o faes. W.B. col. 120.16=llanerch dec wastat. R.B.I 195.29.

maeth *nurture, fosterage*. mab m. *foster son*. O deruyd y huchelur roy y uab ar uab eyllt argluyt ay dyhodef uṅdyt a bluyn . . . y uab y maeth byeuyt y tyr 124.24.

makal f. *a noose, a fence* (?), *a measure of land containing twelve acres*. puebeṅnac a guenel keuar ae kylyt yaun eu ydau rody bod vrthau a karuaruod e llau ae kylyd a guedy guenelynt hynny y kadu eny darfey e makal. Sef eu e makal .XII. eru 107.5.—108.3. teilwg oed . . . y guduc y doeth y brat ohonaw y dagu or magyl ef yn yr awyr vry. (Historia Judas.) H.MSS.II 274.9. Or dygwyd pren ar traws auon a thynu magleu ar y pren; perchenawc y tir . . . a dyly y douot. A.L.I 792.xii. see Loth p. 183.

maharaen *a ram*. 93.18. pl. meheryn 116.11.

1. **mal, val, mel, uel, mall** (*a*) (conj.) *as*. talet e kenedl trosdy mal tros gur 41.21. jaunt jv y paup eistet en e lle mal er eystedus e did kint 54.2, etc.

(*b*) *so that, with the result that*. e geylguad a dele . . . galu val na torhoent e kaloneu 109.7. o cae [clust] val na clehuo .VI. byu a .cxx. aryant 105.12.—3.5; 7.8; 9.1; 10.13; 11.4; 14.31; 17.26; 19.29; 30.17; 31.2; 33.11, 28; 34.4; 37.22; 38.14; 40.8, 11; 41.21; 44.13; 45.18, 24, etc.

(*c*) (noun) *manner, form*. yn yr ual kynt 133.6. ac y ual hyn y dylyir duyn mab y alltud 72.9. y uelly *thus, so*. Guedi darvo eiste euelly 52.20.—56.15, 21; 59.18; 60.6; 61.5; 62.14, 16; 63.19, 20; 64.3; 66.6, 9, etc.

2. **mal** *tribute* (?), *resources* (?). sew y messvrus ew hyhy yr guybot y mal ay mylltyryeu ay hymdeythyeu yn y dyeoeth 65.1. cf. er gwybod mod yr ynys ay milltireu. Ll.MS. 116, p. 72.23. Nyt oes na mal na threth a dylyom ni y talu y charlymaen. H.MSS.II 95.10. heb val a heb ardreth a heb vedyant ydyn or byt na haul arnei. Eluc. 124.14.—121.27. mal=Rhent, hanner tal. Rep.MSS.II 933.4. *It is probably for* 'eur mal' *milled gold, money*. Eluc. 97.11. D.G. xxvi.6. but cf. Ir. mal *tax, tribute*. Dineen.

mall see mal 1.

mam f. *mother*. vuen (wyn) tra uuynt en denu eu cuarchae . . . neu eu kemescu ac eu mam 112.24. mam egluys *metropolitan church* (see eglwys) 30.14.—33.10; 35.21; 36.6; 37.13; 39.21; 41.5; 44.19; 47.25; 49.22; 62.23; 72.7, 17, 29; 73.4, 9, 23; 74.9, 12, 13; 75.20, 25, 26; 79.3; 93.3; 112.24, 26; 116.15; 125.7; 129.5, 10, 16; 134.3.

mamuys, mamvys *right of inheritance through mother, mother.* rey a dyweyt na dyly meybyon un wreyc trewtat o uamvys 61.25. nyt oes un wreyc ynteu a ymrodho ehun y alltud a dylyo y meybyon uamvys 62.6. ac y uelly y cerda yr alanas o uamuys y uamvys hyt y seythuet uamvys 75.27.— 39.16, 23; 62.3, 5; 66.23; 75.27. see A.L.II 138.xxiv; 286.iii. see cynwys, pwys.

man *small, little, fine.* e man escrybyl sef eu e rey heny deueyt ar huyn ar meneu ar yrch 9.14. goger man 33.15.—9.14, 16; 19.27; 97.3; 98.19; 113.5; 118.19.

manach *a monk.* kany deleant huy guadu mach ny delleant huy roy mach nyt amgen a manach [ac] hermidiur a din ʼaghefiei[t]h ac scoleic escol a fop dyn ni hallo deuot hep cannat arall 48.27.—30.22 manac; 133.7. pl. menich 54.28.

manac, mynac *information.* o keyf anyueyl ar keueylhorn ef a dely .iiii. keynauc manac 29.16. dogyn uynac. *complete information of a crime given to the lord, and affirmed on oath in the church before a priest, when the informer dared not make the accusation publicly through fear.* Puy bynnac a uynho gwneuthur dogyn uynac aet ar yr argluyd a dywedet rywneuthur lledrat o dyn ny leueys y dyweduyt arnau ay rac y uonhed ay rac y uedyant . . . tyghet yn gyntaw ar drus yr egluys . . . ac yn erbyn hynny ny ellyr dym 80.6-16. ual y keffit manac ar ved arthur y gossodassant wy y groes ar llythyr yndi. Ll.MS. 4, f. 508b.19.

manec f. *glove, gauntlet.* pl. menyc. croen euyc y gueneuthur menyc y a[r]gueyn y hebauc 11.12.—67.23. menyc gleision a roesswn yn llaw y clochyd eu cadw pan yttoed yn ymparattoi y gladu y corff. P.MS. 5.xxviii. m.<Lat. manica. Loth p. 184.

manec (?) *chaps* (A.O.). sef goluythyon e duy vanec val e deu corn ay tauaut, etc. 96.5. deriv. of mant *gums* (?).

manelu *to chop, cut.* ny dely ef manelu e kenut or ansaud y doto ar e march 27.9. manylu y cynnud. L.W. 65 §5. am orchwyl manyledd (*delicate*). Ll.MS. 209, p. 478. ar gorff y fanwl fun (*slender, pretty*). *ibid.* p. 629. yd oed esgyrn gwenhwyuar yn vanolach *smaller.* Ll.MS. 4, f. 506a.5.

mannat *a mass, lump.* mannat emenyn cyvlet ar dysgyl

letaw a uo yn y trew a chyndewet ac y bo deu uoeldyrnuet
yndau 69.25.   manhat emenyn, *id est*, [*vas*].   A.L.II 784.xiv.
written also menneit.   A.L.I 770.xi.

mantell f. *a mantle*.   O deruyt guelet greyc en deuot or
parthun yr lluen ar gur or parch arall . . . neu en deuot neu
adan vn vantell 39.11.—11.16; 25.11; 38.12; 96.17; 104.12, 14;
128.25.   pl. mentyl 34.2; mentil 34.1.   see dynnesyt, gurem.

march m. *a horse of two years and upwards*.   4.20; 6.21; 8.9;
9.1, 3; 10.3, 24; 11.4, 5; 12.2, 7; 13.5, 7, 8, 17, 28; 14.6, 21; 15.10,
27; 17.17, 32; 18.21; 19.1, 24; 20.9, 28; 21.12, 24, 26; 22.2, 8, 18;
23.1, 10, 26, 32; 24.2, 6, 9; 25.30; 27.6, 10; 30.6; 46.12, 14; 47.36;
48.1, 2; 59.3; 69.7; 78.29; 79.1; 88.14, 17, 23; 89.23; 90.2; 109.16;
112.16; 115.9, 12.   pl. meyrch 3.16; 4.2; 6.18; 29.8, 12; 42.14, 23;
66.2; 88.21; 111.1, 4.   meyr 4.2.

marchauc m. *a horseman, one of the king's bodyguard* (?).
ac or oet hunnv allan y byd un ureynt a bonhedyc canhuynaul.
canyt oes ureynt ydav namyn y uonhed. ac nat esgyn ynteu
ymreynt y tat yny uo maru y dat. ac na byd marchauc nep
yny esgynno 71.10.   cf. brenyn a dele uod eny kedemdeythas
undyn ar pemdec ar ueyrch arugeyn en marchokaet e peduuar
suydauc arugeyn a deudec guestey heb y teulu ay guyrda ay
gueysyon, etc., 3.15.

marchty *a stable*.   67.26.

marchokaet *riding*.   ef a dely march . . . a marchokaet
arnau en menet y kenuta 27.7.—3.17.

[**marchocau**] *to ride*.   3 sg. pres. subj. marchoco 7.1; 11.16;
12.9; marchoho 23.27.   pass. markocer.

mardaf pr. n. *one of the princes of the north*.   ac guedi y
lad [elidir muhenuaur] e doeht guir e kocled ema oy dial sef
guir a doedant en tehuishocyon vdhunt clidno eydin.   a nud
hael . . . a mardaf hael vab seruari 41.29.

maru (*a*) *dead*.   puebennac a kaffo lluden en uaru glan ar tyr
96.25.—4.5; 8.8; 18.13; 38.18, 30; 38.32 emru; 39.13, 14; 47.12;
59.23; 60.12; 66.19; 70.25, 27; 71.6, 10; 73.25; 89.15; 97.1; 116.2;
118.14; 119.2, 27; 120.15; 121.16; 124.7, 11, 25; 128.11; 134.16.
a dead person 29.26.

(*b*) *death*.   os o uaru a beu ed escarant 34.14.—34.12.

(*c*) *to die*.   O deruyd kau dol ar ecchen a maru vn onadunt
108.6.—47.2, 16; 125.20; 126.15.

marwaul *inanimate, dead.* Os peth m. a damdug damdyghet ay lau assu ar y lle mynno ydau. Os anyueyl a damdug etc., 81.15.

marudy *extinct house, the house of an intestate.* O byd maru mab o bedeyrbluyd ar dec allan ac na bo edyuet ydau y argluyd byeuuyd y da yn gubyl a marudy uyd y ty 71.7.—25.12; 70.25. Llyma wyth bvnvarch . . . a marwdy kanys o byd marw dyn heb gymynv y da yr arglwyd biev y da oll. A.L.II 258.v. Tri marw dy cyfreithiawl a ddyly brenin : un ty maru o angeu deisyfyt, . . . ty ringyll brenhin . . . trydyd llys esgob canys diffeith brenhin yw y dda am na eill gymynnu. II 608.xxiii.

maur *big, great.* ae ar peht mauur ay ar pesh beccan 45.14. hossaneu maur 103.7.—8.23; 12.10; 30.31; 45.11; 46.6, 17, 18,19; 102.24; 119.11, 14; 127.15. compar. muy. nyt mvy nyt lley 66.1. ny dyly y tat y uaydu mvy noc estraun 71.4.—3.4; 35.12; 52.21; 53.29; 56.6; 63.15; 124.24; 134.8. superl. muyhaf, mueahf 6.7; 37.25; 80.20; 126.14.

maurth, mahurth *March.* 25.10; 86.11, 21; 91.3.

mechni f. *suretyship.* Nini a deuedun na dyle naut rac hinny ac e dely e mach rodi gustel yr haullur neu enteu a guato e uechny 46.23.—44.17 wecni; 45.12 wni; 45.22. see mach.

[mechnyaeth] *suretyship.* Tri peth ni deleir naud racdunt. . . . Goruotdogaith a mechinaith a goresgin 51.2.—30.29, 30 uecnyaeth.

[medru] *to hit, strike.* 3 sg. pres. ind. meder. O deruyd y forthaul yar e fort gueled anyueyl . . . nyd yaun ydau y saythu nay erlyt onys meder yar e fort 123.28. sef a wnaeth y mab y vwrw ai uedru y rwng giewyn y esgeir ar asgwrn. R.B.I 71.2. ae wreic a vedrawd arnaw yno *his wife came upon him there.* Eluc. 108.26. (see note.) medru modrydaf ar heid. M.A. 203a.41. yna y brenhin ar vrenhines aaethant y ymolchi ac aaethant y eisted A phawb y am hynny a vedrawd y gyfle. H.MSS.I 191.7. cf. Fr. mettre *to put,* etc. (?).

medy (a) *to reap, harvest.* bressyc a llyn heb uedy neu eghart heb uedy 114.5.—68.15. see Old Leech Bk. ; Walde meto.

(b) *harvest.* rac llesdeyrau e medi e kenhaf 51.32.

med *mead.* messur guyraut kefreythyaul eu lloney[d] e llestry e gualloyer endunt o kuref. ac eu haner o uragaut ac eu trayan o ued 18.29.—10.14; 17.22; 18.25; 22.28; 25.6; 66.29; 68.23; 69.8. see Ped.I §28.2.

med *says, declares, decrees.* defect. vb. 3 sg. pres. ind.
y naud eu med rey hyd ar penguastraut e brenyn ereyll a
deueyt panyu, etc., 21.28.—25.24. cf. Breutuyd ae dyweid a
duw ae met. M.A. 198b. Moesen ai dywawd a Duw ai medd.
M.A. 242a.47; 245a.18. Duw a vedd, dyn a levair. M.A. 844a.41.
Dr.D.Prov. *with.* Dyn a ddywaid Duw a farn. M.A. 359b.37.
Dyn a lefair Duw a farn 361a.21. see Walde meditor; cf.
gomedd *refuse.*

medkell f. *cellar.* e dysteyn a dele medhu en guastat e buyt
en e kecyn. ar llyn en e uedkell 9.25.—18.22, 26.

medhu *to possess, to have, be responsible for.* ac ny dyly
medu un geynnyauc yn hynny o amser namyn a uedho y tat
70.24. e dysteyn . . . a dely medhu buyd a llyn er estauel
20.29. Nyny a deuedun na deleyr kemenu hyc a uo egkauar
. . . kany dele nep kamenu namen e ped a uedho ac ny med
enteu ar hunnu 110.13.—9.24; 15.13; 71.4. 3 sg. pres. ind. med
110.13. subj. medho 70.25; 110.13.

medu *drunk.* Nyd gueneuthuredyc dym or au guenel dyn
medu 120.10.

medul m. *a thought.* Testylaeth a ellyr ar eyr a gueytret ac
ny ellyr testyolaet ar uedul 121.4. cf. Ir. midiur. see Walde
meditor.

medyant m. *power, possession.* kany dele guestau namen a
uo en y uedyant 110.17. Puy bynnac a uynho gwneuthur dogyn
uynac aet ar yr argluyd a dywedet ry wneuthur lledrat o dyn
ny leueys y dyweduyt arnau ay rac y uonhed ay rac y uedyant
80.10.—52.21; 55.23. yssawl ae kymerth ef a rodes medyant
vdunt y vot yn veibon yduw. Eluc. 74.5. kanys dyn a dylyei
vot yn vfyd y veddyant duw ac oe ewyllys. Eluc. 13.29. yna
ydywat peder vrthaw. nyt oes yn ni veddyant yny byt. Eluc.
83.1.

medyanus *having power or authority.* pop penkerd telyn a
dele ykan e keroryon telyn . . . .xxiiii. ac enteu a dele y
guasanaet ual gur m. arnadunt 128.21. mwyhaf ydachwaneco
y medyant mwyaf y chwennych y medyannus. Car.Mag. 80.19.

medyd *mead-steward, mead-brewer.* naud [e medyd] eu or
pan dechreuho ef gueneuthur keruyn uet. eny ruymo y huyl
am y pen 17.21.—17.27.

medyc *a leech.* Deudecuet [suydauc] eu e medyc . . . y naud
eu or pan archo e brenyn ydau uenet urth dyn archolledyc

nac en llys e bo nac eyhyr e llys . . . ef a dely medhecynyat
rad yr a uo en e llys 18.2.—5.9; 18.8, 10, 12; 106.8, 14.

medhecynyat *medicament, medical treatment.* e penteulu
. . . a dele m. rad pan ueno 7.20. medyc a dely kemryt telluet
ykan kenedel er archolledyc o byt maru or uedhecynyat a
guenel ef 18.13.—18.4, 10, 11; 43.4; 106.3, 5, 6, 7. Mwyaf m.
yw tynnv asgwrn twnn i ar bilionen emennydd. Rep.MSS.I
17 §35.

meuel *disgrace, shame.* unau m. ar uaraf *to curse.* esef eu
e *try* phec e dele y maedhu am rodhy pehec ny deleho y roy ac
am y cafael can gur. am hunau meuel ar y uaraf 38.4. rygueusur
meuel a ssarhaet 37.19. meuyl barueu. A.B. 289.12. M.A.
91a.3. Mefl ar dy farf yn Arfon. Ac ar dy wefl mefl ym Mon
D.G. cxxv.3. Ar gwr llwyt a dywawt. mevyl ar varyf vym
porthawr. R.B.I. 216.14. O deruyd y wreic dywedut geir g6yth-
la6n wrth y g6r val una6 mefyl ar y varyf neu ua6 yny danned
neu y al6 yn gosta6e. A.L.II 94.cxlviii. har mefyl har sarhayt
har cam har ennuet. L.L. 120.23, etc. m.=Ir. mebul, mebol
shame, disgrace.

mekyneu *bellows.* [guerth] e mekyneu .vIII. 102.26. a
chwythu y megineu yny vyd y ty yn burwenn. R.B.I. 33.1. see
begin. Loth p. 137.

megys *as.* rannu deuhanner a hy megis a gureyc 36.21.
vrth henne vegis na dele gur talu amen vn abedyu vegis henne
ny dele greyc talu amen vn amobor 39.6.—4.15; 36.21, 29; 47.16;
62.25; 71.24; 72.10.

mehefyn *June.* 116.14.

mel *honey.* try pheth ny eyll tayauc y guerthu heb kanyat
y argluyt amus a mel a moch 29.17.—66.28; 67.10.

mel 34.4. see mal.

melyn *a mill.* try thlus kenedyl y gelwyr melyn a choret a
perllan 63.12. *For a description of a mill with illustrations of
some of the implements used see P.MS.* 56.

mena see mynnu.

meneclauc see mynyglauc.

menney *a trough.* [guerth] menney .1. [hep ardyrchaval sef
achavs ew vrth nat oes clawr ydy] 100.20. *for v.l.* see A.L.
296.xxxvii. m. [*alveus*]. A.L.II 804.xxxvii. mennei=moil
vawr. P.MS. 51, p. 192. m.=meil vawr. P.MS. 169, p. 286.

mentil see mantell.

merch *daughter.* Ny dele merch o da e tat namen cemeynt a hanner a cafo e braut 39.30.—36.30-32; 38.22-24; 64.19; 71.14, 19; 77.29; 127.9-24; 128.2, 3. pl. merchet 11.11; 13.30; 16.1; 24.22; 28.3, 17; 66.18; 68.7; 126.19; 127.8.

meredig see dyferedyg.

messur m. *measure, amount, allowance, extent.* messur guyraut kefreythyaul eu lloney[t] e llest*ry* e gualloyer endunt o kuref ac eu haner o uragaut ac eu trayan o ued 18.27. messur corflan eru keuureithiaul 51.19.—37.8; 56.5, 19; 59.11; 65.2, 6; 69.6, 24; 75.17, 18; 91.7; 106.3; 107.6; 109.9. pl. messuryeu 64.24.

messurau *to measure.* sef baut a dele m. e llest*yr* baud er enat 91.10. 3 sg. pret. ind. messurus 64.26, 29; 65.2.

messurur *measurer.* ac ny symudus hywel messuryeu y tyred yr ynys hon namyn ual y hedewys dywynwal canys goreu m. oed ew 64.26.

meu *mine.* poss. pron. 1 sg. cam yu y ty gwarchadu y meu y 81.4. see teu.

meuhedus n.l. aber m. en aruon 41.31.

meun *inside.* y maer bysweyl a dyly kyweyryau llys y brenyn oy mevn 68.3. ymeun mynwent 134.21.—12.11; 25.27; 132.11. emeun 30.18; 117.11. o ueun *inside* 25.27.

mey *the month of May.* 51.28, 37; 88.10; 90.17; 91.16. kauad uey *a slight shower* 91.14. see kauad.

mey see yeuyeu.

[meychyau] *to give bail, security.* 3 sg. pret. ind. meychyus. Arall yu bey darfey y ur llad gur arall a meychyeu o genedyl y llowrud ar yr alanas. a chyn talu yr alanas duyn oy uam y llowrud y tat arall. y gyureyth a dyweyt panyv y genedel a ueychyus ar yr alanas byeu y talu 73.5.—73.7.

meychyeu see mach.

meyg f. *a bench.* y le en e llys en tal e ueyg en emyl er efeyryat teulu 28.6.—5.14. pedeir gradd llys arglwydd ysydd— kyntedd ac radd a meink a lleithig . . . y feink yr magwyeid. Rep.MSS.I 414 §199. see tal 2.

meyl *a bowl, cup.* [guerth] meyl fyr*ling* 101.13. noe bren noe meil. P.MS. 51, p. 191. Cyrn a meiliau. L.W. 48 §13. see menney.

meynholy *to question closely* (?). poe bennac a dhecco moruuyn en lladlud a kin bod achaus a hi gouin beth a roy dy emy a meynnyholi ohonau ef e mejnt a rodhey a hene ar e gred 35.23.—31.8. see A.L.I 793.xi. P.MS. 35, p. 91b.18 *has* meintoli. Ll.MS. 174, p. 42.18; 51.11. meynholy. P.MS. 228. aestimo = Cywerthyddiaw . . . meintoli . . . dwysvedhyliaw.

meynt *size, amount.* talet . . . e coguyll ae jhaguedhy en e ueynt vueahf a deleho 37.35.—35.23; 75.17; 82.17.

meyr *St. Mary.* Gwyl ueyr kentaf *August* 15th. 116.7.

meyr see march.

meythryn *to rear, foster.* a gued[y] ganer e mab hyteu byeu e ueythtrin ef 37.6. O dyryd mab uchelwr y uab ar uab eyllt argluyd ar ueythryn gan y gannyat 68.19.—37.3-12; 38.29; 41.7; 73.25; 81.24; 93.24; 130.22; 132.25.

mi see my.

moch, mocc *swine.* teyr ruyd gurda y ueyrch ay guarthec ay uocch eny kafo dyn anyueyl en eu plyt[h] huy talet .iiii. 29.12. Gwerth porchell or nos e ganer hyd eny el en tonuo k. hyd tra uo en denu .ii. k. esef eu hene trymys ac ohenne eny el e moch yr koet banu vyt a .iiii. k. e guert 92.28.—26.3; 29.12; 33.5; 42.12; 87.2; 92.28; 93.9; 112.26; 113.4, 7, 9, 11, 15, 16, 17; 116.17; 117.15. moch koet *wild swine.* a .ix. uetyt kalangayaf e may yaun ydau uenet y kely (hely) moch koet ac oheny e dely uod en eu hely hyd kalan mystacuet 16.21-25.

mocherya (*of a boar*) *pursuing a sow.* Nyd yaun dale baeth yn amser en mocherya 116.11.

moduet f. *an inch, the length of three barleycorns.* try hyt gronyn heyd yn y uotued. teyr modued yn lled palyw 65.7.—65.3; 91.8; 107.7, 8.

modruy *a thumb-ring, a ring.* 15.5; 103.16. pl. modruyeu. pop tlus brenyn y fuoleu ay uodruyeu 99.18.—4.3; 14.18.

modredaf, m. guenyn *the stock swarm, a mother swarm.* guerth m. guenyn .xxiiii. ac euelle hyd kalangauaf o k. allan henlleu vyd a .iiiixx. a tal 95.19.—98.15. Modrydaf gwedy ydel y gyntheit ohonei vgeint a tal. A.L.I 502.ix. Heit heb uodrydaf hu byd. A.B. 270.15. cf. Un mab Mair modrydaf teyrnedd. M.A. 267b.15. see M.A. 140b.35; 203a.41. m. = modr + bydaf. *There is an interesting variant in* A.L.II 871.8. Modredaf [mater] apum, id est, wrach. bydaf *is apparently a compound of* *byg (= Ir. bech *a bee*) + *daf = Ir. dam *retinue, company.* (W.W.) (*notwithstanding* Walde, *where* bydaf *is* =

Ir. beth-samain.) *The same* byg *is seen in* bygegyr *(drone)*=
*byg+hegyr. *The force of* hegyr (=Lat. securus (?)) *is seen
in the* neg. ehegyr=*quick.*

mod m. *manner, fashion, way.* O try mod e deleyr amobor y
grejc. o rod ac estyn, etc., 38.19. a dyall modd i sodiak . . .
ar 7 blaned. P.MS. 22, p. 309. m.=Lat. modus. Ped. §122.

moel f. *heap, head.* llestyr emenyn try dyrnued yn y hyt
hep y uoel 69.11=*vas butyri trium palmarum sit in longo et in
lato sine* moyl [*summitate*]. A.L.II 784.iii. riscen emenyn
. . . teir dyrnued o let a their dyrnued o tewhet heb voel.
P.MS. 36a, p.65.3. cf. *et butirum ad modum mole formatum
unius pugni spissitudinem habens.* A.L.II 828.xv. m. *is
probably borrowed from the* Med.Lat. mola *or rather the* genit.
mole *'millstone,' 'handmill.' It appears to be the same as* moel
hill, *eminence.* moil y wydfa. Rep.MSS.I 343. Ll.MS. 209,
p 21. Bron y voel. Rep.MSS.I 1086 §392. ban .i. moel o
bhynydh. P.MS. 118, p. 465. (cf. Ir. mescan *lump of butter,
a carn on a mountain top.*) *Also the same as the* moel *of*
moelrhon, moelrhawn, moelrhoniaid *seal.* M.A. 725b.28. D.G.
clxvi.38. *i.e., the 'rhon' or 'animal' with the head globular
like the upper quernstone. It is often used in the* genit.
meaning 'bare,' and the transition can be seen in words like
breuan dinvoel. M.A. 851a.36. *The Manx* inney-veayl *quoted
in* Trib.Syst., p. 119, *appears to mean 'the girl of the mill' and
not 'bald or cropped girl' for, the Irish and Welsh Laws define
the* gwenigawl, *or higher kind of bond-servant, as 'one who
goes neither to shovel or quern* (see gweynydawg; Joyce II
330). *The Engl. expression 'bushel without a heap' preserves
the same meaning as the* 'llestyr hep y uoel' *above.* see
dyrnuet.

moelmud pr. n. 64.18.

mollt *a wether, fat sheep.* messur daunbuyt yr haw mollt
teyrbluyd, etc., 69.25. In estate uero, aries trium annorum
uiuus, et crassus, pro uno dono, quem nos dicimus maharayn.
A.L.II 785.vi. cf. Eng. multones *fat sheep.* D.I. 171. Ir. molt
wether, ram=Med.Lat. multo *sheep, mutton. But see* Skeat
who regards it as Celtic.

mor m. *the sea.* O buru y mor betheu yr tyr neu yr traeth.
hunnv byeuyt y brenhyn canys pynuarch y brenhyn yv 63.11.—
29.25; 64.12, 29; 78.10; 85.8.

morduyt m. *the thigh.* 35.16; 43.7. morduith 43.1.

moruyl *a sea monster, a whale.* ascurn moruyl *a kind of ivory obtained from the spermwhale, narwhale or walrus.* [guerth] taulburt o ascurn moruyl .lx. o byd blayn corn hyt .xxiiii. 100.1. m. *itself is used in this sense,* ef a dely yr brenyn talburd o uoruyl 15.4.—12.4. Tavlborth [*abacus*] *de ossibus marine belue LXª. denarios valet.* A.L.II 775.xxx. A bwa o asgwrn eliphant . . . ae saetheu ac eu pelydyr o asgwrn moruil. R.B.I 163.30. karneu eu kylleill o asgwrn m. I 216.8. cyfrwy o asgwrn m. H.MSS.I 191.19; II 333.22. corn [canu] o asgwrn m. H.MSS. 32.32; 275.9. C.M. 15.30. *cetus gl.* moruil. Z². 1074. ascurn morfil *ebur.* P.MS. 169, p. 285.

mortuyl *a hammer.* [guerth] m. damdung 101.21.

moruyn f. *a virgin.* o rodjr morujn y hur ac j kafael en gureic 35.27.—31.5, 6; 34.6; 35.22; 36.5; 37.24, 27; 39.26, 28; 40.13-18; 41.9; 130.17, 18; 133.16-25.

moruyndaut *virginity, maidenhood.* puybynnac a dorro m. gwreyc dyly ohanav talu ydy y chowyll 130.20.—31.5.

moruyngreic *virgin-wife.* O deruyd roy moruyn e gur a heb kesku kanthy a cafael cam ohoney vrth vreynt e gur et da . . . a honno a geluuyr moruyngreyc 41.11. H.MSS.II 151.14. m. *a young woman.*

mryt 36.12. see ymrodu.

1. **mud** *dumb.* dyn mud ny telyr ydau . . . saraet . . . kany deueyt ehun y deleu 120.15.—121.6.

2. **mud** *a cage or mews (for birds during the period of moulting).* Or pan dotho y hebauc emud enyu tenno allan 11.21.—95.11. cf. na golwc hebawc mut. na golwc gwalch trimut nyt oed olwc degach nor eidi. R.B.I 117.24. m.<Med. Lat. muta. Loth p. 188. see mudteyr.

3. **mud.** Dywynwal moel mud 64.18.

mudteyr *to mew.* Nyth hebauc punt a tal en keu rud .cxx. guedy bo mudteyr a gwyn punt os brenyn byeuuyt. os mab vchelur .cxx. o byt muteyr 95.6. *Postquam de [muta] extractus fuerit, si albus fuerit, id est ,muter libram valet.* A.L.II 823.xii. Körting *gives a prov. form* mudar *from* Lat. mūtāre *and* mudteyr, muteyr *appear to be from the* muter *of the* Lat. *text quoted above likewise from* mūtāre. mudteyr *appears to have been resolved into the two words* mud+teyr *and regarded=* termud, tremud, trimud, (tre-, ter-, tri=try. Ir. tar-). *In the famous passage in* R.B.I 117.24 gwalch trimut *has always, I think, been translated 'thrice mewed falcon'; but so far as I*

*have seen the Laws in the detailed regulations concerning
falcons nowhere recognise this 'thrice-mewed falcon.'* Termud
in M.A. 201b; 202a; 282b (*notwithstanding* Dr.D.) *appears to
be formed from these same elements; so also* tremid M.A. 202b;
237a *and apparently* trimud *which has the same meaning.* see
M.A. 221a; 252b; 257b; 267a. (*With this last* cf. triuawr. M.A
254b. trillit. M.A. 290a. triphoeneu. M.A. 313a). trimud
then means 'thoroughly mewed.' see mud 2.

[**muryaw** (?)] *to fix, decide.* part. pass. muryedyc *fixed.*
nyt oes gobyr muryedyc y uab uchelwr yn dadleu namyn
herwyd y mynho yr argluyd y rody ydau 66.26. O derfydd i
ddyn ladd y llall a digwyddaw [*al.* murjaw] galanas arnaw.
L.W. 500 §5. muryedic yv [yny] kyfreith pvy bynnac a lysso
yn anamser ef a gyll y amser. A.L.II 186.iii. ac vrth hynny
can aethost ti yn erbyn yr hyn yssyd uuryedic yny gyfreith
[ny dylyy titheu caffel herwyd kyfreith]. II 188.iii. see also
II 176.vi; II 238.iv; II 430.vii; II 652.ix; II 712.iii. muredic.
P.MS. 35, f. 3b.13; 4a.5, 6, 11, 23. [mi] a furiaf fur fel na chaffo
hi ei llwybrau. Hosea II 6. dryllio mvriav'r wal. Rep.MSS.
I 743 §116. cf. difurio *to undo.* duw rren dvc edwart vrenin/
di fvrio llwyth dufr a llin. P.MS. 61, p. 40.

muc m. *smoke.* llety [er hebogyt] eu er escubaur e brenyn
rac dale muc ar y adar 10.27. cf. a phan delei annwyt arnei y
byryei arffedeit or us ampenn y tan hyt nat oed hawd y dyn
or byt diodef y muc hwnnw y mywn y dwy ffroen. W.B. col.
202.29.

[**mwng**] **mug** *mane.* mug march vn guer ae y fruyn vn guert
ae y talkudyn y kebystyr 89.7.—90.9. *Precium* mung [*jube*]
equi. A.L.II 891.xliii.

muynau, muenhau *to use, employ, enjoy.* ac ena e mae jaun
ir haulur dodi em pen er eneyt pan niu effo adedeuis en kentaf
testion a kitueit a deleu ohonau enteu muenhau en kentaf ac
ena e may yaun yr eneit erchi ydau enteu duyn y keditveit ay
testion y eu muinahu 54.10.—43.14; 47.28. pres. pass. muyneyr.
Bedeyr a deyllyon ny muyneyr dym or a deuetoent e dadaleu
kanys guelsant dym a kany keleusant vrth hene ny muyneyr
dym onadunt 120.19. imperat. pass. munaher. y lleidir James
wyt ti yna . . . y cnewest hi ag ti nodest hi ag ti mwynest hi
ag ti pitchmarkest hi. Brecon Papers, II Sessions, 759.

muynyant *profit, benefit.* ny dele neb godro escrybyl blith
ac uent en dale yr uod en perchennauc yr escrybyl nac un
muynyant arnadunt 119.23.—37.3; 43.8. Tri thlós kenedyl.

melin. a choret. a pherllan. a rei hynny ny dylyir y ranu nae kychwyn namyn rannu eu m6ynyant yr neb ae dylyo. P.MS. 35, p. 75b.7. Kynllyuan o uaryf dissull uarcha6c . . . ac ny ellir m6ynnyant a hi. onyt ac ef yn vy6 y tynnir oe uaryf R.B.I 124.16. cf. Ceneu milgi a morwyn ni cheif eu mwyn a'u maco. see Milgi. Pughe.

mi, my *I, me.* pers. pron. 1 sg. bef. vb. mi, my; immediately foll. vy, uy, y 44.5, etc.; 2 sg. ty, dy, ti, (a)thy 53.2, 12; 129.19, etc. 3 sg. m. ef, ew. sometimes used impers.=Mod. fe, ef a deleyr talu couuyll ydhy 41.12. 1 pl. ni, ny 4.21, etc. 2 pl. chwi. nys talaf ycgui; ycguic 46.14. 3 pl. huynt, huent, uynt, vynt, uent usually before a verb 63.27; 64.10; 68.16, etc. huy, uy, vy after a vb. 132.2. after pron. prep. 51.4, 5; 53.37; 55.18; 76.5, etc.

my, my poss. adj. 1 sg. fy; y 81.4. 2 sg. dy, de 44.7; 52.32, 37; 53.2; 54.26; 132.1. 3 sg. m. and f. y, i, e, j, hy, hi 3.9, 25; 8.12; 38.4, 15, etc. 1 pl. an 59.5. 3 pl. eu, y, e, yu 53.33, etc.

myuy *I myself.* emphat. pers. pron. 1 sg. myuy 53.10. 3 sg. m. euo, effo 24.27; 51.12; 54.11; 80.3; 81.9; 126.3. 3 sg. f. hyhy, hihe 35.26; 64.20; 65.1. 1 pl. nyny, ninni, nini, njni 37.21; 40.27; 45.20, 22.

minneu *I also.* conjunct. pers. pron. 1 sg. minneu, mynheu, myneu, uynheu 44.1, 5; 123.16; 130.11. 2 sg. titheu, tytheu 52.37; 53.12; 130.11, 12. 3 sg. m. ynteu, enteu, entheu, entehu. (see ynteu. conj.) 3 sg. f. hytheu, hyteu, hiteu 34.9; 36.7, 12, 19-24; 37.4, 6, 10, 17; 40.19; 48.7. 1 pl. nynheu 59.5. 3 pl. huynteu, vynteu, uuenteu, vnteu, huintheu 4.24; 28.2; 30.7; 45.18; 48.18; 50.2; 51.5, 12; 52.34, 36; 53.21, etc.

myhagel *St. Michael the Archangel.* guyl vyhagel. *September 29, Michaelmas* 91.23; 116.12. guyl uyhagh 10.6.

myhu see buv.

myl *a thousand.* 65.5, 28, 29.

[myleyn] pl. myleynyeyt *villeins.* er hebogyt . . . a dely dauat hesb neu .iiii. k. ykan uyleynyeyt e brenyn ungueyt en e uluydyn e dely kylc ar e byleynyeyt 11.8. e penkynyt a dely . . . menet y kemryt kylc ar uyleyneyt e brenyn hyd e nodolyc bynt ar eu kylc 17.7.—11.10; 30.8. kylc *debet habere super uillanos regis semel in anno.* A.L.II 758.x.

myleyntref, byleyntref *the vill of the villeins.* e brenyn a dely o pob m. dyn a march a buyall y gueneuthur lluesteu ac uuenteu ar y kost ef 30.6.—67.26.

P

myleyndyr. O deruyd [er edlyg, etc.] kafael myleyndyr breynt e tyr a dercheyf eny uo tyr ryt 4.25.

mylky *a hound for hunting the hare.* O deuparth e kenedyon duy ran y kynyt kellky ac un y[k]ynyt mylky 17.1. [guerth] mylky o byt kefruys .cxx. o byt aghefuys .lx. 94.18.—17.2; 94.18, 24; 101.17, 19, 21. pl. mylchun 17.3. Precium torch [milli] leporarii. A.L.II 805.lvi, etc.; but cf. R.B.I 225.25. A thi a wely y milg6n goreu or a weleist eiryoet a gle6haf ar hydot. cf. Ir. mil maige *hare.*

mylltyr *a league.* try troeduet yn y cam try cham yn y neyt try neyt yn y tyr . . . a myl or tyr yu mylltyr 65.25.—64.27, 29. pl. mylltyryeu 65.1. cf. milltir kymreic. H.MSS.I 188.11; 189.31; 195.21.

myn *(in oaths) by.* Ac esseu val e gurhtug men e creir esset ena 44.14. m.=Ir. mind *holy relic, an oath.* Str.Intr. §180.

myn *a kid.* vnguert yurc a buc a gauar a yerchel ac eleyn a myn 97.9. pl. mynneu, meneu 9.15; 68.18; 115.23.

mynet, menet *to go, set out, become.* ef a dely ycan e porthaur agory e porth maur ydau en deuot yr llys. ac emenet y meun ac alla*n.* ac nas ellecho uyth yr guychet. nac en menet nac en deuot 12.11. O deruyt y dyn uynet yn uach a chyn teruynu yr haul y uynet yn clauur 133.6. mynet a *to take.* pan hel e br[e]nyn yr ystauell ef a dely menet a kanuyl kantau 20.20; 30.3; 40.13. mynet gyta *to go with, accompany.* chwechet [afeyt] yu mynet yr drew y bo y dyn a ladher yndy ygytar llowrud 53.19; 74.29; 78.18. mynet gan *to accompany* 132.22.—4.6; 5.24; 7.4; 8.5; 12.11; 16.21; 17.7; 18.15; 27.7; 30.5; 31.19; 38.32; 40.4, 9; 42.24; 44.16; 46.21; 47.19; 48.23, 24; 55.10; 61.14, 19; 64.5, 10, 13, 15; 71.15; 74.28; 78.17; 85.16; 87.15; 95.10; 110.6; 117.26; 119.7; 121.19; 122.19; 123.11; 127.18; 130.6; 131.15; 132.22; 133.6. 3 sg. pres. ind. a 5.25; 7.2; 33.12, 13; 39.13 aha; 41.10 da; 41.24; 44.8; 61.5; 64.1; 65.20; 70.21, 28; 71.27; 72.29; 75.25; 76.3, 6; 79.8; 80.24; 81.7; 86.19; 88.5 ha; 89.19; 95.22; 125.18, 21, 23; 130.15; 132.19, 27. 3 pl. ant 9.12; 52.22; 53.28; 64.3; 98.21. 3 sg. pres. subj. el, hel 9.26; 11.6; 12.14; 13.17; 14.14; 15.2, 20; 18.15; 19.13; 20.12, 16, 19; 23.15; 24.11, 14, 25; 25.16, 19, 29; 26.27; 28.18; 47.10; 48.23; 49.35; 66.7; 76.4; 77.24; 80.22; 91.17; 92.26, 28; 95.2; 100.23; 108.13; 114.15; 130.14; 132.22. 3 pl. eluuint 51.17. pass. heler 26.19. 3 sg. impf. ind. aey 113.7, 9. aey 4.23 *for* a. 3 sg. impf. subj. eley, heley 42.3; 70.29 *v.l.* el. 2 sg. pret. ind. haychost 53.12. 3 sg. aith, aeth, ath 31.18; 47.19, 21; 48.3; 81.10, 20; 127.5. 3 pl. aethant 42.8. 2 sg.

imperat. dos 44.7. 3 sg. aet 14.30; 34.23 ajt; 34.24; 80.8, 28; 82.26; 124.3. 3 pl. aynt, aent 53.19, 27; 132.9.

mynegy, menegy *to declare, point out, tell.* kerchu ell deuoet ar argluit a meneky yr argluit nad oes racu namen peth maur 46.17. Nau afeyth galanas. kyntaw yu onadunt mynegy y dyn a ladher yr dyn ay lladho 74.23 = virum occidendum monstrare. A.L.II 882.14. Nau affeyth lledrat kyntaw yu mynegy y lledrat 78.16 (cf kyntaf yw o naw affeith lletrat amkanu wrth gedymdeith yr hyn a geisser yn lletrat. P.MS. 36a, p. 15.5)—53.3; 76.18; 129.19. 3 sg. pres. subj. mynaco 80.28.

mynnu, mennu, menhu *to wish, will, choose.* O byd un or rey a deuedassam ny huchof ny menho dody em pen e try tauodyauc ar llall en y uenhu 30.24. O deruyt y gur mennu escar ay gwreyc a mennu ohonau gureyc arall 39.2. puebennac a dalyho escrybyl a gurthot guyst[l] kefreythaul yr mennu aryant 118.13.—14.30; 35.6; 36.26; 39.2; 40.7; 45.16; 46.33; 50.6, 11, 16, 17; 52.1; 54.24; 108.2; 110.1, 5; 119.12; 123.20; 128.14; 130.4; 133.26; 134.5. 1 sg. pres. menna 44.15. 3 sg. myn, min, men 4.17; 35.4; 36.7; 37.11, 30; 45.3, 19; 47.4, 18, 28, 30; 50.26 nyn; 56.28; 63.10, 26; 64.9; 67.11, 18; 71.18; 72.13; 73.24; 80.19; 82.9; 117.7; 134.27. 3 pl. mynnant, mennant 53.17; 59.23; 63.28; 108.4. pres. pass. mynnyr 79.16. 3 sg. pres subj. menno, menho, mynno, mynho. menho na uenho *willy nilly* 37.7.—5.17; 6.8; 7.5, 19, 20; 10.10, 11; 16.4; 29.20; 30.5, 24; 37.7; 39.4, 14; 42.15, 16; 50.4; 51.36; 53.18; 56.23; 61.3; 66.24, 27; 66.7, 8; 71.28; 72.2; 73.21; 80.8, 25; 81.14; 85.20; 116.19; 122.3, 18; 123.10; 129.26; 131.7; 132.29. 3 pl. mennoent 10.7; 50.2. pass. mynher, menher 14.25; 73.16.

mynwent, menwent f. *a churchyard, sanctuary ground round a church* (?). Messur corflan eru keuureithiaul en hit ay phen ar e venwent a henne e kelch e uenwent e dele bot en cumpas 51.19. Nyt reyt creyryeu yn dadleu a wnelher ymeun mynwent canyv plas y creyryeu 134.21.—30.16; 51.16. Sef yw meint y plas, erw gyfreith, a hynny yn gwmpas: a hynny heuyt yw meint mynwent gorfflan. A.L.II 360.i. ac a gladher ymynnwent y lle hwnnw. Eluc. 108.17. ac agory y mynwennoed a llawer o gorfforoed seint a gyuodassant. H.MSS.II 257.15. A guedy y gemryt y hymachludus y meun llyeyn glan ac y gossodes y mevn y wynwent ehvn. a dorassey or garrec. Rep.MSS.I 331 §79. see Eluc. 49.19; 84.8. ac ar warthaf yr ysgrin yr oed kyvyrlit tec. ac yn y chylch ogylch yd oed mynwent vechan dec. H.MSS.I 241.20. m.=Lat. monumentum. Loth p. 189.

[**mynyglauc**] *some disease in swine, quinsey* (A.O.). teythy huyc (hwch) na bo baetredauc ac nad esso y perkyll ae goruod teyrnos a trydyeu rac e ueneclauc 93.5. de mynyclauc [*morbo strumarum*]. A.L.II 862.xi; II 811.xiv. Rac y vynygloc kymer fenegyl y kwn, etc. Ll.MS. 10, p. 22.8 sqq. Rep.MSS.II 443 §20. Deriv. of mwnwgl *throat*.

mys m. *a month.* m. chueraur 16.3; m. maurth 25.10; m. ebrill 116.14; m. mey 51.28; m. mehefin 116.14; m. aust 29.15; m. heduuref 88.10; m. tacuuet 16.25.—16.4, 23; 67.6; 70.6, 7, 8; 81.22; 82.4.

myu see buu.

na, nad, nat neg. part in dependent clauses. na bef. cons. nad bef. vowels. with infix. pron. 3 sg. and pl. nas. vegis na dele gur talu amen vn abedyu vegis henne ny dele greyc talu amen vn amobor 39.6. creyrhaer hyd na doet y cam y vrthau ef 108.10. en kyn kadarnet ac na allho escrybyl y tory 114.9. a meneky yr argluit nad oes racu namen peth maur 46.17. o deruyt roy pedh em puyth ac nas kouenho dranoeth 125.9.—75.9; 81.12, etc. see also bod.

nac, na (*a*) neg. with imperat. na dos en llu cam 44.7. nac aet ohoney 124.3.—117.13, etc.

(*b*) neg. answers. nac [e] heb e llall e my 31.3.

nac, na disjunctive particle. with poss. adj. 3 sg. and pl. nay, nae. with def. art. nar. ny dyly ef nay guerthy nay rody 12.6. ny chegeyn greyc en vach nac en test 39.9. na . . . na nac kaedic uo er amser nac ef ni vo 56.23.—1.11; 12.6, 12; 17.11; 18.2, 3; 24.29; 27.22; 36.22; 39.9, etc.

nad see bod.

[**nadolyg**] **nodolyc** *Christmas day.* [e penteulu] a d[e]le kylc ykan e brenyn guedy guahano ac ef e nodolyc 7.25. a diguitau ar oet en vn or teirguil ar pennic e pasc ar sulguin ar nodolic 48.31.—16.3; 17.8, 9; 48.32.

namyn, namen, namin, amyn, amen *but, except, only.* ny dyly braut bot yn goedur yr braut arall namyn talet ydau coet cystal ar hun a dyosges 63.21. kany dele nep kamenu namen e ped a uedho 110.12. puebenac a kaffo lluden en uaru glan ar tyr ef byeu y cuarthaur ar nep byeufo e tyr byeu amen henne 96.27.—3.10; 38.14; namuin 46.12; nanin 44.3; nain 47.11; nam 123.16, etc.

nau *nine.* naunieu *nine days* 51.34, etc. nau nyruet, n.

dyrnuet *nine palm breadth* 68.22 ; 69.8. nau ugeynt 180.—52.23, etc. n. can 900.—64.27, etc.

naud, naut, nahud, naudh *sanctuary, protection.* e naud eu or ostec kenstaf hyd e dyuedaf duy*n* e dy*n* a guenel kam 15.22. ka*m*ret e kereir e*n*e lau a deueduit vrth e kenogen naut duo racod a naut pap ruuein a naut de argluit na dos en llu cam 44.6. puybenac a torro e naudh kefredyn a hossodho ef nyd oes y hu*nn*u un naud 10.2. naud [e porthaur] eu kadu e dy*n* a guenel kam eny del e pe*n*teulu yu lety druy e porth 26.13.— 3.12 ; 4.19 ; 6.4 ; 9.10 nadhu ; 9.21, 22, 25 ; 10.3 ; 11.17 ; 12.23, 24 ; 13.27 ; 14.14 ; 15.5 nud ; 17.12, 21 ; 18.1, 30 ; 19.11, 33 ; 20.17 ; 21.2, 19, 28 ; 22.16, 22, 31 ; 23.5, 16 ; 24.4, 29 ; 26.26 ; 27.13, 20 ; 28.7, 18, 25 ; 46.21, 22 ; 50.29 ; 51.2, 3, 10, 14, 15. Ir. snadud *act of protecting, the protection itself.* B.L.G. snadim *I protect.* Lib.Hym.

nauuet *ninth* (writ. also navued, ix ued).

nauuethid *ninth day* (writ. also nauuetyt 91.16, etc., nahuuetyt 92 (*margin*) ix uetit, ix uettit, ix vetyt)—34.23 ; 38.17, 18 ; 51.26, 27, 28, 29, 36, 37 ; 60.25, 26 ; 90.15, 17 ; 91.16 ; 92.5, 11.

naun *afternoon, the third quarter of the day.* os bore uyd [kadued hyd ha*n*ner dyd] . . . os hanner dyt kaduet hyd naun. Os naun kaduet hyd guedy gosber os guedy gosber kaduet hyd e bore 96.16.

neb, nep *any.* (*a*) indef. pron. *anyone, anybody.* with neg. *no one.* Rac deuod nep y eu keghor 53.29. yaun eu eu creirhau ar nep a kellio y kedueit onatuunt 55.20.—4.11, 12 ; 9.2 ; 11.21 ; 13.24 ; 16.9, 17, 24 ; 17.24 ; 25.23 ; 27.19 ; 36.4 ; 38.28, 30 ; 39.1 ; 40.25 ; 42.19 ; 46.23 nepth ; 47.24 ; 48.22 ; 50.20 ; 52.12, 24 ; 53.29, 30 ; 56.14, 31 ; 59.2, 28 ; 60.4 ; 61.2 ; 63.13, 16 ; 68.27-29 ; 70.14 ; 71.10 ; 72.1 ; 73.7 ; 74.1, 4, 6 ; 75.9 ; 78.24 ; 79.22 ; 80.26 ; 81.10 ; 85.10 ; 86.5 ; 87.8, 10, 18 ; 88.21 ; 91.18 ; 92.12, 22 ; 96.21, 26 ; 97.2, 5 ; 106.2, 4, 23 ; 109.17 ; 110.12 ; 117.5 ; 119.22 ; 124.1 ; 126.24 ; 132.17.

(*b*) adj. *any.* nyt oes delehet y nep guassanaethur 5.1. o neb achaus 37.32.

neckeias see negydyaeth.

necektias see negydyaeth.

nedyf *an axe, adze.* [guerth] nedyf .1. 100.12. Tyfiad heb naddiad neddyf. D.G. xlvi.41. *ascia gl.* nedim. Z². 1061. Nedif [*dolabella*]. A.L.II 804.xxi̅i̅ ; 865.xlv.

nef *heaven.* nac e nef ed el nac vfern 47.6.

neges f. *business, transaction, affair, message.* pan uo reyt menet e teulu y anreythyeu neu y neges arall 7.5. ef a dely argueyn pop neches or a deueter urthau or port hyd e neuat 19.4.—25.16. pl. nekesseu, nechesseu, negesseu. pop ynseyl agoret a rodher am tyr a dayar a neghesseu ereyll maur 8.23.— 8.6; 14.10; 22.10, 15; 26.10; 29.4; 46.29; 66.15.

neguyt see newyd.

negit, neget *a denier.* O deruit y vach a kanogon kauaruot ar pont vnpren ni dele bot enegit hep gueisur vn o trifeth ae talu ae gustlau ae kerccu keureis 48.39.—49.1. written also elsewhere negyf, negef.

[negydyaeth] necketias *a denial.* ni dele macht duen guestel e kannogon onibit necketias kandrechaul eni vach 45.32.—43.25 neckeias. written also elsewhere negyfyaeth.

nen *roof, rooftree.* puebennac a dystreuho neuat e brenyn talet .xl. o pop gauael a kanalyho e nen sef eu henne .vi. kolouon 98.26.—99.1, 2, 4. o bop fforch a gynnhalyo y nenbren. Ll.MS. 69, p. 155.15. see A.L. II 777.lix.

nepth 46.23. see neb.

nerth *strength, power.* e grueyc byeu ac allho e duyn o blaut errug nerth y duylau ae y deu lin 33.31.

nesiauruir see neythyauruyr.

nessaf *nearest* (used as superl. of agos). y naud eu hyd er egluys nessaf 21.20. eyste en nessaf yr keluy 5.5.—5.5, 9, 13; 8.15; 9.8; 10.26; 11.27; 13.6; 14.23; 48.34; 52.18; 86.17; 131.16.

nesset *nearness* (used as comp. of equality), *so near.* ac esseu eu nesset a deleant e guir henne bot ydau ac e deleoent talu galanas 44.19. *v.l.* gynesset. A.L.I 114.21.

neu, ne conj. *or.* ef a dely llamesten kefruys neu huyedyc hebauc 12.19. kollet er enat y tauaut neu enteu ay pryno ycan e brenyn 12.29.—4.23; 5.22; 6.16; 7.5, 23; 11.8; 12.27; 14.27; 15.1; 17.23, 25; 18.23; 19.5; 24.23, 24; 25.11, 19, 20; 27.14; 28.12; 34.10, etc. neur *v.l. for* neu 130.11. neut. neu + *subs. vb.* puybennac a roder hoet ydau neud eydau er oet guanaet enteu a uenno ay aros er oet ay talu kyn nor oet 122.2.

neuat f. *hall, the principal chamber in the court, the king's residence.* Nautey a dely myleynyeyt e *brenyn* y gueneuthur nehuat estauell buyty, etc., 30.8. y le en e neuat yam e tan ar brenyn enessaf yr keluy urth uendykau y uuyt a kanu e pader

8.15. puebennac a dystreuho neuat e brenyn talet .xl. o pop gauael a kanalyho e nen. Sef eu henne .vi. kolouon 98.25.— 3.26; 5.16; 7.6; 12.2; 14.10; 15.1; 17.20, 28, 33; 19.5, 19, 21; 22.11; 25.4; 28.5; 42.25; 67.25; 69.21, 23. deressawr e newat [*ianitoris aule*]. A.L.II 753.xvii. cf. am henwau taü: Palaspab; llys-Emerodr neü frenin; kastell-Tywysog neü arglwydd; nevadd-Marchog neü Esgwier. Rep.MSS.II 170 §94. Teir rhan y dyly neuadd y brenin y chyfansoddi: un uch coryf yna y bydd y brenin yn eistedd yn gyntaf. . . . Eil is coryf yna yr eiste yr edling. . . . Trydedd rhan yr neuadd yw y tal issaf: yno y dyly y penteulu eiste. A.L.II 584.xi sqq.

newyd *new, late.* hywel wedy hynny a wnaeth kyureythyeu newyd 65.23. Sew yu y tyr o gymraec newyd grvn 65.5. tanu llenllyeyn guen adanunt neguyt olchy 40.9.—51.7, 15; 62.13.

ney m. *a nephew.* Edlyg eu er hun a dele gleduchu guedy e brenyn . . . ef a dele y uod en uab neu en neu yr brenynes 3.23. *With a qual. word in apposit. it can denote the son of any relat. up to the ninth degree.* Ney [u]a[b] gorchau 129.13.— 5.22; 76.6; 129.13. pl. neyeynt. Plaut y seythuet uam a uyd neyeynt ueybyon gorchau 76.2.—4.9. Nei yw vab brawt neu whaer neu geuenderw neu gyferderw neu gefnitherw. A.L.I 410.xxviii.

neyt m. *a leap, a measure of 9 feet.* try troeduet yn y cam try cam yn y neyt try neyt yn y tyr 65.4.

neyll *one of two;* neyll . . . llall *one . . . other.* ar neyll en deueduyt bod e uecnyaeth ar pet maur ar llall ar pedh bechan 30.30. ar neyll hanner o wyr nod ar llall o wyr dynot 79.6. O deruyd y dyn llad arall a gwenuyn galanas deudyblyc a tal. canys fyrnyc yu neu ynteu yn eneyt uadeu. am y neyll alanas ay dyhenyd ew yn ewyllys yr argluyd 129.25.—3.2; 30.18; 33.6, 9; 35.7; 46.35; 47.11; 49.10; 50.15; 55.11; 69.2; 85.23; 109.24; 110.5; 123.14; 134.12. neylldu *one one side.* ac os e neylldu et art talet .xv. 92.15. *on either side* (?). kani min ef muynau e mach essit ydau. ar peth a kemirth ac nad ois vach ir llall a kemello jdau e keunevid vrth hinni e may ouer e mach or neildu 47.30.—118.16; 131.14. neyllau *one side.* y lle eu ar neyllau er enanat llys 28.11.—5.18.

neythaur *a wedding feast.* e penkerd . . . a dele o pop dohouod or a kafoent nac o erchy nac o kauarus neythaur ran deurur. . . . Sef eu k. neytyaur .xxiiii. or n. a hyne yr beyrt 128.17. a gwedy y rodi y weiryd mwy y karei ef hi nor holl uyt. ac wrth hynny y mynnwys ef enrydedu y lle kyntaf y

kysgwys gyt a hi . . . ac erchi a wnaeth . . . gwneuthur dinas
yny lle hwnnw y gadw kof ry wneuthur neithoreu kymeint ar
rei hynny. R.B.II 96.25. neithiawr Ieuan yn Galilea. M.A.
77b.33. Ac yna y gwnaethbwyt priodas llywelyn ac elianor
ygkaer wynt. ac etwart vrenhin lloeger yn costi y wled ar
neithawr yn ehalaeth. R.B.II 381.25. n.=Lat. noptialia. Loth
p. 190.

neythyaurgujr *wedding-guests who remained in the same
house as the newly married the first night.* poebennac a dhecco
moruuyn en lladlud . . . ena e mae gejr y geir hi canjs duc ef
hihe en lle nad oet n. 35.26.—36.1. nesiauruir 36.1. see Loth
p. 190.

no, noc *than.* no bef. cons.; noc bef. vowels; with def. art.
nor; with poss. adj. noe, noy or noc eu. nat yaunach talu
galanas gur no galanas gwreyc 70.10=nogyt. Ll.MS. 174,
p. 90. a kan kollo hunu kin nor oet 46.8. kyn noe rodhy y
hur 35.2. testion a vey guell noc a oet kan e llall 55.13. kin
noc ef 56.14. noc eu bot yn pryodoryon 64.10.—45.26; 47.2, 20;
50.31; 54.22; 55.14; 60.25, 28; 63.16; 64.16, 17; 71.4; 77.8; 82.3;
109.10; 118.9; 122.4; 127.22; 134.8. with part. -yt. guell yu
breynt pryodaur a gynwarchadu tyr nogyt un newyd dyuot
62.13. ny dyly y tat dewnydyeu dylyet y mab am tyr a dayar
. . . nogyt a dyly y mab treyssyau y tat . . . am tyr 62.16.—
82.5. see H.MSS.I 86.38. Rep.MSS.II 475 §93.

not *mark.* gwyr not *seems to mean both 'men of distinction'
as well as 'marked or branded men.'* y wadu huch neu dauat
neu ueych ceuyn llv pymp wyr ar neyll hanner yn wyr nod ar
llall o wyr dynot ac ehun yn pymhet 79.6.—79.2, 5. Llw gwr
nod yw trwy lith y perchen y rheith tygy y gyfryw lw ac a
dygno y llofryd yn y blaen llw reithwr arall yw heb lith vod
yn debygaf gantaw vod yn wir yr hyn a dygod yr enllibwr yn
y blaen yn y dadyl honno. Ll.MS. 116, p. 76.11. Reithwr not
a dyly tygu tebygu bot yn glan llw y dyn y tygo ygyt ac ef.
ac o palla un gwr or gwyr not. palledic uyd y reith ef. Reithwr
arall a dyly tygu bod yn tebykaf gantaw uot yn wir yr hyn a
twng a chet pallo trayan y reith gyffredin yn ol y deuparth y
dylyir barnu. P.MS. 35, f. 40a.8. cf. Sef yu fal y mae ei
gymryd : Ei gymryd o'r pencenedl yn ei law, ai roddi yn llaw
y gwr hynaf o'r gwyr ac y felly o hynaf i hynaf hyd ymhen y
seithfed gwr. A'r gwyr hynny nid oes nodjad arnaddunt
namyn eu bod yn [oreugwyr o'r] genedl, a'r ni ddylynt rannu
daear ag ef. L.W. 313 §lvii §4. *It is used in contrast with
'men of nobility.'* llw deudegwyr am uarch . . . hanner henne

en wyr nod ar hanner arall or guyr a gaffer o wyr aduuy*n*. Ll.MS. 174, p. 104.18. O deruyd i ddyn ymliw am ledrad, o ddywedud ei weled yn gwneuthur lledrad a'i wadu ohanaw rhodded lw pedwargwyr ar hugaint heb Gaeth heb Alldud heb wr nod. L.W. 469 §4. heb alldudjon heb wyr nod *v.l.* heb gaeth a heb alldud. L.W. 85 §57. cf. nid a cosp ar ynvyd, eithr rhybudd gwlad yn ysgriven ar byst neu veini y brenin yn waedd gadarn er i bawb ymochel a'r ynvyd. ac a'r mud a bydar geni; a'u dodi dan eu nodau gan gorn a gwaedd gwlad a chywlad. A.L.II 486.xxv. Gwell enw nod no nerth unben. M.A. 809a.13. see dynot.

nodav see nodua.

nodolyg see nadolyg.

nodua f. *sanctuary*. O deruit y din guneuthur cam keinauc yar nodua a keuodi haul arnau ef am er agheureyth redigones yar nodua 51.13. 51.4 nodav; 51.5 nodau; 51.9-21. see naud.

noe *platter, dish, vessel*. [guerth] noe .i. 101.10. bod urth noe y tat *to be his father's ward*. or pan anher mab yny uo pedeyr bluyd ar dec y dyly uot urth noe y tat. ay dat yn argluyd arnav 70.23.—71.16, 18. cf. meithryn ederyn drytwen a wnaeth hitheu ar dal y noe gyt ahi. W.B. col. 49.9. cf. nue *wooden platter*. Carm. n.=Ir. náu *boat* (?).

nos f. *night, evening*. Bukeylky a el e bore emalaen er escrybyl ac a del e nos en eu hol 95.3. Ny dele menet unnos yurth e brenyn 4.16. nos a dyd *always*, try pheth a dylyant y gadv ganthunt ehun nos a dyd sew yu hynny eu llodreu ac eu cledyueu ac eu menyc 67.22.—12.1; 18.31; 24.27; 28.8; 33.3; 34.22; 36.21; 67.23; 69.24; 78.20; 85.11; 90.13; 92.25; 93.10; 106.8.

nud hael pr. n. *one of the leaders of the men of the North.* see mardaf 41.28.

ny, ni negat. part. bef. principal and relat. clauses. ny, ni, ne before cons. and vowels where init. g. is dropped by lenation. nyd, nyt before vowels. ac ny thal gwreyc alanas 76.12. try pheth ny eyll tayauc yu guerthu 29.16. ac nyt hemchuel en aghefreyth arnau 115.22. ef a dely taru neu anyueyl nyd el adan guet 25.29. ny+s. infix. pron. 3 sg. and pl. a hunnu eu e dyn ae kemmer. ac nys tal 41.16. ny tal gwreyc ceynnyauc baladyr . . . ac nys tal yscolheygyon 76.12. kanes etheuis ef testion a vey guell noc a oet kan e llall ac nis cauas 55.14. -s anticipating the object. nys dele namyn talu ydau urth lu 119.13.—13.14; 46.15; 55.14; 72.19; 76.13; 77.25;

116.27; 117.25; 120.13; 121.10; 122.7, 14; 125.10; 132.26.   nyu
neg.+infix. pron. 3 sg. in relat. clause. ew a dywedyr na dyly
kyureyth nyu gwnel 133.4.   ar ny neg. of ar a.   dioyr hep e
llall nit mach ar ny vo mach ar dim 49.14.—1.26. *for* nid
see bod.

   ny see my.

   nychdaut *disease.* O deruit ydin torri troet aniueil . . . neu
guneuthur briu edel n. yr aniuel ohonau 43.2.

   nyuer m. *number.* ac essev ed ant e nyuer e buant en eu
kehussuyth 53.28.

   nyn 50.26 *read* myn.

   nyn see dyn.

   nyt see bod.

   nyth *a nest, the brood in the nest.* gurth guyt or kemeynt a
guerth y nyt esef a dele vod en y nyt .xxiiii. kyu 94.6. nyth
hebauc punt a tal 95.5=nyth luyth hebauc. A.L.I 454.lxiv.—
95.9. pl. nedhod 11.19. see Corm.Gloss. 124.

   nytlen *a winnowing sheet.* Sac a n. .iiii. ar pop vn 100.15.
n. = linteum ventilatoris. A.L. 865.lxviii.   Ef a dylyir
ymgeffelybu ac wynt yny del duw ehun ar nithlen gantaw y
dethol y grawn o blith y peisswynn. Eluc. 26.20. n.=Cor.
nothlen *a winnowing sheet.*

   o, od *if.* o bef. cons.; od, ot bef. vowels. o thyr e croen
89.10. ac o bit a ameuho 53.4. od amheuyr y perchennauc
108.28. ac ot ytyu ew yno 61.4. written oc bef. kleuyr 106.15.—
7.2; 44.8; 55.19; 82.11; 92.11; 130.15, 18; 133.1. (see deruyt.)
o with infix. pron. 3 sg. and pl. os, ot.   ef a dely adnabot
suyocyon e llys ac nas atalyho er un onadunt . . . ac os eteyl
talet kamlury 19.9.   Reyt hiu yr egluys bot a katwo ydy e
breynt hunnu o testyon deduaul ac os keiff gather ydy 51.23.
am pob un ohynny dyruy a dau ot adeuyr 78.22.—4.17; 19.9;
29.18; 31.11; 36.28; 38.8; 40.18; 51.23; 56.28; 63.10, 26, 28; 67.18;
71.4; 73.24; 75.1, 4; 82.9; 85.4; 87.8, 11; 108.4, 20; 109.11;
119.27; 123.7; 128.18; 129.29. *but* os *occurs often as a* conjunc-
tion. ac os deueyd a geyuyr a uyd 33.7. os kyn e seythuet
vullydjn ed escarant taler y hj 34.5.—33.7; 34.6, 7, 10, 12, 14, 20;
36.7; 37.24, 26; 38.4; 41.22; 46.27; 48.34; 52.7; 53.38; 64.11, 12;
71.12; 74.27; 77.9; 78.10; 79.24; 81.24; 82.1, 5, 14; 85.22; 88.1;
89.18; 92.10; 96.13, 15; 112.2; 108.22; 122-29; 134.15, 16. see ony.

o, oc (prep.) *of, from, by, to.* a bef. cons.; oc bef. pron. beginning with a vowel; or with art. o grugyll . . . hyt yn soram 64.28. un or teyr guely 7.21. gan guynau or mab racdau 71.5. menet a kanuyl gantau oy ulaen 20.20. llad o hur yr neyll gur yr llall 3.2. ac a wna yaun ydau oy sarhaet 71.5. ac guedi y lad y doeht guir e koclet ema oy dial 41.27. er amaeth a dele kemohorth e keylguat o dale er ecchen 109.13. abedyhu estauellauc o greyc *a woman dwelling in a cell,* lit. *a cell-dweller of a woman* 38.31.—38.32.; 47.32; 48.7, 9; 50.16; 53.26; 73.29; 74.25; 75.4; 76.22; 77.4, 5, etc., etc. o+poss. adj. 3 sg. oy, oe 20.20; 39.25; 85.4; 90.20, etc. oc bef. 1 and 3 pl. oc an 59.5; oc eu; o eu 35.19; 64.16; 76.24, etc. o+pron. suff. 3 sg. m. ohonau, ohanau 48.21; 80.22, etc. 3 sg. f. ohoney 62.5, etc. 3 pl. onadunt 69.21, etc. onnadun 47.11; onaduunt 55.18; onaunt 50.15.

odures (?). kikleu odures eu llaueneu 42.10. *v.l.* urth wres. A.L.I 104.24.

odwr (?) *receiver (of stolen goods), abettor.* chwechet [affeyth lledrat] yu bot yn odwr ay erbynnyau atau 78.19. *This is written oddwr, no6d6r and cynghorwr is given as a v.l.* L.W. 207.vi; *and it appears that the scribe was not always sure of the form. It is clear from* W.B. col. 477.23=B.B.I 118.25 *that there was a verb odi 'to put.' There is a corresponding* odfa *'a place to put or hide stolen property.'* Arglwydi heb y marchawc y mae udunt wy ryw otua yny fforest yn y lle y rodynt wy eu lletrat ac eu hyspeil. ac eu trysor. H.MSS.I 303.10. marchawc a vei uaeth no od gur. M.A. 54b; 70b. nir gwell yr otwr nor lleidyr. M.A. 100a. cf. nid gwell gott na lleidr. Dr.D.Prov. cler ag oedion (?) a lladron. M.A. 29b. see godew.

odyn *a kiln.* O deruyd y dyn menet y crassu y odyn arall 87.15.—15.30; 30.10; 80.9; 86.4. odyn fara. Iolo MSS. 5.14. Mis Ionawr . . . diwres odyn. M.A. 21a.4. cf. Ir. aith *a kiln, an eminence.* Dineen.

odema *from here.* ty haychost en keureythaul odema 53.13.

odyna, odhena, odena *from there, from that time, then.* o keill kaffael tu a tal ydau en er un lle . . . vrth na burir odena ef 55.25. Ninni a dewedun . . . bot en anolo er ateb eny warandao ef er haul, ac odena atebet 53.15.—42.1; 52.15, 22; 53.15; 63.24; 80.14; 113.10; 131.13; 132.7, 8, 13, 14.

odeno *from there.* ny dele kechuin odeno 38.16.

oet, oit, oyt m. *apointed time, age, alloted time.* Ac o byt

[plant ydhy] ac eu menet en oet kefreysyaul.   talent ehun
drostunt o hen*n*e allan 40.4.—71.8, 17.   oet galanas yu pytheunos
76.19.   o de*r*uit y din rodi mach ar deleet a diguitau er oet en
vn or teirguil arpe*n*nic 48.30.   oyt urth porth *time to seek help*
49.4, 12, 16; 52.4; 130.8.   hyt en oyt *even, as far as.*   vrth hene
e dele e gur a gurich roi bridiu het i*n* oet mab seihisbluit a el
adan lau periglaut 49.35.   O deruyt roy greyc y gur ac enguy
da a cafael cubel hyt en oet vn k*e*ynyauc ac na cafer honno
40.26.—4.2.—46.11, 28; 47.2, 16; 48.13; 49.17, 22; 50.10, 30, 31;
52.4, 6, 8, 10; 53.35, 36, 37; 72.19, 21; 75.23; 76.22, 24; 79.22, 27;
82.12; 117.19; 121. 24; 122.1, 2 hoet; 122.3, 4; 130.6, 18; 133.12,
14; 134.23.

oed see bod.

oen *a lamb.*   91.12, 13; 93.10, 13, 15.   pl. vyn, huyn 9.15;
68.18; 115.23; vnen 112.21.

1. **oes** *lifetime, age, time.*   cany dyly ew y wlat yn oes yr
argluyd ay dyholyo 79.28.   ar kyureythyeu hynny a barassant
hyt yn oes hywel da 64.23.—50.21 oyis; 59.22, 26; 62.15; 130.16;
131.5.   Ir. aés, aís.   Altir. § 63.

2. **oes** see bod.

ouer *vain, void.*   kani min ef muynau e mach essit ydau ar
peth a kemirth ac nad ois vach ir llall . . . vrth hinni e may
ouer e mach 47.30.   ac vrth na eil e mach kennal e keuechny
. . . am hinni e gelvir en ouervach 48.3.—47.25.   ouer tlesseu
official regalia or instruments of office 12.5.   *read* ofer (?) q.v.

offa pr. n.   claud offa *Offa's dyke.*   O myn yr alltudyon
mynet y urth eu hargluydy kyn noc eu bot yn p*r*yodoryon vynt
a dylyant adau hanner udunt.   ac os or ynys hon yd henynt
ny dylyant trygau yn un lle y tu yma y glaud offa 64.12.

ofer pl. *tools, instruments.*   pop penkert . . . e brenyn byeu
keysyau ofer ydau nyd amken a telyn y hun a crud y arall a
pybeu yr tredyt 128.9.   ofer gof 102.23.

eferen *the mass.*   Try anhebkor brenyny*n* eu effeyryat urth
uendykau y uuyt a kanu eferen 29.2.   ef a dele offrum e brenyn
peunyt ar eferen ac offrum e suydguyr aclan 8.24 (*v.l.* ar yr
eferen. A.L. 18.xi).   bara e. *wafer.*   dyuot yr egluys y cymero
duuyr suyn ay uara eferen 72.10.   o=Lat. offerenda.   Loth
p. 191.

efeyryat *a priest.*   puybenac a guenel kam y uam ecluys
talet .xiiii. punt er hanner yr abat . . . ar llall erug er
efeyryat ar clas . . . puebennac a guenel kam emeun ecluys

arall talet .vɪɪ. punt e neyll han*ner* yr efeyryat ar llad (llall)
yr person 30.16. Nau tauyodyauc . . . efeyryat erug y deu
uanach 30.22. ef. teulu *family priest, the second of the sixteen
principal officials.* y le en e neuat yam etan ar brenyn enessaf
yr keluy urth uendykau yuuyt aḵanu epader . . . ef a dely uod
en guastat ykyd ar brenyn. kanys tredyt anhebchor eu 8.12.—
5.10, 15, 20; 8.7; 11.28; 15.15, 29; 21.11, 18; 28.6; 29.1; 30.22;
52.27; 53.24; 80.10, 12, 14; 131.14, 21; 132.8. pl. effeyryhet,
efeireit 51.11; 53.20; 54.27. cf. Eluc. 119.26. ac y kymerth
vrdeu ac y bu offeirat.

offrum *an offering, a gift.* efeyryat teulu . . . a dele offrum
e brenyn p̃eunyt ar [yr] eferen ac ofrum e suydguyr aclan 8.24.
ef a dele ofrum e brenyn a paup yr odho ef ofrum ydau en e
teyr guyl ar bennyc 8.20.—21.15.

og *a harrow.* [guerth] og .ɪ. 104.19. cf. ocet *gl. raster.* Z².
1062. Tra retto'r og rheded y freuan. Dr.D.Prov. see drayn-
gluyt. cf. Ger. Egge. Mid.H.G. Egede *harrow.*

ol *track, trace.* Pvybynnac y cafer ol lleydyr yn dyuot yu ty
79.29. ar ol *after.* ar ol e kenjauc djuethaf aet hehun 34.24.—
38.19. en ol *after, according to.* a keuody racdau ac eyste en
y hol 13.11. y gyureyth a dyweyt bot yn yaunaw barnu yn ol
y peth [penaf] a bot galanas gur arnau 70.12.—38.17; 48.5 oll;
79.9; 95.3; 96.10; 116.10, 15; 125.19; 22. bit er argluit ene oll
let the lord prosecute him 48.5. ar egluys yn y ol *the church
prosecuting him* 134.10. *so* A.L.II 74.xc; 118.lxxiii. Ll.MS.
116, p. 87.23.

olreat *a hound, a dog that can follow a track.* [guerth]
kanlleuan olreat .vɪɪɪ. 101.24. kynlleuan olreat [*retinaculum
canis sagacis*]. A.L.II 805.lix; 866.lxxxiii. Tri chi bonheddic
y sydd : olrheat; a mylgi; a cholwyn. II 592.iv. cf. olrewys
he tracked. W.B. col. 469.21. gwell cadw nag olrhein. M.A.
127b.

[oluyn] *a wheel.* pl. -eu. [guerth] oluyneu .ɪɪ. *plough-
wheels* 104.13. olwyn yn rhych ych yn y waith. M.A. 359a.v.
v.l. aradr yn rhych ych yngwaith. M.A. 361.xxii.

oll see holl, ol.

ony, oni neg. of o. ony bef. cons. onyd bef. vowels. ac od
ard or bore hyd hecuuyt . . . ac ony dart en erbyn y heuoet
92.13. ac ony chefyr y bragaut pedeyr o gvryw 68.23.—7.9;
8.6; 18.5, 16; 16.24; 72.18; 74.11; 79.29; 111.6, etc. with infix.
pron. 3 sg. and pl. onys. o sarhaa caeth ryd llader y llau

deheu onys pryn y argluyd 78.14. kefreyth a deueyt na dele grejc couuyll guedy blodeuho onys dyheura hy kefnenesafyet 41.4. try pheth ny eyll tayauc yu guerthu hep kanyat y argluyt . . . ac onys pryn y argluyt guerdhet ef 29.19.—18.14; 37.11; 46.24; 50.27; 51.14, 24; 61.28; 76.10; 109.11; 123.8; 134.27. eni 49.28; ene 49.29; 50.18.

onyt see bod.

or see gor.

[ord] *a slędge-hammer.* orth a kamec a kethtraul . . . am pop vn o henne .iiii. 102.1. gwell vn dyrnod a'r ordd na dau a'r morthwyl. Dr.D.Prov. Ir. ord *hammer.*

orduyn *mallet* (?). [guerth] o. *fyrling* 100.28. cf. llynwyn *puddle*<llyn; clogwyn<clog, etc.

orles see wrlys.

os *if it is, if.* see bod.

osid see bod.

osp *a stranger, a visitor.* e brenyn a dele eyste en nessaf yr keluy ac enessaf ydau enteu e keghellaur a guedy henny er hosb 5.6.—3.24; 9.29. Py uoes yssyd y osp a phellenhic y diskynnu yny gaer honn. Ha vnben duw ach notho. ny dodyw neb gwestei eiroet o heni ae uyw ganthaw. W.B. col. 486.16. Glewlwyt gauaeluawr oed yno hagen ar ureint porthawr y aruoll ysp a phellennigyon. W.B. 112, col. 223.19. gnawd osp er nas gwahodder. Dr.D.Prov. M.A. 21a. o.=Lat. hospes. Loth p. 191.

oyis see oes.

p 23.16, etc. abbr. for pressuyl.

pa (*a*) interrog. adj. *what, which.* gouin pa le e may eu porth 52.5. esseu pa achaus e geill ef gouin 54.18. pa beth a dylyir amdanav 70.4. pa dyu *to whom, to which.* O deruyd y dyn roy pedh a deu dyn en deueduyd ymy e roet nac e heb e llall emy geyr eu y eyr pa dyu y rodes 31.4.—31.14; 44.2; 51.1, 4; 53.34; 70.4; 81.6. pa . . . bynac *whatever, whichever.* Pa dyn bynnac a dyholyer o uraut y gyureyth 79.26. pa rev varch pennac vo 48.1.—19.17; 56.29; 61.9; 72.2; 86.20; 94.25; 95.12; 108.6, 7; 118.7; 120.6; 122.5; 126.16. see paham, pahar, paherwyt.

(*b*) interrog. pron. Denyon aghefyeyt . . . ny huypuynt . . . pa deueter urthunt 120.26.

pap *the Pope.* naud duo racod a naut pap ruuein 44.7.

pac see pasc.

padell f. *a pan.* y greyc pyeu e badell ar trebed 33.22. guerth padell medyc .i. 18.11.—37.8; 200.22.

pader *the paternoster.* efeyryat teulu . . . y le en e neuat yam e tan ar brenyn . . . urth uendykau y uuyt a kanu e pader 8.16.—5.11; 53.25.

paham *why.* Sef eu paham e keduyr hyd kalangayaf urth deleu y llat 116.22.

pahar *on what, on which.* O deruyd y adef ar neyll en deueduyt bod e uecnyaeth ar pet maur ar llall ar pedh bechan. kan adeuuyt e macc credaduy eu pahar e roet 30.32.—45.13; 49.27.

paherwyt *why, how.* O deruyd y dyn gyrru brau ar arall ɔc or brau hunnv colly y eneyt or dyn edrycher pa herwyd y gyrruyt y brau 134.14.

paladyr *shaft, spear, lance.* ny tal gwreyc ceynnyauc baladyr canyt oes paladyr ydy namyn y chogeyl 76.11. keynyauc baladyr *spear-penny.* O ney uab gorchau allan yd a c. baladyr ac y sew yd a honno y gymhorth y llowrud a sew mal y kymhellyr honno cy[m]ryt or llowrud gwas yr argluyd y gyt ac ew. a chreyr ganthau ac yny kyuarfo ac ew dyn or seythued dyn allan cymeret lu na henyw or pedeyr kenedyl yd henyv ew onadunt ac onys dyry talhet c. baladyr 76.10.—40.6; 41.15; 63.2. *For the connecting link between* p. *and* Mod. pladur *scythe* see paladurwyr *reapers.* W.B. col. 424.42. see Walde *under* clades, culter.

palaf, palyw *the palm of the hand, a hand-breadth.* try hyt modued en e palaf. try hyt e palaf en e troetued 107.8.—65.3, 8.

palfrey *a palfrey, an extra post-horse.* ammus . . . punt a tal. palfrey .cxx. a tal runcy . . . cxx a tal 88.12. ac yn diannot y doethant dec ar y deu hynny. a gwiscaw eu harueu. a dodi eu cledyfeu ar eu hystlys. a chymryt eu gleiueu. ac adaw y palffreiot a chymryt eu hemys aruawc cadarn. H.MSS. II 95.4. see Walde. reda.

pallu *to fail.* Puybynnac a doto arwayssaw ym pen arall a phallu y arwayssaw ydau 82.16. 3 sg. pres. subj. pallo 50.18; 56.31; 79.15, 17.

pan *when, whenever.* canjs hy ae talus pan vrhaus 40.21. ef a dele kerth ykan e bard teulu pan uenno ef 7.19.—4.5; 7.4, 20; 8.8; 9.10; 10.7, 10; 11.3, 5, 6; 12.9; 14.25; 15.3, 17; 16.4; 20.16, 19; 22.28; 23.31; 24.1, 33; 25.20, 28; 26.27; 27.3, 17, 25; 28.23; 30.5;

37.4; 38.15, 16, 18; 40.10; 47.26; 51.36; 55.16; 56.23; 60.12; 66.19, 20; 67.7, 8; 68.1, 9, 12, 17; 73.16; 74.9; 77.7; 92.4; 124.7; 128.11; 129.1; 130.26; 132.22. pan *whence.* or lle pan hanfo 8.26. or pan *from the time when.* or pan dotho y hebauc emud enyu tenno allan 11.20.—9.26; 12.24; 14.14; 15.18, 20; 17.21; 18.1, 30; 20.1, 18; 22.22; 24.4, 10, 13; 26.19, 26; 28.7, 18; 36.25; 37.5; 70.22; 71.15; 94.17, 20; 112.20; 113.2, 24; 114.15. er pan *since* 81.27. hyt pan *until* 28.19.

panel *a caparison.* [guerth] panel kyghuyl .i. panel lyeyn .i. 103.4, 5.   y gyfrwy oed gristal. ae hoelon oedynt aryant. ar panel oed bali mawrweirthiawc.   ar gwarthauleu oed eur coeth. H.MSS.II 56.33. Car.Mag. 35.13. Panel lliein [*dorsuale linteum*], . . . Panel kenhungil [*dorsuale nexile*].   A.L.II 888.xiv. [Haf] Panelog, pwy un eiliw. D.G. xiv.7. Appendix. p.=Med.Lat. panellum.

panyu (pan+yw) *that it is.* y naud eu med rey hyd ar penguastraut e brenyn ereyll a deuyt panyu hyd tra parhao redec e march kentaf 22.1.—11.17; 42.5; 49.25; 70.5; 73.5; 81.3; 104.7; 113.16; 128.21, 23, 27; 129.1. panyhu 42.7; 104.9. pan niu 54.11.

par 8.26. see parth.

paraut *ready, prepared.* urth uod en paraut y gueneuthur y nechesseu 22.15.—54.6, 7.

parch see parth.

[pared] *wall.* er egnat llys . . . y uarch ef a dele uod erug march e brenyn ar paraet 12.3.

parh see parth.

[parhau] *to last, remain.* canys ny fara amot namen oyis e din a gunel 50.20. 3 sg. pres. ind. para, parha 36.22; 49.7; 59.22. subj. parhao, parraho 13.28; 22.1; 49.7. 3 pl. pret. ind. paraassant 64.22.

parth *part side, direction, region.* ny dely tarau e post e parth e bo e brenyn 25.4. greyc en deuot or parthun yr lluen ar gur or parch arall 39.10. peduuar o par[t]h e tat a deu o par[t]h e uam 49.22.—5.18; 39.10; 44.18, 19; 59.14.   parth ac *towards, to.* parth ac adref 123.1. popet a pertheno par[t]h ar llys 8.26; 69.21. deuparth *two-thirds.* ac os gwreygyauc uyd y gur roer trayan y sarhaet ydy ar deuparth yr brodyr ar ceuyndyru 77.9.—17.1; 79.2; 105.8.

pasc *Easter.* O deruit y din rodi mach ar deleet a diguitau er oet en vn or teirguil ar pennic e pasc ar sulgvin ar nodolic

48.31. efeyryat e urenynes . . . a dely dyllat e urenynes er hun y penytyo endau erby*n* e pasc 21.17.—48.33. p. beccan *Little Easter, Low Sunday.* 48.34. cf. Ir. Min-chasc.

patryc *St. Patrick.* guyl p. *March 17th.* 92.21.

paup (indef. pron.) *everyone.* ef a dele ofrum e brenyn a paup y rodho ef ofrum ydau 8.19. kaduet paup y ogaur 114.2.—16.26; 18.26; 21.15; 53.40; 54.2; 55.6; 60.4, 7; 67.7; 108.23; 109.15, 22; 112.8; 115.5; 134.20. see pob.

paul *a pole, stake.* am pop paul a guyalen a keledren .1. 99.9. pl. polyon 99.10. p.=Lat. pālus. Loth p. 193.

paur *pasture.* guell[t] paur *pasture grass.* puybennac a uenel kay egkylch y eyd dalyet ar e guellt a uo endau ual ar er yd kany deleyr guell paur ena 117.5. Y bore Mai ar bawr maes. D.G. lxx.3.

peccan see bychan.

pech see peth.

pechaut *fault, offence.* kyureyth hywel . . . a uarn na dotet p. nay achyureyth yn erbyn y mab am trew y tat 62.26.

pedeyr f. *four.*

pedeyrardec *fourteen.* 37.12, 13; 71.6, 26, etc.

pedeyrardec ar ugeynt *thirty-four.* 3.17; 6.1; 49.28; 65.22; 66.23, 24, etc.

pedeyrthet *four teats.* see teth.

pedhol f. *a horseshoe.* e naud eu or pan decreuho e gof llys gueneutur .1111. pedhol ac eu tho hoylyon ac ydau enteu eu dody ad[a]n uarch e brenyn 24.5.—6.22; 10.3; 90.1.

pedholy *to shoe (a horse).* ef a dely pedholy march e brenyn 24.1.

peduuar, petwar m. *four.* petwargwyr 79.8, etc.

peduaret f. *fourth.* 5.3; 66.6; 71.1; 75.29; 107.19, etc. m. peduaredyt ar dec 87.22; 112.18.

pedwartroydyauc *four-footed.* pop anyueyl p. 82.20.

petwarugeyn *eighty, eighty pence.* 71.13, 14; 78.7, etc.

petwarygur *fourth man.* 61. 4, 5; 64.2, 4.

petweryd m. *fourth.* 10.24; 22.7; 23.21; 24.33; 42.25; 66.16; 74.27; 78.17; 85.16. pdgueredyt ar dec *fourteenth day* 90.5. ar eu petweryd 66.16.

pehec see peth.

Q

pell *far, distant.* ar neyll en mennu eredyc empell ar llall en acos 110.5. comparat. pellach. nyt a galanas bellach hynny 76.3. nyt a ryw (rhif) bellach dec 65.20.—80.24. superl. pellaw. hid ed eluuint pellaw 51.17.

[pellen] *a ball of thread or yarn ready for knitting.* pl. -eu. guedhesseu a kemerhoent gueeu neu p. ereyll atunt 86.22.—33.25.

pen m. *head, top, joint, end, chief, mouth.* dernaut em pen hyt er emenyt 7.22. pen guayu 27.28. hyd em pen e bluydyn 8.5. ef essyt pen ar er holl suydguyr 9.9. y naud eu or pan dechreuho ef gueneuthur keruyn uet eny ruymo y huyl am y pen 17.22. uch pen *above, over.* huc pen bet e tat 47.4. *opposite* 131.9 (see uch). en e pen ehun [ed a] pabeth a oruo arnau ay bichan ay llawer *he himself is to decide* 50.32. O deruit y personeu ir egluys deweduyt gallu onadunt huy rodi naud en erbin un o tri peht bit epen e gur aroes udunt huy e nodav en deturit pa delo e roes ef . . . e nodau. *let the one who gave them the power of sanctuary decide* 51.4. dodi em pen *to submit to.* ac ena e mae jaun ir haulur dodi em pen er eneyt panniu effo adedeuis en kentaf testion a kitueit a deleu ohonau enteu muenhau en kentaf 54.10, see dody; 52.33, 38; 81.25.—5.12, 14; 13.16; 15.15; 18.6; 30.24; 33.3; 34.21, 23; 36.16, 20, 23, 24, 28; 37.7, 9, 12; 38.16, 17, 18; 41.7; 48.12; 51.19; 59.16; 61.1; 70.20, 29; 72.5, 15; 80.25; 87.22; 92.4; 105.18, 24; 106.14, 15; 108.17, 23; 110.23; 111.9; 112.18; 131.19; 132.4. pl. -eu 20.14. superl. adj. penaf *chief* 24.18.

penart pr. n. maeldaf henaf pendeuic penart 42.6.

penkenedlaeth *headship of the* "cenedl." 66.22. see next.

penkenedyl *the head of the* "kenedl." ny dyly na maer na chychellaur bot yn b. namyn o uchelwyr eu gwlat. ny dylyir penkenedlaeth o uamvys. p. a dyly pedeyrarugeint gan pob gvr a uynho cares ydau . . . ac a dyly pedeyrarugeyn ygan pob mab a gymero y kenedyl ac a dyly ymyrru ygyt ay gar ym pob reyt a del arnav 66.21.—38.23; 73.26, 28; 74.14, 19; 78.1; 127.24.

penkerd *chief minstrel, minstrel, the tenth of the ten officers attached by custom and habit to the court.* e penkerd . . . a dely decreu o dyu ar eyl or brenyn byeufo e llys neu o arall ny dely erchy namyn penkerd . . . ef a dely ykan pop kerdaur guedy ed emadauh ay dysc .xxiiii. 28.10. Pop penkert or a estenho argluyd penke[r]dyaed ydau e brenyn byeu keysyau ofer ydau nyd amken a telyn y hun a crud y arall a pybeu yr tredyt 128.7.—23.24; 28.10; 99.22; 128.3, 12. Sef vyd pennkerd bard gwedy ennillo cadeir. A.L.I 388.viii; 678.viii. Ll.MS. 69, p. 32.9. L.W. 68 §2, etc.

[**penkerddyaeth**] *office of* "penkerdd." ebedyu pop penkert or a esteno argluyd penkedyaed ydau 128.8.—128.4.

penkynyt *chief huntsman and tenth of the twenty-four principal officers.* e penkynyt a dely dangos e kun ar kyrn ar kenlleuaneu yr brenyn ac guedy as dangosso menet y kemryt kylc ar uyleyneyt e brenyn 17.5.—5.20; 15.26; 17.2-13.

penchuc see pengwch.

pendeuic *chieftain, prince.* Maeldaf henaf p. penart 42.5.

pendhu *black-headed* (?). rey a deueyt panyu maeldaf henaf . . . ai barnus y guir aruon yoruert . . . ay kadarnha panyhu ydno hen y guir epist pendhu 42.£

penffest *plough-head* (?) A.O. [guerth] penfest aredar .i. 104. 12. guerth aradyr neu penffest iv keynyauc. A.L.I 308.g. cf. Penffestr glanwaith, mydriaith mad, Addail cur a ddeil cariad. D.G. (Arddwriaeth y Bardd.) cc.21. cf. penwast *halter.* Dimet.

penffestyn *helmet, a hood of mail.* [guerth] p. damdug 102.15.,Ac ar hynny owein a drewis dyrnawt ar y marchawc trwy y helym ar penffestin ar penguch pwrgwin. W.B. col. 236.22. A chymryt heingyst a oruc herwyd baryfle y benfestin. R.B.II 162.14. a gossot ar vwyel arnaw ynteu ar warthaf y helym. yny holltes yr helym ar penffestin. R.B.II 55.19. penffestin eureit yskythredic ac arwyd dreic a adasswyt oe benn. R.B.II 189.28. =*auream galeam.* Schultz, p. 125. a phei na ry bylei y cledyf ar vodrwyeu y benffestin. R.B.II 198.ii=cassidis mucronem. Schultz, p. 130. penphestin *vvssur, saylet.* P.MS. 169.309.

penguastraut *chief groom, the sixth of the principal officers of the king and the third of the queen's.* 5.19; 9.30; 11.2; 12.7; 13.3, 25; 21.23, 27, 28; 22.4; 23.30; 24.2.

pengwch *a head-band, coif.* greyc tayauc ne eill rody djm namyn benfeckyau y goger . . . a rody y phenchuc 38.15=*Vxor uillani nil potest dare . . . nisi mitram.* A.L.II 794.xvi.—104.1. Am y ben y dodet penguch bwrkwm a ffaylet. ac ar warthaf hynny helym eureit H.MSS. 127.2. A gweuyl mab gwastat y dyd y bei drist y gellyngei y lleill weuyl idaw ywaeret hyt y uogel ar llall a uydei yn bennguch ar y benn. W.B. col. 468.3.

see H.MSS.I 269.27. W.B. col. 236.22. Corn. penguch *a head covering, an upper garment*. Lex.Corn.

penhebogyt *chief falconer*. gur ar teylu . . . eu e trededyn a deley trajanu ar brenyn e deu ereyll eu e urenynes ar p. 7.15.—3.24; 5.8; 9.29; 10.5; 12.19; 13.9, 12.

penhebokeyaet *office of chief falconer*. Gober kereishiaul e brenin . . . o tir e bo suyd ohonau mal p. neu disteinniat 56.17.

penhecen *the paunch, belly* (?). O deuant kyn defnetyau y kyc rodher chuarthaur yr nep pyeufo e tyr e cuartaur dylur y pop perchen penhecen ar chuartaur rac y pop perchen kella 95.22. Nid llawnach yr enaid er llenwi y benygen. M.A. 760a.19. Newydd bennyg yn henfon *the thick and fatty part of a beeve, a fat tripe*. Walters. Dr.D.Prov. gelyn cod wen a phenig. P.MS. 72, p. 286. " pennyg *entrails*=Lat. pantices *bowels, paunch*." Z.f.c.P. vii.471.

penlluydec *grayling-net*. [guerth] p. .viii. 102.8. penlluydech [*rete pro salmonibus griseis*]. A.L.II 805.lxiv.

penllyeyn *a wimple, head-cloth*. greyc mab ihuckellur a ejll rody y mantell ay cris a eskjdyeu ae penlliejn 38.12. [guerth] p. .viii. 104.25. ar llinat hwnnw a uynnaf i y gaffel y heu yn y tir newyd draw. hyt pan uo ef a uo penlliein gwynn am penn uym merch i ar dy neithawr di. R.B.I 121.23. *" The women . . . cover their heads with a large white veil, folded together in the form of a crown."* Gerald.Descr. Cap. xi.

pennaeth *chief*. O deruyt roy camaraes y alldut a bo[t] plant meybyon vthunt. e plant a dele trestat o uammuys. eythir na deleant ran or tetyn breynyaul hyd e tredet din eythyr mab alldut o pennaet. hunn a dele ran o cubel. 39.18.

penryn *headland*. dywynwal . . . a uesurus yr ynys hon o benryn blathaon ym prydeyn hyt y penryn penwaed y kernyu 64.27.

pensuydauc *chief officer*. amoƀer [merch] pop p. heruuyt rey punt . . . amobor suydyochyon ereyll heruuyt rey .cxx. 38.25.

pentan *a hearth-stone, hearth-stool* (?), *trivet* (?). try anhepkor tayauc y kauen ay truydeu ay pentan 29.7. am e pentan .iiii. [keynyauc] 99.8. *v.l.* talbren. Ll.MS. 69, p. 61.5. P.MS. 36a, p. 124.18. penthan [*focarius*]. A.L.II 775.xxxvi, etc. cf. pentan [*tripod*]. II 865.lxvii. tudhedyn pentan *a garment of homespun* 104.18. Or tereu dyn ryd caeth talet deudec keinawc [idaw] chwech dros teir kyuelin o urethyn gwyn tal pentan wrth lad eithin idaw yn defnyd peis. A.L.I 696.xxxi.

P.MS. 36c, p. 75. cf. gwyl bentan. M.A. 186a.44. A.L.II
744.ix. chwedleu pentan. M.A. 825a.18. see also A.L.II
873.xxxi; 877.l.1.

penteulu *chief of the household*. penteulu a dele bod en uab
yr brenyn neu eney neu en keuuc gur a e kaller pe*n*teulu
ohonau. ny dele mab uchelur uod en pe*n*teulu . . . urth he*n*ny
e duc guyr guynet e pe*n*teulu o ryf .iiii. suydauc arugeyn
yadan e dysteyn 5.21. Ny deleant e teylu rody eu dyllat onyt
kan kanyat e p. ef a dely uod em pop lle en eu blayn ac na
guenelynt dym namyn kany kaghor ef 7.8.—5.15, 19, 24; 6.1, 17;
8.8; 9.7, 23; 14.23; 15.5, 6, 32; 18.1, 5; 19.3; 26.14; 56.20; 77.27;
127.10. penteul 9.23. p. [*paterfamilias*]. A.L.II 897, 898.

penwaed pr. noun. see penryn.

penyt *penance*. llad o fyrnygruyd llv chwechanvr oy wadu
canys deudyblyc yu y alanas ay benyt 77.6. Penyd sef yw
hwnnw poeni o dyn o arch y periglawr. P.MS. 15, p. 35. p.=
Lat. poenitet. Loth p. 194.

[penydyau] *to do penance*. 3 sg. pres. subj. er efeyryat . . .
a dely dyllat e urenynes er hun y penytyo endau erby*n* e pasc
21.16.

penyll *paddock*. Ammus e try temmor ny kyll nay guer[th]
nay vreynt yr pory allan o haner ebryll hyd hanner mey a mys
heduuref ar y hyd ac odena kenybo amyn teyr nos a trydyeu
em penyll punt a tal 88.11. *v.l.* pyll. Ll.MS. 174, p. 113.22.
A.L.I 262.iv. aduwyn march penhill ebrill ebrwyt. M.A.
232b.37. meirch penyll. A.L.II 264.6. Gorwytawd pen keirw
pennhilluaeth an ryt. M.A. 162a.33. cf. gwell car cell, na char
pennill. Dr.D.Prov.

pereguyn *crest* (A.O.). [guerth] p. damdung 102.26. ac ar
hynny owein a drewis dyrnawt ar y marchawc trwy y helm ar
penffestin ar penngwch pwrgwin. R.B.I 172.12. Ll.MS. 174,
p. 134.6 *has* pyrchuyn. see penguch.

perchen m. *owner*. pop perchen hyd 112.5—18.24; 47.28;
48.20; 69.4; 96.22, 23; 112.6.

perchenauc *owner*. perchenauc e tyr 96.24.—30.11; 43.4;
47.30, 32; 48.14; 51.6; 60.13; 79.9, 13; 80.19; 81.18; 85.13; 89.4,
14, 19; 96.24; 97.20; 108.8, 16; 113.8; 115.3, 7; 119.5, 23, 26;
124.9; 131.17; 132.25; 135.6. pl. perchenocyon 31.13; 98.20.

perchennogaeth *ownership, possession*. ac nat aeth yganthau
er pan anet ar y b. hyt y dyd hunnv 81.27.

perued (*a*) *middle, central.* Or meybyon dueran ir tat ac vn yr vam. er henaf ar yeuhaf yr tat ar perued yr vam 33.10. tarader perued *middle-sized auger* 100.5.— 7.26; 59.14; 65.11; 105.7.

(*b*) *middle, centre.* Ar haulur enessav ydau en e perued ar kanllau ar e llau arall ydau 52.17.—52.19; 91.9; 131.17. p.= Lat. permedius. Loth p. 194.

pergyn *small cauldron* (?), *settle* (A.O.). e gur pyeu e kallaur . . . ar tarader ar pergyn ar cremaneu oll 33.21. *v.l.* llawgallawr. L.W. 74, note.

perllan *an orchard.* try thlus kenedyl y gelwyr melyn a choret a perllan 63.12.—114.4.

person *parish priest.* puybennac a guenel kam y uam ecluys talet .xiiii. punt er hanner yr abat . . . ar llall erug er efeyryat ar clas . . . puybennac a guenel kam emeum ecluys arall talet .vii. punt e neyll hanner yr efeyryat ar llad (llall) yr person 30.19. pl. -eu. O deruid y personeu ir egluys deweduyt gallu onadunt huy rodi naud 51.3. cf. Eluc. 117.5. kwyn y personnyeit yn dywedut. pwy an kanhorthwya ni. p.=Lat. persona. (=*curio, parochus.* M.D.)

persony *to present to a living.* Ny del[e] escob persony nep ar sapeleu e brenyn heb y kaynat 9.2.

perth *hedge.* beychyogy o luyn a perth *to beget out of wedlock* 130.22. plentyn trw'r berth *or* trw'r llwyn=*bastard.* Card. priodu drwyr berth. Hanes Llan. 147. see llwyn.

[perthynu] (ar *or* at) *to pertain or belong to.* 3 sg. pres. ind. perthyn. or huyth a perthyn ar er estauell 10.20.—20.25, 26; 21.13; 23.18; 28.28; 65.25; 101.18. 3 sg. pres. subj. pertheno. popet a pertheno parth ar llys 8.26. paub a p. atey 21.15.— 12.18; 15.13; 60.14; 68.3, 11. perthynv. Rep.MSS.I 782 §205.

perthenas *what pertains to.* kennyn a pop peth a uo perthenas y arth ac ef 114.8.

pery *to cause, order.* e mayr bysgueyl . . . byeu p. er ar a holl reydyeu e llys 24.20. ef a dely arluyau e llys yam pery guellta a pery keneu e tan 26.12. p.=Lat. pario. Loth.

peryglaur *confessional priest, mass priest.* e penguastraut . . . a dely .iiii. k. a pop march a rodho e brenyn eythyr y trydyn sef eu e rey henny er escob ar penhebogyt ar croessan sef achaus nas dely ykan er escob urth y uod en peryglaur yr brenyn 13.11. o ben y seyth blyned allan ew ehun a dyly

tyghu dros y weythre[t] ay dat byeu talu canys yna yd a adan
lau y beryglaur ac y cymer gwedeu arnau 70.21. os o uaru a
beu edescarant ranet e claf ay peryglauer ekit ac ef 34.15.—
49.36 periglaut. cf. ac vrth yr ysgin o bali fflamgoch yr oed
pan or ermin manurith yn arwydockav y perigloryon. Eluc.
96.23. Sef yw hwnnw. poeni o dyn o arch y periglawr trwy
gwbyl ediueirwch. Eluc. 145.16. Rac yn periglaw heb
periglawr. M.A. 216a.11. see A.L.II 384.xvii; 610.xxxi;
666.iii. A.B.II 117.20. Eluc. 143.1. Periglawr=*The priest
who reads the "Oratorio periculosa" at Mass.* Stokes. Bezz.
Beitr. ix, p. 91.

perygyl m. *dangerous bodily injury.* dernaut em pen hyd er
emenyt. a dernaut egkorf hyd er emyscar a tory un or peduuar
post. am pob un or try perygyl henny e dele e medyc .ix.xx.
18.8.—18.5. see arperykyl.

pedrus (a) *doubtful, obscure.* Try anhebkor brenyn . . .
egnat llys urth dehosparth pop ped pedrus, etc. 29.3.

(b) *doubt.* Rey y syd ar pedrus am ueychyogy gwreyc o
llygryr pa beth a dylyir am danav 70.4. Amrysson ath gyffelyp.
pedrus yv it. Rep.MSS.I 312.32.

peth, pedh, ped, pesh, peht m. *a thing, object, circumstance,
reason.* ar neyll en deueduyt bod e uecnyaeth ar pet maur ar
llall ar pedh bechan 30.31. nac o llat e saraer nac o peth arall
41.2. pop ped pedrus 29.3. claf ae o bryu ae o phet arall
108.16. sef eu treys popeth a decker eguyt o anuod 85.1. pa
beth, beth *what* 35.23; 36.4 pech; 38.3 pehec; 70.4, 11; 120.25.
peth 114.20=pleit. P.MS. 35, f. 78a.19. Ll.MS. 174, p. 143.26.
pl. -eu 27.29; 28.30; 34.7; 63.10; 67.18; 68.5; 109.2. Ir. cuit
bit, portion.

peunoeth *every night, nightly, always.* e kenutey a dely
march e kenut a kymryd ebran ydau beunoeth or llys 27.6.
yo uoyt peunoet yr medyc 106.7. see W.Ph. 153.

peunyt *every day, always.* ef a dele offrum e brenyn peunyt
8.24.

pey *if.* bey darfey y ur llad gur arall 73.3. cany bu ymlad
yno pey ymlad a uey yno dyruy yr argluyd a uydey 75.16.
see bod, bey.

peydyau, p. ac *to cease.* Puybynnac a urthoto yaun o achaus
tebygu y uot yn argluyd ar haul a dyly holy pan uynno gater

ydau peydyau ac o pheyt un dyd a bluydyn byt y haul yn haul dra bluydyn 133.1. peydyau ac emduen 41.8. 3 sg. pres. ind. peyt 133.1. imper. pass. peytyer 76.11.

peyllyeyt *fine wheaten flour.* A chwethorth o uara goreu a tyuo ar y tyr o byd gwenythdyr chwech yn beyllyeyt ony byd gwenythdyr chwech yn rynnyon 69.20. *sex de illis debent esse peillieit [similaginei].* A.L. 828.xiv, etc. mi a rodwn y march am holl arueu yr hanner un dorth o vara gwenith peilleit. H.MSS.II 139.30. Pill o liw gorwyn peilliaid (y gaseg eira). D.G. vii.33, Appendix. eiry peill-liw. D.G. xv.31. see paill. Med.M. pp. 103, 106. peill-=Lat. polio *or* poli-re. Loth p. 194.

peyr *a cauldron.* [guerth] e peyr .cxx. 99.16. Mi a rodaf it peir. a chynnedyf y p. yw. y gwr a lader hediw it. y vwrw yny peir. R.B.I 31.10. W.B. col. 56. *Precium lebetis regis est, id est,* peir, *libra.* A.L.II 822.x. p.=Ir. coire *a cauldron, a large pot or boiler.*

peys f. *coat, tunic, blouse, jacket.* Sarhaet caeth deudec ceynnyauc. chwech yr peys a teyr yr llaudyr 78.11.—25.8; 37.8. y llew arall ae achubawd yn llitiawc wenwynic. ac a rwygawd lluric bown. hyt nat oed well hi no hen beis lom doll dreuledic. H.MSS.II 148.16. ac ar vchaf y beis glaerwenn honno . . . ydoed ysgin o bali. Eluc. 95.20. baryf . . . y wneuthur peissyeu rawn yr meudwyeit. H.MSS.I 254.29. p.=Lat. pexa. Loth p. 192.

pethendo *roof of wooden quarrels.* try tan ny dyukyr tan godeyt maurth a tan geueyl trefcort a uo .vii. huryt eregthy ar tey a hytheu en pethendo neu en tyglys 86.13. Peithyneu e neuad a debygei eu bot en eur oll. W.B. col. 90b.39=toat y neuad a tebygei y vot yn eur oll. R.B.I 84.1. p.=*small diamond quarrels* (?). o myn garwriaeth or mav a ffwyth honn ai ffeithynav (*Descr. of* Pais haiarn.). P.MS. 64, p. 156. p.= *plates of armour* (?). moes d own arthur a than d own beithynav dvr. P.MS. 63, p. 16. cf. Tyrfai rac llafnau pennau peithwyt. M.A. 141a.45. Hyrddaw tre bergaw bargawd peithynben. M.A. 345a.52. *but* H.MSS.I 333.7. (Eluc. 169.28.) Pyst y neuadd ae hystyffyleu ae phethyneu a hennynt o ryw brenn a elwir cethim. Toat y neuadd a henyw o ryw lysseu a elwir hebenus. sef achaws yw hynny hyt na aller o neb modd yn y byd y llosci=*Laquearia vero et tigna et epistylia sunt de lignis, etc.* Eluc. 241.8. crombeithinen *gutter tile.* E.Lh. cf. Ir. slind=pecten=imbrex *a flat stone or tile.* W.W. peithyn=Lat. pectinem. Loth p. 194.

peythyneu pl. *reeds of a loom.* [guerth] e p. ar cloryon .VIII. 102.16.

pheheu see peth.

plant *children.* O deruyt roy camaraes y alldut a bo[t] plant meybyon vthunt 39.16.—40.3; 71.27; 75.23, 28; 77.17; 82.26; 124.25; 129.13, 15. p.=Lat. planta=Ir. cland. Altir. §909.

[planu] *to plant.* pres. subj. pass. planer. pop pren a p. en guasgautguyd 98.6.

plas m. *place, enclosure.* Nyt reyt creyryeu yn dadleu a wnelher ymeun mynwent canyv plas y creyryeu 134.22. Sef yw meint y plas, erw gyfreyth a hynny yn gwmpas. A.L.II 360.1. Ll.MS. 116, p. 43.12. gwaetlidiaw tir y brenhin o vywn y plas yr orssed. A.L.II 362.vi; 472.xvi. Ac ef a beris y gymeint ohedwch yny deyrnas a pheri crogi modrwyeu ar hyt yr heolyd ar plassoed. ac nyt oed neb a lauassei eu kymryt. R.B.II 386.16. see D.G. cclxv.78. *Ibid.* vi.8. (appendix). plas y ur6ydyr. Car.Mag. 13.14.

pleyt, pleit f. *side, party.* O deruyd y dyn or duy bleyt e bu e kefreyt eregthut guadu y uraut 30.26. Ac ena y may yaun guneythur du pleit ac eiste en keureithiaul 52.11. Os ew a deruyd roy mach ar a uarno y gyureyth ac eyste yny pleyt 130.7.—45.9; 52.31; 53.9, 27, 41; 55.4, 5, 18, 21; 131.15, 17, 18; 132.4; 134.18. Tri attavodogyon llys : plaid, tyst, a gwaedd gwlad. M.A. 931 §144. nid plaid heb gefndyr. P.MS. 54, p. 356. yny vyd y pleit hayarn yn wenn. R.B.I 33.3.

plyth, em plyth *among.* O kyll dyn anyueyl ay kafael em plyth anyueylyeyt e brenyn ef a dely .IIII. k. 29.10.—29.13 plyt.

pob, pop *every.* pop keycg or man guyt 98.19. e penteulu a dely uod em pob lle en eu blayn 7.10. popet (pob peth) *everything* 8.26; 34.12. pop rey *all, everyone.* val hyn e deleyr dale escrybyl ar hyd . . . ac o dodyr ykyd ruymher pop rey onadunt 117.14. pop un *everyone, each* 9.10. pob tu *on both sides.* ay dey hyneyw un o pob tu ydau 131.12.—4.10; 55.17, 19; 69.3, etc. see paub.

poburyes, pophuryes *a bakeress.* e p. . . . a dely . . . teyssen dyuet popy o pop amryu ulaut a popo 27.16.—23.23; 28.26.

poby *to bake, toast.* claur poby *a board for baking* 101.12.— 27.18, 20. 3 sg. pres. subj. popo. e porthaur . . . a dely kadyt e kaus a popo 26.11.—27.18. pilio yr wy cyn ei bobi. M.A. 858a.1.

pont *a bridge.* p. un pren *a one-tree bridge.* O deruit y vach a kanogon kauaruot ar pont vn pren 48.38. Ac ygyt ac y gwybu yr idewon y gwyrtheu hyn : kymersant y pren bendigeit maes or llyn. ac y dodyssant yn pont vn pren ar dyfwr. P.MS. 32, p. 249.20.

porchell m. *a young pig up to three months.* Gwert p. . . . hyd tra uo en denu .11. k. esef eu heny *try* mys ac ohenne eny el e moch yr koet banu vyt 92.25. pl. perkyll 93.4, 6; 113.2.

1. **porth** m. *gate, entrance.* er egnat llys . . . a dely ycan e porthaur agory e porth maur ydau en deuot yr llys. ac emenet y meun ac alla*n*. ac nas ellecho uyth yr guychet 12.10. Pemet [suydauc] eu e porthaur ef a dely y tyr en ryt ay ty o ueun e porth 25.26.—19.5, 9, 13; 25.29, 30, 31; 26.1, 4, 6, 14, 28. see Loth p. 197.

2. **porth** *help, aid, succour.* Ac ena e may [yaun] er eneyt ev guarandau a gouin pa le e may eu porth. O deueduuant pot eu porth en eu kemmut eu hun. Roy oyt trideu udunt 52.5. rody oet urth porth *to grant a respite to get aid.* Ni deleir rody oet vrth porth am haul vach a kenogon kanes diannot e dele bot 49.4. porth orduy *aid to violence or murder.* Nau afeyth galanas. . . . Seythuet yu bot yn porth orduy 75.1.—49.12, 16; 52.4, 7, 10, 25; 59.1. see Loth p. 197.

porthaur *porter, gate-keeper and the fifth of the minor officials.* ef a dely or anreyth o uoc a del truy e porth hucc a hallo ef erbyn y gurych y derchauel ay un llau eny uo keuuc y traet a tal y deulyn 26.4.—12.10; 19.7, 12; 22.31; 23.22; 25.26; 68.7, 9. see porth 1.

porthy *to support, maintain, feed.* ny dyly meybyon eyllyon y brenyn y porthy na porthy y teulu 67.10. ef a dely calo*n*neu er anyueylyeyt . . . y porthy y hebogeu 11.7. vynt a dylyant talu tvng eu tyr yn llau y maer bysweyl. ac a dylyant y borthy duyweyth yny wlvydyn 68.14.—66.2; 67.9, 15.

pory *to graze.* Ammus e *try* temmor ny kyll nay guer[th] nay vreynt yr pory allan 88.9.—118.8. see paur.

post m. *pillar, post, limb.* e ryghyll . . . a dely seuyll erug e de post a guyalen en y llau rac llosky e ty . . . ny dely tarau e post e parth e bo e brenyn 25.1. try arperykyl dyn dernaut em pen . . . a tory un or peduar post 106.1.—15.15; 17.34; 25.4. pl. pist. guir e pist pendhu (?) 42.8.

pot 50.25. *read* bo. see also bod.

powys n.l. *Powys, one of the three kingdoms in Wales.*
canhuynaul p. ny dyly mamuys y guynet nac o vyned y p. ac y
uelly yn deheubarth 62.14.—73.29; 74.22.

pren m. *a tree, wood.* pop pren a argueto fruyt 97.23.
puebennac a vryuho tey en agheuretyaul talet .iiii. k. am pop
pren bras 99.7.—13.21; 98.5, 6. p. (in genit.) *wooden.* rau bren
101.1. keruyn unpren *a vat made of one piece of wood* 100.13.
pont unpren *a one-tree bridge* 48.38. (see Rep.MSS.I 365.19.
cf. Ger. Delbrück *plank-bridge.*)—48.38; 100.7, 23; 101.1, 12;
104.1.

prenyal *a trough* (?). p. guedes 102.15 *a warping trough*
(Pughe). *weaver's loom* (A.O.). cf. p. = *coffin, grave.*
Prennyal dywal gal ysgwn : . . . Bed gwen uab llywarch hen
yw hwnn. A.B. 264.4. dymgwallaw gwledic dal. oe brid
brennyal. B.A. 18.11. prenial=yssgrin. P.MS. 51.122. Rep.
MSS.I 400 see. M.A. 141b.12; 159b.52; 188a.31.

pressuyl *a stay, continuance.* in genit. *always in attendance.*
e guylur . . . a dely y tyr en ryd ay uuyt bres[uyl] 26.18. e
dysteyn . . . a dely y tyr en ryd ay uarch bresguyl 9.3.—13.5;
17.18; 18.21; 23.10; 24.9; 27.3, 25. en bressuyl *in attendance.*
e guastauel . . . a dely y tyr en ryt ay uarch en bressuyl 14.6.—
14.22; 15.10, 27; 17.32; 19.2, 25; 22.18, 26; 23.2. cf. Ni bydd
presuyl pasc. M.A. 852a.21. Mi a gigleu doethon yn dywedut
na dichawn dyn ymoglyt y drwc yn wastat. . . . Nat mynych
ydianc yn yach yn bresswyl. H.MSS.II 69.28. cf. presswylder
habitation. R.B.II 253.27. yn b. *always.* M.A. 28a.10.

probuyllyeu *stilts of a plough* (?). [guerth] p. ar racarnaut
.i. 104.14.

prouy, provy *to prove, test, try.* O keyll e dyn hunnu prouy
uod en kam y uraut a uarnus er enat kollet er enat y tauaut
12.27. Ac guedi heni e may yr eneit proui e kedueueit y edric
a duc pop rey onadunt huy bot en priodaur e bleit 55.17.—40.8,
16, 18; 133.24. pres. ind. pass. prouyr 40.8. 3 sg. pres. subj.
prouo 12.21. verb. adj. prouaduy *proved, tried.* guarthec p.
cows that have calved before. e teyru o hanner haf hyd aust.
Ny deleyr eu dale . . . kanys en er amser hunnu e byt teruen[yt]
e guarthec prouaduy 116.6. a phrofadwy yw ry golli ohonafi
vynggolwc . . . am na elleis edrych ar seint greal. H.MSS.I
83.10. yr awr honn y mae profadwy dy vot ti yn oreu
marchawc. I 312.6. a thitheu am gwrthodeisti vegys bilein
profadwy. II 129.32. cf. y ferch a ddel i'w phrofi hwyr y daw
i'w phriodi. Dr.D.Prov.

pryaut *one's own.* essef achaus e geluuyr en try pryurey vrth e uod en try pryaut greic ac na ellir e duen o neb achaus ykenthy 37.31. gwreyc bryaut *a married woman.* y gyureyth a [dyweyt] eylweyth na dyly un mab trew tat namyn y mab hynaw yr tat or wreyc bryaut 62.24.—39.22. see H.MSS.II 173.1. p.=Lat. privatus. Loth p. 199.

pryd, pryt m. *time, day.* or pryt buykylyt *from one hour till the corresponding hour next day* 112.21, 23; 116.1, 2. cf. Dirwest Duw bu deugain pryd. M.A. 242b.4. Ar tradoeth gyfod y pryd trydydd. M.A. 353a.6.

prydau *to lease, demise.* ny dyly nep gwneythur [*v.l.* gwerthu] tyr nay brydau hep gannyat argluyt namyn lloget pob bluydyn os myn 63.25.—63.27. cf. Tri ryw prid yssyd ar dir. vn yw gobyr gwar[ch]adw. Eil yw yr hyn a roder er chwanackau tir neu vreint. Trydyd yw llafyr kyfreithawl a wneler ar dir y bo gwell y tir ohonaw. Ll.MS. 116, p. 31.2. [de] prit [*pretio terre*]. A.L.II 884.xiv. os y dir a roir ar sal yn y llys y pridwr a ddly i gael o flaen arall. P.MS. 86, p. 155.

prydeyn *Scotland.* ew a uesurus yr ynys hon o benryn blathaon ym prydeyn hyt y penryn penwaed ykernyu. sew yu hynny nau can mylltyr a hynny yu hyt yr ynys hon 64.26. see prydyn.

pryduerth *free* Ac ykyd ac ef. e rey a uenno or teylu ar lleyll en y kylc y lety ef ene bo preduerth ydau ef y gueneuthur y reyt 6.9. O deruyd y dyn ygwlat arall ay o achaus dyhol ay o alanas ay o agheneu ereyl mal na alho cafael y wlat yn bryduerth na dyfryt y priodolder ew. 61.8. cf. a breid vu o chauas y brenhin hun brytuerth y nos honno. yn achubeit vynych vedylyeu am ymadrodyon y kennadeu. H.MSS.II 77.21. ac amhryduerth oet y ereint ymwan ac ef rac y uychanet ac anhawset craffu arnaw a chalettet y dyrnodeu a rodei ynteu. W.B. col. 434.31. kymryt alltudes hediw yn wreic ytt ny wdost o pa le pan henyw. a gwrthot vy merch ineu. Ednebyd nat pryduerth itt hynny. tra vo nerth yny vreich deheu hon. R.B.II 61.9. Prydaf yn ddyfnaf ytt ddeifnyawc powys/ Pryduerth dy gynnwys gennhyf nerthawc. M.A. 238a.16. Dioddefodd yn brydferth dros filoedd farwolaeth. Ll.MS. 209, p. 359. Am ei Bridwerth ni pherthyn ymliw a duw fal a dyn. Flor.Poet. 38. O Wysc yr ddisserth os kaiff yn brydverth/bob rrandir ar werth nid an oi wrthaw. P.MS. 67, p. 175. see also M.A. 206a.28; 213b.32; 225b.17; 238a.16. prytuerthrvydd *opp. to* caledi. Med.M. 30.3. berth *fair, fine, rich, open* (?) (see

M.A. 59a.16; 136b; 147a.21; 152b.1, 58; 178a.32-36; 215a.23; 216a.1; 217b.49; 286a.8; 296b.11; 299b.32; 308b.)*appears to be formed from* aberth *'riches,' 'wealth,' etc.* borr.<Lat. apertus. *The meaning of* apertus *is, however, preserved best in* prydferth. *The Eng.* pert *for* apert *plain, clever, bold, publicly, etc.* (Strat.) *has presumably a similar history. This* aberth *appears to have become confused with* aberth *offering*=O.Ir. idbart, edbart *gl.* oblatio. *see* Z. p. 1055. Walde *connects* berth *with* Ger. beraht, *etc.* prydferth *and* prydwerth *are used as two entirely different words in Mod. Welsh.*

prydyn *Britain* (?). e bard teulu . . . a dely pan ranoent er anreyth kanu unbeynyaet p. 15.4. Vnbeynayth Predeyn [Monarchia Britannie]. A.L.II 763.xxii; 830.ix. *see however* Lloyd II 530, *where it is translated 'The Monarchy of Pictland.'*

pryd *earth, clay.* [guerth] esten p. .1. 102.3.

pryurey (?) *exclusive or private property.* Try p. greic y couyll ae gouuen ae y sarhaet esef achaus e geluuyr en try p. vrth e uod en try pryaut greic ac na ellir e duen o neb achaus ykenthy 37.30. *This appears as* privraid *in* M.A. 976a.1; priuei P.MS. 35, f. 94a.19, 21; f. 98b.7; A.L.II 346, *note* a; prifoi A.L.II 580.xxv; prif-fraint L.W. 386.ccliii; v.l. prif jeu.; prif rei A.L.II 578.xx; 668.v; pryf urey Ll.MS. 174, p. 45.20. Pimt riuei gureic [*quinque precipua uxoris*]. A.L.II 872.xx. *Prif rei seems an unlikely expression and is probably nothing more than an attempt to make* privei *look like a Welsh word.* priuei =O.Fr. prive; M.Eng. priue, priuee.

prynu, prenu *to buy, redeem.* hy a dele prenu a gu[e]rthu 39.22. O sarhaa caeth ryd llader y llau deheu onys pryn y argluyd 78.14.—39.21; 80.23; 81.19; 91.24; 117.23; 126.3. 3 sg. pres. ind. pryn 29.19; 85.4. 3 sg. pres. subj. pryno, preno 12.29; 47.26; 79.28; 92.22. pret. ind. pass. prynvt 62.19.

pryodaur *a proprietor, the free tribesman who had proprietary right to the land.* Puybynnac ynteu o uynho holy tyr o ach ac edryu dangosset y ach hyt y kyf yd henyu ohonau ac ot ytyu ew yno yn petwarygur pryodaur yu canys yn petwarygur yd a dyn yn pryodaur. ac nyt yuelly y disgyn dyn oe pryodolder yny uo yn alldut 61.3.—53.3, 4, 10; 55.18, 19; 56.8, 10, 11; 61.12, 13, 19; 62.8, 9, 12; 128.24. pl. pryodoryon 61.11; 62.8, 10; 64.2-16.

pryodolder *proprietary right, title to share of land.* Ac o bit a ameuho ydau ef y uot en briodaur bot kanthau entheu a kathuo y briodolder o ach ac edriu 53.4. Os nauuetdyn a dau y ouyn tyr dyfodedyc yu bryodolder 61.13.—53.5, 6; 56.8, 25; 61.6, 8, 21; 64.6, 7.

p's abbr. for pressuyl.

pump *five.*

punt f. *a pound of* 240 *pence.* sew ual y rennyr y punt honno chweugeynt yr bara a tryugeynt yr llyn a tryugeynt yr enllyn 69.15. punt tung *the pound that might be paid by the free* maenol *instead of the* "gwestva." Messur gwestua y brenhyn yn amser gayaw o uaynaul ryd . . . ac ony ellyr kafael hynny punt am daney. a honno yu y punt tug 69.12.—66.7; 67.2.

puteyn *a harlot.* nyd oes breynt j puteyn 41.18.

pun *a load.* pun march or blaut 69.7.—25.29.

puy (interrog. pron.) *who.* gouynnet puy a wercheydu hun 80.26.—42.3; 52.32, 37; 53.33; 81.2; 132.1, 2; 133.26; 134.4. puy + bynac *whoever, whosoever.* puybenac a torro e naud kefredyn a hossodho ef 10.1.—50.25, etc.

puych *read* puys (?) *espoused, betrothed.* ny dele gruereyc en e byt cafael ran or hyt. onyt grueyc puych 34.14. *v.l.* puys. A.L.I 84.xi. Megys y daw gwr pwys ac anneiryf lussogrwyd varchogyonn gantaw yn erbyn y wreic pwys ae dwyn gantaw gann ganuev a llewenyd. Eluc. 49.31. Crist a seif y ymlad dros y wreic bowys. Eluc. 62.3. yr ecclwys lan Gatholic, yr honn yssydh wraic bwys briawt y un mab Duw dat. H.MSS. II 439.23. *so* P.MS. 21, p. 41b. *The reading* mam bwys (M.A. 16b.13) *in two of the* Gododin MSS. *for the usual* mamwys *suggests that* mabwys, mamwys *were regarded as cpds. of* buys *or* pwys, *and* gwreyc puys *appears to have been formed on the analogy of these words. This is corroborated by the use of it in* gwenith-bwys (I.G. 487; Gorch.Beirdd Cymru III) '*of the quality of wheat.' see, however,* Eluc. 258, *where* p.< *is derived from* Lat. sponsus. *see further* kynwys, mamwys, tadwys, cyfarwys.

pybeu *pipes, bagpipes.* pop penkert ora estenho argluyd penke[r]dyaeth ydau e brenyn byeu keysyau ofer ydau nyd amken a telyn y hun a crud y arall a pybeu yr tredyt 128.10. cf. pan y dirmygai y Cymry ymarver a phibau, ac mewn rhan a waherddid gantynt, etc. M.A. 734, note 33. see crud. see also pipai. O.M.I dxxxii sq.; III 335. *but cf.* Cor. pib gl. Musa; piphit gl. Tibicen. Z². 1070.

pepyr *pepper.* e dysteyn a dely y dyuallu o holl leseuoet yam pepyr a llesseuoet ereyll 120.3. *For the mediæval idea of how pepper was obtained see* Eluc. 166.16.

[**pyeu**] *has, owns, is obliged to.* e gur pyeu e kallaur . . .
e greyc pyeu e badell 33.19. guedy e bart kadeyryauc e bard
teulu byeu kanu tryckanu 14.29. Puebennac a rodo gureic i gur
ef pieu talu e hammobor 36.11. 3 sg. pres. pyeu 8.27; 9.14;
14.17; 24.3, 20, 27; 28.3; 33.5, 17, 22, 29, 30; 34.1; 37.6; 45.27;
49.32; 50.5; 60.12; 71.3, 4; 73.6; 74.15; 76.18; 80.4; 82.8; 86.8;
96.24, 26, 27; 108.23; 109.4, 15; 112.5; 118.4; 128.9. 3 sg. iterat.
pres. ind. pyeuyt. Puybynnac byeyfo tyr yglan traeth ew
byeuyt kywlet ar tyr or traeth 63.9. O byd maru mab o
bedeyrbluyd ardec allan ac na bo edyuet ydau y argluyd
byeuuyd y da 71.7.—63.11; 95.7; 100.9; 122.22; 123.4, 12; 124.24;
26.6 beu uyt. 3 sg. pres. subj. pyeufo 14.27; 17.24; 25.24; 28.12;
38.30; 39.1; 63.9; 68.27, 29; 78.24; 85.10; 91.18; 95.1; 96.11, 21,
23, 26; 97.2, 5; 104.4; 106.23; 111.20; 124.21; 131.5; 132.18. 3 pl.
pyeufoent 113.7. 3 sg. past. subj. pyeufey 42.5.

pyglauer see peryglaur.

pymp, pym *five.* pymp uyr 79.6. pum vgeyntrew 65.18.
pumgueyt *five times* 118.23.—64.29; 65.29; 79.6.

pymhet, pemhet *fifth.* 11.25; 22.18; 23.22; 25.26; 74.28; 76.1;
78.18; 79.7; 85.17; 91.6; 107.20, etc.

pymthec, pemdec *fifteen* 20.8, 24; 65.10; 90.22; 113.10, etc.

pemdecuet *fifteenth.* 19.1, 14.

pynac *whoever, -soever.* pa le bennac ed emkafoent 30.1. O
deruyd ellug ar hyd pyeufo benac e chun 96.23. corn canu
pyeufo bennac 104.4. panaac 44.26; 60.26; 61.9; 72.2; 79.26;
108.7; 120.6; 130.28. see pa, pwy.

pynuarch *a packhorse,* (metaph.) *source of revenue.* Huyd
penuarch brenyn. mor. dyfeyth. aghanauc gulad arall.
lleydyr. maru o anuab. maru e kafo ebedyu. a kankelus e
kafer dyruy a kamlury 29.25.—63.11. *These eight were called
packhorses because* : semper enim cumulant bona ad opus regis.
A.L.II 783.xii. pl. pynueyrch. vynt a dylyant roy p. yr
brenhyn yr lluydeu 67.13. cf. Pynfarch=*mill-race.* Dyfed. see
also L.L. 134.26. y penn y pynmarch=*pond* (?), *mill-race* (?).

pysc m. *a fish.* Puybennac a uenno hele pyscgaut a keuody
pysc ohonau 123.10.—123.11, 14 pys. pl. -aut 66.29; 67.10;
123.10; 123.14 pycsckaut; 123.18, 20.

peskodha *to fish.* bod en rid p. ar e teyr auon 42.20.

pyst (?). guir e pyst pendhu 42.8.

pystyl *the bow of the yoke* (?). [guerth] pop yeu ae pestel yeu

.I. pystyl fyrling 104.16. pl. (?) pestelyeu 104.15; 112.1, cf.
Hiryeu ar pistyllyon [*jugum longum cum subjugiis suis*]. A.L.
II 865.lxxv. *antella gl. postoloin.* Z². 1062. Siccra i'r allt
yw'r pystolwyn. C.Ll.II 104.31. M.A. 858a.2. pistolwyn=
postula. Ll.MS. 55, p. 148. cf. pystylwyn=Lat. postilena.
Loth.

pytheunos *a fortnight.* ac ny dyly bot yn hunnv namyn
pytheunos a mys 67.6.—49.22; 52.8; 53.37, 38; 76.19; 82.13;
113.22.

rad, rat (in genit.) *free, gratis.* ef a dele medhecynyaet rad
pan ueno eythyr y guaetdyllad 7.19. enteu byeu barnu y ureynt
ay delehet en rad 24.4.—5.2; 18.4; 17.26; 28.2. Ir. rath *gnade,
gratia.* W.W. see Thurn.Altir., p. 129.

raf *rope.* [guerth] raf bleu .xii. keuelyn .i. raf luyf .xii.
kauelyn .i. 101.13.—78.12.

rac (prep.) *before, from.* with pron. suffix. 2 sg. racod 44.6.
3 sg. m. racdau 13.11; 25.18; 56.9; 71.5; 80.12; 110.2; 130.14.
3 sg. f. rechy 114.22. 3 pl. racdunt 51.2; 54.18; 114.13. urth y
uod en peryglaur yr brenyn a keuody racdau ac eyste en y hol
13.11. teyr keuelyn en hyd y guaeu duy draykeuen ac un
racdau 25.18. e gof llys empen e ueyg rac deulun yr efeyryat
5.14. ef a dely guylyau e brenyn rac pob guall 24.12. gan
guynau or mab racdau 71.5. yaun yr eregnat ka*m*ret e kereir
en e lau a deueduit vrth y kenogon naut duo racod a naut pap
ruuein . . . na dos en llu cam 44.5. e kenedel a dele eu kadu
rac gueuthur cam onadunt 120.4. rac bron *before* 4.14. rac
hueneb *next.* deru ac auall ymp .iiii. k. hyd kalan gayaf rac
hueneb guedy et ymper 98.1.—1.6; 4.15; 10.27, 30; 19.32; 20.2,
10; 24.12; 25.2; 27.19; 42.11, 13; 45.2; 46.20, 21, 22; 48.21; 49.5,
23; 51.2, 8, 10, 30, 35; 52.12, 13; 53.29; 54.18; 56.9; 61.12; 62.9;
74.3, 11, 12; 80.3, 6, 12; 86.24; 88.18, 19; 91.14; 92.19, 21; 93.5,
13; 107.20; 110.2; 114.13, 22; 120.4; 121.5; 130.14; 131.13; 133.29,
etc. racu *yonder.* y dyn racu 79.10. o deruyd ymderuynu
yrug deu ur gymreynt am tyr ar neyll rey yn teruynu hyt racu
ar lleyll hyt yma 69.2.—46.17; 47.20.

rac *fore.* cuartaur dylur . . . ar chuartaur rac 96.22.

racarnaut *a ploughbeam.* [guerth] probuyllyeu a r. .i. 104.14.
cf. Ni fynn farn eithr i arnawdd. Ni chair yn i gyfair gawdd.
I.G. (Cowydd y Llafurwr) 634.1. Arnol *or* arnodd *ploughbeam.*
Dimet.

ragod, rachod *to waylay.* y naud eu duy*n* e dyn a guenel

ka*m* heb erlyt heb rachot or pan enynher e kanuyll kentaf eny
dyfoder e dyuethaf 20.18.—14.17. y diruy hay camcul yndi didi
yn hollaul o dorri naud ynn lann ac yn dieythyr lann o rachot
ynn luhyn hac dieithyr luhyn. L.L. 120.15. Gwaith teg yw
marchogaeth ton, I ragod pysg or eigion. D.G. (I'r Alarch.)
cxc.20. Yna yderchis ynteu y gadwr tywyssawc kernyw
kymryt whechant marchawc a their mil o bedyt . . . a mynet
yn eu herbyn. Ac eu ragot y nos honno y fford y doynt.
R.B.II 186.14=obviare. Schulz. 122.23. see R.B.II 76.15; 160.2;
364.20. cf. (sine) ragot [*impedimento*]. A.L.II 752.iv; 816.v.
M.A. 730b.33; 847b.36. Rhagodua *Insidiae, ambushe.* P.MS.
169, p. 316. Crynhoi i gyd ynghyd a wnaethai/I'r cae lle'r
oedd y tarw creulon/Dechreu rhagod o bob ochor/Nes ei gael i
mewn i'r sgubor/. Hanes Llan. 116. cf. racgwch y lleidar a
ddary ngholledy. Huw Cowper MS. p. 23.

rachor *precedence, superiority, advantage.* Ac am henny e
rodhes rund vdut .xiiii. brein .i. rackuys rac gureyc a sef eu
eu rachor e meyrc dof ai uoch ay huydheu a kar a deu hechen
42.14. en racgor *in addition.* puebennac a guertho dynauguet
yaun eu ydau y goruod rac tryheyn e guarthec a rac clauery en
racgor rac clauery hyd huyl patryc 92.21.—41.31. Dyro i'th well
ei ragor. M.A. 359.5. Mwy lawer yw eu ragor hwy no hynny.
Eluc. 68.22. Ac yna yd erchis ef yr vorwyn kymryt ragor or
blaen . . . ar uorwyn a gedwis y ragor. R.B.I 279.25. Llyma
y ragoreu a geiff y neb a welo corff Crist. P.MS. 5.f.xlixb.

rackuys *precedence* (?). ac am henny e rodes rund vdut
.xiiii. brein .i. rackuys rac gureyc 42.13. see rachor. r.=
praemonitis. Dr.D. see mamuys, puych.

ran f. *part, share, division.* ef a dely ran deugur or anreytheu
7.12. ac o henny allan ni ellyr kemell arney hy y ueytryn
namen erran ehun 37.12. vynteu a allant kymeynnyau mal y
keuynderv a gwedy rann honno ny dyly nep na cyuran na
chymeynnyau tyr kyllydus 59.28. duy ran *two-thirds.* Or
meybyon dueran ir tat ac vn yr vam 33.9. *so* 12.17; 17.1, 2;
28.14; 56.6; 76.16.—7.25, 26, 27; 10.9, 21; 12.13, 17, 22; 14.11;
15.7, 11; 16.27; 17.1, 2; 18.21; 19.3, 20; 20.5, 10; 22.9, 21; 22.30;
23.11; 34.14; 36.10; 39.17; 39.18 rar; 51.6; 56.21; 66.6, 7; 68.20;
74.10; 77.16; 78.20; 123.20; 124.26; 125.1, 2, 6; 128.17; 129.2.

randyr f. *a measure of land containing sixteen acres.* a
phedeyr yrv o honno ym pob tydyn a dyly bot petwar tydyn ym
pob randyr. pedeyr randyr ym pob gauael 65.13.—56.19; 65.22;
89.12. cf. Deudec erw athrychant avyd ynny rantir kyureithawl.

R

A.L.I 536.vii. In randir [particula] continentur ccc. et xii. acre. II 852.v.

rannu *to divide, share, allot.* e gureyc pyeu rannu e gur pyeu deuyssau 33.5. *try* fedh ny dely e b*renyn* y ranh ac arall eur ac aryant a kyrn bual a guysc e bo hurlys eur ydhy 30.12. ef a dele ranhu er lleteü 9.8.—10.13; 13.7; 16.26, 28; 33.7, 24, 25; 34.2; 34.3 ran; 36.21, 29; 46.34; 59.6, 7, 17, 19, 29; 60.1, 3; 63.4, 5, 13, 14, 16; 69.3; 77.15; 123.17. 3 sg. pres. ind. ran 25.11; 46.38. pass. rennyr, renyr 10.13; 17.26; 33.11, 28; 66.5, 7; 67.2; 69.14; 75.19; 129.3, 12. 3 pl. pres. subj. ranoent 15.3. pres. subj. pass. ranher 74.9. 3 sg. imperat. ranet 34.15. 3 pl. rannent, ranent 33.4; 36.25. pass. ranner, raner 34.3; 76.5.

rannyat m. *division, a sharing.* Os tey a uyd y braut eyl yeuaw a dyly rannv . . . ar rannyat hunnv a barha yn oes y brodyr 59.22.

rar see ran.

raskel *a scraper or chisel.* [guerth] r. dymey 100.14. Raschil [*radula*]. A.L.II 804.xxv; 865.xlvii. *sartum gl.* rascl. Z². 1061. r.=Lat. rasc'lus. Loth p. 201. see Ped. §136.3.

rau *a spade.* [guerth] rau .i. 100.9. rau bren firl*ing* 101.1. Ir. ráma *spade, oar.* Z.f.c.P. iv.365.

raun *horse-hair, the hair of a horse's tail, tail.* pop anaf arall ar varch trayan y guert a at*ueryr* yam y clust ae y koloren puebennac a ladho raun march rodet varch arall eny le . . . eny teuo y raun 89.3. telyn raun *a harp strung with hair* 128.14. see telyn. [march] ai rawn ai fwng yr un fodd. P.MS. 69, p. 255. llwdn teg rhownllaes (*of a lamb*). Rep.MSS.I 726 §7. Roniav fal gwallt Rianod. P.MS. 69, p. 13. see Ped.I §32.3. cf. H.MSS.I 254.29. baryf . . . y wneuthur peissyeu rawn.

redec (*a*) *to run, continue.* a rey [kefreythyeu] onadunt a adassant y redec a rey a emendassant 1.15.

(*b*) *course, running.* y naud eu med rey hyd ar pe*n*guastraut e brenyn. ereyll a deueyt panyu hyd tra parhao redec a march kentaf 22.1. see talym.

rey, reyn *some.* y naud eu med rey hyd ar pe*n*guastraut e brenyn. ereyll a deueyt panyu hyt, etc. 21.28. *as pl. of* hwnnw *with, or without* hynny. un or rey a deuedassam ny 33.23. ac urth hynny y gat y gyureyth y reyn hynny yn pryodoryon 62.10.—18.6; 35.20; 61.21; 63.28; 67.25; 68.8; 109.4; 123.4. pop rey *every one.* rey a deueyt bot en edlyg pop rey o rey henne 4.10. O dodyr [escrybyl guyllt ac escrybyl dof] ykyd ruymher

pop rey onadunt 17.14.—55.17, 19; 69.3.—4.10, 21; 5.17; 6.8; 7.5,
18, 22; 8.1; 9.14, 28; 13.9; 14.1; 16.10, 27; 23.20; 25.23; 26.21;
27.27; 28.28, 29; 30.21; 37.20; 38.26; 42.5, 28; 45.19; 47.3, 11;
48.11; 52.21; 53.8; 54.3, 14, 15, 18, 23; 55.12; 60.16; 61.25; 62.7,
9, 28; 64.24; 69.2; 70.4; 75.4; 77.18; 103.12; 104.6; 113.15; 122.23;
128.21; 130.19, 25.

reyt *necessity, a necessary.* Ac a dyly ymyrru ygyt ay gar
ym pob reyt a del arnav 66.26 canyt reyt y nep atep 72.1. ef
a dely y holl reyt ykan dysteyn e brenyn 21.8. y duydrew a
dyly bot yn reyt brenhyn vn onadunt a dyly bot yn tyr
maertrew ar lleyll yn dyfeyth brenhyn ac yn hauot dyr ydau
65.15. Ninnev a devedun bot en reid mach ar dilisruith 48.7.—
6.10; 7.4; 24.1; 27.4; 40.29; 47.14; 48.17, 36; 51.23; 53.26, 32;
66.20; 68.5, 11, 13; 71.29; 92.1; 115.24; 122.1; 129.19; 132.10;
134.21. pl. -yeu 19.26; 24.20; 27.26; 28.2.

[reyd] *a spear, lance.* pl. redyeu. guir aruon rudyon eu
redyeu 42.11. r.<Lat. radius. Loth p. 201.

reyth, reiht f. *compurgation, body of compurgators.* y wadu
huc neu dauat . . . llv pymp wyr ar neyll hanner yn wyr nod
ar llall o wyr dynot ac ehun yn pymhet. ac yna y byd
deuhanner y reyth . . . y reythyoedd hynny nyt a namyn yn
ol gyrr kyureythyaul. Sew yu gyrr cyureythyaul llu y
perchennauc ar y uot yn wyr ar y dyn racu y lledrat 79.7. ac
essef eu oet e reis honno vithnos or sul nessaf ac essef le eroder
er reihis honno yhdhauef ene llann e guarrandah ef eferen 44.21,
22.—41.2, 3; 49.22, 23; 75.8; 79.15, 17. pl. reythyoed 79.8. Tri
gwahan y sydd rhwng ceitweit a rheith : rheith a gwbyl
ddiheura dyn o hawl, ac ny ddyweit drwc . . . rheith ny ellir
y hameu . . . rheith ni ddyly tyngu bot yn eiddaw dyn yr
anifeil a ddamdyger yn llaw namyn bot yn wirion y dyn or
lledrat. A.L.II 636.xii.

reythur *a compurgator.* esew ual e dele uot en reythur ydau.
en kennesset ac e gallo alanas eket ac ew ac e kemero ac vrht
lu e reythuyr bot en wir e gerenid 50.13.—50.12. pl. reythuyr,
reihtwyr 50.11, 14. cf. Tri phriv anhebgor gwr rhaith : bod yn
Gymro cynhwynawl, . . . bod yn wr cyfallwy; a bod yn
benteulu. M.A. 932 §164.

rod *gift.* tyghet yr haulur . . . nat aeth yganthau nac yn
rod nac yn benfyc nac yn adneu nay werthu 81.20. ny fara
gureyc nac o ladhlud o rod ar vreynt e haguedhy 36.23.—31.2;
38.20, 21; 61.2; 124.19; 127.6, 7.

rody, roy *to give, grant, put.* ny deleant e teylu rody eu dyllat onyt can canyat e penteulu 7.9. roy pedh em puyth 125.8. tra uo e kannogon en rodi i eneu ir creir 44.13. O deruyd roy kamraes y alldud 124.26. Puebennac a guenel keuar ae kylyt yaun eu ydau rody bod vrthau a karuaruod e llau ae kylyt 107.2.—4.4; 12.6; 14.24; 18.25; 21.27; 31.2; 35.2, 10, 19; 38.3, 11, 12, 14, 15, 28; 39.12, 26; 40.25; 41.9; 45.25, 27; 46.1, 6, 19, 21, 22; 47.31; 48.10, 17, 25, 26, 29; 49.3, 11, 18, 35; 51.3; 52.6; 53.14; 60.1, 26; 61.1, 24; 66.27; 67.23; 71.17; 73.7, 24; 74.16, 17, 18, 21, 25; 78.16; 85.14; 86.8; 92.1; 107.2; 117.20; 121.23; 124.22, 26; 126.25; 130.7; 132.16. 2 sg. pres. ind. roy 31.8; 35.23. 3 sg. ryd, 1it 35.18; 61.15, 28; 76.13; 87.11; 120.18. pass. rodyr 34.6; 35.27. 3 sg. pres. subj. rodho, rodo, roho 2.23; 3.12; 4.12; 8.19; 13.8; 21.15, 26; 24.19 rho; 31.9; 36.11; 48.8; 51.6; 61.26, 27; 62.1, 4; 85.26; 120.10 rodh; 130.26. pres. subj. pass. rodher, roder, roer 8.23; 13.17; 39.24; 43.7; 46.7; 47.23; 71.21; 79.27; 122.2; 130.18. 3 sg. imperat. act. rodhet, roet, rodet 35.16, 19; 37.16; 49.2; 78.13; 85.21; 87.10; 89.4. 3 pl. roden, roent 50.2; 129.29. imperat. pass. rodher, roder, roer 36.8; 53.35, 36; 77.9; 82.12; 89.22; 96.22. 3 sg. past. subj. rodhey 35.24. 3 sg. pret. indic. act. roes, rodhes, rodes 31.4; 42.13; 46.9; 51.4, 5; 132.20. pret. pass. roet 30.32; 31.3. 3 sg. plup. ind. rodassey 48.2.

rodyat m. *a giver, one who bestows a woman in marriage.* .vi. [tauodyauc] eu rodyat ar y rod 31.1. pob rodyat ar wreyc a dyly talu y hamobyr 71.20.—36.13; 71.19. pl. rodeyt. O deruyt e greic bod rodyeyt ydy [*v.l.* arnei] adan e haguedy e dle wod hyd epen e .vii. blenet 33.2.—36.22, 29. Ny uynhaf .i. heb ynteu namyn bot y uorwyn ual y may yny del y lys arthur. ac arthur a gwenhwyuar a uynhaf eu bot yn rodyeit ar y uorwyn. W.B. col. 402.10. Ac arthur a uu rodyat ar y uor6yn y ereint. W.B. col. 408.16. Pob rodyat gwreyc a dele talu y hamobor ony kymer ueychyeu ar e talu or nep e rodher ydau. Ll.MS. 174, p. 91.28.

roho 31.9. see rody.

ruc *a mantle.* [guerth] ruc mab eyllt neu yskyn .ix. 104.7, 8. *written* ruuch *three times.* Ll.MS. 174, p. 137. cf. a heusawr yn cadw y deueit ar benn gorsetua Aruchen o grwyn amdanaw. W.B. col. 472.20. ruchen *leathern jerkin.* E.Lh. cf. also Bret. roched *chemise d'homme*; Roched-houarn *Cotte-de-mailles.* L.G. *and* Ang.Sax. rocc, rooc *upper garment.* (Sweet.)

rud *red, ruddy.* Nyth hebauc punt a tal en keu rud .cxx. 95.5.—70.8. pl. -yon 42.11. Gwerth hebauc koch kyn y rodi mewn mwd haner punt yw Gwedy y tyner or mut mal yn wen punt a dal. Ll.MS. 116, p. 17.4. see tauaut, llofrud.

run *son of* Maelgwn Gwynedd. 42.1.

rudhely (?) *red ointment* (A.O.), *artery* (?). medekynyaet r. *stanch wounds* (?). Sef eu messur e uedecynyat y kan e nep ay archollo punt. . . . Medekynyat gored .xxiiii. medekynyaet rudely .xii. medekynyat llesseu .iiii. 106.6.—18.10. *I can find no reference to this* red ointment *anywhere though it forms a third part of the practice of medicine. There are many references, however, to* rhydweli=artery, *and that is what is meant here probably.* I stopio gwaed os tyrr gwython . . . un arall os tyr Rhydweli fawr. Old Leech Book. I stopio gwaed or Rwydweli (*sic*) fawr. *Ibid.* Torri i Rydweli teilwng (*referring to the piercing of Christ on the Cross*). P.MS. 66, p. 71. *There is also a* rhuddweli *bleeding wound.* Goreu yw fy llyw llafn rhuddweli. M.A. 299b.51.

rudher (?). 42.10.

ruuein *Rome.* naut pap ruuein 44.7..

run pr. n. *son of* Maelgwn Gwynedd. Ac odena e luydhaus rud uab maelcun a guir guinet kanthau . . . ac am henny e rodhes rund vdut .xiiii. brein 42.1.—42.4 rudn; 42.13 rund.

rug, yrug, erug, eruc *between, among.* with pron. suff. 3 sg. m. regthau 12.16; eregthau 21.5; ereghau 17.11; eregtau 21.7. 3 sg. f. eregthy 86.12. 3 pl. yrygthynt 77.1, 2; eregthunt 53.37; eregthun 52.7; erreghunt 107.23; erreghunnt 46.34; erughuunt 49.10; eregthut 30.27; 124.13. seuyll erug e depost 25.1. dadeleu rug deugur 24.22. e grueyc byeu ac allho e duyn o blaut errug nerth y duylau ae y deu lin 33.31. pop dadel a uo eregthunt ehun eneyt or clas a del barnu udunt 124.13.—3.24; 12.2; 13.25; 14.10; 22.10; 25.1, 11; 30.15, 21, 22, 23; 35. 16; 69.4; 74.15; 79.7; 109.23; 124.14, etc.

rump *an auger.* [guerth] rump .ii. tarader peruet .i. 100.4. *Terebrum, id est,* rumb. A.L.II 864.xxxviii. Rump tarader mawr. P.MS. 169, p. 315. P.MS. 118, p. 95. cf. *ungulum gl.* rump. Z². 1061. see Loth p. 203.

runcy *a sumpter-horse.* palfrey .cxx. a tal runcy neu Summeruarc .cxx. a tal gueynytuarc .lx. 88.12. ac ymdidan aoruc ef ae varch. a dywedut wrthaw. March heb ef. beth a daruu it. drwc myn duw y kerdeis hyt hyn. canys pann erlityassant y rwnssieit clotuorus . . . yna ti ae hedeweist.

H.MSS.II 163.22. Rwmsi=march cryf. P.MS. 169, p. 315.
r.=Med.Lat. runcinus.

ruyd f. *a net.* O deruyd tennu ruyd ay ar auon ay ar uor
121.14.—101.4; 121.16, 17, 20, 21, 22. used metaph. *teyr* ruyd
gurda y ueyrch ay guarthec ay uocch eny kafo dyn anyueyl en
eu plyt huy talet .1111. 29.11.—29.8, 14.

ruythau *to clear, make free.* e dressaur . . . a dely ruythau
e ford er brenyn ay wirllisch 19.16.

ruyll *a clasp, buckle* (?). [guerth] ruyll .1. gurekys .1. 103.21.
Rwyl [*fibula*]. A.L.II 888.xxxi. but cf. rwyll *cresset.* A.L.I
414.14; II 770.iv.—Ll.MS. 174, p. 111.14. P.MS. 36a, p. 14.10.
Rep.MSS.I 719 §175. r.=*a spear.* see I.G. 212.18.

ruym m. *binding, band.* dreua o geyrch un ruym 69.9. Sef
eu val e deleyr y kayu dody teyr bancor ar e llokyl a peth ar e
drus a try ruym arnau 114.21.—69.19.

ruymau *to bind, fasten.* e mocc nyd yaunt eu ruymau namyn
. . . eu dale 117.16.—13.15; 117.18. 3 sg. pres. ind. ruym 108.5.
subj. ruymo 17.22. imperat. pass. ruymher 117.14

ry preverbal particle. (*a*) with v. noun giving it a past sense.
Puy bynnac a uynho gwneuthur dogyn uynac aet ar yr argluyd
a dywedet rywneuthur lledrat o dyn ny leueys y dyweduyt
arnau 80.8. O deruit ir amdifenur readau testion a uo guell no
rei a edeuis er haulur 54.22.—36.1, 5; 37.19; 46.37; 53.5, 6; 54.22;
60.24, 27; 80.8, 16; 135.8, 9.

(*b*) with pres. subj. changing it into a past. a dyweduyt or
amdyfynnvr ket ryfo yth dewys nyt ydyu 130.10. O deruyd y
dyn mennu guerthu hycc or keuar rekeuarer ny dele y guerthu
108.18.—92.23; 108.9.

(*c*) with pret. Huchof retraythassam ny or suydocyon a
perthyn ar e llys . . . eman e trayhun ny o pedeu ereyll 28.27.—
4.21; 23.18;43.6; 48.4; 51.14, 25; 52.30; 53.7; 55.4; 63.23; 72.7,
13, 26; 73.12; 75.8; 77.4; 82.1; 126.20; 129.20; 132.6; 133.5.

(*d*) with plupf. O deruyt e gureic escar a menu ohono vr
arall a bod en ediuar gan e gur cantaf reescarassey ay grejc 35.7.

rych *a furrow.* Ny deleyr semudau hycc ahkauarer en ryc[h]
ar e guel[lt] heb kanyat y kauaruyr 111.15. see Ped.I 122.

rydyll *a riddle, sieve.* e gur a dele erydyl e grueyc a dele e
goger man 33.15.—101.8.

ryd, ryt, rit, reth *free, not bound, unrestricted.* O deruyd
udunt kafael myleyndyr breynt e tyr a dercheyf eny uo tyr ryt
4.26. e dysteyn a dele y tyr en ryd ay uarch bresguyl 9.3.

gurth guaet ryd .xxiiii. Guerth guaet kaeth .xvi. 106.18.—
8.12; 10.25; 11.25; 13.3; 14.21; 15.9, 26; 17.17, 31; 18.19; 19.1, 24;
20.28; 21.12, 24; 22.8, 26; 23.1, 10, 25, 26; 26.11, 17; 27.2, 24;
28.10; 35.15; 39.4; 40.18; 42.20; 44.10; 45.4, 21, 23; 49.6; 59.3, 6;
67.3, 7; 68.21; 69.6; 78.13; 82.7; 88.21; 92.12; 95.23; 114.2. pl.
-yon 66.4. comparat. redhet. ef a uyd kyn redhet a tyr mab
uchelur 127.20.

retherc pr. n. Eman e llas elidir . . . ac guedi y lad e doeht
guir e koclet ema oy dial sef guir a doedant en tehuishocyon
vdhunt, clidno . . . a nud . . . a retherc hael vab tudaual
tutclit 41.29.

retheryc *in heat continually (of animals)*. buch . . . o byt
retheryc .xxx. pop bluydyn tra vo byu 91.14=*semper tauri-*
petens. A.L.II 859.xix. dafad ryderic. P.MS. 35, f. 103b.10.
cf. cathderic. o deruyd y dyn prynu buch y gan arall a mach
ar teithi y genti, ae hymol yny vlwydyn gyntaf, a bot llo a
llaeth genti kyt bo ryderic wedy hynny byth ny dyly y neb y
doeth gantaw teithi ohynny allan. A.L.II 104.xxvi. cf. Ir.
dair *heat (in cattle)*. see B.L.G.

redhau *to free, liberate*. ac ena e brenin a dele redhau e
gustelon o eu carcar 56.4.

redit *privilege, privileged liberty*. ac ni deleir talu tir
ambreinaul en lle tir a breint ohonau vel kegkallorais neu
vaerony neu redit [arall *v.l.*] 55.26. Pan teruyno tref ar y gilyd
yr uchaf y breint a dyly teruynu ar yr issaf. Sef yw dyall
hynny. Rydit a teruyna ar gyllit. P.MS. 35, f. 74a.20.

reheag *too loose*. kayu arnunt val na bo rekeuyc ac na bo
reheag 109.7.

ryeny *ancestors*. ar datanhudyeu hynny ny dylyir eu datan-
hudau namyn or mab yn lle y bu y tat gynt neu yn lle y bu y
ryeny ehun gynt 60.19. kanys rieni dyn yw y dat ae hendat ae
orhendat. A.L.II 426.xxix. Ll.MS. 116, p. 58.13.

ryf, ryw *number*. 6.1; 65.20. see edryf.

ryc *rye*. dody en llestyr messur y godro ac o byt llaunt . . .
dogen eu ac onybyt y dyeyssyuau o vulaut keyrc hyd uuel kyryc
ac o hynne hyd guyl vyhagel o ulaut heyt ohynny hyd kalan
gayaf o ualaut ryc 91.24. cf. Ger. Roggen.

rycreus see creu.

rekeuyc *too close, narrow*. 109.26. see reheag.

ryghyll, rigyll *an apparitor, a beadle, the fourth of the minor court officers.* e ryghyll . . . a dely . . . o pob ty ed hel ar neges e b*r*enyn torth ay henlly*n* 25.16. a guedy es tadkano aynt er egnat allan ar effeyryhet ygyt ac vy a Righyll ygyt ag uy hy eu kadv rac douot dynyon y warandau arnadu*n*t 53.20.— 23.22; 24.23; 25.20, 21; 26.7; 42.20; 52.17, 19, 29; 53.20; 131.19, 23; 132.8.

rynnyon *oatmeal.* chwethorth o uara goreu a tyuo ar y tyr o byd gwenythdyr chwech onadunt yn beyllyeyt ony byd gwenyththyr chwech yn rynnyon 69.21. A.L.II 784. rynnyon [*de farina avanacea crassiŏri*]. r.=*groats.* Dimet.

rysken *a small pan, dish.* [guerth] r. fyrling 101.11. ryschen [*patella-m.*]. A.L.II 784.xi. risgen emenyn a delir drostaw teir dyrnued o led a their dyrnued tewed heb voel. Ll.MS. 116, p. 26.11; 69, p. 124.24. cf. ysswingbren=Rissgen i gadw ssaethev. P.MS. 51, p. 192. see K.R. p. 111; Loth p. 202.

ridh, ryd *form, guise.* Sef eu anodeu pop peth a decker en ryd arall 85.3. O deruit y din rody mach y arall ar anilis en ridh dilis 47.31. Bvm yn lliaws rith kyn bum disgyfrith. B.Tal. 24.9. yny llannerch y gwelei bebyll. ac ef agant y bader wrthaw yn rith eglwys. W.B. col. 287.17. y rei hynny a rythassei ef or madalch. R.B.I 62.13. tre6is ynteu hi a hudlath ac y datrith6ys hi. W.B. col. 80.35. Ir. richt *form, shape.*

ryth see ryd

ryu, reu m. *kind, nature.* Try ryu datanhud ysyd datanhud ar ac eredyc, etc. 60.17. often r.=*such.* or ryw uara a dywedassam ny uchot 69.27. pa rev varch pennac vo 48.2.— 39.19; 62.7, 9, 21; 81.27; 116.25; 126.19; 134.3. unryu *of the same kind* 119.15. r.=Ir. ré. Ped.I §159.2.

sac *a sack.* sac a nytlen .iiii. ar pop vn 100.15.

1. **saet, sayth** *an arrow.* [guerth] bua a deudec saet .iiii. 102.16.—100.21; 123.6.

2. **saeth** *mischief, wantonness* (?), (in gen.) *sportive.* saetebaul *young colt.* ny delyr ebaul en hol y uam a hunu a elguyr s. 116.16. kyfreith a dyweit na dylyir talu [llwgyr] saeth ebawl, sef yw hwnnw, ebawl a retto yn ol y vam; ny dylyir y difwyn y lwgyr yny [uo] dwy vlwyd canys hyt hynny ybyd ebawl. A.L.II 114.lvii. *The Latin laws appear to have this in view in the following triad.* Tria jacula sunt pro quibus nichil redditur : scilicet, cani, cervo, et pullo lascivo yn hyt [in segete].

A.L.II xlvi.iv. *There is a* seith, sayth *in* Med.W. *which appears to mean 'deceit' or 'wickedness.'* Ef a welit ym. heb hi. eskor ohonaf ar̄ vab bonħedic. . . . Ae datkannyat a prophydy di. heb y ruben. Ae o duw ae drwc yspryt. ae o seithuc y duwyt yr arwein hynny. Os beichogy a geueis. heb y wreic diamheu nat seith yw namyn gweledigaeth. H.MSS.II 271.30. Ffo ymdeith herlot rubalt truant. bychan wyti. a mawr yw dy druansayth. a mab i buttein wyt. *Ibid.* 122.24. ni thelir saeth i ebawl (*i.e., no compensation is to be paid for the mischief a colt does).* M.A. 853b.12. Dr.D.Prov. Nyd abar y gwnaeth nyd saeth salwder. M.A. 167a.42. Kyvyt vu vinheu heb suyseu saeth. M.A. 181a.1; 216b. saethutta. R.B. I 119.21; 120.7. W.B. col. 478.30; 479.18 *appears to be a cpd. of this rather than* saeth '*arrow,' and should be translated 'do not worry us' instead of 'do not shoot us.'* 'seithug' *is another derivative.* seithuc pla. M.A. 263b.12, 39. *Can it be borrowed from* Ir. saith=W. hoed *trouble, etc.* (?).

sauede see seuyll.

saythu *to shoot, hit.* o deruyd y forthaul yar e fort guelet anyueyl a buru erkyd ay a mayn ay a sayth . . . nyd yaun ydau y saythu nay erlyt onys meder yar efort 123.8.

sanfreyt *pr. n. St. Bride.* guyl sanfreyt. *Feb.* 1.

[sapel] pl. -eu *chapels.* Ny del escob persony nep ar s. e brenyn teb y kanyat 9.2. cf. serubin. M.A. 347a; 369b. sambyr. Eluc. 122.17. syaret (*chariot*). H.MSS. 89, 92. Melsisedec. P.MS. 5.la, etc. sapel. Ll.MS. 174, p. 39.15. s.=ecluys arall *of* B.B.Ch. 30.18 *as distinguished from* Mam eglwys. O deruyd y vn a swydogyon y llys gwadu mach, neu y wr or teulu a vo ar vwrd y brenhin ygkapel y brenhin y dyly y wadu; kanys yno ydyly ef y dwfyr swyn ae vara offeren. A.L.II 68.lxix.

sarhaet, saraet, saraeht, saraehet, sarhat f. (*a*) *insult, contempt, act of violation or wrong.* O teyr forth e gueneyr saraet yr brenyn un eu pan torrer y naud pan roho naud y dyn ay lad. arall eu pan del deu urenyn ar eu kydteruyn o achaus emaruoll ac eghuyt e deu urenyn ar deulu llad o hur yr neyll gur yr llall tredet eu kamarueru oy gureyc 2.22. esef eu y sarahet pop maedhu a gu[n]el e gur arney eythir am try phes 38.1.—3.14; 35.11; 37.20; 38.2; 71.6; 87.18, 20.

(*b*) *the fine paid for the insult or injury.* Saraet brenyn aberfrau uel hyn e telyr can myhu urth pop cantref eny argluydyaet a guyalen eur keyhyt ac ef ehun a kynurasset ac y uys e becan a claur eur kefled ay huynep a kyntehet ac euyn amaeth a uo amaeth seyth lenet 3.5. a trederian saraet e brenyn a telyr ydhy hy am y saraet 3.14.—3.13; 4.18; 6.3; 8.17; 11.22; 12.31; 14.2, 4, 19; 15.7, 23; 17.14, 28; 18.16, 33; 19.22; 20.6; 21.9, 20; 20.22; 22.5 sarhat, 16, 32; 23.6, 16; 24.6. 15; 25.23; 26.15, 28; 27.20, 21, 22; 28.18, 20, 25; 34.24; 35.1, 2; 35.28; 35.3, 11, 14, 15; 37.26, 30; 39.13; 41.1, 19; 71.11, 13; 75.11, 13; 77.7, 9, 13, 26; 78.2, 6, 11; 106.19, 25; 120.7, 15. pl. -eu 77.15. s.= Ir. sarugad *act of wronging, violating, overcoming.* B.L.G.

[**sarhau**] *to insult.* 3 sg. pres. ind. sarhaa. O sarhaa caeth ryd llader y lau deheu 78.13. pres. pass. sereyr, serheyr 3.11; 25.21; 41.19; 77.7. pan ladher dyn y serheyr. pres. subj. pass. saraer 25.24; 41.2. past. subj. act. 3 sg. sarhaey 77.13. see saraigim. W.W.

saudul *heel.* kecuuin y vaut hit e saudul 49.1. see baut.

skjdyeu see eskyd.

seuyll *to stand.* ef a dely seuyll eguasanaet e brenyn en y absen 15.15. Ny dely cyghaus na chanllav seuyll ygyt a nep am haul a uo lley no chywerthyd tryugeynt 59.2.—4.14; 9.26; 22.29; 25.1; 36.1; 46.28; 47.3; 52.18; 133.11. 3 sg. pres. ind. seyf, seif 55.21; 118.27; 119.1, 2. 1 pl. sauun 52.36. 3 pl. sauant, sauahant 52.35; 55.5, 7. 3 sg. imperat. sauet 47.17. part. pass. saued[i]c. bit s. hunu *let that one stand.* Ni dele er amdifennur llessu yr un onatunt kani vir na bo da jdau a deuedunt ar hun a llesso onatuunt kin guibot bet a deuedoent bit s. hunu 54.17. sauedic *opp.* to llyssedic *rejected.* P.MS. 35.39a.

segur *disengaged, not occupied.* O deruyd y dyn menet y hele a decrecu hele ac ellug ar anyueyl . . . a kauaruod kun secur ac ef ay lad eccun kentaf ay kecuenus byeuyd onyd cun e brenyn uydant e rey segur 122.1.—123.4. a segur y digawn pwb ohonawch vot eithyr gadu y ryngtunt wy elldeu. R.B.I 5.11. s.=Lat. securus. Loth p. 206.

senet *synod, ecclesiastical court.* efeyryat e urenynes . . . y saraet heruut braut senet 21.20. Kans kabidwl yr abad yssyd drydyd kabidwl kyfreithawl kans kyfreith a deweid na ellir kymell vn dyn eglwyssic rwymedic wrth vrdeu kysygredic neu wrth grefyd arall y atteb y neb o vaes oe sened or dwedir dryc weithred arnaw. A.L.II 404.4. cf. Eluc. 113.24 sqq.

[**senedwr**] *a member of a synod.* pl. senedguyr. efeyryat teulu . . . y sarhaet eu heruyd braut senedguyr 8.18.

senillt pr. n. nud hael vad senillt 41.28. see retherc.

ser *billhook* (?), *saw* (?). guerth canhuyr .ı. ser dymey 100.18. *uoscera* gl. serr. Z². 1061. *gl. falce.* Iuv. 409. sserr kleddyf. P.MS. 169, p. 319. P.MS. 118, p. 496. see Walde *under* sarpio.

seruari *pr. n.* mardaf hael veb seruari 41.29. see retherc.

seyc f. *dish of food, mess, choice food.* penteulu . . . er eyl seyc anredethussaf en e llys a dele y kfael 6.10. Edlyg . . . en .vı. het gur ar seyc e brenyn 3.25. a pan uo e *brenyn* en y llys [e ryghyll] a dely buyt seyc 25.1.—6.12; 10.26; 14.2; 15.31; 19.15; 25.28; 27.3, 17, 25; 28.23. cf. M.A. 816b.27. Melin i gydau, llys i seigiau. Marchnad i gyvnewidiau. s.=gwledd. Rep.MSS.I 748 §28. s.=Ir. seach (?) *a turn, the quantity taken at a time.* Dineen.

seyn *sound.* ac oc kleuyr y s. 106.16.

seys *a Saxon, an Englishman.* O deruyt roy kamraes y alldud mab honno a dele ran o tref tat ac ny dele ran or tetyn breynyauc hyd e tredydyn ony bod er alldut en guahalyet seys neu en huydhel a hunnu ac keyf en dyannod 125.4. pl. sayson 64.18.

seyth *seven.* seyth tey 67.25. s. lenet *seven years* 3.9.— 50.21; 70.20. seythmluyd *seven years old* 70.16. seihisbluit 49.35. seihuir, seythwyr *seven men* 45.19; 73.27. seythuryt *seven fathoms* 86.14.

seythuet *seventh* (writt. also) seyduet, seyhtuet, seihuet, seyuet, seysuet, seisuet. ar i sethuet *together with six others* 44.17.— 45.7; 47.21.

souel *stubble.* puebennac a semuto hyd ar e souel hyd ar e guendun 119.17. s.=Lat. stipula. Loth p. 207.

soram pr. n. Ac o grugyll ymon hyt yn soram yglan y mor pym cant mylltyr a hynny yu llet yr ynys hon 64.28. O grygyll ymon hyt yn soram y glan mor yd 500 milldir. Ll.MS. 116, p. 72.21. L.W. 155 §2. Soram (acc. sg. of Sore). llyr . . . a adeilwys dinas ar auon soram. ac ae gelwis kaer lyr . . . leissestyr. R.B.II 64.27. see also M.A. 388a; 561 §153; 562 §176.

speit see yspeyt.

sudher *housings, sweater.* [guerth] sudher .ıııı. 103.3. suder [*sudaria*]. A.L.II 888.xiii.

sul *Sunday.* 48.34; 49.23.

sulguin *Whit-sunday.* a diguitau er oet en vn or teir guil arpennic e pa[s]c ar sulguin ar nodolic 48.31.

sur *sour.* auallen sur *crab-apple.* 98.4.

such *a ploughshare.* 33.23. tyr s. a chulldyr *arable land.* 64.9. cf. R.B.II 86.30. a gwneuthur kudyedic sycheu heyrn ar hyt canawl temys . . . wrth dyllu y eu llogeu. see R.B.I 27.7, K.R. p. 112

sullt *treasure, hoard.* try fet ny dely brenyn y kefrann e sullt ay hebauc ay leydyr 29.7.—132.19, 27. see dyebryd, brethyn. s.=Lat. soldus.

summeruarc *a sumpter horse.* .cxx. a tal runcy neu s. 88.13. Nachaf ynteu yn dyuot ar uarch coch mawr . . . a swmer mawr telediw gantaw. a disgyn a oruc y gwas coch . . . a thynnu kadeir o eur or swmer a llen o pali kaerawc. R.B.I 152.24. a chynnullaw y gyt eu daoed gwasgarawc a dodi eu swmereu ar eu meirch. H.MSS.II 91.1; see also 173.39.

suyd f. *office, commission, service.* y maer bysweyl a dyly pedeyrarugein ygan y porthaur pan estynher y suyd ydau 68.10. Gober kereishiaul e brenin . . . o tir e bo suyd ohonau mal penhebokeyaet neu disteiniat neu keghelloriat 56.16.—9.11, 26; 16.2; 24.9; 56.16, 17, 18, 27, 28; 62.11; 66.21. y dyn y rotho y brenhin vn or pedeir swyd arhugeint llys breinhawl idaw. A.L.I 444.xxviii. Sef oed y s6yd ef yn wastat ymd6yn peir arthur a dodi tan y dana6. R.B.I 136.10.

suydauc *officer, an official.* 3.17; 6.2; 20.24; 126.4. pl. suydhocyon, suyocyon, suyhoyon, suydychon, suydyochyon 16.10, 26; 19.8; 23.19; 28.1; 38.26. suydguyr *is also used as* pl. *of* suydauc 7.7, 29; 8.1, 25; 9.9-18; 10.15, 16, 17; 12.7; 15.12; 18.29; 19.8, 20; 20.4, 21, 32; 21.4; 25.3; 78.3, 6.

suyn *blessing.* duuyr s. *holy water.* dyuot yr egluys y cymero duuyr s. ay uara eferen 72.10. s.=Lat. signum. Loth.

syc *dry.* gueyr sych *harvested hay.* 114.6.

sechet *thirst.* er hebogyt . . . a dele duyn llestyr yr llys y dody guyraut endau kany dely ef namen tor y sechet . . . rac guander ar y adar 10.29.

seuac *weather poles* (A.O.). [guerth] e polyon seuac ar keybren 99.10. polyon syuageu. Ll.MS. 174, p. 132.5. P.MS. 35, f. 108b.8. [Messyr] tervyn dwy erw dwy gwys a hwnw a elwyr synach (rect. syuach?). A.L.II 268.iv. amhynyogeu (=*door posts*), and Eng. Balk *are likewise used in a similar*

manner as divisions between two holdings of land, etc. cf.
Mod.Ir. stabhac *a stick, lifeless trunk.* Dineen.

semudau *to remove, change, alter.* Ny deleyr semudau hycc
ahkeuarer en rych ar e guel[lt] heb kanyat y kauarwyr 111.15.
Val hyn y dyly brodyr rannv tyr a dayar yrygthunt pedeyr erv
urth pob tydyn a gwedy hynny y symuduys bledynt . . . deudec
yrv yr mab uchelwr 59.8.—111.13. 3 sg. pres. subj. semuto 119.17.
3 sg. pret. ind. symudus, symuduys 59.8; 82.25. pret. ind.
pass. semuduyt 113.10.

senyau (urth) *to look after.* e gostecur . . . a dely s. urth
deodreuen ac urth da e brenyn 15.19. cf. y seith hynny a
drigwys yn seith kyn ueissat y synyaw ar yr ynys hon. W.B.
col. 50.12. s.=Lat. sent-io. Loth.

t' see try, teyr.

t" see tra.

tacuet *November.* 16.23, 25.

tat, tad *father.* 30.23; 33.9, 10; 35.21; 36.7; 37.9, 12, 14;
39.21, 30; 41.5; 44.18; 47.3-25; 49.22; 50.21; 56.12; 60.19; 61.27;
62.15, 24, 27; 70.16-29; 71.4, 22; 72.7-25 73.5-25; 74.4-13; 77.10;
79.3; 125.6-25; 129.5, 16, 17; 133.26.

tadvys *male-succession.* a mab oed hunnv y [y]arll kernyv o
uerch brenhyn lloygyr. ac gwedy dyfody tadvys y urenhyny-
aeth y cauas ynteu hyhy o gogeyl urth y uot yn vyr yr brenhyn
64.19. see mamwys, racuys.

tauaut *tongue.* guerth nau aylauyt gokefurt eu hyn ar pop
vn or deutroet .vi. byu a .vi. ugeyn aryant. . . . Guert e
tauaut kemeynt ac eu gurt venteu oll kanys ef ac eu hamdyfyn
105.18. essef e guil e kefreis ena kanid oes nanin i un tauaut ef
en gerru arnau na dele namin vn tauaut e kennogon y guadu
44.3. O keyll e dyn hunnu prouy uod en kam y uraut a uarnus
er enat kollet er enat y tauaut neu ynteu ay pryno y can e
brenyn yr yguert kefreyt 12.29. cf. Pan dygwydo brawdwr
swydawc llys neu gwmwd neu gantref ygwerth y tafawd tri
pheth a gyll ef yna kyntaf y kyll y swyd eil breint brawdwr
o eisseu swyd. Trydyd gwerth y dafawd. Ll.MS. 116, p. 7.25.—
96.5.—105.18; 120.24. tauaut leueryd. see lleueryd, tauaut rud
red-tongue, one who points out another man to be murdered.
kyntaw [afeyth galanas] yu . . . mynegy y dyn a ladher yr
dyn ay lladho a hunnv a elwyr yn tauaut rud 74.25. see
llowrud. see also Walde *under* lingua.

tauaul *the dock plant;* t. newydd *new grass* (?). teythy dauat blys ac oen ay goruod hyd kalanmey rac er auat eny kafo teyrguala or tauaul neuuyt 93.14. yny gaffont eu gwala teir gweith or gwellt newydd. A.L.I 716.3. yr aelwyt honn neus cud tauawl. A.B.II 273.4. M.A. 86b.31. cf. yr aelwyd hon neu's cud dynad. M.A. 86b.13.

tauelhualeu *jesses.* er hebogyd . . . a dele croyn hyd en heduref ar guahanuyn croen euyc y gueneuthur menyc y a[r]gueyn y hebauc ac y gueneutur tauelhualeu 11.13. tauel *seems to be a trans. of* jactus *or* O.F. jects<Lat. jactare. tauel =Ir. taball *sling.* see O.M.II 289. *so* W. ffondafl *sling.* see hual.

tauodyauc *an advocate, attorney, arbiter.* .ix. tauyodyauc sef eu e rey hene argluyd erug y deu guas efeyryat erug y deu uanac tat erug y deuuab. O byd un or rey a deuedassam ny huchof ny menho dody em pen e try t. ar llall en y uenhu kefreyt a eyrc y dody 30.21.—31.16. Pwy bynac a vo gwell gantaw arall y dadlay drostaw yn y llys noc ehynan kenad yw idaw tewi heb dadleu dim tra myno gynal tafodiawc. y neb a vyno tysty gwall mewn datyl yn erbyn perchen t. tysted ar y t. kany ellir profi vn gwall ar y perchen. Ll.MS. 116, p. 11.19. t.=prolocutor. Ll.MS. 68, p. 147. see rodyat.

1. **tal** *pay, reward, value.* pop un or tryfed heny ef a dely tal y lauur 28.1. essef eu gustul kefreishaul e traian en guell nor tal 45.26.—73.12; 78.26; 82.24; 121.25; 122.15. see aryantal.

2. **tal** *end, extremity.* e penteylu a dele eyste ar e tal yssaf yr neuat ay llau assuy ar e tal drus 5.15. (see neuat.) tal y deulyn *knees* 19.21; 26.5. y le en ellys ental eueyg *upper end* 28.6. (cf. gwyr talbeing. M.A. 10a.) E vydd llewenydd llowned ywr dalvaink. P.MS. 64, p. 148. kroessewir ffraink ar dal vaink ddewi. Rep.MSS.I 862 §9. hen neuad purdu tal unyawn. W.B. col. 202.10. ty . . . un dal nevaddai kalais. P.MS. 67, p. 234.

3. **tal** *a plot of land.* tu a thal *hendiadys for 'a plot of land' given in exchange for another plot which had been taken without sufficient title and upon which houses had been built.* ked barner ydau deuod yr tirr ni kecuuin e gur a oet ene mediant kynt erdau o keill kaffael tu a thal ydau en er un lle ac en kestal e deudir 55.24. *so* Ll.MS. 174, p. 71. *It is assumed in later codices that this is the same as tal 'end,' 'extremity'; and that* tu=side. O deruyd y vrawt adeilat ymlaen y llall, ny dyly kychwyn or lle yd adeilho; namyn rodi yr llall tu a thal

yr lle hwnnw : sef yw tu a thal wrth ystlys neu wrth dal y tir
y bo y llall yn eisted arnaw. A.L.II 48.xxv. ny ellir y yrru
odyno namyn rodi tu athal ymdanaw or neill tu idaw neu or
neill tal. A.L.II 210.xxxiii. *They may be the same word
historically, but in this expression both* tu *and* tal *mean 'a plot
of land,' and* tal *appears to be*=Ir. talam *earth,* Lat. tellus. *It
occurs in several proper names.* Brys uab bryssethach o dal y
redynawc du. R.B.I iii.25. Tal ebolyon (*the explanation in
the* R.B. *text can hardly be accepted as correct*). R.B.I 31.19.
cf. Tal y llycheu, Talacharn, etc. Paradwys i bob prydydd/yw
tal y rain ai tir rydd. P.MS. 70.43b. *so also in* ardal *district.*
Edeyrniawn ardal. M.A. 277b.15. ardaleu. M.A. 206a.9; 240a.
It is written "tir a thal." L.W. 391.

talar *headland in a ploughed field.* e ryghyll . . . a dely or
marudy kyc bulch . . . ar guanaf yssaf or hyd . . . ar uuyall
ar dalar o byt en e dayar ac ony byt talar eyryonennyeu 25.15.
cf. Ir. "Aircend *of the end as contrasted with the sides of a plot
of ground.*" B.L.G. (*where the exact size of the* aircend *is
given*). t. porca. A.L.II 765.ii.

taldrus *end door, the door at the lower end of the* neuadd.
e pen teylu a dele eyste ar e tal yssaf yr neuat ay llau assuy
ar e tal drus ar hyn a uynno or teylu y hyd ac ef 5.16. Trydedd
ran yr neuad yw y tal yssaf : yno y dyly y penteulu eiste, ae
lau asseu ar y tal ddrws ay·deulu ganthaw. A.L.II 586.xvi.
cf. talbord yn y neuad. W.B. col. 222.4. tal ffenestr *gable
window.* Cardigansh. see tal 2, neuat.

taleith see tylath.

talkudyn *the forelock of a horse.* mug march vn guer[th] ae
y fruyn vn guert ae y t. y kebystyr 89.7. precium t. [*antiarum*].
A.L.II 891.xliv.

talu *to give, pay, restore, compensate, to be worth.* ac ni
deleir talu tir ambreiniaul en lle tir a breint ohonau 55.25.
dyly ohonau talu ydy y chowyll 130.21. e kenutey . . . a dely
a uo reyd urth kenuta en llys ac o kyll enteu dym hoheny ef a
dyly y talu 27.5. Os guedi hanner did petheunos o trannoyth.
ac essev achaus yu henne kanyd oys did kubil ac nat yaun talu
drill did en lle did 52.9. Er amaeth ny dele talu er ecchen onys
bryhu 109.11. talu tyr yn waetyr 62.18.—4.7; 11.2; 13.18; 16.26;
27.9; 36.11, 12; 38.31; 39.7; 40.1, 4, 6, 21; 41.12; 45.22, 25; 46.35,
36; 47.36; 48.1, 39; 53.22, 23; 56.27; 67.20; 68.13; 70.10, 16, 17,
20, 21, 28; 71.19, 24; 73.4, 6, 7; 75.24; 76.21, 22; 77.13, 17, 22;
78.23; 82.23; 86.8, 23; 92.14; 112.16; 118.4, 6; 119.13; 122.4, 8, 13;

126.1, 7, 11, 13, 24, 28; 133.28. taly 81.1=daly. 1 sg. pres. ind
talaf, taluaf 46.15. 3 sg. tal .cxx. a tal gueynytuarch 88.13.—
41.16, 25; 42.16 talh; 52.23; 66.24; 70.29; 72.29; 76.12; 77.24, 25;
79.18; 88.12; 93.11, 12; 94.9, 11, 21; 95.2, 4, 5, 17; 98.3, 4, 6, 20;
99.14, 15, 26; 106.8; 109.9; 118.14; 121.8; 125.24; 126.17; 127.2, 9,
21; 128.7; 131.1. 3 pl. talant 77.20; 99.20; 121.14. pres. ind.
pass. telyr 3.5, 10, 14; 35.14; 106.20, 22, 23, 25; 119.3; 120.15;
122.11; 125.5; 127.5. 39.19 for delyr. 1 sg. pres. subj. taloef
46.14. 3 sg. talo, talho 17.26; 36.27; 37.8; 39.21; 40.2; 73.10;
79.18; 125.8; 127.22. 3 pl. talhoent 76.26. subj. pass. taler
66.28; 122.17; talher 42.23; talhel 63.1. 3 sg. impf. ind. taley
127.23. impf. pass. telyt 73.12. 3 sg. imp. subj. taley 127.23.
3 sg. pret. ind. act. talus 40.21. 3 sg. imperat. talet 12.31;
19.9, 10; 26.26; 29.13; 30.1, 14, 18; 33.19; 36.12, 15, 27; 37.23;
38.7; 39.1; 41.21, 22; 44.11; 45.29; 47.18; 49.18, 24; 50.31; 53.30;
63.21, 22; 68.28; 69.4; 74.27; 76.10; 79.24; 85.24, 25; 86.1, 6, 7,
15, 17; 87.4, 9, 11; 89.19; 92.15; 98.25; 99.6; 109.12; 119.27;
120.6; 127.1; 129.15; 133.20; 134.6. 3 pl. talent 34.4; 40.5.
imperat. pass. taler 34.5; 35.13; 41.19; 120.3; 134.17. see
teledyw.

talym *course.* y naud eu hyd eparhao t. e march kantaf 13.28.
t.=redec 22.1. cf. daideg gyfra march. Rep.MSS.I 1053 §259.

telyessin pr. n. ac ena eth aethant guir aruon en e blaen ac
e buant da eno. ac e kant delyessin kikleu odures eu llaueneu
kan run en rudh bedineu guir aruon rudyon eu redyeu 42.9.

tan *fire.* Puybynnac y barner ydau dadanhud bvrn a beych
oe ryuot ay wurn ac ay ueych ay dan ae ehun ay y dat kyn noc
ew en kyuanhedu ayluyt ar y tyr 60.28.—3.27; 5.9; 8.15; 11.27;
24.15; 26.13; 36.26; 69.23; 70.1; 85.14, 17, 26; 86.4, 11, 13;
87.1, 3, 10.

tan, adan *under.* adan+pron. suff. 3 pl. adanunt, adanadunt
14.14. gwyr a uo adan esgyp 63.27. yna yd a adan lau y
beryglaur ac y cymer guedeu arnau 70.21. o deruyt e greic bod
rodyeyt ydy adan e haguedy e dle wod 33.2. a guneythur cam
ohonau adan e creireu 51.18. adan try heynt e deleyr uod am
teyhy marc rac e dere try gluyt, etc. 88.17.—14.14; 24.6; 40.9;
49.35; 63.26; 64.4, 6; 92.4, etc. amdan *for.* ac ony ellyr cafael
hynny punt am daney 69.11. yadan. .IIII. suydauc arugeyn
yadan e dysteyn 6.2.

tanu *to spread.* gwneythur y guely. atanu y dyllad arnau
14.15.—22.22; 40.8; 96.17. 3 sg. pres. subj. tano 22.22.

tarader *an auger.* [guerth] t. perued .I. 100.5.—33.20. Ir. tarather. see Z². 1061.

tarau *to strike, smite.* gostecu a tarau e post 15.14.—3.12; 25.4. 3 sg. pres. subj. traho 19.17.

taru *a bull.* Nyd yaun dale taru un amser en hol bucc teruenyt 116.9.—25.19; 121.11. pl. teyru 116.3, 7.

taruheyd *the second swarm of bees that leaves the parent hive.* guerth henlleu .xxIIII. guerth kynteyt .xvI. guerth taruheyt .xII. e tredet hey[t] .vIII. 98.9.—95.15, 16; 98.11. *It is written* tarwheit. P.MS. 35, f. 107b.23; 108a.1. t.=Bret. tarvhed. cf. Ir. tarbha *'profit,' 'gain,'* etc. Dineen.

taryan *a shield.* [guerth] taryan .vIII. o byt kalcc llasart neu eur galtc .xxIIII. 102.21. *Scutum coloratum auricalco, vel argenteo, sive glauco colore.* A.L.II 866.civ.

taulburt *gaming board, chess-board.* [guerth] t. o byd o ascurn moruyl .Lx. o byd blayn corn hyd .xxIIII. o byd corn eydyon .xII. o byt t. bren .IIII. k. 100.2.—12.3; 15.4 talburd; 99.24 taluburt. clauur t. 103.23. Tawlbort brenhin chweugeint adal, ac ual hyn y rennir: trugeint ar werin wynnyon; a thrugeint ar y brenhin ae werin; ac ual hyn y rennir, dec arhugeint ar y brenhin, a dec arhugeint ar y werin, sef yw hynny, teir keinhawc a their ffyrllig ar bop vn o werin y brenhin ar gymeint ar bop vn or werin wynnyon sef achaws y gedir vrenhin gymeint ac ar ar wythwyr, wrth chware ac ef kymeint ac arwythwyr. A.L.II 94.cxlix. *In* P.MS. 158 *there is a rough sketch of the* tawlbwrdd *or* talbwrdd *as it is called there " divided into* 110 *squares in* 5 *white columns and* 5 *shaded columns of* 11 *squares each."* see Rep.MSS.I 943. taulborth [*abacus*]. A.L.II 775.xxix, etc.

tayauc *a villein.* Try anhepkor tayauc y kauen ay truydeu ay pentan 29.6 (*v.l.* cauyn—trothyv—talbren. P.MS. 36a.124, etc.) teyr keluydyt ny dely mab tayauc eu descu heb kanyat y argluyd . . . sef eu henny escolectau[t] a gouanaet a bardhony 29.30. try pheth ny eyll tayauc yu guerthu heb kanyat y argluyt amus a mel a moch ac os guerth byt dyruyauc ual kynt 29.17.—38.13; 95.12; 104.8. see W.P. p. 191, note.

te see ty.

[tebygu] *to surmise, suppose.* puipennac a gusto gust adeuedic a tebiccu honau ef vrth na does vach arnau bot e guestel en anilis nini a deuedun dikutau hunu ae y vod en dilis 46.4.—45.21; 132.28. 3 sg. pres. subj. tybyco 133.7. tebyg- *and*

s

tybyg- *are often used without any apparent distinction.* tybygei W.B. col. 442.38=tebygei. *Ibid.* p. 222.1. *so* col. 447.39, p. 224.41, etc.

tetyf (?) (*axe*)*head* (?). e gof llys . . . a dely gueneuthur reydyeu e llys en rat eythyr tryfed sef eu e rey heny guarthaual kant kallaur a kyll kulldyr a t. buyall kenut a pen guayu 27.28. L.W. (66, note) *suggests* nedyf.

tec *fair, just.* ynteu a eyll kymryt teyr ceynnyauc yn lle y teyr punt ac yn dec y gyureyth 78.26.

tecgo see dwyn.

tegh see tyghu.

teguarchen see tyuarch.

[**teledyu**] *complete.* super. teledyhuaf *best.* Bukeylky a el e bore emalaen er escrybyl ac a del e nos en eu hol er eydyon t. a tal 95.4.—43.11. teledyw [*integra*]. A.L.II 807.xii; 859.xx. t.=taladwy. P.MS. 169, p. 329. cf. A.L.I 568.xvi. Buch a uyd taladwy oe heil llo hyt y pymhet [ac] ych or trydet ieu hyt y whechet. *so* P.MS. 36a, p. 94.7. ni bu wreic delediwach no hi. R.B.I 45.9. cylch y lleuad taladwy (*full moon*?). D.G. ccviii.51. eithr ei chariad taladwy. *Ibid.* xiv.19. teledyw *appears to be the same as* taladwy, *verb. adj. of* talu '*vendible*,' *possessing the full* teithi *necessary before full price could be asked for anything on sale.* cymynedyw (=Mod.Dimet. cymadwy[e]?) *appears to have much the same history.* telaid *seems to be formed from this* teledyw. *see* M.A. 355b; 362b; 371a.

teledyuruyt *prime.* ac euelly hyd e pemhed lo a hyd hynne e tryc y teledyuruyt 91.6.—101.24. cf. telediwet. R.B.I 45.18.

telyn *a harp.* pop penkerd telyn a dele ykan e keroryon telyn guedj edemadauoent a telyn raun a menu bod en kerdaur keueyas, etc. 128.14.—6.6; 29.5; 99.20, 22, 27; 128.9. see crud.

tenh see tennu.

tenllyf *lining* (?). e ryghyll . . . a dely . . . .ix. uedtyt kalangayaf peys ac krys a llahudyr heb tenllyf 25.9. Righill . . . ny byd tennllif yny lawdyr. Ll.MS. 69, p. 35.12. *Precco non debet habere* tenlyf [*duplicaturum*] *in braccis suis.* A.L.II 765.v.—II 831.iv. Tenllif *linostema.* Sir T. Williams (*quoted* L.W. 61.5, note).

teruyn m. *limit, boundary.* Puy bynnac a dorro t. y rug duy drew oy eredyc y brenhyn a dyly yr ychen ay hardo ar gwyd etc. 68.24.—24.30; 68.28; 69.4, 5.

teruynu *to define or mark the limits, to end.* O deruyd ymderuynu yrug deu ur gymreynt am tyr ar neyllrey yn t. hyt racu ar lleyll hyt yma 69.2. or pan decreuho ef kanu en e llys hyd pan terueno ef e kanu dyuedhaf 28.19.—42.17; 59.3. cf. R.B.I 264.4. Ae gyttirogyon o wybot hynny yn camderwynnu wrthaw. ac yn chwenychu y dir.

teruenyt *in heat, tufty (of cows).* Nyd yaun dale taru un amser en hol bucc teruenyt 116.10.—116.6 teruen; 116.8. terwenyd. P.MS. 35, f. 79a.1. Ll.MS. 174, p. 144.21. *Admissum.* pryt cydio, tervenydh buwch, marchogiat cassec, rhid geifr, llawd moch, hydref ceirw neu hychot hydhvref, dyre ar veirch. P.MS. 228. cf. aimsir dara, echmarta, latha, and reithe *for cows, mares, sows, and ewes respectively.* B.L.G. p. 285, note.

tet f. *teat, a dug.* y llo a dele ememdeyt nau cam a dedellu groesyn oe phedeyrthet 90.20.—91.12; 93.17. see dedellu.

tethy see teythy.

teu poss. pron. 2 sg. nat oes dym or teu dy gennyw uy 81.5.

teulu, teylu *household, retainers.* pan uo reyt menet e teulu y anreythyau neu y neges arall 7.4. Try anhebkor brenyn eu efeyryat . . . ar egnat llys . . . ay teulu urth y negesseu 29.3. gur ar teulu=penteulu. Galanas gur ar deylu pedeyr buv a petwar ugeyn mvu. . . . Galanas bonhedyc canhuynaul ac alldut brenhyn teyr buv a tryugeynmvu 78.7.—3.18; 5.17; 6.8, 16; 7.1, 2, 4, 9, 25, 26; 8.7, 21; 11.28; 12.14, 17; 15.2; 29.3; 67.4, 9; 71.2. a dywedut 6rthunt a wnaethp6yt. nat yr amharch arnunt y dodit is lla6 y teulu. W.B. col. 159.25.

tewed *thickness.* llet tryuys yn y thewet 69.10. kyn tehet, kyndewet *as thick as* 3.9; 69.22, 26.

tewy *to be silent.* Puybynnac a holo peth a dyuot yr maes ac yny maes kylyau ohanav a bot yn well ganthau t. no holy 130.2.

teyl *dung, manure.* ny dyly nep atal gardeu ganthau yn herwyd breynt teyl namyn un wluydyn. canys pop bluydyn y dylyir y theylav 63.17.—63.20; 132.22. see brandeyl, buarthdeyl. a wely di y garth mawr draw. . . . Diwreidaw hwnnw or dayar a uynnaf ae losgi ar wyneb y tir. hyt pan uo yn lle teil idaw. R.B.I 120.20.

teylau *to manure.* kauell teylyau *pannier for carrying manure.* 102.1. see teyl, kardeyl, brandeyl.

teyr, teir *three* (fem. of) *try,* teyrgweyth *three times* 9.4; 10.25; 77.26. teyr deueyt 93.18, etc.

teyrnwyalen *sceptre.* kyn no duyn coron lundeyn a theyrn-wyalen o sayson 64.17.

teyspan *a coverlet.* [guerth] t. .vIII. 104.23. teisban=torssed ne garthen. P.MS. 169, p. 330. see Med. Law 94.16.

teyssen *a cake.* e popuryes . . . a dely . . . seyc . . . a theyssen dyuet poby o pop amryu ulaut a popo 27.17.

teythy (a) *legal or standard qualities.* Guerth cath .IIII. y teythy guelet a clebot a llad llechod ac na bo tun en y heuyn a meythryn ac nad esso y kanaon 93.23. y theyty tennu kar en alld ac egguaeret a bot en ebolyauc 90.10.—88.17 teyhy; 92.14 tethy; 93.3, 12, 15; 94.2. t.=kybhiownder. P.MS. 118, p. 497. t.=Ir. techte *law, right, legal, due.* W.W. see also techta *lawful, proper, right.* B.L.G.
(b) *price of special qualities.* euernyc eu vn blyth. Sef eu y teythy .I. a dymey 93.21.

t'uo=tra vo 27.19, etc.

t'fed=try pheth 27.26, 29.

t'ket see trygau.

tir see tory.

tlus m. *precious thing, treasure, jewel.* pop tlus brenyn y fuoleu ay uodruyeu ay kyrn 99.18. try thlws kenedyl y gelwyr melyn a choret a pherllan 63.12=*tria cimelia generis.* A.L.II 780.xi. pl. tlesseu 4.3; 48.37; tlysseu 60.14. ouer tlesseu *official regalia* (?). ef a dely tahulburth o ascurt moruyl ykan eurenynes ac arall ycan e bart teulu ar ouer t. henne ny dele ef nay guerthu nay rody 12.5. see ouer. tlws=tryssor. P.MS. 169, p. 330. Ir. tlus i. spreid, *cattle.* W.W. beothlus *live cattle.* M.C.

t'nohes see tranoeth.

1. **to** *thatch, roof.* to ty ay acgure trayan guert e ty 99.11. geueyl trefcort . . . en pethendo neu en tyglys 86.13.—111.6. see achwre.

2. **to** *a set.* .IIII. pedhol ac eu to hoelyon 6.22.—10.4; 24.5; 90.1. cf. to o beleidyr. R.B.I 254.7. to *generation, age.* M.A 141b.21. W.B. col. 285.6.

tom (a) *mound, dunghill.* greyc tayauc ne eill rody djm namyn benfeckyau y goger val e clguer y lef jar e tom yeu duen atref 38.14. tom ty *dunghill* 101.25. cf. gwnaeth Afloedd gastell Cadarn ae tom ae ffos ettwa yn amlwc. M.A. 722a.3.

(b) t. in genit. or cpds.=*domestic, rustic, powerful.* kostauc tom *a mastiff* (?) 49.23, 26.—95.1 kostaut t.=[*canis domesticus*]. A.L.II 873.xxx. cf. March tom neu Gaseg dom, un werth ac un ddyrchafel ynt ag Eidon, eithr eu teithi. Teithi March tom neu Gaseg yw, Dwyn pwn, a llusgaw carr yn alld ac yng ngwaered. L.W. 233 §36. Tri thom etystir inis pridein. B.B.C. 28.1. marchawc y ar caduarch mawr tomlyd. W.B. col. 390.11. Llawedrawc yn hen Gymraec yw tomawc. A.L.II 96.cli. precium cujuslibet eque est, sive grewys [prolifere] sive tom [operantis.]. A.L.II 861.xxvi.

tonuo *to turn up the earth (with the snout)* (?). guerth porchell or nos e ganer hyd eny el en tonuo .k. hyd tra uo en denu .11. 92.26. *v.l.* donuoy, donnau (A.L.I 276). A.O. *translates this:* "*from the night it is farrowed until it dung.*" A.L.I 277; *the Latin laws however imply* "*going out of the sty*" *as the meaning.* Porcellus, quamdiu sit in hara, foras non exiens. A.L.II 862.xxxiv. Tonuo *seems to be a compound of* ton=*turf, skin, etc., and* mo *which appears to mean 'to stir,' 'shed,' 'cast,' etc. There is another expression in the B.B.Ch. which appears to convey the same meaning as this.* e perchyll becheyn or pan emcuelo bysguelyn ay truyn 113.3. cenfo (W.B. col. 252.26) '*shedding scales,' etc., appears to be a word similarly formed, though* R.B.I 185.11 *has* kennoc. Rhuduoawc *which acc. to* Dr.D. *means* ' qui terram post se rubricatam relinquit . . . vel effusio hostium sanguine," *appears to be another compound of this.* (see M.A. 155b; 187b; 215a; 224a; 237a, b; 239a; 251b; 257b; 260b. R.B.I 303.5 sqq.) *As for* cenfo *it must be remembered, however, that* fo (=ffo) *is used in* Med.W. *in a trans. sense.* ffoes=*put to flight.* M.A. 727a.. crettffo *renegade* (?). M.A. 287b.

torr, ar torr *against, against the will of.* Ni eill e tat adau amod ar mab naman kan y kaniat e mab ac ni eill e mab gu[n]euthur amod ar tor e tat ar tat en byu 50.22. *v.l.* treissaw y tat. P.MS. 35, f. 45b.3. cf. Dioer heb hi ni chawn welet lliw y weilgi gan bop llong ar torr y gilyd W.B. col. 99.14. Ac yna nys gohiryassant neb oe wyr namyn mynet ymywn ar tor ykysgaduryeit a rodi dyrnodeu agheuawl udunt. R.B.II 48.12. ac yn menegi bot ymor yn eu kymell yr tir ar dorr eu gelynyon y eu llad. R.B.II 124.7. can ni ddyly anvreiniawg dervynu ar dor dyn a breint iddo. M.A. 952b.43. see R.B.II 97.31; 138.24; 157.23; 235.3. A.L.I 778.x. cf. (erbyn<) ar+pen. Ir. tarr '*lower part,' 'bottom,' etc.* see Ped.I p. 83.

tor see tory.

torc *a band, collar, ring.* t. mylky gurda .iv. keynyauc 101.19.—101.17. pl. torccheu. e keylguat a dele dyguallu e pestelyeu ar yeuuedon . . . os hyrguet vyd e t. beccheyn a guyeyll e doleu 112.3. Amws yn pori allan a milgi heb y dorch colli eu breint a wnant. Ll.MS. 116, p. 16.12. t.=Lat. torquis. Loth p. 211.

torkeghel f. *saddle-girth.* [guerth] t. .ii. 103.2. *uentris lora gl.* torcigel. Z². 1062.

torth *a loaf.* chwethorth o uara . . . o byd gwenythdyr chwech onadunt yn beyllyeyt ony byd gwenythtyr chwech yn rynnyon . . . ac yn gyulet ac o elyn hyt ar y durn ac yn gyndewet ac na plycey yr eu daly erbyn y deuemyl 69.19.— 25.16. see Loth p. 211.

tory, torri *to break, violate.* llosgy tey a thorry aradr 63.8. Teyr fordh e sereyr e urenynes un eu tory y naud a rodho 3.11. kany dely ef namen tor y sechet 10.29. (see A.L. 484.iii; 604.xxviii.) puybynnac a dorro moruyndaut gwreyc 130.20. ac euelly ekerdha er eruuy o oreu y oreu er ecchen eythyr na torryr er yeu er reghunt *no distinction is made between the two oxen under the same yoke* 107.23.—7.23; 34.18; 43.1; 78.17; 106.1; 114.10. 3 sg. pres. ind. tir 50.23; tyr 89.10. pres. ind. pass. torryr 107.23; 114.22. 3 sg. pret. torres 43.7. 3 sg. pres. subj. torro 10.1; 52.23; 68.24; 130.20. 3 pl. torhoent 109.7. pass. torrer 2.23; 114.10.

tra prep. *beyond, over.* os or ynys hon . . . os tra mor yd henynt 64.12. haul tra bluydyn 133.1.—63.7; 64.12.

trachefyn *behind, back, backwards, again.* Ar kanllau ar e llau arall ydau. ar rigyll en seuill trakeuen e keghaus . . . ay kanllau or tu arall ydau a rigill traigeuen entheu 52.18. kanyd emchel traykeuen ar e kenedl 39.15. with poss. adj. 3 sg. m. tra-i-geuen *behind him.* traygyuen 62.17. 3 sg. f. tra-y-chefyn 133.3. 3 pl. trac-eu-keuen 56.1.—25.17; 29.22; 46.9, 39; 51.17; 53.7; 62.17, 19; 72.27; 133.3, 5.

tra conj. *while.* ef a dely seuyll erug e depost a guyalen en y llau rac llosky e ty tra uo e brenyn en buyta ac euet 25.2. hyd tra *while.* ac hyd tra uo ef ar e kylc hunu e dele uod suy[d]guyr ydau 7.29.—8.28; 11.4; 13.12; 20.11; 25.3, 21; 44.12; 49.7; 73.6; 82.10; 91.15; 92.26; 112.22; 133.9.

traeth m. *beach, strand.* eythyr o buru y mor betheu yr tyr neu yr traeth hunnv byeuyt y brenhyn 63.11.—63.9.

trafnydrau *to exchange, barter, traffic.* O deruyd y dyn mennu guerthu hycc or keuar rekeuarer ny dele y guerthu eny darfo e keuar nae y trafnydrau 108.20. trafnidraw. P.MS. 35, f. 81b.23. *so* P.MS. 81b.23. Ll.MS. 174, p. 140.3. a chet ys trafnitro tat y tir. P.MS. 35, f. 74b.17.

tragywydaul *everlasting.* Ac yna y dylyant vynteu ygan y genedyl arall llv canhur ar uot yn uadeuedyc eu car a chymot t. a dyly bot yrygthunt y dyd hunnv 77.1.—77.1 ; 131.8. cf. cywydd *which appears to mean 'this world'* in B.Tal. 7.3 ; 31.22.

tranoeth, tranoes *the morrow, the next day after any fixed time.* ny keif atep hyt tranoeth guedi calan 48.33.—14.16 ; 16.13 ; 22.22 ; 23.32 ; 26.27 ; 35.28 ; 36.2, 3 ; 39.27 ; 48.34 ; 52.8 ; 53.38 ; 72.20 ; 73.23 ; 79.21 ; 88.1 ; 96.18 ; 125.9.

trauskeyg *a lateral branch.* guert[h] t. a kerho o kallon e pren .xxx. 97.17. cf. erchis ynteu trychu y coet or parth h6nn6 yr ll6yn. A chymryt y kyffyon hynny ar tra6sprenneu ac eu gossot yn eu kylch. R.B.II 188.8.

traustele *cubicle, alcove* (?). e gur pyeu e kallaur ar brecan a gobenyd traustele 33.20. A.L.I 752.4 *has* y gwr bieu y bryccan ar nithlen ar gobenyd tyle. tyle *couch, bed.* W.B. col. 203.16. t.=*house.* A.L.I 522.xcix. Tri pheth a gadwant gov tir a tyle . . . pentanvaen ; meini odyn ; ac esgynvaen. cf. A.B. 171.4. Tei a threfneu a thyleeu. tyle=Ir. tolg *bed.* B.L.G.

trayan m. *a third.* trayan ar e llowrud a deuparth ar y plant 129.4.—4.18 ; 6.13, 16 ; 10.11 ; 11.10 ; 12.15 ; 13.20, 29 ; 15.3 ; 16.28, 29 ; 17.3, 5, 24, 27 ; 18.29 ; 19.29 ; 20.31 ; 21.4 ; 22.3 ; trayn 86.1 ; etc, pl. -eu 76.24. see deuparth.

trayanguerth *one-third of the value.* y guerth eu t. e brenyn 6.3.—4.17.

trayanu *to divide into three, to go thirds.* Ac o trayan e brenyn ef a dely trayan. ef eu e trydedyn a deley trjayanu ar brenyn. e deu ereyll eu e urenynes ar penhebogyt 7.14. cany ellyr trayanu petwargwyr 79.8. 3 sg. pres. subj. trayano 83.1.

trayn see trayan.

traythu *to narrate.* ema e decreuun ny traythu o huyth a perthyn ar e urenynes 20.26. 1 pl. pres. ind. trayhun 23.19 ; 28.30. pret. pass. trayhuyd 20.24.

tref, trew f. *the fourth part of a "maynaul" consisting of 256 acres, hamlet.* pedeyr gauael ym pob trew. pedeyr trew ym pob maynaul. a deudeg maynaul a duydrew ym pob kymut. y duydrew a dyly bot yn reyt brenhyn. vn onadunt a dyly bot

yn tyr maertrew. ar lleyll yn dyfeyth brenhyn 65.14. O
deruyd ennunhu ty emeun tref talet ef e deudy nessaf herbytyus
atau 86.17.—6.7; 59.16; 60.2; 65.9, 15, 23, 25; 66.6; 68.25; 69.4,
26, 28; 74.29; 86.17. see byleyndrew, maertrew, treftat.

trefcort *a hamlet.* *try* tan ny dyukyr tan godeyt maurth a
tan geueyl t. . . . a tan eneynt t. a uo seyth uryt yurth e tey.
ereyll 86.11. bukeyl trefcort 31.12. Llyma fessur trefgordd
cyfreithiawl : naw tei ac un aradyr, ac un odyn, ac un gordd, ac
un gath, ac un ceilyawc, ac un tarw, ac un bugeil. A.L.II
692.ix. *pastor communis ville, id est, trefgord.* A.L.II 841.viii.
see corthlan. cf. preidord gwarthec. P.MS. 36b. 46.1.

treuen *a closet, privy.* Nautey a dely myleynyeyt e *brenyn*
y guneuthur nehuat . . . treuen uechan kerner, etc. 30.10. *v.l.*
ty bychan. A.L.I 78.xvi. cf. Eil pla llyffeint lluossawc.
Llewyssynt ffronoed. Tei a threfneu. a thyleeu. A.B.II 171.3.
Treiddieis ni ohiriais hur/trefnav medelav dolur. P.MS. 67,
p. 56. Lle6ych drefyneu I gymrye g6led. M.A. 273a.53.
muda6 trefneu dy dy ac ell6g dy loi ath berchyll allan. Ignat.
Williams MS. f. 31. trefneu tryth. M.A. 148b.41. *It appears
at times to be used as a dimin. of tref a house.*

treftat, trewtat, trew ˙y tat *patrimony, inheritance.* y
gyureyth a [dyweyd] eylweyth na dyly un mab trew y tat namyn
y mab hynaw yr tat or wreyc bryaut. kyureyth hywel ay barn
yr mab yeuaw megys yr hynaw 62.24. O deruyt roy Camaraes
y alldut a bo[t] plant meybyon vthunt. e plant a dele trestat o
uamuys 39.16.—37.9; 59.17, 21; 61.22-29; 62.5, 26; 74.4, 8; 125.1;
128.24.

treftadauc *an inheritor, one who has come into a patrimony.*
essef t. mab a adauha e tat guedi ef 56.11. ni eill alldut bot en
vybitiat ar t. 54.19. gwreyc a rodlio y chenedyl yn gyureythyaul
y alldut . . . greyc a dyco alldut treys yarney . . . gwreyc a
rodho y chenedyl yguystyl alldudet . . . rey a dyweyt am
ueybyon y ryu wraget hynny kent boent trew tadogyon nat ynt
bryodoryon 62.8.—56.12, 13. 128.26 pl. tref tadogyon 62.7.

trestat see treftat.

treul *wear, consumption, cost.* ny dyhukyr djm ydy o treul
deynt ac jstlys 36.20. ay holl treul o kofres e brenyn hyt en
oet e fruyn ay ueyr[ch] ay kun 4.1—20.17. *With* treul deynt cf.
Hur yr en a byta fyno. H.G. p. 119, v. 7.

treulyau *to consume, spend, wear.* O byt arkefreu jdhy byt
hunnu en ditreul hit empen .vii. blenet. os hytheu aey canada

y treulyau ef ny dyhukyr djm 36.19. 3 sg. pres. subj. treuyho 9.1.

trey *ebb.* llanu a trey *the sea.* roy oyt . . . naunieu o bit en e tredit [kemut] neu uot llanu a trey eregthun ac eu porth 52.7.—53.37. Ir. trāgud *ebb.* see Walde p. 788.

[**treyglau**] *to go about, change, circulate.* vb. adj. treicledïc *circulating, going from one hand to another.* Nit reit kemrit mach ar dilesruyt ariant nac ar tlesseu t. cae a kellel a guregis nac arvieu heuit 48.37. =ar dylyseu kerdedic. Ll.MS. 116, p. 89.34. =tlysseu redegoc. A.L.II 240.xi. Pob pentre pob tre pob tir a dreiglant. M.A. 29a.41. see treygyl.

treygyl *course, journey, turn, time.* esef eu gouuyn o keif hy y gur gan gureic arall talet y gur ydy hy .cxx. e treygyl kentaf. am er eylgueyt[h] punt 38.7.—41.13. yr anniueil hynaf yssyd yn y byt hwnn a mwyaf a dreigyl . . . ac ny chiglef i dim y wrth y gwr a ouynnwch chwi. onyt un treigyl yd euthum y geissaw uym bwyt hyt yn llynn llyw. R.B.I 130.14, 22.

treys f. *rape, abduction, anything taken by violence.* sef eu treys popeth a decker eguyt o anuod 85.1. greyc e decko alldut treys arney 39.26.—37.16, 19, 23; 40.14, 15, 19, 20; 41.11, 18; 62.2; 87.17; 130.19; 133.16, 18, 25, 27, 28; 134.1. Teithi tereis : llef; a chornn; a chwyn. A.L.I 614.xiv.

troet *a foot.* guer[th] troet march y guer[th] en kubel 88.23.— 35.7; troeth 43.1; 68.28; 105.22; 106.10, 11. pl. traet, trayt 24.10, 10; 26.5; 100.21.

troydauc, troydyauc *a footholder.* er eyl [suydauc] eu troydyau[c] . . . ef a dely daly trayt e brenyn en y arfet or pan decreuho eyste egkeuedac eny hel y kesku ac a dely kossy e brenyn 24.8.—5.8; 9.30; 23.21. troyauc 5.8.

troetued m. *a foot measure of nine inches.* teyr moduet yn llet palyw. try llet palyw yn y troetued 65 :4.—59.11; 65.4, 8; 107.9, 10, 11.

[**troell**] pl. trohelleu *wheels.* [guerth] prenyal guedes . . . e caruaneu ar tohelleu .viii. trayan ar e trohelleu 102.20. cf. gwerthydu y troylle. (*Treatise on Milling.*) P.MS. 56, p. 83.

troryt *a vice* (?). orth a kamec . . . a kuysyll a troryt 102.2. *v.l.* trooryd, tryforydd.

tros prep. *over, beyond, for.* tros+pron. suff. 3 sg. m. trosdau, drostau 47.18; 50.27, 31; 66.20; 69.24; 70.16, 17, 26; 73.24; 120.18; 133.11. 3 sg. f. trosty 41.21; 126.24. 3 pl.

trosdunt 40.5; 119.1; 120.3. y naud eu duy*n* dyn dros teruy*n*
tyr e llys 24.30. alldudyon tros vor neu o gulad arall 85.7. o
deruit na bo mab idau sauet er argluit en e le a talet trosdau
47.18. tros y euellys *against his will* 116.1.—10.12; 20.11; 23.15,
30; 24.24; 40.3; 47.12, 25; 48.23; 50.20, 28; 68.10; 70.20; 71.19;
77.17; 79.27; 89.18; 115.9; 118.16, 26; 120.3; 126.9; 134.6, 28.

trotheu *threshold.* am e trotheu .1111. 99.8.

troyauc 5.8. see troydauc.

trugaret *grace, favour.* Denyon aghefyeyt ny huyper bed a
deueteient . . . nyd kymeredyc eu hamadraut onyd trugaret er
argluyd 121.2. Ir. trocaire.

[trugarhau] *to pity, favour.* dyn mud ny telyr ydau na saraet
nac atep . . . onyd er argluyd a drukarhaa urthau ac a ryd dyn
a deueto drostau 120.17.

trullyad *a butler.* Tredyt [suydauc] ar dec eu e trullyat . . .
ef a dely guarchadu e uedkel 18.19. cf. trvll=bwtri. P.MS.
169, p. 330. see trull. Loth p. 213.

trullyau *to serve liquor.* e trullyat . . . a dely trullyau e
llyn a rody y baub kemeynt ay kylyt 18.25.

trudeu see truydeu.

truy, druy *through, by means of.* truy+pron. suff. 3 sg. m.
truydau 123.25. duruidhau 56.13. pop anrec a el truy e porth
25.29. yoruerth . . . . druy audurdaud e keuarhuidyt ay
kadarnhaa 46.7. sef ev gur douot din a del duruidhau ehun ar
tir 56.13. gorset escob a gorsed abat pop un onadunt a dele
dale y orsed truydau ehun 123.25.—25.30; 26.4, 14; 42.3.

truydet *guest, visit, hospitality.* O deruyd y dyn dyuot yn
truydet dyn arall ac ysgrybyl ganthau neu a da arall pan el
ymdeyth ny dyly uynet ganthau nac epyl . . . na dym namyn
kymeynt ac a doeth ganthau 132.21. llyma y corr yn dyuot y
mywn ar dothed oed blwydyn kyn no hynny y lys arthur ef ae
corres y erchi trwydet y arthur. W.B. col. 123.4. cf. Ac yn
hynny wedi bot Gruffudd blwyddynedd yn Iwerddon megis yn
trwyddet gyda Diermit. M.A. 726b.23. Tri chyfredin cenedl:
pencenedl; teisbantyle; a mab gwraig a rother o vodd cenedl
i estron: sev cafant bob un or tri eu trwydded o ereidr y genedl.
A.L.II 530.cxxxi. Kan pen teyrnet poed hir eu trwyted. M.A.
192a.41. Tair celvyddyd vreiniawl y sydd, a braint trwydded,
nid amgen no phumerwi rhyddion tir a chyvarwys i bob un o
naddynt. M.A. 925b.14. Duw a brofed ynn yn drwydded,
Drwy ei drallawd. M.A. 268a.43. see also A.L.II 546.cxciii.

M.A. 927 §80. B.B.C. 105.12. cf. trwyddedawg *guest*. M.A.
844a.21. A.L.II 548.cxcvii; cxcviii. *Homo* truidedauc [*permissus*].
A.L.II 892.li. Ar drydet allawr a anlloued o nef/Gwynn y uyd
y thref gan y thrwyted. M.A. 249a.4. ath groeso sy vry ar
vron/a thrwydhed fyth ath rodhion. P.MS. 120, p. 592.

[**truydeu**] **trudeu** *an auger, lance*. try anhepcor tayauc y
kauen ay tru[y]deu ay pentan 29.6.—100.16. *v.l.* Tri anhebgor
taiawg : pentan; glaiv; a chavn. A.L.II 562.ccxl. Truan
mor glaf yw Dafydd;/Trwyddew o serch trwyddo sydd. D.G.
cxx.2. cf. trwyddo *to pass through*. Pughe. Galen peirian a
arverent y llawvedycon a elwid hefyd Terebra, Trwydhew.
sub. voc. Abaptistum. P.MS. 228. Ll.MS. 174, p. 37.4 *has*
trotheu. P.MS. 36a, p. 124.18 *has* trothyw. *so* Ll.MS. 69, p. 61.5.

truyn *the nose*. Ny dyukyr guaet deynt a guaet crac a guaet
truyn 106.22.—105.8; 113.3.

try, tri *three*. try thlus 63.12. try cham 65.4. try trayan
76.22. *try* fedh 30.11. trifeth 48.39, etc. trynau ugeyn 75.4.
trydyblyc 75.16.

trebet *a trivet*. [guerth] t. damdung 101.16.—33.22.

trychannvr *three hundred men*. trychanvr 77.2, 3; trychan-
nvyr 75.3.

trydyt, tredyt, tredet, tedet *third, one of three*. telyn y hun
a crud y arall a pybeu yr tredyt 128.10. tredyt anepcor brenyn
eu y teulu. e deu ereyll efeyryat teulu ac egnat llys 8.7.—8.29;
12.20. tredet f. *is also used as* masc. tridet gur 56.11.—3.3;
3.12; 7.17; 9.3; 12.20; 15.32; 21.23; 23.21; 24.17; 38.18, 21; 46.38;
48.5; 52.7; 56.8, 10, 11; 62.14; etc. trydyt ar dec *thirteen* 18.19.
trededet *third day* 54.1. trededyn *one of three men* 4.13; 7.14;
17.4; 125.12. drydellau *third hand* 82.14. tryderian *third part*
3.13.

trydyeu, tridyeu, trideu *a space of three days*. 52.6; 53.35;
60.29; 72.21; 83.13; 86.3; 87.16; etc.

tryuys *three-finger*. a llet tryuys yn y thewet 69.10.

trygau *to remain, dwell*. ac os tra mor yd henynt ny dylyant
trygau yma namyn hyt ar y gwynt kyntaw 64.12. ac o hynny
duy ran yr tat ac un yr uam. ac or hyn a dryc yr plant . . .
duy ran arnunt 76.17.—64.11. 3 sg. pres. ind. tryc 76.17; 91.6;
92.8; 113.8. 3 pl. trygant 64.14. 3 sg. impf. ind. trykey 113.10.
3 pl. pret. ind. trikassant 42.11. 3 sg. imperat. tryket 8.4; 43.10.

triskud m. *a satchel, woman's work-bag*. e greyc pyeu e
badell . . . ar triskud ac auo endau eythyr eur neu aryant a

hunu o byt eu rannu sef ev triskud e llaucud 33.23. *v.l.* tritkud.
A.L.I 82.9. trychwt [*loculum*]. A.L.II 793.l.4. Sef yu e
trythkut e llaukydeu ac a uo endunt. Ll.MS. 174, p. 40.15.
Tri pheth ni wnant les iddeu perchenogion : gwybodau diriaid,
trythgwd cybydd. a thavod gwraig. M.A. 896 §53. cf.
trefnau tryth. M.A. 148b.41. *for* trys- cf. Ae arueu gwedy eu
trwssyaw yn trwssa ar y gefyn. H.MSS.I 214.37. trussad.
B.B.C. 78.5. trwssa brag. Rep.MSS.I 672 §78. *For the contents
of these* see O.M. iii.114. tris<trus=M.Eng. trusse *truss, pack,
bundle* (?). see Strat.

tryugeynt *sixty, (often=) sixty pence.* Sew ual y rennyr y
punt honno chweugeynt yr bara a tryugeynt yr llyn a tryugeynt
yr enllyn 69.15.—59.2 ; 66.5 ; 71.11, 12 ; 78.9, 29 ; 88.5 ; 102.6, 8, 9.

tu *side, plot of land.* pop tu yr ford 131.16. ny dylyant
trygau yn un lle y tu yma y glaud offa 64.12. tu a thal. see
tal. 52.19, 24 ; 114.22 ; 131.12, 14, 16. tu *plot of land* has pl.
tued. M.A. 176a ; 251a ; 257a ; 294b ; 334a.53. tuoedd. Rep.
MSS.I 215.49. o untu *straight.* guerth deruen. cxx. o byt duy
keyc .ix. am pop vn o bedant kambrasset a keny buynt
kembrasset o bedant o untu 97.17. Ef a barhaus yn ymlad
saith mlyned o'r untu. cf. ar untu *straight.* Ac uelly y bu
lawnslot yn yr ysgraff. mis ar untu heb vynet ohonei allan.
H.MSS.I 151.26. ac yno y bu deudeg mlyned ar vntu. R.B.I
195.12. ac wynteu ae trawssant ef ar untu yny torres eu
pelydyr. H.MSS.I 415.12. ac yno y bu teir wythnos ar vn tu.
W.B. col. 140.12. R.B.II 22.16. cf. anodd yved yn vnawr/og
vn llwy y vyrnwy vawr. P.MS. 64, p. 236. *so* R.B.II 33.18.
A g6edy menegi y ba6p o ty6yssogyon freinc ar neilltu (*one by
one* (?)). R.B.II 74.3. *so* Med.M. 23 §141.

tudaual pr. n. see retherc.

tudclit pr. n. see retherc.

tudleheu *brogues* (?). Sarhaet caeth deudec ceynnyauc
chwech yr peys a teyr yr llaudyr ac un yr tudleheu 78.12. *v.l.*
kvaraneu. A.L.I 238.xxxiii. cf. *sex [denarios] tribus ulnis ad
faciendam ei camisiam, et .iii. pro braccis, et pro peronibus et
cyrotecis unus.* A.L.II 787.xix.

tudhedyn *a garment.* [guerth] pop t. pentan .viii. 104.18.
see pentan. Dylyet gwasystauell yw caffel dillat y brenhin oll
eithyr un tudet. A.L.I 658.xvii. guerth tudedyn parawt
ygkyfreith Howel da pedeir arhugeint aryant. A.L.I 792.xviii.

tumon *hip, haunch.* .xii. goluys kefreythyaul esyd endau

. . . e duy vanec val e deu corn . . . ay tumon 96.7. tummyon
[coxa]. A.L.II 800.iv; 825.xiv. annhumon *an invertebrate*.
Pughe.

tunejell (=tunell) f. *a tun*. [guerth] tunejell da*mdung* 101.20.
Melget pedeir tunell o fel a gassei .iv. mu ym pob tunell .ii.
grenneit ym pob mu, llwyth deu wr ar drossol ym pob grenn.
A.L.II 584.v. Llygoden gynt a oed yn rodyaw mywn tafarn
gwin . . . a gwympawd mywn pylleid or gwin geir bron y
tunnelleu. Ll.MS. 4, fol. 516b. ay sud yn ehelaeth a uyryaf
yn y tunelleu gwin. H.MSS.II 144.36.

tung, tug, tuc, *or* punt t. *the tribute money from the* "free
maenols " *paid instead of* " gwestva." Messur guestua y
brenhyn yn amser gayaw o uaynaul ryd . . . pun march or
blaut goreu . . . ac ony ellyr cafael hynny punt am daney a
honno yu y punt t. 69.12. y uaynaul y taler t. ohoney ny dyly
yr argluyd nay mel na pyscaut, etc. 66.28.—15.24 tuc; 66.8;
67.2; 68.13. Ny dylyir talu t6ng o dir kyfrif, sef acha6s y6,
6rth na dylyir rodi k6ynos o hona6. A.L.II 48.xxviii. *It
appears to correspond to* Ir. to-bong- *I levy (taxes, etc.)*. see
B.L.G., doboing *collects, etc*. Altir. 321.

tull *hole, break*. guert deruen .cxx. . . . am gueneuthur
tull arney .xxiiii. 97.19. cf. R.B.II 224.17. nachaf gereint
garanwys a boso o ryt ychen ac eu bydin yn eu kyrchu yn
deissyfyt o rydec eu meirych ac yn tyllu eu gelynyon.

tun *a flaw, break*. Guerth cath .iiii. y teythy guelet a clebot
a llad llechod ac na bo tun en y heuyn 93.24. pop ascurn tun
106.13.

[turf] turyw m. *riot, disturbance*. Puybynnac a dyodeuo
rannu y dyr un dyd a bluydyn heb t. heb enwywet . . . sew
yu t. ac en. llosgy tey a thorry aradyr 63.8. Pwybynnac y
dyccer tref i dat y ganthaw gwaeth no chyfraith, ac na chafo
yaun o honai yaun idau wneuthur un o dri thwryf kyveraith o
myn dyvot idi eilwayth nyt amgen llad kelein nev llosgi ty neu
dori aradyr. A.L.II 304.xxxix. t.=Lat. turbo. Loth.

turnen *a turner's wheel* (?), *a turning wheel* (A.O.). [guerth]
t. fyr*ling* 100.21. turnen [tornus]. A.L.II 865.lx. cf. twrnen,
buruy, vehipos. Ll.MS. 55, p. 148. Hi a fu'n tarnu turnen
wraig fab Pyll. M.A. 367a.53. Torrod d'Onnen gennyd/Tyrnen
gron taer n ū gryd. I.G. 221.9. Rwymo y maen issa a chav y
pedair kilvach yn dda o vewn yr hidil ai dwrnennv. (*Treatise
on Milling*.) P.MS. 56, p. 78. gadel yr yd i golli drwyr durnen.
Ibid. p. 81. tri throed pic i durnen y rolbren. *Ibid*. p. 83.

tuyll *defect, fault.* O guerthyr march a tuyll enthau ac ua bo dyeythyr e croen ny dyhuchyr 90.2.

tuyllau *to deceive, cheat.* pop perchenauc tir llan a deleant deuot ar pop brenin newid a del y datkanu ydau ef eu breint ac eu deleet. ac essew achaus e datkanant ydau ef rac tuyllau e brennin 51.8.

ty m. *a house, a dwelling-house.* Nau tey a dely myleynyeyt e brenyn y gueneuthur nehuat estauell buyty estabel kenordy eschbaur hodyn treuen uechan kerner 30.8. y lety yu e ty muyhaf en e tref a kemeruedaf 6.7.—7.28; 8.17; 13.6; 21.19; 22.31; 25.2, 16, 27; 33.14; 34.21; 38.18 te; 36.14, 28; 67.26; 70.3; 71.8, 22; 85.15; 86.17; 87.12; 92.23; 99.1 te; 99.3, 11; 101.25; 102.10; 115.19, 20. ty bychan *privy* 67.26. march ty *stable* 67.26. pl. tey 30.8; 59.17, 19; 63.8, 15; 67.25; 86.14; 98.23; 99.6; 114.7.

tydau *to tether.* O deruyt y dyn t. y kassec en emyl hyd 115.16. cf. A thidau cerdd blethedig. see D.G. cc.25. E flina'r ych aflonydd/Ar ei Did cyn hanner dydd. Flor.Poet. p. 20. othyrr heb nidr i thidraff (*bell-rope*). P.MS. 63, p. 144. cf. Ir. buan-tith *a lasting line.* Trip.Life.

tydyn, tedyn m. *homestead, a plot of ground of four acres given to each son at the distribution of the patrimony.* val hyn y dyly brodyr rannv tyr a dayar yrygthunt pedeyr erv urth pob tydyn a gwedy hynny y symuduys bledynt uab kynvyn deudec yrv yr mab uchelwr ac vyth yr mab eyllt a pedeyr yr godayauc 59.8. Ony byd tey y mab yeuaw a dyly rannv holl trewtat ar hynaw dewyssaw . . . os tey a uyd y braut eyl yeuaw a dyly rannv y tydynneu . . . ar yeuaw dewyssau ar y tydynneu 59.19.—59.11; 60.5, 7; 65.12, 13, 21; 66.7; 125.2. pl. -eu 59.19; 63.14; 64.8. *iunior debet habere* tygdyn, *id est, edificia patris sui et* VIII *acras de terra.* A.L.II 780.xi. *Quilibet fratrum debet habere* .VIII. *acras et locum* tygdyn [*edificii*]. II 781.iv. tydyn breynyauc 125.2 *seems to be the same as the* t. arbennic *which contained the buildings of the homestead, as distinguished from the ordinary* tydyn *or* eissydyn. Pan ranno brodyr tref y tad yrydynt yr ieuaf a geiff tydyn a holl adail y tad . . . odyna kymeret pop brawd eissydyn ac wytherw. Ll.MS. 116, p. 29.10. *so* Ll.MS. 69, p. 131.16. P.MS. 36a, p. 72.20. cf. gwelitin. M.A. 66 §9; 210b.1.

[tyfu] *to grow.* puebennac a ladho raun march rodet varch arall . . . eny teuo y raun val kynt 89.5. 3 sg. pres. subj. tyuo, teuo 69.7, 19; 89.5; 114.4.

tyglys *tiles.* try tan ny dyukyr tan godeyt maurth a tan geueyl trefcort a uo seythuryt eregthy ar tey a hytheu en pethendo neu en tyglys 86.13. cf. A'i doi a dail manwiail mwyn, Mal teylys y'mol tewlwyn. D.G.clxxix.16. Pa le y bu babel? yn y lle ymae babilon vawr yr awr honn. a adeilawd semiramis vrenhines o diglist. a phridgist mal y gwrthwynebei y tiglist yr tan. Eluc. 44.16 = *quam de latere et bitumine construxit Semiramis regina, ut lateres igni, bitumen aquae resisterent* 205.36. t.=Lat. tegulis.

tyghu, teghu, tygu *to swear, take oath.* dody y law deheu ar allaur ar creyeu a uo arney ar llau assv ar ben y mab ac y uelly tygu y duv yn y blaen 72.15. a chroysed racdau na tygho anudon 80.12.—10.12 tegh; 16.11; 24.24; 40.3; 66.20; 68.10; 69.2; 70.16; 72.5; 80.13, 15. 3 sg. pres. subj. tygho tegho 44.13; 80.12. 3 sg. imperat. act. tyghet, teghet 37.18; 44.8; 80.13; 81.18. see Zimmer.Celt.Stud.I 117.

[**tylath**] *cross-bar behind the door, a bar or beam for fastening doors.* puebennac a vryuho tey en agheuretyaul talet .IIII. k. am pop pren bras am e doreu am er amhynyokeu .IIII. am e taleyt 99.8. *v.l.* dyleith. L.W. 264.8. *This is usually written in the* pl. dyleith, *but the* B.B.Ch. *prefers often provected forms like* caran, cellgi, *etc. It is written* delehid *as a gloss on* sera. Z². 1062.44a. kayator y dyleith/arna6ch yn vffern lleith. A.B. 123.13. Torret drws pob twr hyd draw/Torret tylaith tir teilaw. P.MS. 67, p. 301. Deinioel am keid6 a d6yn6enn. Dylaith tre uachynlleith 6enn. P.MS. 70, p. 17a. Tylath air bob talaith uyd. P.MS. 71, p. 66. dylaith=dol drus. P.MS. 51, p. 193. cf. Val y byd ynteu yn dodi y dulath yn y fyrch. W.B. col. 39a.19. Dros bryd na ad drws heb bren. Flor.Poet. drws Wiliam a drosoliwyd = *bolted.* P.MS. 61.23. *Doors were fastened by a wattle or bar or twig below and above.* see O.M. III 27.

tyle see trawstyle, dedellu.

tyllued, telleued f. *a pledge or oath, compact.* dodi ty. *to put parties at law under pledge of silence or order.* Odena guedi henne e dodir tellued essev yu hene. Gostec ar e mays 52.22. medyc a dely kemryt telluet ykan kenedel er archolledyc o byt maru or uedhecynyaet a guenel ef. ac onys kemer ef. gurthebet tros y gueytret 18.12. *v.l.* kymeret diogelr6yd am awnel. A.L.II 56.xxiii. ac yna y mae yaun kymryt yganthun bot urth colly neu gafael am yr hyn rydywedassam ny uchot a honno a elwyr yn dyllued 132.7.—77.1, 4. eil yw rhoddi da henwedfedic y arall drwy dyllued neu drwy feichieu cannys grym un tyst mewn tyllued, canys tyllued yw twng lliaws. A.L.II 588.iii; II 70.lxxvi; 76.xcvi; 244.iii. celhwedh a tylhwedh a gostec doe signifie silentium *which is given by the crier of the court.* L.MS. 68, p. 145. P.MS. 35, f. 32b.12. Ll.MS. 116, p. 116.3. *This appears to be a compound of* llyed pl. *of* llw *oath.* cf. ac yn h6nn6 6ynt a ymgydarnhayssant dr6y gyflyet. Car.Mag. 28.33. M.A. 256b; 294b.

tymor, temmor m. *season.* ac enwy y dyd yn yr uythnos ar vythnos yn y mys ar mis yn y tymor ar tymor yn y wluydyn 81.23.—82.3, 4; 88.8; 90.15, 17; 91.2; 98.2; 117.26. pl. -yeu 10.8.

tennu *to draw, pull, set.* O deruyd tennu ruyd ay ar auon ay ar uor 121.14. puebennac a teno annel ar tyr arall 97.6. tennu cruyn *to skin, flay* 26.1.—121.22. pres. ind. pass. tenyr 97.22. 3. sg. pres. subj. tenho, tenno 11.21; 14.6; 20.14; 22.22; 25.30; 23.13 tenh; 97.6.

tyr, tir m. *land, a ridge of land.* O buru y mor betheu yr tyr neu yr traeth 63.10. try troeduet yn y cam try cham yn y neyt try neyt yn y tyr. Sew yu y tyr o gymraec newyd grvn a myl or tyr yu mylltyr 65.5. neitiwr gwiw dros nawtir gwydd. D.G. lxix.32. tyr a dayar. *hendiadys for 'land.'* pop ynseyl agoret . . . am tyr a dayar 8.23 see under burth, corthlan, kyuryw, kyllydus, kynnyf, dyfodedyc, egluys, guyd, llan 4.22, 23, 25; 6.25; 8.12; 9.3, 17; 10.25; 11.25; 12.16; 13.3; 15.26; 17.17, 31; 18.19; 19.24; 20.8, 37; 21.11, 24; 22.7, 25; 23.1, 9, 25; 24.8, 9, 23, 24, 30, 33; 26.17; 27.2, 24; 25.24, 26; 28.10; 39.1; 51.6, 26, 36; 52.1, 20; 53.3; 55.15, 21, 23; 56.5, 7, 14, 16, 20, 22, 27; 59.3, 4, 6, 7; 60.5, 7, 8, 10; 61.3, 9, 16, 20; 62.13, 16, 21, 28; 63.1-27; 64.4-9; 65.16; 66.12; 68.13-29; 69.2, 4, 7; 74.1; 96.11-27; 97.1-7; 107.17, 24; 110.3; 114.4; 116.21; 124.8, 19, 24; 125.15-22; 126.7-23; 127.3, 20; 133.15. pl. tyred 64.25. cf. terra *modus agri, forte tantus, qui uni pari boum possit sufficere.* M.D.

terua *a throng, crowd.* am tey[t]hy marc . . . ac adan y luyc eny uarckocer en t. denyon a meyrc 88.20.

test *a witness, one who declares what had been testified to him previously.* ny chegeyn greyc en vach nac en test ar gur 39.9. O deruid y din emadau ac arall am beth eguyd testyon a mennu eylweyht e watdu. Nynny a dewedun na dele ew e wadu ene pallo e testyon 50.17. pl. testion, testyon, testoyn 50.19; 51.23; 54.5-27; 55.1-14; 56-29 testestion. Tyst yu den e tyster ydau er emadraud a dywetter en y vyd. A.L.II 132.xiii.

Llw tyst yu tystu ydau gynt er hyn e mae en e tygu. II 134.xvii.
see M.A. 942b. A.L.II 636.viii.

testu *to assert, declare.* a testu vthunt huy e rekafael hy en
llegredic 36.1.

testyolaet *evidence, testimony.* t. a ellyr ar eyr a gueytret
ac ny ellyr t. ar uedul 121.2.—115.4.

teuarc *turf, greensward.* 107.19. sg. teguarchen. marw t.
the grave. O deruyt e alldut o gureyc menet true glad ac eu
emru [maru] talet yr nepyeufo e tyr .xvi. en j maru t. 39.1.
Nid hysbys i neb b'le bydd ei dywarchen. M.A. 760a.14. cf.
cyn tywarch. M.A. 139a.17. towarch meirwon. H.G. p. 41,
v. 47. *Ibid.* y dywarchen farw, p. 248, v. 29. Tywarchen Ercal
ar âr dywal. M.A. 90b.6. Dor warchae ywr dywarchen. P.MS.
60, p. 13. *glebis* .i. tuorchennou. Loth.Voc.Bret. p. 226.
Tywarchen *usually means a turf covering or roofing of a house,
and in the Laws it is one of the three chief roofing materials.
Can it be for* *tywrach? gwrachan, gwrachen *is used for a thin
layer.* Kymer vêl a dod mewn padell ar dan . . . ac yna tyn
ymaith y wrachan a fydd ar yr wyneb. Old Leech Book.

tywyll *darkness.* in genit. *blind.* O deruyt y dyn uynet yn
uach a chyn teruynu yr haul y uynet yn clauur neu yn uynach
neu yn dywyll 133.7. tywyssawg yn nhywyll. M.A. 61b.21.
o dywyll trydwll trefred. M.A. 190b.5. yn nhywyll. M.A.
346b.34. t.=Ir. temel *darkness.*

[tywysawc] *leader, prince, king.* Heuel da uab kadell
teuyhauc kemry oll 1.1. pl. tehuishocyon 41.28.

[tywysogaeth] *principality, kingdom.* Heuel da . . . a deuenus
atau .vi. guyr o pop kemud en y tehuyokaet 1.4.

uch, huch prep. *above.* uch+pron. suff. 1 sg. uchof, uchow
2.13 ; 4.21 ; 20.24 ; 23.18 ; 28.27 ; 30.24 ; 77.5 ; 129.20. 2 sg. uchot
34.4 ; 37.22 ; 38.10 ; 45.8, 17 ; 52.30 ; 60.6 ; 65.18 ; 67.4 ; 71.25 ; 72.11,
14 ; 73.12 ; 75.8, 14 ; 78.28 ; 79.15 ; 82.2 ; 126.20 uchoc ; 132.7.
uchof *and* uchot *are both used adverbially* 'above'; *without ref.
to pers.* er edlyg a rey redeuedassam ny huchof 4.21. uchof e
trayhuyd o ureynt a delehet 20.24. val e deuedassam ny vchot
37.22. peduuar onadunt ys coref a dec uc koref 5.4. uch pen
opposite, behind (?) 131.19. cf. dyuot o hona6 vch pen y kawr
=*opposite.* W.B. col. 488.32. uch llau *above, superior to*
81.28.—5.4, 11 ; 6.15 kuc ; 9.19, 20 ; 15.15 ; 33.26 ; 47.4 ; 59.16 ;
61.17 ; 80.25 ; 81.29 ; 106.15. uchaf superl. adj. *uppermost, upper.*
e maen u. yr vreuan 33.15.—102.4 ; 105.4.

T

uchelur *or* mab u. *a free tribesman who was a landed proprietor.* Val hyn y dyly brodyr rannv tyr a dayar yrygthunt pedeyr erv urth pob tydyn a gwedy hynny y symuduys bledynt uab kynvyn .xii. yrv yr mab uchelwr ac .viii. yr mab eyllt a .iv. yr godayauc 59.9. Ny deleyr y hun guahalyeth abedyu. . . . Onyd hyn a deruyd ydau kam[r]yt tyr ohonau a menet em breynt mab uchelur yr kaydhet hachen e tyr a kafo ef a uyd kyn redhet a tyr mab uchelur 127.17—5.23; 36.14; ihuckellur 38.12; 38.23; 68.19; 78.5; 94.24; 95.7; 99.2,22; 100.11; 104.6; 124.22; 125.14; 126.5; 127.18. pl. uchelwyr. meybyon uchelwyr 63.29; 64.3; 65.5; 66.3, 22.

ufarneu *anxles.* ef a dely koesleeu echen a guarthec a kafer oe y kuhud ef kefuc ay ufarneu 25.8. kuaranneu . . . ny bydan vuch no vffarneu y traet. P.MS. 36b, p. 11.15. vffarned y traet. Ll.MS. 69, p. 34.17. A.L.I 392. vffarnned *v.l.* vffarneu. I 674.v. ucharned *v.l.* vffernet. see Ped.I §26.

vfern *hell.* e doissihion a deuedant nad erlit kefreish e bit hun din nac e nef e del nac vfern 47.7.

ugeynt *twenty.* (*writt.* vgeyn, ugejn, vgyen, ugein, .xx.). un ugein ar dec 69.4.

un (*a*) *one, the same.* nyt oes un tyr hebdau 60.11. ac un funud a hinny 51.34. buyta jar un dyskyl ar *brenyn* 24.14. vn sarhaet ac un guerth eu ar pophuryes 28.25.—4.20; 6.19; 22.16, 17, 31; 23.5; 28.25, 26; 69.19; 71.8; 73.13, etc.

(*b*) *pron.* O deruyd tennu ruyd . . . a deuod ay guydeu ae anyueyl arall ay uaru o acaus e ruyd a bryuau e ruyd . . . ny dyucyr un yu kylyd onadunt 121.18.—65.15, etc.

unau *to wish, desire.* esef eu e *try* phec e dele y maethu am rodhy pehec ny deleho y roy. ac amycafael can gur. amhunau meuel ar y uaraf 38.4. am unau. Ll.MS. 174, p. 45.29. A.L.II 94.cxlviii. L.W. 386.ccliii Al. see meuel.

unarbymthec *sixteen.* 65.9, etc. unarbymthec a deugeynt a deucant=256.—65.22.

unarugeynt *twenty-one.* un gur arugeynt 73.28; 74.19.

unbeynyaet *chieftainship, supremacy.* e bard teulu . . . a dely pan ranoent er anreyth kanu u. prydyn 15.4.

vndyt *one day, a continuous period* (?). undyd a bluydyn 45.25; 48.12; 68.20; 124.23; 133.1. ar teir vhechnos hinny a eluuir o eu breint en vndit dethon 48.36. see dydon.

undidiauc (*in*) *one day.* Essef achaus e may nau nyeu guedi kalangayaf en kaiat or keureyth . . . rac kayu e keureyth en undidiauc 51.34.—46.24; 51.35. un dethicauc = vn dydyauc. Ll.MS. 116, p. 115.10, 12.

undyn *anyone.*

vnen 112.21. see oen.

vnuet *one* (in cpd. ordinals). vnuet ar dec *eleventh* 28.22.—17.17. vnuet ar pemdec *sixteenth* 20.8; 90.22.

vnguerth *of equal value.* vnguert yurc a buc 97.8.—90.9; 94.22, 24; 105.21.

unpren see pren.

unryu *of the same kind.* a hunnu a dele uod en unryu e deutyr 119.15.

untu see tu.

unweyth, vngueyt *once.* 10.4; 11.9; 40.24 vngueys; 67.5, 15; 69.25, 29; 78.2, 4; 91.14; 108.2. see gueyth .

urtheu *holy orders.* escoleyc guedy e kemerho urtheu 29.23.

wirllisch see byrllysg.

wni 45.22. see mechny.

urlys m. *orles, fur.* try fedh ny dely e brenyn y ranh ac arall . . . guys[c] e bo hurlys eur ydhy 30.13. Tri wrllys a ddyly y frenines : croen beleu; a llostlydan a charlwng. A.L.II 578.xvi. y brenhin a dyly o bop anreith orwlat y traean ar eur ar aryant ar swllt ar kyrn buelyn ar mein gwyrthuawr ar gwiscoed y bo urlys wrthunt. II 46.5. cf. Tri phryf a dyly y brenhin eu gverth pytubynnac y llather llostlydan a beleu a charlvg kannys ohonunt y gvneir amaervyeu y dillat y brenhin. Ll.MS. 69, p. 68.12. Wrlys gwyn ar eur lewys gwiw. I.G. 459.6. cf. **Ir.** bile (*rim, border*) gl. orlus. see bile. M.C. see further K.R. p. 70.

vrvernir 46.2. see gvrvernir.

vrth 18.11=uyth.

vullydyn 34.5. see bluydyn.

wy *an egg.* blyckyn huy *an egg-shell, a worthless trifle.* 25.23.

uydt see bod.

uyneb see guyneb.

vyth *eight.* (*written also* vueth, veth, huyth, huyd.)

vyt[h]uet *eighth.* (*written also* huyduet, huethuet, chuyduet.)

uythnos *a week.* 82.3, 4.—16.4 huysnos; 48.35 vhvehnos; 81.22 vythnos.

y, e, i, j prep. *to, for.* with def. art. yr, ir. with pron. suffix. 3 sg. m. ydau, ydav, ydhau, jdhau. 3 sg. f. ydhy, ydy, jdhy. 3 pl. udunt, vthunt, vtunt. with poss. adj. 1 sg. ym. 2 sg. yth. 3 sg. m. and f. yu, yhu, y. 3 pl. y eu, yhu, y. 6.20; 8.6; 10.3; 11.6; 13.7; 16.11; 20.16; 23.32; 24.14; 26.14; 27.6 ydadau; 35.1; 40.22; 53.19; 54.13; 61.9; 63.24; 64.13; 72.8; 75.2; 76.21; 77.1, 11; 80.1; 83.6; 108.16; 127.10; 131.15; 133.22. exp. dat. relation. ef a dele adau y ueyrc ay kun yr brenyn 4.6. o deruyd y dynyon hele pescaut 128.13. exp. purpose. pan uo reyt menet e teulu y anreythyau 7.4. heb urac heb ebran heb dyn y gynneu tan 70.1. *often*=Ir. di *from, of.* e gur a dele a maen vchaf yr vreuan 33.16. y tu yma y glaud offa 64.12.—5.21; 28.1, etc.

y, yr def. art. (*written also* e, he, er, her, ir, ec, a.) yr bef. vowels; h; y and words in fem. sg. with init. g.; sometimes bef. init. r.; often attached as -r to a prec. conj. or prep. ending in a vowel irrespective of init. of succeeding word. ec several times bef. init. c. elsewhere y. In some cases it is used irregularly. er eyl eu er efeyryat e urenynes 21.11. y lety ykyd ar dryssaur e brenyn 22.30.—64.24.

y, yd preverbal part. (*written also* i, e, ed, id, it, yr, er.) y, e bef. cons. yr, er a few times bef. r-. er rennyr 33.11. ec bef. c 96.2; 97.5.—52.11; 46.38; 33.28 (?). yd bef. vowels and h. unless y=yd+y infix. pron. 3 sg. and pl. Saraet brenyn aberfrau vel hyn e telyr 3.5. see 17.26; 25.24; 27.10; 31.3, 4, 17; 33.11, 28, 29; 34.6, 11; 37.31; 38.8; 40.11; 46.10; 48.3; 50.5; 60.2; 66.7; 75.19; 77.7; 81.13; 112.19. ac urth hynny y mae dyr y uot ynteu ar ureynt gur 70.15. eydyon guedy yd emadauho ay teledyuruyt 101.23. pop gokaur or ed emokoryo dyn ac ef 114.1. Rei a uin ac vn seihuir guadu ket et bvo petuuar mach arruken 45.20.—5.22; 8.19; 11.29; 16.20; 24.22; 28.15, etc.

yach, yac *whole, complete, sound, healthy.* ranet e claf . . . a deuysset er yac 34.16. sef e dyhucher escub yach en lle er claf 114.22.—43.4; 89.23, 24; 92.23; 120.23. llafurya y iachau vy enryded i ar morynyon ath eneit titheu. H.MSS.I 322.4. Ef a dyly hagen tygu adynyon yty gantaw oll yuot ef yn iach or da hwnnw. Med.Law. 63.15.

yaen *a ward* (?), *one who has no disposable property* (?). *for quots. see* maen. yaen *usually means 'a sheet of ice'* (see Eluc. 53.17. M.A. 25a; 87a; 102b, etc.) *but it occurs several* *times as a proper name and in connections where such a meaning seems improbable even as a metaphor.* llary lywyd lluyd lliaws y echen. Teyrnas kyfadas cas o iaen. B.Tal 78.4. M.A. 33b. perchen meirch a gwrymseirch ac ysgwydawr yaen gyuoet, etc. B.A. 18.14. M.A. 15b. *It occurs as a proper name six times in* R.B.I 107. goyaen (Dr.D.Prov. M.A. 846b) *in* goyaen a wel ynghyfyng *seems also to belong to it. It appears to be=*Lat. iuen-is. see maen.

yar, ar *a hen.* yar k. a tal keylyauc .11. ar a tal 94.11.— 95.13; 101.6. pl. yeyr 25.14; 33.27 eyr; 113.1, 12, 19, 21; 114.11; 117.17.

[yarll] *an earl.* dywynwal moel mud . . . mab oed hunnv y arll kernyv 64.19.

yaun, jaun, yaunt (a) *right, equity, amends.* pa dyn benac a dalyho escrybyl ke[t] as ellegho y pory ny kyll y ureynt yr gueneuthur guell nor yaunt 118.9. ac ena guedy ed eystedont huy e may iaun yr effeyryat guedy a duy y dangos o duy er yaun udunt 53.24. O deruyd y hur un onadunt gueutur cam [y] gur e llall ny dele neb onadunt gueuthur yaun namyn eghorset y argluyt ehun 124.1.—16.9, 17; 19.18; 41.19; 50.28; 51.11; 130.29; 131.6; 132.28; 133.2.

(b) *right, just, equitable.* yn try oet y mae yaun talu galanas 76.22. set amser achaus e doyant e garauuys eno urth delehu o paup bod en yaun [en] er amser glan hunnu 1.9. yoruerth . . . a deueyt panyu hun eu kauarc kyfyll yaun 128.28.—19.19; 65.19; 129.1. 51.8 aun; 80.10 yau, etc. compar. yaunach 70.10. superl. yaunaw, jaunaf 55.10; 70.11; 74.6.

ycch, hycc, hyc m. *an ox (for ploughing).* O deruyd y dyn mennu guerthu hycc or keuar rekeuarer ny dele y guerthu eny darfo e keuar 108.18. eru er hecc dw *acre of the dead ox* 108.12. see du.—13.23; 16.12; 69.7; 108.9, 13, 15; 109.1, 18; 111.7, 8, 11, 15. pl. ecchen, ychen. a kar a deu hechen a uenho ar y guarthec 42.15.—25.7; 68.25; 107.14, 22; 108.8; 109.11, 13; 110.7, 15, 20. cf. A.L.I 569.xvi. Buch a uyd taladwy oe heil lo hyt y pymhet [ac] ych or trydet ieu hyt y whechet. Ll.MS. 216, p. 253. chwech ychen yn y gwaith sydd Efydde [=uffudda?]. P.MS. 67, p. 214. bob chwech y kydymdrechant bob ddav yr vniav yr ant. (*oxen ploughing*).

yeguic, ycgiu=y chwi 46.14, 15.

yd, hyd, hyt *corn, crop.* ac ny deleeyr dale yeyr ar hyd namen e pedheunos kentaf ed heer ac o hynny eny del graun

113.22. guanaf yssaf or hyd 25.14.—33.27; 34.13, 14; 37.9; 69.18; 112.5, 6 hd; 113.4, 8, 15; 114.23, 25; 115.2, 3, 9, 13, 14, 17, 18; 116.4, 17, 26; 117.4-23; 118.19; 119.11, 17, 21. see Ped.I §29.1.

ydadau see y prep.

ydno pr. n. rey a deueyt panyu maeldaf henaf . . . ai barnus y guir aruon yoruert . . . druy audurdaud y keuarhuidyt ay kadarnaha panyhu ydno hen y guir epist pendhu 42.7.

ye *yea, yes.* 44.4.

yeu f. *yoke, a measure.* [guerth] pop yeu ae y pestel yeu .i. 104.15. messur eru gyureythyaul .iv. troetued yn y uerr yeu vyth yn yr eyl yeu .xii. yn y gesseylyeu .xvi. yn yr hyryeu 59.11. vyth yn yr yeuyeu 65.9. torry yr yeu *to differentiate between the oxen of the same yoke* (?) 107.23.

yeuan *St. John.* see guyl.

[yeuanc] *young.* Ny dele greyc en e byt talu .i. paladyr na hen na jeugan 40.6. pl. eueig 7.26. superl. yeuaw, yeuhaf 33.10; 59.17, 18, 19, 20, 22, 24; 62.25; 63.15.

[yeuenctit] *youth, prime.* esef e dele bloedeuau oy .xiiii. allan ac o henne allan hyt empen .xl. e dele meythryn sef eu henny .l.iiii. edele vot eny heuectyt 41.8.

yeuyeu (?) *the second yoke, a measure of 8 feet.* 65.9. *It corresponds to the* eyl yeu *of 59.11. The great variety of forms by which this yoke is called suggests that the original name was no longer quite intelligible to the scribes. Several MSS. have* veieu *as v.l. for 59.11 (=A.L.I 166) so for 65.9 (A.L.I 186). Meiau. L.W. 122; 139.3. mey yeu. Ll.MS. 174, p. 76.15. yn neiav (leg. ueiav (?)). Rep.MSS.I 954 §63. There is a ref. to y fevav a dolav in Ll.MS. 202.lxxix, while Ll.MS. 116, p. 105.5, has veinieu. This is always translated 'field yoke' (A.L.I 167, 186. W.P. 249, etc.) where mei would correspond to Ir. mag 'field,' 'plain'; we know, however, of very little evidence to support this. There appears to be a mei 'great' or 'greater' in Welsh unconnected with Mai 'May' or mai 'a field,' and corresponding rather with Ir. mag, maige 'great.' Mei is often applied in poetry to horses, and, as far as we can see, it means 'great' or 'powerful,' 'fit for war.' Meckid meibion Meigen meirch mei. M.A. 67b.31. meirch mei meindwn. M.A. 170b.11; 215a.50. Meiwyr 'soldiers,' may be another compound, though cad ar faes, and maes are common expressions for 'war' in Med. Welsh. Mei appears to be used in the sense of mawr with mwy as comparative. Atvyd mei ar venei crei gyflogawt. / Atvyd*

mwy ar gonwy creith gwynyeith gwnahawt. B.Tal. 31.3. (see
M.A. 56b.2.) Erfai *seems to be a cpd. of this.* see M.A. 149a.9.
A.B. 89.30. D.G. iii.30; xlvi.26; lx.18; lxxxii.9; cxvii.14, 31;
ccxxix.1. cf. llydanfai. D.G. ccxxx.1. Gwalchmei. *The*
meinieu *of* Ll.MS. 116, *if it is correct, appears to be a cpd. of*
maen (2) +yeu='*the great yoke.*'

euet *to drink.* 25.2. kydeuet 9.31. corn ethefo e brenyn
punt a tal 99.5. 3 sg. pres. subj. efo 99.25. 3 pl. euoent 42.22.

yg *distress, trial.* Mab dyodew yu mab a dyco gwreyc y ur
yn gyureythyaul a dyodew or gur hep y wadu un dyd a bluydyn
ny eyll y wadu o hynny allan yn yr yg byth ac o deruyd y
hunnv gwneuthur kywlavan ny ellyr y wadu yn yr yg cany
waduyt ar yr yng 73.19. ac or diwed yn y lle y bei reit yn
vynych yn y vlaen yd eynt yn yr īg ac yr kalet yn y vrwydyr.
R.B.II 240.6. yn nef yn dayar yn diwed. yn yg yn ehag yn
ygwed. A.B.II 110.10. Yn yg yn ehag ym pob reit. Bwynt
dinas in corff ac yn heneit. A.B.II 112.5. Pan vo ingav gan
ddyn, ehangav vydd gan Dduw. M.A. 857b.16.

yng *v.l.* eyng *freedom, liberty.* (see above.) L.W. 183 §26
has : ni ellir ei wadu yn yr ing, can ni wadwyd yn yr ehag.
A.L.I 210.xiii. yg . . . eang. H.MSS.II 247.19. Ar nos honno
y dodes wynt y mewn gogof o garrec a oed ger llaw dwfyr.
val y gallei tranoeth ar ehag eu plannu.

yma, yman *here.* Huchof retraythassam ny or suydocyon
. . . eman . . . o pedeu ereyll 28.30. y mab hun yman 72.7.
y tu yma y glaud offa 64.12.—20.25; 41.26, 27; 48.4; 49.26; 53.12;
64.7, 13; 69.2. heman 23.19.

emadau (ac) *to leave.* ked boet e cun en hele ac enteu guedy
emadau ay cun ny dely dym ked lladho cun segur ef 123.3
3 sg. pres. subj. emadauho 101.24. emadauh 28.15. *v.l.*
emadauho. 3 pl. emadauoent 128.13.

emadau (ac) *to promise.* O deruid y din emadau ac arall am
beth eguyd testyon a mennu eylweyht e watdu. Nyny a
dewedun na dele ew e wadu ene pallo e testyon 50.16.—50.18.
3 sg. pret. ind. emedewis 50.28.

emaruoll *to confer, treat, negotiate.* pan del deu urenyn ar
eu kydteruyn o achaus emaruoll 3.1. a gwedy hynny yd
ymaruolles yr holl gymry ar ymwrthlad a cheitweit y ffreinc.
R.B.II 323.27. cf. aruoll. ac arthur ae haruolles ynteu or enryded
y gwedei aruoll gwr kyfurd a hwnnw. R.B.II 187.19. A hynny
a gadarnhawn trwy aruoll. II 171.8. A gwedy kymryt kedernit
gantaw ac aruoll yd ellwgyt gwrtheyrn. II 141.1. ac yd aeth

y loegyr a rei oe aruollwyr ygyt ac ef. II 377.7. O rydd cyngaws arfoll, neu gret, neu fach, nat elei yn erbyn y dadyl hwnn . . . ef a ellir y lyssu drwy brofi yr arfoll. A.L.II 734.xxvi. nid arfollir gwad. M.A. 74a.41.

emporth *food.* ef a dely y e. or llys en guastat a seyc pan uo e brenyn 25.27.

[emchoelud (?)] *to revert, turn back, overturn.* 3 sg. pres. ind. emchuel. O deruyt y dyn tydau y kassec en emyl hyd ar ebaul en legry er hyd . . . dalyer er ebaul en e ty a deker e kassec en y lle ual kynt a llena e guyllt a deyly e dof ac nyt hemchuel en aghefreyth arnau 115.22. emchel 39.15. 3 sg. pres. subj. ymchwelo. yny y. y geuyn ar y das 60.21. perchyll becheyn or pan emcuelo bysguelyn ay truyn 113.2.—123.1 emchelo.

ymderuynu *to define boundaries.* O deruyd y. yrug deu ur gymreynt am tyr ar neyll rey yn teruynu hyt raccu ar lleyll hyt yma 69.1.

ymdeyth *to journey, walk.* Seythuet [affeyth lledrat] yu ymdeyth dyd neu nos ygyt ar lleydyr 78.20.—51.15; 90.19 ememdeyt. 132.22. pan el ymdeyth v.l. el y ymdeyth; el ymeith. A.L.II 31.1.

[ymdeyth] *a stage, day's journey.* Sew y messvrus ew hyhy yr guybot y mal ay mylltyryeu ay hymdeythyeu yn y dyeoeth 65.1.

ymduyn, emduen *to carry, to bear children.* pedueryt [afeyt tan] eu emduen e buellur 85.26. ac oy deudec mluyd hyt y .xiv. y dyly uot heb ueychyogy. ac o .xiv. hyt yn deugeynt y dyly ymduyn 71.26. Sef oed y s6yd ef yn wastat ymd6yn peir arthur a dodi tan ydana6. R.B.I 136.10.

[ymddywedyd] *to discuss, argue.* 2 pl. imperat. emdeveduch. Gwedi daruo eyste en keureithaul mal y redewessam ny vchot ena e may yaun yr egnat deveduit urth e dupleyt emdeveduch o keureith weithion 52.31. Sef yu gorsaf kyfreyth peth a trosso e kefreyth y urth y peth y byðer en emdyweduyt amdanau. A.L.II 156.11. ym dywedwch. P.MS. 35, f. 32b.23.

emenyt *the brain.* dernaut empen hyd er emenyt 7.22.— 18.6; 105.24. Ir. inchinn.

emenyn *butter.* e. bulch *a pat of butter partly used.* 25.13.— 33.29; 68.18; 69.10, 17, 25.

[ymgaffael] *to meet.* 3 pl. pres. subj. emkafoent. pa le ben*n*ac ed em. er efeyryat ar dystey*n* ar enat ena byt breynt e llys 30.1.

ymgyuylent (?). O myn yr alltudyon mynet yurth eu hargluydy . . . vynt a dylyant hanner udunt . . . ac o thrygant ym. ac euceythywet ual kynt. *v.l.* emchuelent. A.L.I 182.xxv. *so* P.MS. 35, f. 47b.9.

ymlad *to fight.* .ix. afeyth galanas . . . camlurv amdanadunt herwyd meynt yr affeyth . . . cany bu ymlad yno 75.16.—24.23; 45.29; 75.16; 135.8. see llad.

emlyd *to pursue.* Puyben*n*ac a uenno hele py[s]caut a keuodi pysc ohonau ay emlyd. ac ar y emlyd ef mened e pysc en ruyd 123.11. see erlyt.

[ymogoryau (?)] *to house, harvest.* 3 sg. pres. subj. pop gokaur or ed emokoryo dyn ac ef 114.1. ymogor neu lafur dyn. A.L.II 594.xiii. Os yfir chwaith nemor o fewn yr ymogor/cyn gwybod rhoi bargod ar ddiod yn dda. Ll.MS. 209, p. 314. ymogor *'home,' 'dwelling'* (?). Bydd addvwyn a gwar nid val blaidd i'th ymogor. M.A. 758 §8. Na vydd vleiddig i'th dy a'th ymogor 758b.41. Gwae'r hên a gollo'i mogor. Iolo MSS. 253 §38. ymogor=annedd ne gyvannedd (ac a vo yntho *added later*). P.MS. 169, p. 343. Rep.MSS.I 940.7. ymogor=annedd ne gyvannedd. *If* gogor *is a deriv. of* cor *then* ymogor=Ir. imochur *carrying.* Pass.Hom. see gogor.

emol, amol. *to take bull.* ac o hen*n*e allan vn guert vyt a pop llo vn ar pe*m*dec ar y llaet a pedeyr k. am y llo o hanner haf allan a dele y hemol a guedy et emholyer e derkeyf .iiii. 90.24.—90.15. Ll.MS. 174, p. 115.23. pres. subj. pass. emholyer 90.24. *so* P.MS. 35, f. 103. A.L.II 104.xxvi. cf. Bret. hemolc'hi *said of a cow in heat.* L.G.

[ymolchi] *to wash oneself.* 3 sg. pres. subj. emolcho. urth y uod en peryglaur yr brenyn . . . a dale y lleuys tra emolcho 13.12.

ymp *a scion, graft.* [guerth] deru ac auall ymp .iiii. k. hyd kalan gayaf rac hueneb guedy etymper 98.1.

[ympio] *to graft.* pres. subj. pass. ymper 98.2. see ymp.

emreyn *to beget, impregnate, procreate, violate.* O deruyd o achaus mennu escar deueduyt na allo gur emreyn. kafreys a eyrc prouy 40.7.—34.10; 35.10, 11. Teir gweith y dyrcheif ar sarhaet gwr a ymreher y wreic y treis. A.L.I 510.xxxix; I 526.i; I 752.xli; I 778.xiii. Ll.MS. 116, p. 19.32; 24.18. emreyn=Lat. impregn-are. Loth p. 215. see also Ped.I p. 237.

[**ymrody, ymroi**] *to give oneself.* 3 sg. pres. ind. [y]mryt. Puebennac a rodo gureic i gur ef pieu talu e hammobor . . . os hytheu a mryt talet e hammobor 36.12. 3 sg. pres. subj. ymrodho. nyt oes un wreic a ymrodho e hun y alltud 62.6.

ymurthryn *to eject, dispossess.* ny dylyir guarandau yr un or teyr haul am tyr a dayar yn amser cayat kyureyth sew yu y reyn hynny haul bryodolder a haul dadannud ac ym. 61.21.

emhustelau *to challenge a legal decision.* O deruyt y dyn e. ac enat llys neu ac arall. O keyll e dyn hunnu prouy uod en kam y uraut a uarnus er enat 12.26. Tri dyn y telir gweli tavawd iddynt . . . brawdwr, pan ymwystler ag ev am ei iawn vrawd. M.A. 942a.10. Os y dadleuwr a ebryvyca ymwystlaw a brawdwr, nid amgen pan y datgano gyntav iddo, ni cheif ymwystlaw ag ev am y varn honno byth gwedi hyny, cyd boed cam ei varn. M.A. 943b.22. see guystyl.

ymyl m. *edge, rim, margin.* torth . . . yn gyndewet ac **na** plycey yr eu daly erbyn y deu ymyl 69.23. en emyl *close to* 28.6.—17.34; 69.5; 115.17. see kyfyl. cf. Dimet. bil *lip, rim.* Ir. bil *rim,* etc.

ymyrru *to engage or exercise oneself.* pen kenedyl . . . a dyl ymyrru ygyt ay gar ym pob reyt a del arnav 66.25.

emyscar *entrails, bowels.* dernaut eg korf hyd er emyscar 18.7.—7.23; 8.3; 105.26.

yn, en, hen, jn, in (*a*) prep. *in.* bef. c=yg, eg, ey. bef. t=en. bef. p=ym, em, e, y. bef. g=y, e. bef. d=yn. bef. b=em, ym, e, y. bef. m=e, y. bef. vowels yn, en. with pron. suffix. 3 sg. m. endau, entau, enthau. 3 sg. f. yndy, endy, endhi, endi. 3 pl. endunt. canhuynaul powys ny dyly mamuys y guynet nac o vyned y powys 62.14. hyt emen e bludyn 37.7. en e neuat emon e post 17.33. try hyt gronyn heyd yn y uoduet 65.3. ac eghuyt e deu urenyn 3.1. en erbin *against.* ket gueneler amod en erbin e kefreis 50.23. em blaen *before* 42.3. en ol *after, according to* 70.12; 96.10. en emyl *beside* 17.34. emeun *in* 86.16, etc.

(*b*) with verb nouns=pres. part. Ef a dely ycan e porthaur agory e porth maur ydau en deuot yr llys. ac en menet y meun ac allan 12.10.—3.27; 74.5, etc.

(*c*) predicative part. with nouns and adj. bot yr amser yn gauedyc 59.7. eu tyr . . . en dyr such 64.9. ny chygeyn greyc en vach nac en tyst ar gur 39.9.—6.18; 26.18; 50.14; 61.10, 13; 75.1; 85.24; 96.25, etc.

yna *then, thereupon.* ew a dyly yno yn dyatep teirnos a trydyeu. ac yna rody atep 61.1. yna . . . yna *then* . . . *next.* ac yna gouyn yr amdyfynnwr puy dy gyghaus . . . ac yna enwy puy ynt huy ac yna gouyner ydau . . . ac yna dywedet ynteu 132.1.—60.22; 61.14; 69.3; 70.7, 21; 71.2, 17; 72.10, 11; 79.7; 80.10; 81.4; 129.19; 130.9, 15; 132.4; 133.20, 29, etc.

enat, egnat *a judge.* Try anhebkor brenynyn eu efeyryat . . . ar egnat llys urth dehosparth pop ped pedrus 29.2. pa le bennac edemkafoent er efeyryat ar dysteyn ar enat ena e byt breynt e llys 30.2. Nyny a dywedun na dylyir oet y geyssyau y creyryeu namyn tra gatwo yr ynat y uraudle 134.24. egnat llys 1.25; 5.13; 8.8; 11.25; 12.27; 24.2; 28.11 enanat; 52.13; 131.13.—egnat kemut 52.13; 131.13.—12.21, 28, 29; 30.2, 26, 28; 49.6; 52.14, 30, 31; 53.1, 16, 18, 19, 25; 54.9; 55.1, 4, 5; 80.28, 29; 131.21; 132.8; 134.25. pl. eneyt, yneyt, eneit, egneyt 12.16, 22; 37.21; 52.14, 15; 53.19, 28, 32; 54.11, 12; 56.1, 3, 5; 59.9, 15, 17; 77.18; 105.20; 124.13 eneyt or clas; 134.8.

ynuyt *or dyn ynuyt a fool, a madman.* pa dyn puyllauc benac a ladho enuyt talet y alanas uel galanas dyn puyllauc 120.5. sef yu y drut dyn ynuyt ac ynuyt ny ellyr kymell dym namyn y ewyllys 134.29.—70.18; 120.2, 8, 13. see A.L.II 111.xliv. P.MS. 35, f. 112a.2. O llad dynyon ynuyt dynyon p6ylla6c. y.=Ir. oinmit *a fool.* see Ped.I §20, *where* y. *is compared with* O.Eng. unwitti. see also drud.

yno *there.* 42.9; 60.21; 61.4; 71.22; 75.16, 17; 92.2.

ynseyl *seal, charter.* efeyryat teulu . . . a dele .1111. k. am pop y. agoret a rodher am tyr a dayar a neghesseu ereyll maur 8.22.—21.14. y. agoret *letter patent* (?). cf. A.L.II 658.xxvi. Tri ryw wassanaeth sydd reit yr offeiryat teulu y wneuthur yn y llys . . . trydydd yw bot . . . yn barawt y wneuthur llythreu yr brenhin . . . ac am bob llythyr egoret am dir a daear a wnel lle y rhoddo y brenhin dir cynn[y]f pedeir ceinioc a geiff. R.B.II 104.14. ymchoelut a wnaeth parth ac ynys prydein ae neges gantaw drwy gedernit yscriueneu a llythyreu agoret ac inseileu senedwyr rufein wrthunt. Eluc. 97.1. ac nyt oet [vrth y gwregys] namyn ynseil o eur wedy yr ysgythrv yndi tarian.

ynteu conj. *or.* pa beth a dylyir amdanav ay uynepwerth ay yntau galanas 70.5.—109.9. see my.

yny, eny (a) conj. *until.* yny+infix. pron. 3 sg. and pl. enyhu, enyu, eny=eny+y. or pan dotho y hebauc emud enyu tenno allan 11.21. or pan dano y dyllat ar e guely enyu tenho dranoeth 22.22. or pan annuder e tan eny dadanudher *tra*nohes 36.26.—14.16. eny with pres. subj. breynt e tyr a dercheyf eny uo tyr ryt 4.26.—4.22, 26; 9.26; 10.10; 12.25; 15.18, 20; 17.22; 18.3, 31; 19.13; 24.11; 26.5, 14, 28; 28.8; 33.17; 37.5; 38.29; 51.11; 53.15; 60.21; 66.7; 70.12, 14, 15, 16, 22; 71.10, 14, 15, etc. with past. subj. y kadu eny darfey e makal 107.4.

(b) *when.* e medyc a dely ene doto gorhet .xxiiii. 18.10. enekerho ykyd abeyrt ereyll ef a dely ran deuur 15.6; 15.16; 24.22; 29.12; 62.17; 76.8; 123.17. see ony.

yoruerth pr. n. Lema e gueles yoruerth vab madauc uod en krenno escryuennu guerth e tey ar deodreue*n*, etc. 98.22.—42.6; 128.27. see ydno.

ynys f. *island.* ac os or y. hon yd henynt ny dylyant trygau yn un lle y tu yma y glaud offa 64.10.—64.18, 22, 25, 29; 78.10.

yr, er, jr (prep.) *for, on account of.* er+pron. suff. 3 sg. m. erdau 55.23. kollet er enat y tauaut neu enteu ay pryno ycan e breny*n* yr y guert kefreyt 12.30. ni kecuuin e gur a oet ene mediant kynt erdau o keill kaffael tu a tal 55.23.—12.30; 26.21; 37.7, 10; 46.6; 47.19, 26, 36; 48.21; 65.1; 69.15; 74.3, 7, 8; 76.15; 78.11, 12, 21; 79.17; 81.27; 83.1; 87.17; 116.2; 118.8, 13; 122.2; 127.10; 129.28; 133.24. yr hynny *in spite of that, yet.* Ny byd eneytuadeu ew yr hynny namyn lleydyr gwerth 80.17.—133.14, 24.

yr *though.* Ryd uyd rannu tyr pob amser . . . yr bot yr amser yn gauedyc 59.7.—48.31; 69.23; 88.9; 118.8; 119.23.

yr *fresh, valid.* O deruit jr haullur gurthot kefreiht rac deulun er [e]gnat bit rit e mach a bit kolledic entehu oy haul kanjs ny para y haul namen tra parraho e mach. Os e kenogon a vrthyd kefreis bot e mach en vach adeuedic ar haul en yr a kamell or mach jr haulur e delet 49.8.—133.3 hyr. Ny eill neb rydhau alltut, namyn yny oes ehun, . . . a chyt rydhao ynydyd ef, ir vyd hawl y mab arnaw gwedy y dat pan vynho holi. A.L.II 76.xcv. cf. Pei kawn beth o gic y baed coet yn ir mi a gawn iechyt. H.MSS.II 120.11. P.MS. 35, f. 27b.17 *has* yrr *as from* gyrr *prosecution.*

jrau *to smear.* roder dinaguet bluyd en y llau guedi j. e loscuert (loscurn) ac o geil[l] hi kenal hunu kemeret en lle yr ran or arkefreu 36.9.

yre *goad.* [guerth] yre .i. 104.18. irei=ierthi. P.MS. 51, p. 192. gwerthur cledde a chario yr ire. Ll.MS. 209, p. 618.

yrllonet f. *anger, enmity.* Od a gur ar teylu yka*n* e brenyn

o achaus y. ef a dele y guahaut urth y uuyt ay kamody ar
brenyn 7.2. A gwedy nat ufudaei wrlois idaw . . . llityaw yn
vawr a oruc y brenhin. a heb un gohir ar racdywededic irlloned
honno yn parhau yrydunt. R.B.II 177.25.

yrv see erw.

ys *beneath, below.* peduuar onadunt ys coref a dec uch coref
5.4. ys llau *beneath, inferior.* Sew y ryv geytweyt a dyly bot
ydau cymydauc uch llau arall ys llau nyt amgen gur uch y
ureynt ac arall ys y ureynt 81.29.—6.13 ; 33.27.

yssel *low, soft.* aet y bard teulu y kanu . . . a hynny en
yssel ual nat aflonetho e neuat 14.31. superl. yssaf. ar guanaf
yssaf or hyd 25.14. e tal yssaf yr neuat 5.16.—25.13 ; 102.13 ;
105.10. hyshaf 33.16.

escar *to separate.* O deruyt e gur escar a gueric (gureic)
37.4.—33.3 ; 35.5 ; 36.26 ; 38.9 ; 39.2 ; 40.7, 12, 27. pres. ind.
3 pl. escarant 34.5, 14. pres. subj. 3 sg. escaro 35.5 ; 38.16.
pres. subj. pass. escarer 37.4, 5.

escol *school, college, monastery* (?). llavver o keuryv
dennion ni dele menet en vach na rody mach . . . scoleic escol
a fop din ni hallo deuot hep cannat arall 48.28. cf. Scol
monastery. Lib.Hym. p. 266.

escoleyc *clerk, priest, scholar.* teyr keluydyt ny dely mab
tayauc eu descu heb kanyat y argluyd a ked as desko ef a dely
y duyn traykeuen onyt escoleyc guedy e kemerho urtheu 29.22.—
. 48.28. pl. yscolheygyon, escoleicion. ac ena e may jaunt yr haulur
deueduit breint y testion ae vntoe . . . en venich neu en ahtraon
ae vnteu en efferiet neu en escoleicion ae vinteu en lleecion
breniaul 54.29. 1.5, 6 ; 8.17 ; 76.12, 13 ; 77.16. ac odyna kymryt
or yscolheic vrdeu offeiradaeth. A.L.I 444.9. hyt pan rother
corun yr yscolheic. Ll.MS. 69, p. 60.17. pan doy di yr yscolheic
heb ef. pan doaf arglwyd o loygyr o ganu . . . punt a geuis
i o gardotta. W.B. col. 76.24 sqq. see Eluc. 121.21. M.A.
949a.27. R.B.II 386.24. A.L.I 338.15.

escolectau[t] *learning.* teyr keluydyt ny dely mab tayauc eu
descu heb kanyat y argluyd . . . escolectau[t] a gouonaet a
bardhony 29.23.

escraf f. *boat.* [guerth] escraf ac a perthyn arney damdug
101.18. par weithon wahard y llongeu ar yscraffeu ar corygeu
ual nat el neb y gymry. W.B. col. 49.3. ac ny safei pont yn y
dwfyr. ny allei na llong nac ysgraff arnaw ynteu. H.MSS.II
139.5. Ac a arganuu yno ysgraff heb na rwyfeu na hwyl arnei.

H.MSS.I 149.31. A phan adnabu ynteu na allai ymddian y felly yd aeth yn yscraff y Canhonwyr yn Aberdaron ac yn honno a dan rwyf ydd aethant yn Iwerddon. . . . Ac oddyno wedi cymmeryd cynghor i cerddws o hwyl a rhwyf hyt yn ynyssed Denmarc. M.A. 729a.34. yskreff porthaethwy. Rep.MSS.I 649 §199; 674 §150.

escrybyl, escribil *a head of cattle, cattle.* O deruyd llad lludyn y dyn o escrybyl perchenokyon ereyll am henny geyr eu gejr e bukeyl ena ba eydyon ay lladaut 31.13. ny dele neb godro escrybyl blyth ac uent en dale 119.23.—19.27; 27.11; 51.16; 68.4; 95.3; 112.6, 7, 14; 113.5; 114.2, 9, 25; 115.2; 116.24; 117.9, 10, 12 (escryl); 118.2, 5, 10, 12, 14, 15, 26; 119.11, 12, 14, 24, 26; 132.16, 21. e.=Lat. scrupulum. Loth p. 215.

escryuennu *to write, put on record.* Lema e gueles yoruerth uab madauc uod en krenno e. guerth e tey ar deodreuen 98.23.

[ysgrythyr] escrftur *the scripture.* sef achaus e uennuyt **er** escleycyon rac gossod or lleycyn dym a uey en erbyn er escrftur lan 1.7. y.=Lat. scrittura. Loth p. 216.

escub *a sheaf.* guerth pop un onadunt dymey neu eskub heyt 94.8.—94.11; 101.4; 114.24. e.=Lat. scopa. Loth p. 216.

escubaur *a barn, granary.* er escuboryeu a deleant eu bod en agoret or pan hel er escub kentaf endunt y ellug guynt endunt hyd kalangayaf 114.13.—10.27; 13.6; 30.9 eschbaur; 68.12; 114.23; 116.17. pl. escuboryeu 114.13, 18. e.=Lat. scoparium. Loth p. 216.

yscur *a splinter, bar of wood.* a guyalen gyhyt a honno yn llau y geylwat ar yscur perued yr yeu honno yn y llau arall yr geylwat a dec ar ugeint o honno yu hyt erv 65.11.—59.14; 107.14. cf. *illo tenente medium medii jugi in aratro.* A.L.II 856.xvi. ac ar yscwr or auallen yd oed corn canu mawr. R.B.I 293.23. megys manwrychyon a gyfodynt o safwyrdan sychyon yskyryon pedryholl ffynidwyd. Eluc. 94.15. Ni bu . . . nac ysgwr nac ysgwydd gorwydd . . . a gyff'lybwn . . . i'th gryfder di. D.G. xli.15. Oes bren ffyr nas gyr yn ysgyrion. C.Ll.I 162b.6. Yn e1 sgrin ysgirionwn, Esgyrion holl esgyrn hwn. (G. Hiraethog.) G.Rh. p. 301. yscur=Bret. skour. Corn. scor-en. see goryscur; ysgyren.

eskeuarn *ear.* Try eydyon kehyd eu corn ac eu eskeuarn 36.16. es.=Corn. scovarn, scevarn *ear.*

eskeueynt *lungs.* er hebogyt . . . a dely calonneu er

anyueylyeyt ar eskeueynt a ladher en e kekyn 11.7. es.=Ir. scaman *lung.* see dueskynt; also Ped.I §49.2.

eskemun *accursed, banned.* puebennac a dorro kemen kyfreythyaul nj[t] amken ae y daeret ae delhedyon eskemun vyt 34.20. e.=Lat. excommunis. Loth p. 165.

eskyn *robe, mantle.* eskyn o byt eydau e brenyn punt . . . o byt eydau huchellur neu y gureyc .cxx. ruc mab eyllt neu yskyn .lx. 104.2. a s6rcot o bali eureit amdanei ac ysgin gyvryu a hi a thac de o rudeur en kennal yr ysgin am danei. W.B. p. 91, col. a.38. ysgin ysgarlad. M.A. 226a. ysginawr goruawr . . . ysgarlad. M.A. 211a.27. ac ar vchaf y beis glaerwenn honno . . . yd oed ysgin o bali fflamgoch. Eluc. 95.20. a gwedi hynny y cymmerwys Ritta yr holl farfau hynny. ac a wnaeth o honynt ysgin helaeth o benn hyd sawdl. Iolo MSS. 194.1=pilis o uarueu brenhined. R.B.II 213.34. so P.MS. 46, p. 305. ysgwn daith dan ysgin dail. D.G. lxxxiv.8. ysgin deil. P.MS. 49, f. 8b. eskyn = late Ang.Sax. *skinn *skin, fur* (?). Sweet. cf. pilis=Lat. pellis *hide, garment.*

escheren *a splinter.* ef a dely o pop pun kenud . . . escheren a tenno en dylesteyr yr march ay lau ar e porth 25.30. ac ae trewis . . . yny hyll y daryan yn dwy esgyren. H.MSS.I 381.16. Fe aiff drosoch i Rufen i bwyo'r Pab milen/a chloben o ysgyren os gyrrwch. Ll.MS. 209, p. 173. cf. Merthyr rrwng dwy ysgyr dec. P.MS. 67, p. 170. *stella (for 'astella')* gl. scirenn. Z². 1063.44b. see Loth.Voc.V.Bret. p. 217. see yscur.

eskernechu *to cut up.* e kenutey . . . a dely gedueu er escrybyl a ladher en e llys sef achaus eu henny urth y eskernechu ay kenut uuyeyll ef 27.12. Ceisiwch filgwn hirgwn hu/I scyrnygu ysgyfarnogod. Interl.Odl.

[ysgythr] m. *a fang, canine tooth, tusk.* pl. eskydred. Gu[e]rth pop vn or dannet buch ac vgeyn guerth pop vn or eskydred .ii. byu a .xl. kanys bukeyl e danhet ynt 105.13. hwy oed y danned noc ysgithred y baed coed hwyaf y ysgithred. H.MSS.II 148.34. yskithyr yskithyrwyn penn beid a uynnaf y eillaw ym. W.B. col. 482.15-23.

[espardun] f. *spur.* pl. esparduneu. [guerth] espartuneu eureyt .iiii. es. aryanyeyt .ii. es. dulys ac estayneyt ac euedeyt .i. 103.6-11.—13.22; 23.28. a roos o rinuel a 6isg6ys am y draet d6y yspardun oedynt gy6yrthyd a ry6 gastell. ae gyfr6y a ossodet ar Migadros vuan. Kynt y redei pann dosturyit ac ysparduneu noc yd ehedu saeth or llinin. Car.Mag. 36.30 sqq.

yspeyt, esbeyt *a space of time.* O deruit bot egluys a dewetho deleu kenhal dyn ar e nodua seyth melenet hep heythur yaun neu yspeyt a uo huy 51.21.—16.8, 18; 24.12; 46.31 speit. ys.= Lat. spatium. Loth.

espodol f. *a spatula*....[guerth] es. fyrd*ling* 100.29. cf. a ffon hayarn braff oed yn y law. . . . Ar yr ystlys yd oed yspodol drom unuiniawc . . . ac ar hynt dodi y law ar dwrn y yspodol a wnaeth ef ar uessur taraw bown. H.MSS.II 148.29.—149.27. ysbodawl .i. cledh. P.MS. 118.500. see Loth p. 216.

hyspyty *hostel, hospital.* teyr gorsetua ysyd a allant gwneuthur eu cabydul ehun . . . sew yu y rey hynny abat ac escop a [meystyr] hyspyty 60.16. see Loth p. 191.

yspytyr *hospital- or hostel-land.* ny dyly untyr bot yn dyurenhyn . . . o byd escoptyr ew a dyly llvyd a lledrat o byd yspytyr ew a dyly lledrat 60.11.

essu *to eat, consume.* O deruyt kafael march tros kay en essu hyd 115.9.—43.3. 3 sg. pres. ind. ys 93.6. 3 sg. pres. subj. esso 93.4.

estauell *chamber, the queen's chamber, bed-chamber, parlour.* dysteyn [e urenynes] . . . a dely medhu buyd a llyn er estauel . . . ny dely eyste en er estauel nanyn guasanaythu or estauell hyd e kekyn 20.30. y lety eu estauell ebrenyn er hon ebo en kescu endy 11.28; 20.16, 20; 21.2, 14, 18. e.=Lat. stabulum. Loth p. 217.

estauellauc *chambermaid* (?). abedyhu e. ogreyc xiiy 38.31. *In this text* 'est. o greyc' *appears to be equivalent to* 'gueynydauc,' *i.e.,* 'embroideress,' *one who worked in the house and went neither to mill or outdoor work.* cf. *however* uir . . . stauellauc [cameram habens]. A.L.II 797.xiii; stauellauc [cameram inhabitans] 885.xxvii. see Med.Law 100; Lloyd p. 218, note 120.

estaluen *a stallion.* estaluen kemeynt eu guer[th] y due keyll a due kassec 88.14.

estarn *saddle, harness.* guastraut auuyn ef a del . . . esparduneu ay hen kefruyeu . . . ay holl estarn 23.29. see Loth p. 217.

estarnu *to saddle, harness.* ef a defy ykan e penguastraut dyuuallu y uarch or hoel kentaf hyd e dyuethaf ay estarnu ay duyn ydau y eskennu arnau pan uarchoco 12.8. see Loth p. 217.

yu *yew.* [gwerth] bayol yu .iiii. heskyn yu .ii. byol helyc .ii. 100.25. sgl. heuen. pop pren aplaner en g[w]asgautguyd .xxiiii. a tal pop pren ny fruyho .iiii. eythyr heuen 98.7.

yurc m. *hart.* vnguert yurc a buc a gauar a yerchel ac eleyn a myn 97.9. f. yerchel 97.9. pl. yrch 9.15.

www.ingramcontent.com/pod-product-compliance
Lightning Source LLC
Chambersburg PA
CBHW020823270326
41928CB00006B/424